KB083408

패전의 기억

신체·문화·이야기 1945~1970

패전의 기억 – 신체·문화·이야기 1945~1970

초판인쇄 2022년 2월 20일 **초판발행** 2022년 2월 25일

지은이 이가라시 요시쿠니 **옮긴이** 김현아·김웅기·전성곤·임성숙·엄태봉·권연이

기획 한림대학교 일본학연구소

펴낸이 박성모 **펴낸곳** 소명출판 출판등록 제13-522호

주소 서울시 서초구 서초중앙로6길 15, 2층

전화 02-585-7840 **팩스** 02-585-7848

전자우편 somyungbooks@daum.net **홈페이지** www.somyong.co.kr

값 33,000원

ISBN 979-11-5905-677-2 93910

이 역서는 2017년도 정부(교육부)의 재원으로 한국연구재단의 지원을 받아 한림대학교 일본학연구소가
수행하는 인문한국플러스지원사업의 일환으로 이루어진 연구임(2017S1A6A3A01079517)

패전의 기억

신체 · 문화 · 이야기 1945~1970

Bodies of Memory
Narratives of War in Postwar Japanese Culture 1945-1970

이가라시 요시쿠니 지음

김현아 · 김웅기 · 전성곤 · 임성숙 · 엄태봉 · 권연이 옮김

한림대학교 일본학연구소 기획

일러두기

1. 본문에 나오는 일본인 인명과 지명 등은 외래어 표기법에 따라 표기했다.
2. 단어의 뜻을 명확히 할 필요가 있는 경우, 괄호 안에 한자를 넣어 표기했다.
3. 단어의 뜻을 설명할 필요가 있는 경우, [옮긴이 주]를 별도로 달아 설명했다.
4. 이 책의 원문에서는 주요 키워드인 '내러티브', '모노가타리(物語)', '가타리(語り)'라는 표현이
   사용되지만, 이를 정확하게 한국어로 번역하기에는 어려움이 있다. 따라서 저자가 상기
   표현을 '이야기하는 행위성'의 중요성과 이를 강조하기 위하여 사용했다는 점을 부각시키기
   위해 문장의 맥락에 따라 '내러티브', '이야기' 등으로 번역했다.
5. 국내에서는 '천황(天皇)'이라는 표현을 '일왕,' '히로히토'라는 단어로 사용하는데, 이는 일제
   강점기를 겪은 우리 입장에서 비롯된다. 이 책은 이와 같은 정치성을 고려하면서도 본문에서
   다루는 일본 사회의 역사적, 문화적 맥락 속에서 '천황'이 지니는 상징성과 권력을 부각시키기
   위해서 '천황'으로 번역했다(이와 관련한 황실, 황후, 황태자 등의 단어들도 그대로 번역했다).

한국어판 서문

이 책의 원저는 2000년에 미국 프린스턴대학출판사에서 출판된 *Bodies of Memory : Narratives of War in Postwar Japanese Culture, 1945-1970* 입니다. 이후 2007년에는 원저의 오류를 수정하고 더 읽기 쉽게 다듬어 일본어판인 『敗戦の記憶-身体·文化·物語 1945~1970』을 출간하였습니다. 여전히 읽을 때마다 수정하거나 추가하고 싶은 부분이 많지만 현재 시점에서는 이것이 최종판입니다.

이 책은 2011년 브라질에서 포르투갈어판으로도 발행되었으며, 이번에는 한국어판을 출판하게 되었습니다. 일본 전후 이야기에 대한 책을 읽어주시는, 국경 너머에 계신 독자 분들과 만나는 일은 저자인 제게 더할 나위 없는 기쁨입니다.

저는 제2차 세계대전이 끝난 후 25년 동안 전후 일본과 일본인의 자화상이 형성되는 과정에서 전쟁 후 기억과 생리적 존재로서의 신체와 그 이미지가 어떠한 역할을 하고 변용했는지에 주목하였습니다. 제가 논의한 내용은 역사라는 범주에 속하지만 이 책은 전후사戰後史라는 분야를 더 포괄적으로 다루고 있으며 전후사라는 개념 자체를 비판적으로 검토하는 것을 목적으로 합니다. 이것은 학제적 접근을 바탕으로 다른 학문 분야의 관점을 참고할 뿐만이 아니라 역사학에서 그간 당연시되어 왔던 과거를 바라보는 관점을 의심하고 재검토하는 작업이기도 합니다.

제 작업의 적절한 사례라고 할 수 있을지 모르겠지만, 어릴 때 학교에서 기하학 문제를 풀 때 보조선을 그으면 도형이나 그 도형이 있는 공간이 전혀 다르게 보이는 경험을 해 본 적이 있었을 것입니다. 『패전의 기억』은 기억과 신체라는 보조선을 사용하여 전후 일본의 역사를 다시 읽어보는 프로젝트라고 말할 수 있습니다.

우선 기억에 대해서 말하자면, 일반적으로 역사와 기억에는 서열관계가 있다고 보는 시각이 있습니다. 기억은 개인적이고 불명확하며 애매모호한 반면 역사가들이 직접 조사하고 확증한 것이야 말로 역사로 인정된다는 이미지가 떠오를 것입니다. 그리고 흔히 바람직한 학문이란 기억에 의거하는 것이 아닌, 기억을 역사 자료의 일부로서 다루고 더 세밀하고 고도의 역사적인 이해로 만드는 과정으로 보는 경향이 있습니다.

그러나 이 책에서는 이와 같이 역사 중심적인 시각을 일단 제쳐두고 기억을 재검토하였습니다. 기억은 어디까지나 개인이 과거를 회상, 회피, 억압, 해석, 합리화, 행동화하는 여러 반응을 통해서 유지되는 복잡한 과정으로 파악할 수 있습니다. 여기에서는 역사와 기억 사이에 우열관계는 없습니다. 만약 기억이 불확실하거나 역사적 사실에 반한다고 하더라도 기억이 유지된다는 것은 하나의 사실이자, 사람들이 과거와 함께 존재하고 싶다는 증거이기도 합니다.

이처럼 기억을 능동적인 과정으로 보면 역사학이 가지는 한계도 드러납니다. 어디까지나 일반론이지만, 역사학은 과거에 일어난 사건에 초점을 맞추고 사건을 가능한 한 충실하게 재현하고 기록하는 것이 주된 관심사항입니다. 이를 위해 역사가들은 역사 사료를 조사하고 그 신용도에 따라 자료의 등급을 매깁니다. 즉 2차 자료보다 1차 자료를 신용하고, 1차 자료 중에서도 사건의 핵심에 가까운 당사자가 남긴 기록과 시간이

지나기 전에 남겨진 기록이 더 정확하다고 판단하는 사건중심주의 패러다임이 존재합니다.

특히 가짜뉴스가 만연하는 현대 사회에서 사실에 이르는 실증적 태도나 방법은 앞으로 중요해질 것입니다. 그러나 사건중심주의는 기억이 불확실하고 신뢰하기 어렵다는 이유로, 기억을 배제하거나 역사적 사실을 간접적으로 뒷받침하는 사소한 현상으로 폄하해버립니다. 이를테면 생선회 옆에 곁들인 장식처럼 말입니다.

이 책에서는 발상을 전환시켜 역사학이 가지는 실증적 태도를 존중하면서도 기억을 중심으로 기술하였습니다. 그 결과 제 관심은 과거에 일어난 사건 자체로부터 개인이나 공동체가 그 사건의 기억을 짊어지고 살아온 과정으로 옮겨졌습니다.

물론 아시아·태평양전쟁에서 일어난 사건을 실증적으로 확인하는 작업은 학문적으로 중요합니다. 하지만 전쟁 이후 사람들이 어떻게 그 과거의 무거운 짐과 기억을 짊어지고 살아왔는지를 소홀이 하지 말아야 합니다. 전쟁 이후 역사는 전쟁의 역사만큼 무게가 있다는 것이 제 주장입니다. 기억을 검증하는 일은 기억이 눈앞에 나타나는 현재를 발판으로 하여 역사를 다시 검토하는 작업입니다.

전쟁의 의미는 역사의 저편에서 순수한 모양으로 존재하는 것이 아니라 전쟁 후라는 살아 있는 과정을 통해서 끊임없이 만들어집니다. 전쟁 이후 나타나는 체험의 의미를 검토하지 않고서는 전쟁의 의미에 다가갈 수 없을 것입니다. 격하고 뜨거운 전쟁의 기억도 전쟁 후 사회에서 계속 그 양상은 변화하기 때문이지요.

아울러 이 책은 신체도 중요한 개념으로 다루었습니다. 보통 다치거나 병에 걸리지 않으면 심각하게 생각하지 않지만, 신체란 인간의 자아를 유지하기 위한 물질적 조건인 점은 분명합니다. 신체는 모든 역사적 과정에서 필수적인 조건이지만 그것에 걸맞은 주목을 받지 못했습니다. 기억, 트라우마를 연구한 미국 사상가 도미니크 라카프라^{Dominick LaCapra}는 모든 역사는 사상사라고 선언하였습니다. 다소 과장되지만 저는 이 표현을 빌려 모든 역사는 신체의 역사라고 주장하고 싶습니다. 신체 없이는 사유思想하는 것도 불가능하기 때문입니다.

이 책을 번역하는 프로젝트는 2021년에 진행되었습니다. 이 때 도쿄에서 코로나 바이러스라는 신체적 위협에 접하면서 신체 퍼포먼스의 축제인 올림픽과 패럴림픽 게임이, 무관중이라는 관객들의 신체가 부재하는 상황 속에서 전개되었습니다. 그리고 우리가 이를 텔레비전으로 관람한다는 이중, 삼중으로 뒤섞인 신체의 드라마가 펼쳐졌습니다. 새로운 신체의 역사가 새겨졌다고 말할 수 있습니다. 이러한 시기에 이 책이 새로운 관점에서 역사, 기억, 신체에 대하여 생각할 수 있는 보조선이 된다면 영광일 따름입니다.

이번 한국어판 발행에 있어서 노력해주신 한림대학교 일본학연구소 서정완 소장님, 그리고 번역작업을 맡으신 김현아, 김웅기, 전성곤, 임성숙, 엄태봉, 권연이 선생님께 깊은 감사의 마음을 표합니다.

차례

제1장 ─────── 원폭, 천황, 그리고 역사
패전 후 미일 관계의 '기원의 내러티브'

한 장의 초상화

다음 페이지의 그림은 화가인 오가이 야타로大貝彌太郎의 그림이다. 오가이는 1944년에 젊은 일본인 항공병航空兵의 초상화를 그렸고 2년 후 결핵으로 사망했다.[1] 오가이의 이 작품은 잊혀져 있었다. 이 작품은 유족의 품에서 반세기 이상이나 보관되면서 공적인 장소에서 전시된 적도 없이 훼손되어 갔다. 하지만 1997년에 무곤칸無言館이 복원되어 처음으로 빛을 보게 되었다. 무곤칸은 아시아·태평양전쟁 시기[2]와 그 직후에 사망한 젊은 화가 지망생들을 기념하는 미술관이며 젊은 항공병의 그림은 무곤칸을 방문하는 관람객이 처음으로 보게 되는 그림 중에 하나이다. 조명을 받은 그 모습은 미술관의 어둠을 조용히 바라보고 있다.

이 그림은 복원되었다고는 하지만 60년 이상 흐른 세월이 그대로 아로새겨져 있다. 물감은 갈라지고 벗겨져 나가 그림의 절반 정도를 잃어버렸다. 오가이가 캔버스로 사용한 두꺼운 종이는 물감이 벗겨져 나간 아래 부분에서 내비친다. 항공병 얼굴의 아래 부분은 떨어졌고 왼팔은 겨우 보이는 정도이다. 항공병의 비행복은 낡아 보이고 예전의 자랑스러운 표정도 얼빠져 보인다.

전후 60년이 지나고 있는 상황에서 그림의 상태는 나빠졌으며 완전히 소실되기 직전이었다. 그러나 비행사와 화가는 그림 속에 남겨진 파편

〈비행사 입상〉(오가이 야타로, 1944) │ 사진 제공 : 오가이 아츠코(大貝温子) 씨

을 통해 자신의 존재를 주장하고 있다. 그림이 소멸해 가는 과정과 존재의 주장과의 긴장 관계야 말로 이 그림의 강렬한 힘이 되고 있는 것이다.

이 비행사의 그림과 같이 일본의 전후와 전전戰前·전중戰中과의 관계는 긴장으로 가득 차 있다. 이 책은 그러한 긴장 속에서 만들어져 온 전쟁의 기억을 그 상태만이 아니라, 그 '부재不在'를 통해서도 해독해 보려는 시도이다. 과거의 일을 그대로 이미지로서 재현하는 것이 아닌 과거가 역사를 매개로 하여 어떠한 의미가 부여되었는지 망각되었는지를 찾아보는 것이 이 책의 목적이다.

전후 일본 사회는 전쟁의 트라우마에 대해 '내러티브'로서 그 의미를 부여하고 전전과 전후의 연속성을 확보했다. 그러나 그러한 '내러티브'는 전쟁 체험의 충격을 완화했을지도 모르지만 그에 대한 고찰을 보다 곤란하게 해 왔다. 이 책은 그러한 '내러티브의 전략'을 역사적인 사실에 대한 탐구를 방해하는 것으로 처리해 버리는 것이 아니라 전쟁 본래의 충격을 표현하려고 한 대항적인 '내러티브'로 견주어 해독하기로 한다. 전쟁 트라우마의 억압과 표출이라는 긴장 관계를 탐구하는 것으로 전쟁과 패전이 전후 사회에 미친 충격에 대해서 생각해 볼 것이다.

이 책은 전쟁이 남긴 것을 검토하기 위해서 1945년부터 1970년까지 25년간 전쟁의 기억이 어떻게 변용해 갔는지에 초점을 맞춘다. 오늘날 오가이의 그림이 갖는 함의에서 과거 반세기에 걸친 상흔을 빠뜨릴 수 없는 것과 마찬가지로 전후 일본의 역사에서도 희미해져 가는 전쟁 트라우마의 상흔은 빠뜨릴 수 없는 것이다.

또한 이 책은 전후 일본의 구체적인 사례를 고찰하면서 1980년대 초

이후 관심을 모아 온 '기억'에 관한 논의도 다룬다.[3] 인문학자나 사회과학자는 역사학의 지평을 끊임없이 넓히기 위해서 '기억'의 개념을 발전시켜 왔다. '기억'은 개인의 과거와의 관계에 있어서 개인적이고 감정적인 것—일반적으로 받아들여지고 있는 역사적인 '내러티브'를 종종 이탈시키는 요소—으로 생각되고 있다. 그렇지만 '기억'은 역사의 경계 밖에 존재할 수 없다. 사회적으로 구축된 역사의 '내러티브'는 개인 '기억'의 존재를 종종 규정하고 있다.

　이 책에서도 '기억'이 전부라고 주장하고 있는 것은 아니다. 지배적인 역사의 '내러티브'에서 '기억'을 풀어놓는다는 것이 아니라 불가결한 역사의 일부로서 '기억'을 인정하는 것으로 역사라는 개념 그 자체를 재검토하려는 것이다. 문화적인 욕망이나 불안—지금까지 '내러티브'로 돌아가는 요소—을 밝은 곳으로 꺼내어 역사의 구축 과정에 개입하는 방법을 구상하는 것이 목표가 된다.

　『패전의 기억─신체·문화·이야기 1945~1970』의 '신체'는 전후 일본이 신체에 얽힌 수사를 사용한 언설에 따라 패전이라는 과거의 기억을 어떻게 구축했는지에 대해 문제를 제기한다. 전후 일본은 건전한 국가적 신체국체를 만들어 내려고 한 전시 통제체제에서 그 언설을 승계했다. 또한 패전 직후, 많은 일본인은 철저한 파괴적인 상황 속에서 자신의 신체를 살아남게 하여 역사의 연속성을 체현한 것으로서 재발견했던 것이다. '신체'는 상처받은 일본이라는 국가를 치유하고 패전이 가져 온 역사적 위기를 극복하는 장이 되었다.

　또한 부제목은 '기억'의 신체성身體性/물질성에 대해서도 독자에게 주의를 촉구하고 있다. 신체의 비유와 기억의 산출은 양쪽 모두 전후 일본의 물질적인 조건에 깊게 관계하고 있는 것이다. 틀림없이 오가이 그림의 물질적인 상태―훼손된 표면―가 그것이 환기하는 과거에 필요하듯이 일본의 '신체'가 놓여진 물질적인 상태도 전후 사회의 전쟁의 기억에 깊게 영향을 끼치고 있는 것이다. 따라서 이 책이 목표로 하고 있는 것은 기억과 역사를 만들어낸 전후 일본의 언설과 물질적인 조건을 고찰하는 것이다.

무곤칸無言館

오가이의 그림은 전후 일본이 과거와 어떻게 대립했는지를 살피는 단서가 된다. 이 그림에서 상기되는 암령과 같은 과거의 존재를 생각해 본 후 먼저 그것을 전시하는 미술관에 대해서 자세하게 설명할 필요가 있다.

무곤칸은 설립자인 구보시마 세이치로窪島誠一郎가 이름을 지었고, 1997년 5월에 나가노현長野縣 우에다시上田市에 개관된 작은 사설 미술관이다. 120평의 간소한 건물에는 아시아·태평양전쟁 시기 그리고 그 직후의 젊은 나이에 사망한 예술가의 작품도 포함하여 다른 미술관과는 다른 작품들을 소장·전시하고 있다.

젊은 예술가의 그림은 벽에 진열되고 그들의 유품―서간이나 일기, 그 외의 작품―은 유리장에 전시되고 있다. 이 미술관이 소장하고 있는 전시품의 대부분은 지금까지 화가의 유족들이 보관하면서 공적인 장소에서 전시된 적이 없었던 작품들이다. 구보시마가 2년 반 이상에 걸쳐 몇 번씩 유족을 찾아가서 수집하여 공개에 이른 것들이다.

구보시마의 미술관은 우리가 전쟁의 기억과 어떻게 관계해 나갈지라는 초미의 관심사에 대해 상상력이 넘치는 응답이 되고 있다. 구보시마는 무곤칸의 수집품을 통해서 과거가 갖는 상반되는 본질, 즉 과거는 우리와 함께 존재하며 동시에 우리와 함께 존재하지 않는 것을 실증하려고한다. 식민지주의라는 트라우마를 다뤄 온 비평가 호미 바바Homi Bhaba가 "과거를 생각해 내는 것은 반성이나 회고와 같이 차분한 것으로는 결코있을 수 없다. 현재의 트라우마를 이해하기 위해서 단편화된 과거를 끌어 모으는 것은 고통이 따르는 작업이다"라고 주장하는 것과 같이 기억하는 것—'현재의 트라우마를 이해하'려고 노력하는 것—은 상실에 대한 인정이 필요하다.[4]

오가이의 그림과 같이 다시금 끌어 모아진 과거의 단편들은 갈라진 틈이나 잃어버린 파편들을 반드시 밝은 곳으로 끄집어낸다. 그리고 갈라진 틈이나 빠진 파편은 과거를 이해하는 데 있어서 중요한 것이다. '현재의 트라우마를 이해하기' 위해서는 과거의 일들이 어떻게 현재를 규정하고 있는가를 이해해야 한다.

일본 사회는 전쟁으로 입은 상실의 충격을 잘 극복해 왔다. 그럼에도불구하고 상실의 기억은 전후 일본의 문화적 아이덴티티의 구축에 있어서 근본적인 것으로 존재해 왔던 것이다.

무곤칸은 잃어버린 것들을 마주하려고 하지 않았던 전후의 행위에맞서 일본 사회 속에 전쟁에 의한 '상실'을 다시 제시하려는 것이다. 이책은 과거를 재구축하려고 했던 많은 시도를 전후 일본의 문화적인 언설

공간으로 찾아가 과거를 기억하면서 '상실'이 중심적인 위치에 있다는 것을 밝히려고 한다.

노미야마 기지와의 만남

구보시마는 저서 『'무곤칸' 여행』에서 이 계획을 실행하게 된 동기와 함께 미술관의 설립 계기에서 개관에 이르는 내력에 대해 말하고 있다.[5] 구보시마는 화가인 노미야마 기지野見山暁治와의 만남이 미술관 개관에 있어서 빠질 수 없는 것이라고 말한다.

노미야마는 1942년에 도쿄미술학교도쿄예술대학의 전신를 졸업하자 곧 징병되었다. 만주의 전선으로 보내졌지만 결국 병으로 인해 제대했다. 그러나 도쿄미술학교의 많은 졸업생들이 노미야마와 같이 전후를 보지 못하고 사망했다. 1977년에 노미야마는 두 명의 조력자와 함께 전사한 학우들의 유족을 방문하며 일본을 돌아다녔고 유작을 모은 『기원의 화집祈りの畵集』[6]을 간행했다.

이 화집이 출판되었을 때 구보시마도 이를 봤겠지만 큰 관심을 기울이지는 않았다. 실제로 그는 전쟁과 작품의 예술성을 연결시키는 것에 반감을 가지고 있었기 때문에 그 후 화집에 대해서 깊이 생각해 보지도 않았다. 노미야마의 계획이 가지는 진가를 알아차린 것은 긴 세월 그리고 그와의 대화를 필요로 했던 것이다.

구보시마가 1994년에 노미야마를 만났을 때 노미야마는《기원의 화집》에 수록된 전몰화戰殁畵 학생의 예술작품을 위해서 미술관을 설립하고 싶다고 말했다. 이 미술관은 수집품의 예술성에만 고집하는 것이 아니라—노미야마 자신도 이 작품들의 미숙함을 알고 있었다—화가들의 생애와 그림에 대한 열정 그리고 살아서 계속 그림을 그리고 싶다는 바람을 집합적으로 표현하기 위해서 그림 수집을 목표로 했던 것이다.

각각의 작품은 서투를지 모르지만 예술가의 창작에 대한 희열이나 그림을 계속 그리고 싶다는 바람이 작품에 가득 차 있었다. 노미야마는 이러한 작품이 한데 모여 전시되었다면 마치 오케스트라 음악과 같이 관람객들에게 보다 큰 효과를 미칠 것이라고 설명했다. 노미야마의 마음에 그려진 미술관은 작품들이 장대한 음악을 함께 연주하는 것처럼 한 자리에 전시되는 장이었다. 노미야마의 구상은 구보시마를 자극했고 실행에 옮겨졌다. 두 사람은 화가의 유족을 방문하기 시작했다. 구보시마는 노미야마가 이 계획에서 빠진 후에도 화가의 친족을 계속 방문했다. 3년간 자금 조달을 위해서 고심한 후 간신히 미술관을 설립하기에 이르렀다.

이 계획을 실행하던 중 노미야마는 구보시마와의 동행을 중단했는데 그 이유를 말하는 일은 없었다. 구보시마는 노미야마가 20년간 한 화가의 유족을 두 번 방문하며 어떠한 기분을 느꼈는지에 대해 추측할 수밖에 없었다. 노미야마가 1977년에 처음으로 화가들의 유족을 방문했을 때 사망한 화가의 많은 부모들은 아직 살아 있었다. 전쟁과 화가의 인생에 대한 기억은 부모와 함께 존재했다. 노미야마의 방문은 일상생활 속에서 묻혀 있었던 그러한 기억을 상기시켰던 것이다.

구보시마는《기원의 화집》에 쓰여진 그러한 에피소드를 잊지 않고 있다. 노미야마가 한 유족의 집을 떠나려고 할 때 어머니는 노미야마의 어깨에 손을 얹고 "자네는 젊네…… 아들이 살아 있었다면 딱 자네와 같은 나이였어"[7]라고 조용하게 속삭였다. 노미야마는 고인의 부모님과의 만남으로 왜 그들이 전쟁에서 죽음을 맞이했고 자신은 살아남았는가라는 물음에 직면한 것이다. 그것은 전쟁에서 살아남아 학우들을 내버리고 온 죄의식이기도 했다. 그러나 비극에 찬 학우의 부모와 만남을 통해 그리고 자신의 죄책감을 받아들이는 것을 통해 과거로 되돌아가는 길을 찾아냈던 것이다.

노미야마는 잠시였지만 이 기획을 통해서 전사자와의 인연을 되찾고 죽어 간 학우들의 동료로서 행동할 수가 있었던 것이다. 그렇지만 1990년대 중반까지 그렇게 해서 간신히 남아 있었던 길조차 사라져 버렸다. 사망한 화가의 부모들은 모두 사망했고 형제자매들은 사망한 화가들에 대해 같은 생각을 가지지 않았다. 노미야마는 유족의 집을 처음으로 방문했을 때와 같은 경험을 다시 할 수 없다고 깨달았을 때 구보시마에게 혼자서 유족을 방문하도록 부탁한 것이다.[8]

그러나 노미야마는 기부를 모으면서 계획을 위한 지금조달을 계속해서 도왔다. 그의 구상과 협조가 미술관을 개관하는 데 필수불가결한 것이었다. 그렇지만 미술관은 구보시마의 것이 되었다. 구보시마 자신이 개인적으로 재원에 대한 책임 — 건설비부터 운영비까지 — 을 졌기 때문만이 아니라 구보시마 스스로가 전쟁의 기억에 직면하려고 노력했던 성과가 직접 미술관에 반영되어 있기 때문이다.

전쟁의 기억과 마주하다

구보시마가 미술관을 '무곤칸'이라고 명명한 사실은 이 미술관이 노미야마의 과거를 회복하고 싶다는 당초의 바람과는 다른 것이 되었다는 것을 말하고 있다. 젊은 화가들의 속삭임은 하나가 되어 장대한 악곡을 연주하고 있는 것일지도 모른다. 그러나 구보시마에게도 미술관을 찾는 사람들에게도 그 음악은 실제로 들을 수 없는 것이다. 구보시마에게 죽은 자의 목소리를 그대로 되살리는 것은 불가능한 계획이며 관람객이 침묵에 귀를 기울이는 불가사의한 장소로서 무곤칸은 존재하는 것이다.

노미야마가 구보시마에게 자신의 계획을 맡기려고 결정했을 때 구보시마는 더 이상 노미야마와 같은 세대에 속하는 척을 일부러 하지 않아도 된다고 안심했다. 구보시마는 직접적인 전쟁 체험이 없다는 점을 불편하게 여기고 있었다. 1941년에 태어난 구보시마에게 전쟁 중인 일본의 기억은 단편적인 것 밖에 없었던 것이다.

노미야마와 함께 유족을 방문하기 시작했을 즈음 구보시마는 자신이 그들과는 다른 입장에 있다는 것을 싫든 좋든 느꼈다. 노미야마와 유족들은 공유하고 있었던 전쟁 체험을 통해서 마음을 터놨지만 구보시마는 거기에 있어서는 안 되는, 마치 사기꾼과 같이 자신을 느끼고 있었던 것이다. 사망한 사람들의 경험을 동시대 사람들과 같이 이해할 수 없다는 암담한 구보시마의 인식에서 이 계획은 시작되었다. 즉 자신의 계획에 '영원한 아웃사이더'로서 참가한 것이었다.

구보시마는 노미야마 없이 유족들을 만났을 때 자신이 계획을 직접 말해야 했다. 노미야마가 없었기 때문에 구보시마는 전쟁 체험을 하지 않았다는 불완전한 감정에서 해방되었다. 그 대신에 그 계획을 깊이 생각하면서 자신의 인생에서 전쟁의 그림자와 만났던 것이다.

구보시마는 젊은 미술가들의 전쟁 체험을 직접 알지는 못했지만 전후 자신의 인생에 아시아·태평양전쟁의 그림자가 짙게 드리워져 있다. 그렇지만 이 계획에 깊이 관여하게 될 때까지 자신에게 드리워져 있었던 전쟁의 그림자를 생각해 내는 데에 주저하고 있었던 것이다.

구보시마는 자신의 인생에서 전쟁이 그 그림자를 깊이 드리우고 있다는 것을 통감했다. 구보시마의 양부모는 전쟁에서 모든 재산을 잃기 이전에 도쿄에서 구두 수리점을 운영하면서 평온한 생활을 보내고 있었지만, 그 가게는 1945년 4월에 행해진 미군의 공습으로 파괴되었고 그 피해는 회복되지 않았다. 구보시마의 가족이 떨어져 살았던 센다이仙台에서 도쿄의 자택으로 돌아오자 집 주변은 허허 벌판이 되어 있었다. 집이 있었던 지역은 쓰레기 더미 밖에 없었다. 구보시마의 전후는 폐허가 된 여름의 뜨거운 어느 날부터 시작되었던 것이다.

패전 직후 수년간 구보시마의 가족은 작은 판잣집에 살았고 양부모는 일가를 먹여 살리기 위해 열심히 일했다. 구보시마도 세상 물정을 알게 되고 가족의 경제 상태를 알게 되었을 때 극빈한 상태에서 벗어나지 못하는 양부모를 미워하기 시작했다. 구보시마는 가죽 짜투리를 만져가며 대학생의 구두를 수선하는 양부모를 봤을 때 느꼈던 부끄러움을 지금도 기억하고 있다.

구보시마는 자신이 양자였던 것을 기억하고 있다. 그리고 양부모가 생부모가 누구인지 밝히기를 거부했을 때 양부모에 대한 분노가 심해졌다. 돈을 벌어 양부모에게서 벗어나려고 했고 고등학교를 중퇴하여 경제적인 풍요로움을 추구했다. 중상층의 쾌적한 생활을 하게 된 후, 생부모를 알아내는 것으로 양부모와의 관계를 상징적으로 끊기도 했다.

구보시마는 놀랍게도 소설가인 미즈카미 츠토무水上勉가 생부라는 것을 알았고 1977년 가을에 이 저명한 작가와 재회하여 많은 미디어의 주목을 받았다. 아버지와 아들은 곧바로 두터운 정을 쌓았다. 그리고 생부와의 정이 두터워져 갈수록 양부와의 관계는 나빠져 갔다. 한 때 구보시마는 양부모와 함께 살고 있었음에도 불구하고 말을 섞는 일조차 하지 않았다.

일본의 패전 이후 구보시마의 여러 경험은 대략 일본 사회가 걸어온 길—파괴에서 경제적인 번영으로—과 닮았다. 구보시마와 전후 일본은 전쟁에 의한 상실의 기억에 직면하기를 선택하지 않고 경제적인 풍요로움으로 이를 묻어버리려고 했다. 구보시마는 1970년대에 나름대로 경제적인 성공을 거두었지만 그것에만 만족하지는 않았다. 그럴 때조차 구보시마의 인생은 일본 사회의 상황과 궤를 같이했다.

일본 사회에 문화를 소비하는 여유가 생겼을 무렵 구보시마는 마음을 마비시키는 돈벌이의 나날에서 해방되어 정신적인 만족을 찾아내기 위해 회화 수집을 시작한다. 머지않아 회화 수집의 묘미에 빠져버렸기 때문에 그것으로 생계를 꾸리려고 결심했다. 성공을 거둔 사업을 정리하고 그림을 팔기 위해 독학을 했다. 그러나 결국 회화 수집에 열중한 나머지 그림 판매에 만족하지 않았고 1970년대 초반에 시나노 데셍관信濃デッサン館이라는 이름의 개인 미술관을 열기에 이르렀다. 회화를 판매하는

것이 아니라 사설 미술관에 전시한다는 결단은 전후 사회에 거리를 두고 전후의 인생을 반성하려고 하는 구보시마의 발자취를 특징짓고 있다.

새로운 미술관을 위해서 회화를 수집해 가는 여행은 자신의 전후의 인생을 자성하는 과정이 되었다. 구보시마는 무곤칸의 작품이 50년 전에서 온 메시지라고 말하고 있다. 미술관을 방문하는 사람들을 위해 이 미술관은 단편화된 과거를 모으는 시도였던 것이다. 구보시마는 패전에서 약 50년이 지나 자신의 인생에 그림자를 드리우고 있는 전쟁을 이해하는 길을 걷기 시작한다. 전후 사회 속에서 흩어져 있었던 예술작품들을 모으고 전시하는 것으로 자신의 현재 —전쟁이라는 시대—를 이해하려고 노력했던 것이다.

구보시마는 기억하는 것이 망각의 과정과 대비되고 있다는 것을 알고 있었다. 전후의 일본은 과거의 기억과의 분투를 지워 없애는 것으로 과거의 '부재'나 '침묵'을 당연시해 온 것이다. 전후의 사회는 경제적인 성공을 추구하며 과거의 경험을 주저 없이 남기고 온 것처럼 보인다. 그러면서도 상실을 망각해 가는 실제 과정은 쉬운 일이 아니었던 것이다. 즉 전쟁의 기억을 무해하고 향수를 불러일으키게 하는 것으로 만들기 위해서 끊임없는 고통이 있었다. 그럼에도 불구하고 일본 사회에서 결국 그러한 전후의 고통스러운 노력은 은폐되어 갔다. 역사적인 망각의 과정 그 자체가 불식되었을 때 전쟁의 체험과 상실은 전후 사회 속에 묻혀 갔다. 과거를 상기하기 위해서는 어떻게 망각되어 갔는가에 대한 과정, 그것이 의식화되어야 한다.

무곤칸의 그림은 열화劣化와 망각의 과정을 밝히기 위해서 최소한으로 복원되어 있을 뿐이다. 구보시마는 망각의 과정에 무리하게 개입하여 되돌아가려고 한 것이 아니라 진행을 일시적으로 늦추고 밝은 곳으로 내보이고 싶었던 것뿐이다. 무곤칸의 컬렉션은 망각의 과정을 부각시킴으로써 그곳을 방문하는 사람들이 과거를 상기하는 노력을 해서 왜 전후의 일본 사회에서 망각이 필요하게 되었는지에 대해 이해하는 것을 추구하고 있는 것이다.

관람객들에게 맡겨진 해석

무곤칸은 개관 이래 상당히 큰 주목을 받아 왔다. 미디어는 구보시마의 노력을 호의적으로 보도했고 개관 이후 첫 해에 6만 명의 관람객들이 무곤칸을 찾아왔다. 하지만 구보시마는 미술관이 전시하고 있는 '무언/침묵'에 대한 해석은 관람객 각자에게 맡겨지고 있다고 이해하고 있다. 무곤칸은 전후의 사회가 상실을 표상해 온 방식을 문제 삼으려 하고 있지만 그 컬렉션은 전쟁을 둘러싼 보다 큰 언설의 일부로서 존재한다. 컬렉션은 현재의 내셔널리즘적인 언설 속에서 쉽게 향수를 불러일으키는 기획으로 해석될 수 있다.

예술가를 지망하는 자들―침략자로서의 공격적인 이미지를 환기하지 않는 청년들―에게 초점을 맞춘 이 미술관은 일본인을 희생자로서 그리는 것과 같은 이데올로기적인 입장을 시인하는 것으로 해석될 수도 있다. 실제로 1998년 5월의 어느 일요일, 저자가 이 미술관을 방문했을 때 몇몇 관람객들이 밝은 어투로 '불쌍하게도'라고 동정하는 말을 하는 것을 들었다. 누군가가 간단하게 이 말을 할 때 미래를 부정당한 예술가와 대비하여 특권적인 생을 누리는 것으로 자신의 입장을 암묵 속에서 확인하고 있는 것이다. 이 미술관은 젊은 예술가가 잃어버린 것보다도 오히려 관람객들이 가지고 있는 것을 확인시키는 수단으로 쉽게 전환해 버렸다고 말할 수 있다.

그렇지만 '무언/침묵'에 대해서 유일하게 올바른 해석을 제시할 수 없다고 이해하고 있는 이상, 구보시마가 이러한 향수를 불러일으키는 반응에 대해서 할 수 있는 것은 적다. '무언'은 구보시마 자신의 말로 만족되어야 하지 않는다고 알고 있기 때문이다. 구보시마는 현재의 일본의 국경을 넘은 다양한 작품을 수집하는 것으로 그러한 향수에 담긴 내셔널리즘의 심정을 흔들려고 한다.

현재 미술관은 대부분 도쿄미술학교 졸업생인 일본 예술가들의 작품만을 전시하고 있다. 그렇지만 이 학교와는 관계가 없는 예술가의 그림도 수집하기 시작했으며 해외에서 전사한 미술학도, 즉 이전에 일본의 식민지나 교전국의 미술학도가 제작한 미술작품도 포함하기를 바라고 있다. 또한 구보시마는 무곤칸을 전쟁의 기념관이 아니라 미술관으로서 보이려고 하고 있다. 즉 수장품을 전쟁의 유산으로 생각하기보다도 오히려 예술작품으로서 그 진가를 평가하는 것이 아마도 전후의 일본 사회에서 젊은 예술가들이 존재하지 않았던 것을 문제화하는 최고의 방법인 것이다.

무곤칸을 방문하는 사람들에게 구보시마의 해석이 아니라 자기 자신의 감상을 통해서 예술작품을 이해하도록 요구되고 있다. 구보시마는 개개의 작품이 어떠한 상황 속에서 제작되었으며, 또한 열화되어 갔는지에 대해 관람객들이 생각하고 미술관에 전시되고 있는 작품과 자기 자신의 관계에 대해 발견하기를 희망하고 있는 것이다.

무곤칸에는 구보시마 자신의 경험도 포함하여, 다양한 개인들의 경험이 사망한 예술가들의 작품을 통해서 모여져 전후 일본의 모자이크화를 만들어 내고 있다. 이 모자이크 속에서 영구하게 잃어버렸던 부분도 남겨진 부분과 완전히 동등하게 그 의미를 주장하고 있다. 그러나 컬렉션은 이 모자이크화의 의미에 대해서 아무 말도 하지 않는다. 그 손상된 모자이크는 망각과 기억의 역설적인 과정을 체현하여, 전후 일본 사회와 보다 자성적인 관계를 갖도록 관람객들에게 요구하고 있다. 이 전후 일본에서의 망각과 기억의 이중 과정이야말로 이 책에서 찾아내려고 하는 테마이다.

국가, 신체, 그리고 문화

이 책은 전후 시기에 망각의 과정을 필요로 하고 또한 그 과정 자체를 숨긴 것들에 대해 비판적으로 검토해 간다. 그리고 일본 사회에서 전쟁에 따른 상실을 표현하는 것으로 이 망각의 과정에 맞선 문화적 언설의 계보를 탐구한다. 일본은 평화국가로서 재건되면서 1945년의 치명적인 패배에서 살아남았고 그 후 수십 년에 걸쳐서 경제적인 번영을 달성했다. 그러나 신생 일본의 복구와 구축 과정은 쉬운 일은 아니었다. 즉 여기에는 상실의 기억이 끊임없이 따라다니고 있었다.

구보시마의 미술관은 일본이라는 국가 내의 모순된 원망願望 — 과거를 망각하려고 하는 원망과 상기하고 싶은 원망 — 이 패전 후 60년이 지난 지금도 존재하고 있다는 것을 밝히고 있다. 이 두 가지의 원망 사이에 존재하는 긴장 속에서 전후 일본 문화가 만들어진 것이며 그 생성 과정이야말로 이 책의 초점이다.

이 책은 특히 패전에 따른 역사적인 분열을 은폐하고 연속성을 창출하기 위해 취해진 '내러티브'의 전략에 주의하고 있다. 일본은 패전을 설명하고 극복하기 위해서 역사적인 연속성을 가진 '내러티브'를 필사적으로 원했다. 패전을 하나의 '내러티브'에 따라 설명해 버리는 것으로 일본이라는 국가가 경험한 근본적인 역사적 변동에도 불구하고 (혹은 그렇기 때문에) 일본은 그 아이덴티티의 일관성을 주장할 수가 있었던 것이다. 패전은 '내러티브'를 통해서 일본의 보다 나은 장래를 위해서 필요한 희생이라고 평가되었다. 패전을 전후 사회 건설을 위한 필수조건으로 해석함에 따라 전후를 둘러싼 많은 '내러티브'는 이 패전을 표현함과 동시에 억압했던 것이다.

이 책은 전쟁의 트라우마를 이해하기 위해서 일본에서 전개된 다양한 '내러티브'의 전략을 해독해 나간다. 이는 보다 깊은 패배의 본질적인 의미를 밝은 곳으로 끌어내는 것은 아니다. 오히려 전후 사회가 어떻게 광범위하게 패배감과 결합했는지 그리고 그 패배감이 어떻게 문화적으로 생산의 원동력이 되었는지를 검증하려고 한다.

이 책에서 논하는 다양한 문화적 표현이나 현상은 패전부터 25년간 일본에서 생활한 사람들에게 친숙한 것들이다. 아마도 너무나 친숙하기 때문에 역사적으로 검증되지 않았고 종종 전후사戰後史 속에서 특이한 사례로 간주되어 왔다. 그러나 패배에 의미를 부여하려고 하는 원망을 전면에 내세움으로써 지금까지 무의미하고 가치가 없었던 것으로 간주되어 왔던 문화적인 것들이 사회적인 정황에 어떻게 깊숙이 뿌리를 내리고 있는지를 부각시킬 수가 있을 것이다.

이 책은 다양한 문화적 사상事象에 초점을 맞추지만, 특히 대중문화에 관심을 가지고 있다. 그것이 전후 일본에서 내셔널리즘의 심정이 표출된 폭넓은 기반이 되었기 때문이다. 패전은 국가적인 사건이었다. 제국 일본은 이미 이전과 같이 존속할 수 없었고 그 구성원은 의지할 곳을 재건해야 했다.

그렇지만 국가로서의 존립 기반이 원폭에 의해 분쇄된 후 국가의 단편들을 다시 끌어 모아 재구축하는 과정은 정치적인 언설에 의해 수행될 수는 없었다. 군국주의적인 과거와 그것과 관계된 것에 대한 거부 반응은 전후 일본에서의 정치적인 내셔널리즘의 표현을 극히 어렵게 했던 것이다. 그럼에도 불구하고 일본의 내셔널리즘은 전후의 사회의식에서 사라지지는 않았다.

일본이라는 국가는 파괴적인 패전에서 살아남았고 전후 시기 많은 일본인들은 추상적인 정치적 언설이 아닌 일상적인 문화 영역 속에서 패전과 황폐함의 기억을 포괄한 새로운 국민적 아이덴티티를 만들어 내려고 했다. 이 책에서는 문학이나 스포츠 경기, 라디오, 영화, 텔레비전과 같은 문화적 미디어 속에서 표현된 일본이라는 국가의 이미지를 고찰한다. 또한 '잡종'으로서의 일본인이라는 언설 속에 오에 겐자부로大江健三郎나 마루야마 마사오丸山眞男와 같은 '지식인'을 평가하고, 일반적으로 고상하다고 여겨지고 있는 문화적인 언설이 전후 대중문화를 만들어낸 욕망이나 불안의 속에서 어떻게 나타났는지를 논한다.

　이 책은 전후 일본의 대중문화의 구체적인 사례를 통해서 과거 일본의 망각과 기억의 과정을 검토해 가면서 또 다른 두 가지를 강조한다. 먼저 첫 번째 초점은 일본과 미국의 관계이다. 즉 전후 시기 미국은 일본이 스스로를 재정의하기 위한 기초가 되었다는 사실이다. 전후 일본에서 아시아·태평양전쟁의 연합국에 대한 항복은 주로 미군에 대한 패배로서 인식되어 왔다. 미국이 연합국의 일본점령정책을 실질적으로 독점했다는 사실에서도 전후 일본 사회의 관심은 미국과의 관계로 향해졌다. 미국과의 전쟁에 한해서 전쟁 체험을 좁게 말하는 것으로 식민지 지배를 둘러싼 일본의 분쟁은 은폐되었고, 게다가 일본의 패전이 미국의 지배권을 바탕으로 전후의 평화와 번영을 위한 필요조건이었다고 재규정된 것이었다.

　일찍이 아시아·태평양전쟁에서 적이었던 미일 양국은 전후에 밀접한 동맹국이 되었지만, 이 명확한 역사의 단층을 뒤엎으려고 하는 양국의 시도는 전시부터 전후에 이르는 역사적인 연속성을 날조하는 공적인 '내러티브'를 공동으로 만들어낸 것이다. 이 '내러티브'는 일본의 패전을 구출과 개심改心의 드라마로서 연출했다. 즉 미국은 일본을 군국주의자의 위협에서 구출했고, 일본은 미국의 비호 아래에서 평화적인 민주주의 국가로 마음을 고쳐먹은 것이다.

　두 번째 초점은 언설에 따라 구축된 '신체'가 일본이라는 국가의 이미지를 재구축하기 위한 중심적인 장場이 되었다는 것이다. 일본인의 '신체'는 1945년 이전, 이미 국가주의적인 언설의 핵심이었다. 이데올로기에 의해 규정된 국가의 형태는 일본의 유기적인 통일성을 강조하고 종종 신체의 이미지를 통해 은유적으로 정체政體를 나타냈다. '국체'라는 개념이 그것이다. 그리고 전시체제 하에서 일본인의 '신체'는 엄격하게 통제되었다. 즉 내셔널리즘의 이데올로기와 '신체'의 기능을 연결하여 국가주의적인 '신체'를 순종적으로 만들어 내려고 했던 것이다.

그리고 전쟁 중의 통제체제가 소멸한 이후조차 일본인의 '신체'는 다양한 사회적 언설의 교차점에 있었다. 미점령군과 일본 정부에 의해 만들어진 전쟁에 대한 공적인 '내러티브'는 위생적이고 민주적인 '신체'의 이미지를 통해서 미국과 일본의 새로운 동맹을 표현한 것이다. 이와는 대조적으로 전쟁에서 상처 입은 '신체'는 공적으로는 '내러티브'를 단지 추인하는 한, 전쟁 체험을 의미한다는 것으로서 전후 일본의 언설 공간에 받아들여져 있었다. 전후 일본의 문화적 미디어 속에서 만들어진 많은 '신체' 이미지는 비역사적인 '신체'를 구축하려고 하는 공적인 '내러티브'와 대비하여 해독될 필요가 있다.

'신체' 이미지는 전후의 문화적인 언설에서의 과거의 표출과 억압이라는 이중 과정에 대해서도 많은 것을 가르쳐 준다. 제국 일본이 파탄에 이르렀을 때 일본이라는 국가의 '신체'는 해체되어 버렸지만, 이 산산 조각난 '신체' 이미지는 새로운 국가의 형태를 상징하기 위해서 전후에 다시 끌어 모아졌던 것이다. '신체'의 부위는 국가의 유기적인 통일성을 회복하고, 역사적인 트라우마를 극복하기 위해서 상징적으로 꿰매어졌다. 그러나 언설을 통해 구축된 '신체'의 표면에 남겨진 꿰맨 자국은 트라우마를 끊임없이 상기시키는 것이 되었다. 일본의 패전은 은폐됨과 동시에

'신체'의 표층 위에 눈에 보이는 표시를 아로새긴 것이었다.

이 봉합이라는 모순된 기능은 기억하는 행위가 단순히 과거의 회복과 멀다는 것을 증명하고 있다. 트라우마를 진지하게 이해하려고 하는 것으로 공적인 침묵을 깨뜨린다고 하기보다 오히려 강화해 가는 것도 있을 수 있다. 다른 한편으로 패배를 은폐하려고 노력하는 것은 그것을 의도하지 않고 들춰내 버릴 가능성도 있다. 신체적인 비유는 전후 일본의 문화적인 언설에서 '기억/망각'이라는 모순된 과정을 지탱해 왔다. 그렇기 때문에 일본 사회가 전쟁의 기억을 어떻게 다루어 왔는지를 탐구하는 것은 많은 지식을 가져올 가능성에 가득 찬 영역이라고 할 수 있다.

이 책은 과거와의 오래된 투쟁을 탐구하지만 그 투쟁은 먼저 공적인 '내러티브' 제작에서 시작된다. 그것을 전후의 '기원의 내러티브'로 부르기로 한다.

제1장 '원폭, 천황, 그리고 역사—패전 후 미일 관계의 '기원의 내러티브''는 원폭과 천황이 전쟁 종결에 대한 공적인 '이야기'를 창출하는 데에 있어 완수한 역할에 대해 논의한다. 미일 양국의 지도자들은 양국의 동맹 관계를 성적性的으로 의미를 부여함으로써 미일 관계의 급격한 재편성(적에서 아군으로)을 설명할 '이야기'를 함께 만들었다. 패전 후 일본의 '신체' 이미지는 일본이 재생하는 장이었을 뿐만이 아니라 양국 간의 권력 관계를 반영하고 젠더화되어 갔다. 일본은 일찍이 식민지와의 관계에 있어 지배적인 '남성'의 입상을 차지하고 있었지만, 패전 후 미국의 권위를 받아들임과 동시에 이 '남-여' 관계는 미국과 일본의 관계에 겹쳐지게 된다. 일본은 미국의 패권에 복종함으로써 '여성'의 역할을 맡게 되었던 것이다.

또한, 양국의 관계는 종종 성적으로 채색된 용어를 사용하여 매우 자연스러운 것으로 설명되었다. 양국은 패전 후의 관계 기반을 상대에 대한 욕망, 그리고 서로의 욕망을 받아들여 구축하였다. 이 성적인 관계의 핵심에 천황의 '여성화된 신체'가 있었으며 이에 따라 일본이라는 국가의 형태는 비유적(정확하게 말하면, 환유적)으로 표상되었던 것이다. 틀림없이 천황의 '여성'적인 이미지에 의해 일본은 식민지주의의 유산을 청산했던 것이다. 일본과 미국은 이 '이야기'를 열심히 받아들였고 유포시켰다. 그리고 그것은 미일 양국이 전쟁의 '기억'을 표현하는 표준적인 틀이 되었던 것이다. 제1장에서는 이러한 '이야기'가 만들어지고 강화되어 가는 역사적인 과정과 그것이 패전 후의 일본 사회에서 망각과 기억의 과정을 어떻게 강고하게 정의했는지에 대해 논의한다.

제2장 '육체의 시대'는 전시체제 붕괴 후에 나타난 육체의 예찬에 초점을 맞춰 간다. 일본의 사회의식에 어떻게 '신체'가 재편입되었고 해방의 상징이 되었는가 그리고 미점령군의 통제체제 아래에 어떻게 즉시 놓여졌는가를 탐구한다. 정치 정황이 전시부터 전후로 극적으로 변화해 갔음에도 불구하고 '신체' 이미지는 전시, 전후를 막론하고 일본이라는 국가의 형태를 개념화한 후에 중심적인 위치를 차지했다.

그리고 마루야마 마사오의 '의료화'된 사회과학적 언설과 다무라 다이지로田村泰次郎의 '육체의 문학'을 해독해 간다. 두 사람의 저작은 전후 대중문화가 만들어낸 '신체' 이미지에 대해 대조적 반응을 나타내고 있다. 마루야마와 다무라는 '신체'의 래디컬radical한 가능성을 평가하는 데에 있어서 대척점에 있는 듯이 보인다. 즉 다무라는 '신체'를 근본적인 사회변동의 계기로서 평가했고, 마루야마는 그러한 낙관주의를 엄격하게 비판했다고 간주되어 왔다. 그러나 짓궂게도 두 사람의 저작은 모두 일본인의 '신체'를 에워싼 역사적인 정황을 초월하려고 했던 점에서 공통적이다.

제3장 '어디에도 없는 국가—일본인론에 대해서'는 1950년대, 성적인 '신체'를 통해서 표현된 일본 사회의 '잡종성'에 초점을 맞추고, 잡종성이라는 개념과 일본의 패전에 대한 충격을 궁극적으로 부정한 문화적 언설의 친연성親緣性에 대해 논의한다. 잡종성이라는 개념은 1950년에 패전과 그 영향에 대한 이데올로기적인 변명으로 사용되었다. 일본은 이미 서양과 아시아의 잡종 사회였기 때문에 새삼스럽게 적이 그 안에 들어오더라도 변하지 않을 것이다. 일본의 잡종성은 일본 자신의 내부로 타자를 끌어안고 "타자"—아시아와 미국 모두—와 과거에 투쟁한 관계를 인식 불가능한 것으로 삼았다. 그리고 고지마 노부오小島信夫나 오에 겐자부로 등의 작가들이 단편소설 속에서 잡종성을 갖춘 인물을 등장시킴으로써 이 이데올로기적인 개념을 어떻게 문제화했는지에 대해서도 논한다.

일본의 내셔널리즘은 또한 미디어에서 이형異形의 '신체'를 가진 괴상한 모습으로 전후의 일본으로 돌아왔다. 제4장 '명명하지 못하는 것을 명명하다'는 일본이 1952년에 독립을 회복한 후에 라디오나 텔레비전, 영화 등의 대중매체에서 표현된 전쟁의 기억에 초점을 맞추기로 한다. 미국의 점령이 끝나고 전쟁의 기억이 민중들의 의식에 다시 부상했는데, 그것은 대중매체를 통해서 가시화되어 갔다. 제4장에서는 그러한 세 가지 사례를 고찰한다.

첫 번째는 절대적인 인기를 자랑한 라디오 드라마 〈너의 이름은君の名
は〉이며 이것은 과거와 떨어질 수 없는 조우遭遇와 관련되어 있다. 두 주
인공의 서로가 사는 곳을 밝히려는 몇 차례의 시도는 실패로 돌아가지만
그것은 두 연인과 과거의 애매한 관계를 상징적으로 나태내고 있다. 두
번째로 전후 일본이 사로잡힌 전시의 기억을 추적하기 위해서 1950년대
의 영화 시리즈인 〈고질라ゴジラ〉를 살펴본다. 고질라라는 괴물의 신체는
1950년대에 부활한 일본의 내셔널리즘 속에서 충분히 표현될 수 없었던
전쟁과 패배의 기억의 신줏단지가 되었던 것이다. 세 번째로 일본이라는
국가를 연출한 프로레슬링 선수 역도산의 신체 퍼포먼스를 해독해 간다.

라디오 방송, 괴물, 프로레슬링 시합은 일본을 깨뜨린 패배의 의미를
이해하기 위한, 현저하게 다른 세 개의 '내러티브' 전략을 청중이나 관중
에게 제시한다. 〈너의 이름은〉은 과거와의 화해 방법을 제시하는 것으로
'기원의 내러티브'를 궁극적으로는 옹호하고 있다. 〈고질라〉는 전후의 부
흥을 파괴하고 '기원의 내러티브'를 거절한다. 그리고 역도산은 미국인
선수를 때려눕히고 '기원의 내러티브'를 돌이켜 보게 한다.

제5장 '안보투쟁에서 도쿄올림픽으로'의 초점은 그 시기가 1960년
대로 바뀐다. 1960년에 체결된 미일 안전보장조약에 대한 대중적인 반
대운동은 많은 참가자들에게 전쟁의 기억, 그리고 내셔널리즘의 감정과
다시 만나는 계기가 되었다. 이 운동은 일본의 패전의 유산, 즉 일본과 동
아시아에서의 미국의 패권에 대한 직접적인 저항으로 시작되고 있다. 그
러면서도 대중적인 기반을 획득했을 때 그것은 전후의 민주적인 사회질
서—미국의 점령정책의 유산—를 지키려고 하는 운동으로 변용해 갔

다. 이 대중적인 정치운동이 안보조약 개정에게 패배하자 전후 사회는 경제성장으로 관심을 돌려갔다.

도쿄올림픽에 들어간 막대한 투자는 일본의 경제적인 전환을 촉진했다. 또한 전후 일본 사회에서 올림픽이라는 화려한 스포츠 이벤트는 스포츠 선수의 신체와 도시경관을 통해서 전쟁의 기억을 재편했으며, 이를 위생적이고 무해한 것으로 여기는 기회가 되었던 것이다. 일본인의 보다 건전한 신체 이미지와 청결한 도시 이미지를 통해서 전후 일본은 힘든 과거에 상징적으로 이별을 고했다. 전쟁의 기억은 여전히 전후 사회와 함께 있었지만, 그것은 일본의 전후의 번영을 위한 필요조건으로서 언설 속에서 변용되어 갔던 것이다.

제6장 '트라우마의 재현'에서는 1960년대 후기에 전쟁의 기억을 재현하려고 한 두 작가의 시도를 논의하면서 이 책의 맺음말로 삼기로 한다. 전쟁의 기억을 내버려두려고 했던 사회 속에서 노자카 아키유키野坂昭如와 미시마 유키오三島由紀夫는 '신체'의 이미지를 통해서 1945년의 일본 패전의 의미를 명확히 하기 위해 분투했다. '신체'는 두 사람에게 상극相克하는 원망의 장으로 재차 나타났다. 즉 과거는 향수鄕愁의 대상이 되면서 동시에 거절되어야 할 것이기도 하다.

노자카와 미시마의 '신체'는 이와 같이 모순된 원망으로 간주되어 과거와 현재 틈을 헤매고 그립게 여기면서 동시에 두 번 다시 조우하고 싶지 않은 체험 ─ 신체적인 과거 ─ 을 반복한 것이다. 노자카 소설의 주인공은 패전의 기억에서 해방되기 위해 십대 시절로 집요하게 회귀하지만 상실을 항상 '신체'적으로 계속 연기하면서 막을 내리는 것이다. 한편 미시마는 상징적으로 자신의 '신체'를 훼손하는 것으로 전후의 일본 사회에서 패전을 표현하려고 했다. 그러나 미시마의 자살은 패전의 망각이 전후 일본에서 당연한 것이 되어버렸다는 것을 짓궂게도 증명해 버렸던 것이다.

또한 1945년에 시작하여 1960년대 후기에 이르는 전후 일본의 역사를 배경으로 과거를 상기하는 과정을 검증한다. 이와 함께 역사의 흐름에 따라 일본 사회에서 전쟁을 상기하는 것이 점점 어려워지게 된 경과도 함께 추적한다. 패전 이후 25년이 지나면서 일본 사회가 망각의 과정을 어떻게 자연스러운 것으로 만들어 버렸는지 — 상실 그 자체가 상실될 때까지 어떻게 도달했는지 — 에 관해서 논의하고 이 책을 매듭짓는다.

패전과 상실이 일본의 평화와 번영에 있어서 필수 불가결했다고 주장하는 널리 퍼진 전쟁의 '내러티브'는 일본 사회의 경제적인 번영에 의해 더욱 설득력을 얻었다. 그러나 그러한 기억의 불식에도 불구하고 일본인의 '신체'는 과거를 상기하는 중심적인 장으로서 지속되었던 것이다. 일본인의 '신체'를 둘러싼 사회 정황이 격하게 변동하면서 새로운 '신체' 이미지가 필요해졌고 '신체'는 문화적인 평가의 장으로서 존속했다. 그렇지만 상실을 표현하려고 했던 노자카나 미시마의 노력에도 불구하고 일본 사회는 1960년대 후기의 번영 속에서 전후 일본의 발전의 기초로 상실을 평가하는 것으로 망각의 과정을 확실하게 지워 없애 갔던 것이다.

전후의 기억과의 분투는 1960년대 고도경제성장에 따른 번영과 함께 단시간에 해소되었다. 이것은 냉전의 고조와 그 시기를 함께 하고 있다. 일본 사회는 동아시아에서의 미국의 패권을 받아들이는 것으로 전쟁 기억의 속박에서 벗어날 수 있었다. 그러나 1970년대 초기에 전환하기 시작한 냉전의 정치적 패러다임은 1980년대 후기에 붕괴되었고 일본 사회에서 강대한 영향력을 가지고 있었던 '기원의 내러티브'도 그 힘이 약해져 갔다.

이러한 정치적인 변동에 따라 1970년대 이후 과거에 대한 관심은 일신되어 일련의 논쟁을 불러일으키게 된다. 전쟁의 기억은 그 속에서 괴로워하는 동아시아인의 '신체' 이미지를 통해 강렬하게 되살아나게 되었던 것이다. 이 책의 결론에서는 과거를 망각하고 또한 기억하기 위한 일본 사회의 분투가 식민지주의의 역사를 상징하는 '신체'를 통해 지금도 어떻게 계속되고 있는 것인지를 주시하기로 한다.

오가이 야타로가 그린 젊은 비행사의 그림과 같이 전후의 다양한 '내러티브'로 매개된 전쟁의 기억은 심하게 훼손되어 보인다. 산산조각 난 과거의 많은 단편들은 영구히 잃어버리게 되었다. 하지만 전후 일본이 과거와 맞부딪혔던 관계를 그리기 위해서 잃어버린 부분도 거기에 아직 남아있는 파편과 마찬가지로 중요한 것이다. 이 책의 목표는 '독창적인' 전쟁 체험을 복원하는 것이 아닌, 다양한 전후의 내러티브에 대한 평가를 통해서 누락된 것을 해독하는 것이다. 저자는 이러한 해독을 실천하는 것이 현재 다시금 일본의 과거를 상기하기 위해서 필요한 것이라고 생각한다.

제1장

원폭, 천황, 그리고 역사

패전 후 미일 관계의 '기원의 내러티브'

일본이란 말하자면 여자 같은 거야. 함께 있어도 없어도 곤란하단 말이지, 이해할 수 있겠지.

— 마이클 크라이튼(Michael Crichton), 『떠오르는 태양』

전쟁은 평화이다.

— 조지 오웰(George Orwell), 『1984』

스미소니언 원폭기획전 논쟁

1994년부터 1995년에 걸쳐 워싱턴에 있는 스미소니언 박물관의 원폭전시계획에 관한 내용을 둘러싸고 미일 양국 사이에 격렬한 논쟁이 일어났다. 이 문제는 미국과 일본 사회에 여전히 제2차 세계대전의 기억이 깊은 감정적인 갈등 속에 있다는 것을 보여주었다.[1]

두 국가의 '올바른' 역사는 원폭 사용을 둘러싸고 완전히 대립된 견해를 드러냈다. 스미소니언 박물관이 계획을 대폭 축소한 것에서 알 수 있듯이, 미국인 사이에 널리 수용되는 해석은 원폭의 사용은 정당하며 그 결과로 평화를 가져왔다는 것이다. 한편 많은 일본인은 원폭은 결코 사용되어서는 안 되는 잔학한 무기이며 원폭 투하 없이도 평화는 가능했다고 믿고 있다. 두 국가의 원폭에 대한 태도는 서로 다른 윤리적인 판단에 기초하여 궁극적으로 양국을 대립 속에 가두고 있다.

제2차 세계대전의 기억은 지금도 미일 양국이 서로를 여전히 인식하고 있다고 할 수 있다.[2] 그러나 전후 미일 관계는 전쟁 중에 만들어진 상호의 원한을 쉽게 극복했다. 전쟁이 끝나고 미국과 일본은 태평양을 사이에 두고 서로 미워했던 적국에서 가장 긴밀한 관계를 자랑하는 우방국이 되었다. 냉전하 국제관계 속에서 이 긴밀한 관계는 미국이 아시아에서 반공산주의 정책을 전개하기 위한 기초가 되었다. 미국에게 한층 더 다양한 형태의 원조를 받게 되고 미국 시장으로 진출이 허용됨으로써 일본은 패전 후 놀랄 만한 경제부흥, 그리고 발전을 이룩하였다. 전쟁 직후 미일 관계의 변화는 일본인의 아이덴티티 형성에 큰 문제를 제기하였다. 그것은 일본이 살아남기 위해서 과거의 적의 패권헤게모니에 의지해야만

하는 상황에 기인하고 있다.

이 장에서는 전투를 종국으로 이끈 일련의 사건—히로시마廣島와 나가사키長崎의 원폭 투하와 쇼와 천황昭和天皇의 '성단聖斷'—을 통해 제2차 세계대전 당시 일본을 지도했던 자들이 패전으로 생긴 긴장 상태를 합리화하기 위해 만들어 낸 '이야기'를 검증한다. 이 '이야기'는 전략적으로 일본의 패전을 인류의 보편적인 문제로 확산하였다. 게다가 미국의 지도자들도 천황 개인을 옹호함으로써 이 '이야기'를 보다 강고하게 하는 데 조력하였다.

패전 직후 이데올로기가 재배치되면서 미일 양국 내에서 냉전의 정치 상황에 의해 불합리한 역사는 억압되었다. 일본에게 있어 어제의 적은 오늘의 아군이 되었던 것이다. 히로시마와 나가사키에서 사용된 핵무기의 전례 없는 파괴력은 미국과 일본이 그 공동체의 기억을 다시 쓰기 위한 추진력이 되었다. 미국과 일본은 전쟁종결에 원폭을 사용하여 클라이맥스에 이르는 멜로드라마 속에서 각자 맡은 역할을 하였다.[3] 원폭의 위력을 빌려 '남자' 역할을 한 미국은 궁지에 몰린 '여자' 역할을 한 일본을 구해내고 회심回心시킨다. 전쟁종결의 '성단'으로 쇼와 천황은 미국의 뛰어난 힘을 인정하고 이 드라마에서 중심적인 역할을 맡았던 것이다. 이러한 과장誇張에도 불구하고 이 '이야기'는 전쟁과 그 결말에 대해 미일 양국의 인식을 형성하였다.

여기에서는 이 '이야기'를 패전 후 미일 관계의 '기원의 내러티브'로 부르기로 한다. 그리고 '기원의 내러티브'가 성립하는 궤적을 더듬어 양국의 패전 후 관계 속에서 이 '이야기'가 무엇을 은폐했는지에 대해 검증한다. '기원의 내러티브'는 원폭 체험으로 이어지는 미일 관계의 변모를 이해하려는 양국의 노력으로 탄생한 것이다. 말할 필요도 없이 미국이 일방적으로 대일본제국에게 핵무기를 사용했다. 그 후 미일은 쇼와 천황이라는 인물을 통해서 원폭과 전쟁의 종결을 설명하는 '이야기'를 일치시켜 나가게 된다.

원폭 사용의 정당성에 대해 입장이 서로 다름에도 불구하고 양국의 많은 사람은 일련의 역사적인 사건에 관해서는 같은 해석을 받아들였다. 미국과 일본을 불문하고 전쟁 '이야기'는 1945년 8월부터 수개월 사이에 일어났던 일련의 사건을 이해하는 방법으로서 다양한 '이야기' 장치(위인담, 구출과 회심의 기원의 내러티브, '좋은' 적이라는 모순 등)를 제공했다. 그리고 이들 장치 모두가 합체하여 '기원의 내러티브'를 만들어 냈던 것이다.

'기원의 내러티브'는 미일 양국에서 대중적인 상상력을 끌어들여 냉전의 정치구조가 무너지기 시작하는 1980년대까지 양국의 상호 관계에 대한 논의를 규정했다. 냉전 후의 전략적 사고 속에서 핵전쟁의 수행력은 중요성이 줄어들고 일본은 '기원의 내러티브' 속의 규정된 역할에서 차츰 해방되는 것처럼 보인다.[4] 그러나 미일 양국의 역사를 다시 생각하려는 시도—스미소니언 박물관의 원폭 전시, 일본의 패전 후 50년 국회 결의[5]—에 대한 격렬한 반대를 보면 전쟁이 종결되고 60년이 지난 지금도 많은 미국인과 일본인이 아직도 패전 후의 '기원의 내러티브'를 옹호하고 있는 것을 알 수 있다.[6] '기원의 내러티브'의 구조는 그대로 남아 있을 뿐만 아니라 양국이 각각 전쟁의 기억을 마주할 때마다 재생되었다.

이 장에서는 '기원의 내러티브'가 만들어진 역사적인 장場을 다시 방문한다. '기원의 내러티브'의 계보를 더듬어 그 구성요소를 검토함으로써 원폭의 사용과 천황의 '성단' 사이에 둘러쳐진 의미의 그물코를 푸는 가능성에 대해 탐색한다. 이들 사건의 언설성言說性 — '이야기'를 통해 역사가 구축되어 온 것 — 은 여기에서 논의의 초점이 된다. 전쟁 직후의 미일 관계를 규정한 '기원의 내러티브'는 의심 없이 패전 후 미국의 힘에 의존한 일본에게 보다 근본적인 것이었다. 그런데 이 '이야기'는 미일 양국의 관계 속에서 상대 국가의 이미지를 만들어내는 역할을 했다.

1. 패전 후 미일 관계의 출발점

'기원의 내러티브'의 기원

미국과 일본은 제2차 세계대전의 종결에 사용된 원폭을 둘러싸고 아직 서로 전혀 양보하지 않은 것처럼 보인다. 미국 국민의 대부분은 현재도 히로시마와 나가사키 핵 공격은 정당한 것으로 생각하고 있으며 다수의 일본인은 원폭의 사용에 대해 반감을 느끼고 있다.[7] 그러나 역사적인 사건에 대한 이와 같은 대조적인 반응에도 불구하고 전쟁이 어떻게 종결되었을지에 대해 양국에서 받아들이는 '이야기'는 구조적으로 놀랄 만큼 서로 비슷하다. 어느 국가의 '이야기'에도 역사는 위인에 의한 결정과 사건에 의해 추진되는 것이다.

미일 양국에서 널리 받아들이는 패전 '이야기'는 일련의 역사적인 결정들로 채색되어 있다.[8] 그 '이야기'에 따르면 1945년 7월 26일 미국과 영국, 중화민국은 포츠담 선언에서 "일본 정부가 즉시 일본 군대의 무조건 항복을 선언"할 것을 요구했다. 그러나 일본 정부 지도자들은 이 선언을 검토하고 이틀 후 그 수용을 '묵살한다'고 통고했다. 이 대답을 포츠담 선언의 거절로 이해한 미국 정부는 히로시마와 나가사키[오구라小倉가 본래 목표였는데 두꺼운 구름으로 덮여있어 목표를 보는 것이 불가능했기 때문에 나가사키로 변경되었다]에 원폭을 투하하게 되었다.

새로운 군사무기의 거대한 파괴력에 쇼와 천황은 전쟁종결의 의사를 밝혔다. 하지만 어전회의御前會議에서 장시간에 걸친 논의는 정체 상태에 빠졌다. 회의 참가자 중에 3명[히라누마 기이치로平沼騏一郎 추밀원 의장, 요나이 미쓰마사米内光政 해군대신, 도고 시게노리東鄕茂德 외무대신]은 천황의 법적인 지위 보전을 유일의 조건으로 내세우며 즉시 포츠담 선언을 수용할 것을 주장했다. 나머지 3명[아나미 고레치카阿南惟幾 육군대신, 우메즈 요시지로梅津美治郎 참모총장, 도요다 소에무豊田副武 군령부총장]은 그 조건에 일본이 스스로 무장 해제 및 전범 재판을 하고, 점령은 소규모로 한정된 기간이어야 한다는 세 가지 조건을 고집했다.[9]

여기서 주의할 것은 천황이 임석한 최고전쟁지도회의 참가자들은 무조건 항복의 권고를 수용할지를 논하지 않았다는 점이다. 그들은 포츠담 선언 수용에 어떠한 조건을 붙일지에 대해 격렬하게 논쟁하고 있었다. 정체 상태에 빠진 논쟁은 천황의 '성단'에 의해 결말이 났다. 쇼와 천황은 그 자리에 오른 이후 지켜온 비정치적 군주의 역할을 벗어 던지고 일본은 항복해야 한다고 결단했다. 쇼와 천황은 국체 호지國體護持, 천황제 옹호라는 조건부로 일본은 즉각 포츠담 선언을 수용해야 한다는 의견에 찬성의 뜻을 표했다.

쇼와 천황은 실제로는 일본 국가의 황폐 그 자체보다도 황실의 존속을 우려했다. 그럼에도 불구하고 이 '이야기'는 천황을 일본뿐만 아니라 인류 전체를 구제하는 중요한 결심을 한 과묵하지만 개명한 군주로 칭송한다. 이 역사의 기로에서 쇼와 천황은 최초로 최후의 역사적인 역할을 했다고 한다.

이 '이야기'에서 유도되는 결론은 오늘날 일본의 번영이 일본을 완전한 파괴에서 구제한 '성단' 덕분이라는 것이다. 천황 자신에게 무엇이 일어날지도 염두에 두지 않고 "짐은 어떻게 될지라도 더 이상 전쟁을 계속해서 국민이 고통받는 것을 차마 볼 수 없다"는 발언을 했다고 한다.[10] 그러나 천황이 전쟁종결 시에 보여준 인도적인 배려의 증거로 자주 예로 드는 이 말은 정치적인 맥락 속에서 검토될 필요가 있다. 국체가 있어야지 국민도 있다는 그 호지는 양보할 수 없는 선이었다.

마찬가지로 미국에서 널리 수용되는 '기원의 내러티브'를 보면 트루먼Harry S. Truman 대통령에 의한 원폭 투하 결정은 미국사 속의 신성한 순간으로 취급되고 그것에 대한 반론은 허용되지 않는다. 원폭은 '자비로운' 무기로 결과적으로 몇 백만이나 되는 사람의 목숨을 구제했다고 한다. 이 무기를 개발하기 위해서 걸린 시간 그리고 그 사용을 결정하기까지의 경과는 모두 트루먼의 결정으로 돌렸다. 트루먼은 원폭의 작렬炸裂이라는 선례 없는 사건에 호응하는 유일무이의 주체로서 존재한다. 이 트루먼과 원폭을 결부시키는 등식 속에 미국 정부의 복잡한 관료제 조직은 모습을 감추고 역사는 위인의 행동록으로 단순화되었다.

미국과 일본에서 선전되는 두 개의 '이야기'는 트루먼의 결정과 천황의 조정調停이라는 서로 다른 점을 강조하여 모순되어 보인다. 그러나 실제로는 서로 보완하는 것이며 두 개의 어긋난 '이야기'는 보다 큰 '이야기' 속에서 에피소드로 기능한다. 즉 트루먼과 쇼와 천황은 닮은 존재이고 두 사람의 결정은 자비로운 구명救命의 행동으로 보인다. 이 '이야기'에 따르면 미일 전쟁을 종결시키기 위해 천황의 '성단'은 트루먼의 결정과 마찬가지로 결정적이고 원폭의 작렬은 이 두 사람의 언동을 결부시키는 열쇠가 되었다. 원폭의 공전의 파괴력은 '위인偉人'의 행동을 통해서 의미를 부여받게 되었다.

미일 양 정부는 공동으로 원폭에 상징적인 의미를 제공했다. 쇼와 천황의 결정을 통해 이 미증유의 경험은 일본의 패전으로 이해할 수 있게 되었다. 연합국 정부는 8월 10일에 일본이 항복을 수용하는 통고를 받았다.

> 제국 정부는 1945년 7월 26일 '포츠담'에서 미국, 영국, 중국 3국 정부의 수뇌에 의해 발표된 이후 '소련' 정부가 참가한 공동선언에서 내놓은 조건을, 포츠담 선언은 천황의 국가통치 대권을 변경하는 요구를 포함하지 않는다는 양해하에 수락한다.[11]

이 통고는 만약 연합국이 일본의 '조건'을 받아들이지 않으면 일본 정부는 전쟁을 계속한다는 것을 암시한다. 정부는 실제로 그 최후의 일선―천황제 존속―을 위해 국민을 희생하는 것도 마다하지 않았다. 이 통고가 송신된 후 8월 12일에 열린 황족과의 회의에서 쇼와 천황은 이 결의를 분명히 하였다. 만약 국체 호지의 확증이 없으면 계속 전쟁할 것인가라는 아사카노미야朝香宮의 질문에 천황은 '물론이다'고 대답했다.[12]

일본 정부에게 응답을 받은 트루먼은 이와 같은 조건이 붙어도 무조건 항복이라고 부를 수 있을지 곤혹스러워했다. 그의 회상록에 따르면 트루먼은 번즈 국무장관과 군의 최고책임자들에게 다음과 같은 질문을 던졌다.

> 우리는 도쿄에서 받은 이 통신을 포츠담 선언의 수락으로 간주해야 하는가. 미국에는 천황은 우리가 파괴한다고 맹세한 일본 조직의 불가결한 일부라고 생각하는 자가 많이 있다. 천황을 존속시키고 게다가 일본의 호전好戰 정신을 불식하는 것을 기대할 수 있겠는가. 이런 큰 단서가 붙은 통신을 우리가 싸우면서 바랬던 종류의 무조건 항복으로 생각할 수 있겠는가.[13]

트루먼의 놀라운 묘사에도 불구하고 대통령 자신을 포함하여 초기 트루먼 정권의 각료들은 이미 '무조건 항복'을 일본 정부가 받아들이기 쉽도록 완화할 가능성—구체적으로는 천황제의 존속을 보장하는 것—을 검토하고 있었다.[14] 미국 정부의 고관들은 천황의 권위를 이용하여 점령 집행을 하기 위한 유익한 도구로 간주하였다. 또한 미국 미디어도 항복조건의 가능성에 대해 폭넓은 논의를 하고 있었다.[15] 일본 정부의 재빠른 응답은 미국 정부를 놀라게 했는데[16] 그 내용은 예기되고 있었던 것이었다.

미국 정부가 일본 측의 조건을 암묵적으로 인정함으로써 양국 사이에 타협이 이루어지고 8월 11일에 번즈 국무장관 이름으로 연합국의 답장이 타전되었다. 그 답장은 일본의 요구를 묵낙默諾하는 "항복한 순간부터 천황과 일본 정부의 국가통치 권한은 연합국군 최고사령관에 종속subject to한다"는 한 문장이 포함되어 있었다.[17]

전쟁이 종결되고 연합국이 일본 정부와 타협한 것은 미국 미디어에서 널리 보도되어 위대한 인물의 결단이라는 드라마로 미국 여론을 만족시켰다.[18] 연합국이 일본 정부에 양보한 타협에 대한 강한 반대는 미국 보도기관 사이에서 크게 이야기되는 일은 없었다. 역사학자 마이클 쉐리Michael Sherry가 주장하듯이 "원자폭탄을 사용함으로써 미국은 그때까지 거절해온 항복을 위한 조건을 제시할 수 있었고, 원폭은 일본 정부뿐만 아니라 미국 정부에게도 결정적인 충격을 주었다".[19]

즉 원폭의 추상적인 위력은 천황의 주도권에 의해 미국의 지도자가 인식할 수 있었던 것이다. 이 무기의 징벌적인 힘을 인정하고 일본은 항복한 것이며 쇼와 천황은 원폭이라는 신탁神託을 해명하는 예언자로서 행동하였다. 일본과 천황이라는 정치제도를 완전히 파괴해버리면 원폭의 '기적적인' 효과를 이해 가능토록 하는 수단을 잃어버리게 되었을 것이다. '이야기'에 의한 의미부여가 없으면 원폭은 그저 거대한 원폭 장치에 불과하다. 원폭의 파괴적인 힘 그 자체가 아니라 '원폭이 전쟁을 끝내게 했다'는 '이야기'가 종전을 가져왔고, 쇼와 천황은 이 '이야기'를 미일 양국의 시민에게 제공했다.

패전의 '이야기'는 또한 원폭과 천황 관계의 순환구조도 만들었다. 쇼와 천황에게 무조건 항복을 인정하게 한 점에서 원폭은 특별한 것이고, 천황은 원폭이 특별한 것임을 인정했기 때문에 평화를 받아들였다. 이 순환 속에서 원폭과 천황은 둘만의 관계에 갇히어 그 전과 후의 모든 역사적 요인에서 멀어지게 된다. 원폭트루먼의 결정과 천황천황의 '성단'이 전쟁을 끝냈다는 이와 같은 상호를 언급하는 설명은 원폭 사용의 찬반에 대한 논의를 불가능하게 한다. 이러한 설명을 전면적으로 수용할지 아닐지 양극의 입장이 있을 뿐이고 원폭과 천황을 상호 언급하는 것을 수용하는 한 논의의 여지는 전혀 없다.

연합국이 일본의 조건을 받아들인 평화 교섭의 최후의 단계에서 원폭과 천황을 상호 언급하는 것이 재확인되었다. 이 닫힌 관계 속에서 원폭과 천황 서로에게만 의미부여를 했다. 원폭의 놀라운 위력은 일본의 위대한 자유주의자라고 하는 쇼와 천황의 정신을 흔들어 깨웠다. 천황은 원폭처럼 '작렬'했다. 그리고 원폭도 천황처럼 1945년까지는 대중의 시선에서 숨겨진 비정치적인 존재였다. 쇼와 천황과 원폭은 정치적 과정에 개입하여 평화를 보장하기 위해 사람들 앞에 그 모습을 드러냈는데 이것이 최초이면서 최후의 개입이었다. 이들의 '작렬' 이후 원폭과 천황은 다시 사용되는 일이 없이 상징적인 존재가 되었다. 원폭은 미국을 냉전 구조에 편입시키고 천황의 '성단'은 일본을 냉전 하 미국의 가장 충실한 동맹국으로 변화시켰다.[20]

쇼와 천황과 원폭은 그 역설적인 특질에서도 한 쌍이 되었다. 원폭의 파괴력이 태평양에 평화를 가져온 한편 천황의 독재적인 권력은 평화의 열쇠가 되었던 것이었다. 위대한 인물에 의한 개입이라는 '기원의 내러티브'와 상호적 의미부여가 원폭과 천황을 부정에서 긍정으로 혁명적인 변화 속에 가둬버렸다. 1945년 8월은 이 변화가 일어난 특권적인 시기가 되었다.[21]

이 모순이 그대로 존재하는 한 원폭과 천황의 부정적인 측면을 강조해 봐도 그 궁극적인 평화의 사자使者로서의 역할을 부정할 수는 없다. 부정적으로 말하는 것은 갑작스러운 변화에서 생겨난 긍정적인 결과를 보다 극적으로 표현할 뿐이다―무서운 사건이었지만 필요했던 것이라고. 히로시마와 나가사키에서 타버린 인체의 모습과 천황의 독재 군주로서의 존재는 평화를 위한 필요조건이 되었다. 파괴적이면 파괴적일수록 그리고 독재적이면 독재적일수록 회심의 순간은 극적으로 된다. 원폭과 천황의 부정적인 측면과 긍정적인 측면의 양면성은 미일의 패전 후 드라마에 불가결한 것이 되었다.

부정되는 전쟁책임

이 회심回心의 '기원의 내러티브'는 일본의 보수주의자에 의해 천황의 아시아·태평양전쟁에 대한 책임을 부정하기 위해 이용되었다. 전쟁 중에 정부 지도자들이 천황에 의한 중재의 드라마를 준비하면서 줄거리를 덧붙였다. 쇼와 천황의 독재적인 권력은 실은 군부의 것이었다는 것이 그것이다.[22]

연합국 측(이라 해도 미국이 대일교섭의 주도권을 가지고 있었다)에 의해 일본의 조건이 수용된 후에 일본의 내각은 국체를 유지할 수 있다는 확신을 얻었다. 8월 14일에 천황은 어전회의에서 연합국의 응답을 수용한다는 두 번째 '성단'을 내렸다. 내각이 남긴 유일한 것은 '군부'에서 거리를 두고 모든 것을 군부의 소행으로 하며 국민에게 전쟁종결이 필요하다고 이해시키는 일이었다.

이 때문에 정부는 천황의 권위를 전면적으로 이용했다. 먼저 정부 지도자들은 전쟁종결의 결정은 천황의 '성단'에 의한 것이었다는 신화를 만들어 냈다.[23] 그리고 쇼와 천황이 종전의 조칙詔勅을 스튜디오에서 낭독하고 다음 날 그 녹음이 라디오로 방송되었다. 이때 사상 최초로 천황의 목소리가 라디오에서 방송되고 이 전례 없는 성명은 최종적인 결정에 이르기까지 쇼와 천황의 적극적인 역할을 강조했다.[24]

철학자 와시다 고야타鷲田小彌太는 칙서에 대해 다음의 네 가지를 지적한다. 첫째는 쇼와 천황은 전쟁을 종결시킨 주체로서 다루어진다. 따라서 이것은 천황의 의식적인 결정이고 '패전'이 아니다. 그 논리적 귀결은 누구도 패전에 하물며 전쟁 그 자체에 대해서 책임을 지지 않는다.

둘째는 조칙은 일본 정부는 포츠담 선언을 수락한다고 선언하지만, 그 어디에도 선언 내용에 대한 설명이 없다.[25] 그리고 유럽 국가들과 미국과의 분쟁만을 전쟁이라 부르고 일본의 아시아 국가들에 대한 침략에는 언급하지 않는다. 따라서 조칙에 따르면 전쟁은 진주만眞珠灣의 기습으로 시작된 것이다. 조칙의 작성에 참여한 사람들에 따르면 아시아에서의 전쟁은 아시아에 안정과 평화를 가져오려면 필요했던 것이고 일본의 식민지주의 소산은 아니었다. 그리고 만약 식민지화가 침략으로 보였다고 해도 그것은 천황의 의사에 반해 행해졌다. 그것들에 대해서는 모두 군부에 그 죄가 있다.

셋째는 '잔학한 폭탄'에 의해 무고한 시민이 죽임을 당한 것을 특필한다. 조칙은 만약 일본 정부가 전쟁을 그만두지 않으면 일본인뿐만 아니라 인류의 문명 그 자체가 절멸하게 된다고 설명한다. 이 논리에 따르면 일본인은 전쟁의 희생자이고 천황은 그 생명을 걸고 국민을 지켰다.

넷째는 칙서는 천황이야말로 일본인을 미래로 인도할 수 있다고 주장했다.[26]

칙서를 관철하는 논리는 간단하다. 쇼와 천황을 비정치적이고 비역사적인 존재로 규정함으로써 일본 정부는 천황을 그 실제의 전쟁에 대한 관여에서 면죄하고 그 연장으로서 천황을 보필한 정부 지도자들도 정치적인 책임에서 벗어난 것이다. 천황의 의사는 모든 국민의 의사였기 때문에 이 논리는 일반 대중에게도 적용되었다. 만약 천황에게 책임이 없으면 국민에게도 책임이 없는 것은 당연했다. 이 논법에 따르면 모든 책임은 군부에 돌아간다. 천황은 평화를 지키려는 바람과는 다르게 군부 지도자들의 손에 얽매이는 몸이 되어 있었다.

이처럼 천황은 1930년대와 40년대 전반기의 정치적 조건에서 자신을 분리하고 전쟁행위에 대해서 책임을 지지 않는다는 것을 내보였다. 만약 천황 히로히토裕仁의 이름으로 포고된 전쟁에 대해 천황에게 책임이 없다면 일본의 그 누구에게도 책임은 있을 수 없다.[27] 천황은 일본에 평화를 가져오려는 시도에만 책임을 갖는 것이다. 마찬가지로 많은 일본인에게 천황은 전쟁의 역사를 억압하고 책임을 느끼지 않고 전후 속으로 들어가는 데 유용한 수단이 되었다.

패전 후 일본의 정치 기구도 조칙이 제시한 허구를 열심히 받아들였다. 패전 후 두 번째 정권인 시데하라 기주로幣原喜重郎[28] 내각은 1945년 11월 15일에 전쟁과 천황의 역할에 대해 다음과 같은 성격을 포함한 결의를 승인했다.

1. 대동아전쟁은 제국이 주위의 정세를 감안하여 어쩔 수 없이 일으킨 것이라고 믿고 있을 것

2. 천황폐하는 어디까지나 대미교섭을 평화리에 타협하려고 심려하신 것

3. 천황폐하는 개전의 결정, 작전계획의 수행에 관해서는 헌법 운용상 확립된 관례에 따라 대본영大本營, 정부가 결정한 사항을 각하하지 않은 것[29]

패전 후 내각의 도움을 받아 조칙이 묘사한 평화 애호자로서의 군주라는 이미지는 확실하게 일본 대중에게 보급되었다.[30]

원폭으로 고통받은 사람들의 체험담은 천황의 '성단'이라는 '기원의 내러티브'가 어떻게 설득력을 갖는지 보여준다. 원폭 사용에 히로시마와 나가사키의 주민은 놀랍고 두려워서 어찌할 바를 몰랐는데 이와 같은 본능적인 반응은 반드시 전쟁종결을 바라는 것으로 결부되지 않았다.[31] 히로시마에서 피폭한 의사 하치야 미치히코蜂谷道彦는 8월 15일의 일기에 "평소 평화론자였던 자도 전쟁에 질린 자도 모두 피폭 이후 갑자기 돌변하여 철저한 항전론자抗戰論者가 되었다"고 기록했다.[32] 전쟁을 계속할 것을 주장한 많은 사람들에게 천황이 항복을 수락하는 조칙은 충격적인 것이었다. 하치야는 이어서 "항복의 한마디는 시가지 전체가 괴멸하는 대폭격보다 훨씬 큰 충격이었다"고 일기에 적었다.[33]

존 허쉬John Hersey가 쓴 『히로시마』라고 하는 책에서 히로시마에서 피폭한 그 체험담을 말한 다니모토 기요시谷本淸는 일본의 항복을 알고 큰 충격을 받았다고 한다. 그러나 다니모토의 침울한 기분은 천황이 어떻게 해서 그 결정에 이르렀는지를 알고 사라졌다.

그렇게까지 희생을 감수한 이 전쟁에 패한 슬픔은 가슴을 도려낸다. 이제는 일할 기력도 없다. 많은 남녀가 소위 '허탈 상태'에 빠진 것도 당연했다. 그러나 그 후 신문에서 천황이 왜 종전終戰 칙어를 발포하게 되었는지 경위가 밝혀짐에 따라 우리는 살아가는 희망을 발견하였다. 천황은 이 이상 신민이 전쟁 재앙으로 고통받는 것을 차마 볼 수 없어 신민과 세계 인류를 전쟁 참화에서 구제하기 위해
"참기 어려운 것을 참고, 견디기 힘든 것을 견뎌"
4개국의 신청을 수락한 것이었다.
히로시마의 희생은
"만세에 평화를 가져온"
기원이 되었다.[34]

조칙의 말을 인용한 다니모토의 기술은 히로시마의 체험이 '기원의 내러티브'를 빼놓을 수 없는 일부가 되었다는 것을 보여준다. 다니모토의 회상 속에서 전쟁과 원폭의 잔학함은 천황에 의한 희생의 은총을 강조할 뿐이었다.

천황의 '성단'과 '희생'이라는 '이야기'의 메커니즘은 원폭의 선례 없

는 파괴력이 전쟁을 종결시켰다는 신화를 지탱했다. 조칙 안에 설명된 정부의 결정은 히로시마의 국내외 사람들에게 원폭의 파괴력을 이해할 수 있도록 하였다. 연합국의 통지通知 속에서 암묵의 양해를 옳게 이해하고 적극적으로 회심의 '이야기'—즉 일본이 군국주의에서 평화주의로 전향했다는 '이야기'—를 만들어냄으로써 일본 정부는 패전 후 미일 관계를 견고하게 하는 드라마 무대를 마련했다.

2. 맥아더와 쇼와 천황

맥아더와 쇼와 천황의 만남

천황제 존속에 대해 암묵적 양해를 한 미국 정부는 위인전의 변종인 '기원의 내러티브'를 만들어내는 작업에 가담했다. 그러나 양국 간의 관계는 불안정한 상태에 있어 이 '이야기'를 안정시키기 위해 따로 설명이 필요했다. 일본의 패전 직후 미일은 양국의 적대 관계를 구출과 회심이라는 멜로드라마 수준에서 다시 썼다. 이 멜로드라마에 따르면 미국은 쇼와 천황이라는 '좋은 적'을 일본 내의 유해분자의 손에서 구출해내고 그것을 고맙게 여긴 '좋은 적'은 미국적 가치의 신봉자가 되었다. 쇼와 천황은 자신이 왜 구출되어야 하는지를 설명하는 드라마 속에서 욕망의 대상으로서 모습을 드러낸다. 그리고 양국 관계는 타자에 대한 욕망이 서로 얽힌 드라마로 표현된다.

패전 후 멜로드라마 속의 미국과 일본 관계는 성적인 것으로 상징되었다. 미국은 '남성'으로 그리고 쇼와 천황과 일본은 자신들을 가지려는 미국의 원망을 무조건 받아들이는 순종적인 '여성'으로 등장한다. '좋은 적'만이 아니라 순종적인 '여성' 역할을 하는 일본은 미국의 힘을 스스로 비추는 거울이기도 하다. 그러나 일본이라는 '여성 역할'은 '위험한 여자'라는 또 하나의 적의 이미지도 포함한다. '좋은 적'으로서의 일본은 멜로드라마 속에 맡은 역할을 충실하게 해내는 것과 동시에 그것을 일탈해 버리는 것은 아닐지 두려움을 품게 하는 존재이기도 하다. 위인전의 '기원의 내러티브'는 패전 후에 쇼와 천황, '여성'화 된 일본 그리고 새로운 주역 더글러스 맥아더Douglas MacArthur를 둘러싼 멜로드라마로 전개된다.

1945년 9월 27일에 쇼와 천황은 연합국군 최고사령관인 더글러스 맥아더 장군을 만나기 위해 미국대사관을 처음 방문했다. 그런데 이 회합은 일본 정부 관계자에 의해 주의 깊게 준비된 것이었다. 맥아더는 천황과의 회견을 과장된 연극과 같은 상황으로 묘사한다.

천황은 차분하지 않았고 회견까지의 몇 개월간의 긴장을 뚜렷이 겉으로 드러내고 있었다. 천황의 통역자 이외는 전부 퇴석시킨 후 우리는 긴 영빈실 끝에 있는 난로 앞에 앉았다.

내가 미국 담배를 내밀자 천황은 감사의 인사를 하고 받았다. 그 담배에 불을 붙여드렸을 때 나는 천황의 손이 떨고 있는 것을 알아차렸다. 나는 가능한 한 천황의 기분을 편하게 하려고 노력했다. 하지만 천황이 느끼는 굴욕스러운 고통이 얼마나 깊은지를 나는 잘 알 수 있었다.[35]

맥아더가 묘사하는 쇼와 천황은 '여성' 역할을 맡았다. 난로 앞의 가정적인 분위기 속에서 장군은 천황에게 미국산 담배를 권했다. 미국적인 것을 상징하는 물품을 받는 천황의 손이 떨리는 모습을 통해 긴장한 것을 보여준다. '굴욕스러운 고통'은 천황을 맥아더의 자비와 원조라 할 수 있는 무력으로 '거세'된 존재로 전락시켰다. 맥아더는 묘사를 계속했다.

나는 천황이 전쟁범죄자로서 기소되지 않도록 자기 입장을 호소하는 것은 아닌지 불안을 느꼈다. 연합국의 일부 특히 소련과 영국에서 천황을 전쟁 범죄자에 포함하라는 목소리가 상당히 높았다. 실제로 이들 국가가 제출한 최초의 전범 명부에는 천황이 맨 처음에 기록되어 있었다. 나는 그와 같은 불공평한 행동이 얼마나 비극적인 결과를 초래하게 될지 잘 알고 있었기 때문에 그러한 상황에는 강력하게 저항했다.

나는 만약 워싱턴이 영국의 견해에 기울게 된다면 적어도 장병 백만 명이 필요하게 된다고 경고했다.[36]

순종적으로 보이지만 쇼와 천황은 미국인 사령관에게 잠재적 위협이었다. 실제로 맥아더의 속마음은 이 위협을 막으려면 백만 명의 병사가 필요하다고 생각했다. 그렇기에 더더욱 천황과 원폭은 백만이라는 마법의 숫자를 관건으로 하는 등식으로 연결되었다. 맥아더는 천황이 적어도 미국 병사 백만의 보강과 동등한 영향력을 갖는다고 주장했다. 다른 한편으로 1940년부터 45년까지 국방장관이었던 헨리 스팀슨Henry Stimson은 1947년에 원폭이 백만 명 이상의 미국인의 생명을 구했다고 주장했다.[37] 천황과 원폭은 같은 수의 병사와 대치할 수 있으므로 평화를 위해 불가결한 것으로 여겨졌다. 즉 맥아더의 등식은 위험하지만 필요하다는 천황의 상반된 가치를 표현한 것이었다.

하지만 쇼와 천황이 전쟁 책임을 인정하고 자신을 희생하여 바침으로써 천황의 순종적인 이미지는 굳혀졌다. 맥아더는 천황이 패전의 책임을 개인적으로 받아들인 것에 놀랐다.

> 그러나 이런 나의 불안은 근거 없는 것이었다. 천황의 입에서 나온 것은 다음과 같은 말이었다. "나는 국민이 전쟁을 수행하면서 정치, 군사 양면에서 한 모든 결정과 행동에 대해 전 책임을 지는 자로서 나 자신을 당신이 대표하는 국가들의 재결裁決에 맡기기 위해 방문했다."
> 나는 큰 감동에 흔들렸다. 죽음을 수반할 정도의 책임, 그것도 내가 알고 있는 모든 사실에 비추어 분명히 천황에게 전가해서는 안 되는 책임을 떠맡으려고 하는 이 용기에 찬 태도는 나의 골수까지 뒤흔들었다.[38]

회견은 맥아더의 개인적인 감상을 위해 연출된 드라마이고 굴욕을 과감하게 받아들인 여주인공이라는 멜로드라마에 필요한 요소가 갖추어져 있었다. 맥아더는 쇼와 천황이 견딘 굴욕감을 강조했는데 이 굴욕감이야말로 천황의 회심이 용기 있는 행위라는 것을 두드러지게 하였다. 천황은 실제 회견에서는 그다지 많은 말을 하지도 과감하지도 않았을 터인데 그의 발언은 회심의 드라마를 충분히 연출하고 맥아더를 '골수까지' 감동시켰다.[39] 10년 후 맥아더를 워싱턴에서 만난 시게미쓰 마모루重

光葵[40]에 따르면 연합국군 최고사령관은 감동한 나머지 그 자리에서 쇼와 천황의 볼에 입맞춤하고 싶은 충동을 느꼈을 정도이다.[41]

맥아더는 쇼와 천황의 존재는 미국이 구출할만하다고 믿고 그래서 천황과 미국적 가치의 친화성을 강조했다. 맥아더는 회상록에서 그 이후의 회견을 통해서 "천황은 내가 말한 모든 어느 일본인보다도 민주적인 생각을 확실히 습득하고 있었다"라고 주장했다.[42] 천황의 미국적 원리와의 자연스러운 친화 관계를 보면 일본과 미국의 결합은 기묘한 일이 아닐 것이다.

실제 회견에서 18년 후에 작성된 맥아더의 묘사에는 몇 개의 실수가 있다. 예를 들면 "천황이 맨 처음에 기록되어 있던" 전쟁범죄인 명부는 다른 연합국에서도 제출된 적이 없었고, 백만의 보강이 필요하게 될지도 모른다고 설명한 맥아더의 유명한 경고는 1946년 1월까지 워싱턴에 타전되지 않았다. 그리고 쇼와 천황이 담배를 싫어한 것은 잘 알려져 있었다.[43] 이와 같은 맥아더의 기억에 차이가 있음에도 불구하고 그의 극적인 기술은 점령군의 최고지도자가 어떻게 간단히 구출과 회심의 '이야기'를 받아들였는지를 보여주는 귀중한 기록이다.

그리고 이 '이야기'는 맥아더와 쇼와 천황 두 사람에게 유익했다. 정치학자 도요시타 나라히코豐下楢彦가 논한 것처럼 맥아더는 나중에 많은 일본인에게 강력하고 전제적인 점령군 지도자로 보였지만 점령 초기에 그의 연합국군 최고사령관으로서의 권위는 불안정한 것이었다.[44] 특히 일본을 둘러싼 미소 교섭이 한창일 때 맥아더가 있었다. 미국 정부는 미국의 독점적인 대일지배에 대한 소련의 이의제기를 피하려고 맥아더에게 제한 없는 독립된 권한을 주려고 하지 않았다. 이와 같은 상황에서 천황의 완전한 협력은 최고사령관으로서의 입장을 확고히 하려고 했던 맥아더에게 행운의 선물이었다.

다른 한편으로 천황은 점령군 지도자의 지지를 꼭 필요로 하고 있었다. 천황제에 대한 점령정책이 부재한 가운데 천황 개인의 운명에 관해서 아무런 확증도 없었다. 따라서 맥아더와 쇼와 천황은 상호의 필요를 충족시키기 위해 묵계默契를 맺었다.

'결혼 기념 사진'

멜로드라마에서 자주 보듯이 맥아더와 쇼와 천황은 서로를 찾아내는 운명에 있었다. 두 사람은 협력해서 다른 연합국에 의한 미국의 대일점령정책에 대한 간섭을 물리치고 천황을 전쟁범죄인으로 기소하려고 하는 공작을 거절했다. 그리고 맥아더와 쇼와 천황은 구출과 미국 민주주의에 대한 회심이라는 멜로드라마를 연출해 보였다. 천황은 일본의 군국주의자의 마수魔手로부터 미국인에게 구출되었다.

역사적인 회견에 앞서 미국인 사진가가 촬영한 맥아더와 쇼와 천황의 사진은 양국의 행복한 결합을 표현하고 있다. 9월 28일에 천황이 맥아더를 방문한 신문기사가 먼저 나와서 이 사진은 9월 29일자 각 신문의 일면에 게재되었다. 쇼와 천황에 비해 훨씬 장신의 맥아더는 편안한 모습으로 엉덩이 위에 손을 얹고 카메라를 바라본다. 한편 모닝복을 입고 긴장한 모습의 천황도 가만히 카메라를 응시한다. 성적으로 표현된 양국 간의 권력 관계에서 보면 더글러스 라미스Douglas Lummis가 이 사진을 '결

혼 기념 사진'이라 부른 것도 이해할 수 있다.[45]

많은 일본인에게 이 사진은 대일본제국의 권위가 미국 점령군의 권위로 바뀐 것을 보여주는 물적 증거였다. 이 사진이 쇼와 천황에게 굴욕적이라고 본 내무성은 신문에 게재하는 것을 금지했다. 하지만 GHQ연합국군 최고사령관 총사령부는 출판의 자유를 구실로 그날 중으로 일본 정부에게 게재금지를 해제하도록 했다.[46] 사진 속 두 사람의 분명한 대비는 그것을 보는 이에게 전쟁 직후 미일 사이에 어떠한 권력 관계가 존재했는지를 생각나게 한다. 패전의 의미는 초연한 천황의 모습으로 체현되고 일본을 무찌른 힘과 경제적 풍요로움은 우뚝 솟은 맥아더의 체구로 표현되었다.

이 시기를 살았던 많은 일본인 작가는 미국인들과의 만남을 순수하게 신체적인 이미지로 표현했다. 예를 들어 노사카 아키유키野坂昭如의 반 자전적 작품인 『아메리카 히지키アメリカひじき』1967의 주인공 도시오俊夫는 체력과 국력의 관계에 관한 사회과 교사의 설명을 생각한다. "미국인의 평균 신장은 1미터 80센치, 일본인은 1미터 60센치, 20센치나 차이가 난다, 모든 것이 이런 차이란 말이지, 이것이 패한 원인이라고 나는 생각한다, 근본적인 체력의 차이라는 것은 반드시 국력으로 나타나게 되는 거야."[47] 그런 말은 일부러 교사에게 듣지 않아도 알고 있었다. 도시오의 회상 속에서 "어깨까지밖에 안 되는 천황과 나란히 선 맥아더"의 이미지는 미국의 풍요로움에 대한 단편적인 인상과 섞여 있었다.[48] 그리고 GI미군 병사들이 팔에 매달리는 팡팡パンパン, 매춘부[49]과 거리를 활보했던 전쟁 직후를 회상하는 도시오의 마음에는 미군 병사의 체력이란 성적인 것을 의미했다.[50]

1945년 9월 29일에 14살이 되었던 이데 마고로쿠井出孫六는 GI와의 첫 만남은 승자의 육체가 환기하는 호모 에로틱한 이미지에 휩싸였다.

여러 대의 지프에 나눠 탄 GI들은 권총 1정을 제외하면 비무장이다. 길거리에 서있는 몹시 마른 철부지 개구쟁이들에게 엉덩이 주머니에서 사탕을 꺼내 던져주었다. 이상한 콧노래까지 들려온다. 처음으로 들은 재즈였다. 리듬을 탈 때마다 심하게 흔들리는 터질듯한 엉덩이. 그것은 마치 승자를 나타내는 육체처럼 보인다.[51]

이데가 전쟁 직후를 회상하는 GI들의 엉덩이 묘사는 14살의 생일에 맥아더와 천황의 사진을 봤을 때의 놀라움을 말하는 다음 단계로 이어졌다.

오히려 심각한 충격에 휩싸인 것은 그날 학교에서 돌아와 테이블 위에 있었던 신문을 봤을 때였다. 크게 실린 사진에는 '연합국군 총사령관을 방문한 천황폐하'가 찍혀 있었다. 자신감으로 충만한 장신의 장군과는 달리 초췌하게 모닝복을 입은 천황폐하의 모습은 틀림없는 패전의 증거라는 것을 중학교 2학년생 군국 소년에게 알려주었다.[52]

이 사진에 대한 부정적인 반응에도 불구하고 시각적 이미지가 강조한 것은 천황의 희생이었다. 맥아더의 건장한 체구에 비해 초라해 보이는 천황의 모습은 천황이 일본을 위해서 인내한 희생을 체현하고 있었다. 우에노 고시上野昻志의 주장처럼 만약 사람들이 인간 쇼와 천황과 일체화되었다고 한다면 이 일체감은 천황은 일본의 장래를 위해서 자신을 희생했다는 신화에서 탄생되었다.[53] 이 사진은 '짐은 어떻게 될지라도'라고 주장했다는 쇼와 천황이 실제로 어떠한 상황에 처했는지를 확실히 보여주었다. 사진 속 천황의 이미지가 초라하면 초라할수록 그의 희생은 알아채기 쉬웠다. 패전 후 많은 일본인이 자신의 운명을 천황의 모습에 중복시켰다.

주요 신문에 게재되었던 이 사진은 미국과 일본의 힘의 불균형을 보여주었을 뿐만 아니라 양국이 어떻게 해서 전쟁을 종결시켰는지도 나타냈다. '기원의 내러티브'의 핵심에는 핵무기의 파괴적인 힘이 자리 잡고 있다. 이 '이야기'에 따르면 미국은 그 힘을 과시함으로써 일본을 구출하고 회심시킬 수 있었다. 더글러스 라미스가 주장하듯이 패전 후 일본의 평화와 민주주의는 원폭에 의한 파괴에서 탄생한 것이다.[54] 새로운 일본국 헌법의 성립 과정은 어떻게 패전 후 평화가 원폭의 파괴력과 얽혀있는지를 분명히 하고 있다.

일본 정부가 보수적인 메이지헌법의 폐지에 소극적인 것을 간파한 맥아더는 1946년 2월 3일에 GHQ 민정국 국장인 코트니 휘트니Courtney Whitney 준장에게 새로운 헌법 초안을 준비하도록 명령했다. 법률 전문가와 민정국 요원 등의 손을 빌려서 휘트니는 일주일 만에 초안을 준비하고 2월 11일에 맥아더의 승인을 얻었다. 2월 13일에 초고 사본이 헌법문제조사 연구위원회의 위원장인 마쓰모토 조지松本烝治, 외무대신 요시다 시게루吉田茂,[55] 요시다 시게루를 보좌했던 시라스 지로白洲次郎 그리고 통역으로 임석한 하세가와 겐키치長谷川元吉로 구성된 일본 측 대표에게 건네졌다.[56] 휘트니를 따라서 회의에 동석한 3명의 GHQ 요원은 다음과 같이 회의 광경을 묘사한다.

휘트니 장군은 태양을 등지고 앉았다. 일본 측은 그와 마주하고 앉아서 얼굴이 밝게 비추어졌다. 우리는 휘트니 장군과 나란히 일본 측과 마주하고 앉았다. 자리에 앉자마자 휘트니 장군은 한마디 한마디 확인하듯 천천히 다음과 같이 발언하고 마쓰모토 안案에 대한 토의를 끝냈다.

"일전에 당신들이 제출한 헌법개정안은 자유와 민주주의에 대한 문서로 최고사령관이 수용하는 것은 아주 불가능한 일입니다. 그렇지만 일본국민이 과거에 보여주었던 부정과 독단적 지배에서 그들을 지켜주는 개명한 헌법을 매우 강하게 필요로 한다는 것을 충분히 이해하고 있습니다. 최고사령관은 지참한 이 문서를 일본의 정세가 요구하고 있는 모든 원리를 구현하고 있는 것으로 승인하고 나에게 이것을 당신들에게 건네도록 명령했습니다."[57]

휘트니는 의도적으로 햇빛이 일본 측 대표의 눈에 들어오도록 '태양을 등지고' 앉았다. 눈부신 햇빛은 미국과 일본의 관계를 규정하는 힘을 상징했다. 그리고 휘트니는 구출과 회심의 '기원의 내러티브'를 실현해 보였다. 그는 전향에 대한 지침—민주적이고 계몽적인 헌법—을 가리키면서 일본을 구제하려고 했다. 게다가 일본 측 대표에게 이 회심이 미국의 핵전략과 결부되어 있음을 상기시켰다.

10시 10분에 휘트니 장군과 우리는 채광 좋은 방을 나와서 햇살 가득한 정원으로 나왔다. 그때 미국 비행기 한 대가 상공을 지나갔다. 15분 정도 지나서 시라스 씨가 우리와 함께 있었는데 그때 휘트니 장군은 조용하게 "우리는 밖에서 원자력이 일으키는 따뜻함[태양열]을 즐기고 있습니다"라고 말했다.[58]

당시 일본에 주재하고 있었던 저널리스트 마크 게인Mark Gayn에 따르면 "마침 그때 미국의 폭격기 한 대가 집을 뒤흔들듯이 하며 지나갔다. 휘트니는 지금도 이 폭격기까지는 예정에 들어있지 않았다고 주장하지만 그렇다 해도 이것은 정말로 시의적절한 사건이었다".[59] 이 아름다운 정원에서의 장면은 미국 폭격기의 소음으로 중단되었다. 만약 마크 게인의 기억이 옳다면 이 폭격기는 원폭을 투하한 것과 같은 B-29였을 것이다.

이 완벽한 연기 덕택으로 휘트니는 거의 말을 하지 않고 어떤 방법으로 양국 간의 전쟁이 종결되었는지를 일본 측 대표에게 상기시켰다. 태양의 비유에는 일본을 자멸의 갈림길에서 구출한 자비로운 미국의 힘의 이미지가 투영되어 있다. 이 태양의 힘은 일본의 지도자들에게 민주적인 헌법을 수용하게 하고 패전 후의 패러다임으로 바꿀 것을 강제한다. 휘트니 준장의 원자력의 햇볕을 쬐는 발언은 일본 측 대표에게 일본의 장래가 핵무기의 파괴적인 힘에서 나온다는 것을 깊이 깨닫게 하였다. 정원을 가꾸는 것도 파괴하는 것도 미국에 달려있었다.

식민지적 타자로서의 일본

1945년 8월이라는 회심의 시기를 특별하게 보지 않기 때문에 이와 같은 멜로드라마는 그때 이미 진부한 내용이었다는 것을 강조할 필요가 있다. 그 이유는 이미 일본과 그 밖의 아시아 국가와의 관계에서 리허설처럼 여러 번 있어 왔기 때문이다. 그러나 이 리허설에서는 일본이 '남성' 역할을 하고 아시아 국가에게는 여러 차례 '여성' 역할이 할당되었다.

패전 후 식민지의 지배 관계를 잘 아는 점령자로서의 일본 입장은 비점령자의 입장으로 바뀌었다. 새로운 드라마에서는 미국이 일본을 대신하고 일본은 아시아 국가가 맡은 역할을 이어받았으며 이 관계 속에서 아시아는 배척당했다. 패전과 함께 일본은 이전 식민지뿐만 아니라 식민지와 관계된 기억도 상실해버렸다. 식민지 지배자였던 일본의 역할을 미국이 대신함으로써 미일 관계의 멜로드라마는 패전 후 일본의 사회적인 언설 속에서 일본의 아시아와의 역사적인 관계를 은폐하는 데 조력하였다.

패전 직후 많은 일본인은 일본에 온 미국인과 만나는 것을 성적인 이미지로 생각했다. 일본 여성은 미국 병사들에게 강간당하는 위험에 직면했다. 사람들은 귀중품과 젊은 여성을 숨기고 여성에게 도시에서 떠나도록 권고한 지자체도 있었다. 시인 가네코 미쓰하루金子光晴는 가족과 함께 피해있었던 마을에서 '미국 병사는 짐승'이라는 소문을 들은 후에는 '이 투성이의 노파까지 미국인 병사에게 능욕을 당한다고 하여 산속으로 도망갈 준비를 했다'고 기록하고 있다.[60]

1945년 8월 18일이라는 이른 시기에 일본 정부는 미국 병사의 성적 충동을 누그러뜨리고 강간 사건 수를 줄이기 위해 '위안소'를 설립하기 시작했다.[61] 일본인이 죽창으로 적에게 맞서는—'남자답게' 국가를 지키는— 생각을 버렸을 때 주어진 '여성'으로서의 역할을 받아들일 준비가 되어 있었다.[62]

'여성'화된 일본은 은밀하게 피점령자의 지위, 전쟁 중의 일본의 프로파간다 영화에서 아시아 국가가 늘 처해있던 지위로 바뀌었다. 패전 후 미일 관계는 그때까지의 아시아와 일본의 관계를 반복한 것이다. 이를테면 1945년 8월의 멜로드라마 속에서 구출과 회심의 '이야기'는 아시아에 배급된 일본의 프로파간다 영화에 의해 준비되어 있었다. 이 영화 속에서 일본과 식민지 사이의 바람직한 관계는 연인들을 통해서 자주 묘사되고 동일한 패턴의 이야기가 많다(예를 들면 일본의 성실함은 처음에는 오해

받는데 마지막에는 받아들여지게 된다). 〈지나의 밤支那の夜〉1940은 이러한 멜로드라마의 전형적인 것이다. 중국인 여주인공에게 폭력을 정당화함으로써 이 영화는 일본에서 많은 인기가 있었을 것이다.[63] 〈지나의 밤〉 드라마는 나중에 미일 간에 실제로 전개되었던 멜로드라마에 앞선 것이었는데 패전 후의 '기원의 내러티브'와의 차이는 영화 속에서 일본이 아니라 중국이 적국에게 구제받는 것이었다.

영화의 줄거리는 다음과 같다. 젊은 중국인 여주인공 구이란桂蘭은 일본과의 전쟁으로 가족과 집을 잃고 강한 반일 감정을 품고 있었다. 그런데 일본의 식민지 이데올로기를 체현하는 이상가이면서 일본인 선원인 나가타니長谷와 사랑에 빠진다. 애인과 두 사람을 에워싼 일본인의 성실함을 이해하게 되자 구이란은 반일 감정을 모두 버리게 된다.

여주인공은 처음에 조금 더러워진 얼굴과 초라한 옷차림으로 영화 스크린에 등장하지만 나가타니에 의해 궁핍에서 구제된다. 나가타니는 자신이 살고 있는 호텔로 그녀를 데려왔고 그녀는 호텔 공동목욕탕에서 빛나는 미녀가 되어 나타난다. 그러나 나가타니와 호텔에 사는 일본인들의 호의에도 불구하고 일본인에게 원망을 계속 품고 그것을 감추지도 않는다. 마침내 그녀의 건방진 행동에 화가 머리끝까지 치민 나가타니는 구이란의 뺨을 때리게 된다. 그리고 이 충격으로 반항적인 여주인공은 방어를 풀고 나가타니의 본마음을 이해하는 순종적인 여자가 된다.[64] 이 성실함의 발로가 되는 폭력에 의해 두 사람의 연애가 완전해지는 것이다.

이야기는 두 주인공의 성적인 애정의 뒤틀림을 애증의 갈등으로 묘사한다. 폭력이 여주인공의 나가타니에 대한 애정을 눈뜨게 한 것이다.

〈지나의 밤〉(1940) 주연 하세가와 가즈오(長谷川一夫)와 리샹란(李香蘭)
사진제공 : 가와키타 기념 영화 문화재단(川喜多記念映畵文化財團)

그녀의 증오는 실은 나가타니를 향한 따뜻한 사랑의 표현이었다. 구인란의 복수심에 찬 눈은 폭력 후에는 꿈꾸는 듯한 눈빛으로 바뀐다. 뺨 한 대맞고 여주인공은 나가타니의 진의와 성의를 깨달았다. 뺨을 때리는 것은바람직하지 않은데 그녀 자신의 무분별함과 나가타니의 성실함을 알게하려면 어쩔 수가 없었다. 바꾸어 말하면 호의에서 나온 폭력이다. 그렇지만 그 회심에도 불구하고 구이란은 위험분자─그녀의 조카가 조직한반일조직─와 연락을 계속한다. 탄약 수송 스케줄을 입수하기 위해 나가타니를 납치하려고 하는 조직 일당은 그녀를 미끼로 이용하려고 한다.그러나 그녀의 도움으로 나가타니는 화를 면하고 그녀를 구출한다. 구이란의 결백과 회심이 진짜였던 것은 구출된 그녀의 손에 수갑이 채워져 있었다는 사실이 증명한다.

여기에서 역사적 드라마의 무대로 장소를 옮기면 1945년 8월에 히로시마와 나가사키의 원폭 투하는 일본의 뺨을 한 대 친 것이었다. 이 뺨 한 대로 미국에 대한 일본의 복수심에 찬 눈은 꿈꾸는 듯한 눈빛으로 바뀌었다. 다른 아시아 국가에게 할당되었던 '여성' 역할을 맡음으로써 일본은 자연스럽게 피해자 역할을 하였다.

쇼와 천황은 뺨을 맞고 교육적인 가치를 발견하는 여주인공 역할을 처음으로 맡았다. '기원의 내러티브'에 따르면 미국은 일본 속에 있었던 민주주의에 대한 동경을 구제했다. 처음에는 저항했지만 그녀는 결국 미국의 매혹에 몸을 바친다. 아시아·태평양전쟁에서 패전이 불가피함을 알고 일본 지도자들은 패전을 합리화하기 위해 구출하는—쇼와 천황을 부패한 군국주의자의 손에서 구제하는—드라마를 연출했다. 일본인 선원이 여주인공을 반일 지하조직에서 구출해내듯이 미국은 쇼와 천황을 군국주의자들에게서 구출한 것이다. 쇼와 천황을 황위에 남겨둠으로써 미국은 구출하는 이야기를 수용했다. 뿐만 아니라 양국 간의 전후 관계 (신성한 혼인)를 공고히 하려고 이 이야기를 이용했던 것이다.

〈지나의 밤〉에서 중국인 여주인공으로 나오는 리샹란이라는, 만주에서 성장하여 중국인들처럼 중국어를 말하고, 중국인으로 행동한 일본인 여배우에 의해 연기되었던 것은 단순한 우연이라고만은 말할 수 없다.[65] 일본인에게 구출된 중국인 '좋은 적'은 결국 일본인이었다. 전쟁이 끝난 후 리샹란은 일본인 여배우 야마구치 요시코山口淑子로 재출발하였다. 하지만 그녀의 새로운 아이덴티티의 추구는 다시 양국 간일본과 미국의 힘의 관계에 속박呪縛당한다.

1950년대 초에 야마구치는 뉴욕에서 연기 공부를 하고 그곳에서 첫 남편 노구치 이사무野口勇를 만났다. 그녀는 샤리Shirley 야마구치라는 이름으로 두 편의 헐리우드 영화―〈동쪽은 동쪽東は東〉1952, 〈도쿄암흑가·다케노이에東京暗黒街·竹の家〉1955 ―에 출현했다.[66] 이들 미국 영화 속에서 야마구치 요시코는 미국인특히 남성이 일본 여성에게 품는 환상―순종하고 주인이 경우 미국인 남편에게 헌신하는 여자―를 연기했다.[67] 일본과 미국의 혼인 관계는 그녀의 역할을 통해서 상징적으로 이야기되었다.

리샹란의 이력은 구출과 회심에 관한 '이야기'의 적응성을 분명히 한다. 1945년 8월 이전에 일본은 애정 드라마를 아시아 국가와 연기하고 있었다. 이러한 '이야기'가 일본에서 이미 소비되고 있었기 때문에 패전 후 미국과의 관계는 동일한 이미지로 이해되었다. 일본이 전쟁 중에 보급시키려고 했던 구출과 회심에 관한 '이야기'는 배역을 바꾸어 패전 후 일본에서 다시 이야기되었다.

그동안의 공격적인 '남성' 역할에서 벗어나 일본은 구출되어야 하는 '여성' 역할을 맡았다. 이처럼 역할을 바꿈으로써 일본은 같은 '이야기'를 유지하고 패전 후의 시작을 보여주는 패전의 단절을 은폐했던 것이다.[68]

'미국인'으로서의 쇼와 천황

미국의 욕망을 자기 자신의 것으로 말함으로써 쇼와 천황은 구제되어 회심한 적의 역할을 열심히 연기했다. 도쿄 재판에 자신을 끌어들이지 않기 위해 미국이 수행한 역할을 쇼와 천황은 알고 있었다. 맥아더의 비호와 일본 측 협력자의 덕택으로 쇼와 천황은 도쿄 재판[69]에 기소되는 일도 소환되는 일도 없었다.[70]

물적 증거가 없다고 해도─많은 중요문서는 미군이 도착하기 전에 파기되었다─천황은 일본 군대의 꼭두각시이고 실제는 평화주의를 신봉하는 입헌군주였다는 주장을 증언하는 것은 어렵지 않았다. 재판에 소환되지 않았다는 사실은 쇼와 천황이 무고하고, 다른 자가 전쟁 책임을 져야 한다고 하는 주장에 정치적인 정당성을 제공했다. 천황은 일본의 무고를 대표했다. 많은 연구자가 주장해왔듯이 도쿄 재판에서 천황의 부재는 일본의 아시아·태평양전쟁에 대한 관여와 책임에 관한 논의를 봉쇄해버렸다.[71]

쇼와 천황은 미국이 재판에서 자신을 지켜준 것에 감사하고 미국의 대아시아정책의 지지자 역할을 열심히 하였다. 1978년에 국제관계론의 전문가인 신도 에이이치進藤勞一는 GHQ 외교국장 윌리엄 시볼드William Sebald가 작성한 2통의 문서를 미국립공문서관에서 발견했다. 두 문서는 1947년에 작성되어 각각 맥아더와 국무장관 조지 마셜George Marshall에게 보냈던 것이다.[72] 이들 각서에 따르면 쇼와 천황은 자신의 통역사였던 데라사키 히데나리寺崎英成를 보내서 시볼드에게 메시지를 전했다. 이 메시지에서 천황은 소련의 위협에 대응하기 위해 미국이 장기적으로 류큐 제도를 점령해줄 것을 희망했다. 이 메시지는 쇼와 천황이 정치적으로 소극적인 군주에 불과했다는 주장뿐만 아니라 신헌법 하에서 규정된 일본국의 비정치적인 '상징'으로서의 역할에도 반하는 것이다. 천황은 미국의 정치적 권력에 대한 복종을 이해하고 받아들임으로써 미국의 동아시아에서의 권익을 일본의 안전보장을 위해 필요하다고 바꾸어 말했던 것이다.

1975년 10월 쇼와 천황이 처음으로 미국을 방문했을 때 미국인은 따뜻한 환영으로 천황의 노력에 보답했다. 미국의 미디어는 쇼와 천황이 이제까지 정치에는 무관했다는 공식 발표를 모두 수용하고 관대한 태도를 보였다. 제2차 세계대전 중에 미국이 가장 증오했던 적은 30년 후『뉴욕타임즈』에 의해 '수줍은 매력이 있고 만나는 사람들에게 거의 가없을 정도의 정직함, 성실함 그리고 친절함을 전하는' 인물로 묘사되었다.[73] 이런 연약한 노인의 모습은 미국의 모든 텔레비전과 신문에 양국 간 화해의 상징으로 표현되었다.

천황이 무명전사의 묘지를 방문한 이틀 후『워싱턴포스트』사설은 다음과 같이 말했다. "쇼와 천황의 이 지역 방문은 각국이 크게 조용한 변화를 이룩하고 있는 세계정세를 인정하는 상징적인 의식이다. 여기에 분명히 인정되는 것은 제2차 세계대전의 회상이 아니라 그것을 기억에서 떨쳐버렸던 다른 곳으로 이어지는 사건이다."[74] 일본과 미국을 둘러싼 정치적 상황은 아시아·태평양전쟁에 대한 기억을 억압할 필요가 있었다. 이 정치적 상황이 '조용한 변화'로서 계속되는 한 그것이 억압한 것을 표현할 방도는 없었다. 쇼와 천황에 대한 정치적 항의—'천황 히로히토: 우리들의 고래를 구제해 주세요'라고 쓴 깃발을 단 소형비행기가 보였다—조차도 그의 정치적 존재보다도 해양생물학자라는 정치와는 무관한 새로운 역할에 호소하는 것이었다.

로스엔젤레스에서는 로스엔젤레스 음악센터 만찬회에서 존 웨인John

Wayne, 찰턴 헤스턴Charlton Heston, 로버트 굴렛Robert Goulet 그리고 캐롤 로렌스Carol Lawrence 등 보수적인 헐리우드의 유명인들을 만났다.『애틀란타 콘스티튜션』저널에 게재된 UPI 통신사의 보도는 존 웨인과의 대면을 쇼와 천황과 맥아더의 회견을 방불케 하는 모습으로 묘사되었다. '제2차 대전 중에 일본과의 전쟁을 묘사한 많은 영화에 주연으로 출연한 장신의 존 웨인은 환영회에서 천황을 만났을 때 자그마한 천황의 옆에 우뚝 섰다.'[75] 존 웨인이 출현한 에도막부江戸幕府 말기의 미일 관계를 주제로 한 영화에 〈구로부네黒船, The Barbarian and a Geisha〉1958가 있다. 이 영화는 내용이나 흥행으로 볼 때 완전한 실패작이었다. 영화에서 존 웨인은 초대 미국 주일총영사 타운젠트 하리스Townsend Harris 역할을 연기했다. 하리스는 일본 개항을 위한 조약교섭에 성공하고 이 교섭 기간 중에 '게이사芸者'의 헌신적인 사랑을 경험한다.[76] 존 웨인의 우뚝 선 모습과 미국의 남성다움을 연기한 그의 이미지는 다시 쇼와 천황의 여성적인 모습—자그마한 체구와 수줍은 매력—과의 대비로 일본의 패전을 상기시켰다.

미국 체류 중 미국의 대중적인 상징과 함께 즐겁게 미디어에 나타난 쇼와 천황은 미국적 가치의 체현자로 묘사되었다. 디즈니랜드를 방문한 천황은 미키마우스를 비롯해 백설공주, 일곱난쟁이, 구피Goofy, 그리고 다른 디즈니 캐릭터들의 마중을 받았다. 천황은 그 외에 미국 풋볼팀 뉴욕 젯스New York Jets와 뉴잉글랜드 패트리어츠New England Patriots의 시합을 쉐이 스타디움Shea Stadium에서 관람했다. 디즈니와 미국 풋볼, 이 이상 미국 문화의 친근감를 보여주는 상징은 없을 것이다.

쇼와 천황의 미국 방문은 4년 전의 유럽 방문 때와 비교하면 대성공이었다. 1971년 유럽여행 중에 받은 많은 항의의 목소리는 잔학한 전쟁이 천황의 이름으로 선언되었다는 것을 잊지 않고 있음을 표현했다. 네덜란드에서는 천황이 타고 있던 자동차에 보온병을 던졌다. 『런던타임즈』는 '암스테르담에서는 네덜란드 국기를 반기로 게양한 가족도 있으며 일장기를 불태우고 천황에게 야유를 보냈다'고 보도했다.[77] 『아사히신문』에 따르면 런던에서는 천황이 영국 방문을 기념하기 위해 심은 나무가 누군가에 의해 베어지고 헤이그에서도 암스테르담에서도 천황·황후를 환영하는 일장기는 전혀 펄럭이지 않았다.[78] 공적인 차원에서는 유럽 국가의 지도자들이 미국의 냉전정책을 수용하면서 쇼와 천황을 환영했다. 그러나 이와 같은 사건은 1970년대에도 전쟁의 기억이 일본과 쇼와 천황에 대한 유럽 사람들의 심정에 깊은 그림자를 드리웠다는 것을 보여준다. 미국의 일본점령정책에서 거의 배제된 유럽 국가는 미일 양국이 공동으로 만들어내고 유지해 온 '기원의 내러티브'의 밖에 있었던 것이다.

3. 일본이라는 '좋은 적'

'전쟁은 평화이다'

일본을 '좋은 적/패자'라는 모순된 범주에 가두어버린 '기원의 내러티브'는 제2차 세계대전 후의 국제관계 속에 가장 기본적인 요소—적이었던 미국과 일본이 태평양 지구에서 가장 친밀한 관계를 구축한 것—를 감추고 있다. 그러나 이 이야기가 양국에서 어떻게 해독되었는지는 차이가 있다. 미국에서 억압되었던 것은 양국의 전쟁이 아니라 현대의 두 국가 간의 친밀한 관계이다.

'좋은 적/패자'라는 비유는 일본과 미국의 관계를 1945년 8월 전쟁의 종결이라는 양의적인 순간에 가두어버린다. 스미소니언 박물관의 원폭전시계획에 관한 논쟁에서 볼 수 있듯이 제2차 세계대전 후 미국에서의 원폭에 대한 언설은 그 파괴력을 기적적인 회심(그것은 쇼와 천황에게 인도된 일본 전체의 회심이었다)의 순간과 자주 연관지어 왔다. 예를 들어 예일대학의 학부장인 제임스 R 반디베르데James R · Van de Velde는 '기원의 내러티브'—원폭은 천황과 일본인을 전향시켰다—를 반복한 후에 초조해하는 모습으로 "두 발의 원폭이 비참한 전쟁의 종결을 앞당겼다는 것은 역사적으로 정확하다. 단지 그것뿐이다. 그리고 그것은 의심할 것도 없이 좋은 일이었다"고 단정하고 있다.[79]

일본과 천황의 '전향'에 대해 이렇게 단호한 주장은 일본에 늘 따라다니는 '좋은 적/패자'의 이중성에 가두어버린다. 일본이 '좋은 적/패자'가 된 것은 양국 간의 긴장이 완화된 것을 의미했다. 그러나 '적'이라는 범주를 지키기 위해 전쟁상태는 계속되어야 한다. 아무리 '좋은' 적이라도 적은 적이고 완전히 신뢰할 수 없는 것이다. 패자는 늘 전쟁의 기억을 되살리고 원폭에 대한 논의는 자주 진주만의 기억과 결부되었다. 일본이 '좋은 적/패자'로 인정되는 한 적에서 아군으로 전향하는 순간에 갇히게 된다.

한편 패전 후에 일본은 전쟁의 기억을 억압함으로써 미국과의 동맹관계를 강조해 왔다. 일본은 모범적인 패자의 역할을 수용하고 미국과의 친밀한 관계를 유지했다. '좋은 패자'는 미국에 의한 구출과 전향을 할 가치가 있다. 전후 일본의 주류 논조는 미국과의 우호 관계를 특권화함으로써 미국뿐만 아니라 타국과의 과거의 충돌 기억을 억압해버렸다. 이 입장에 따르면 오늘의 벗은 어제의 벗이기도 했다는 것이다.

이 '좋은 패자'의 이미지는 일본이 아시아·태평양전쟁에서 했던 역할에 대해 일본에서 논의할 때에 항상 따라다닌다. 공적인 언론에서는 일본 정부의 원폭에 대한 견해는 미국 정부의 정당화—히로시마와 나가사키에 원폭을 사용했던 것은 양국 간의 분쟁을 종결시키기 위해서 필요했다—를 그대로 묵인하고 그 입장을 사실상 지지한다.[80] 미국의 압도적인 힘을 직접 목격함으로써 일본은 스스로 미국에게 이상적이고 바람직한 패자로 변신한 것이다. 주류가 된 언설에서는 원폭 파괴력의 강렬한 인상은 일본에서 전쟁에 관한 논의의 중심 이미지가 되었다. 원폭은 전쟁 전체를 대표하는 상징이 되었다.[81]

일본의 구출과 회심에 관한 '이야기'는 미일 양국 간의 관계를 특권화하고 일본의 다른 국가와의 전쟁에 대한 기억을 억압해왔다. 1931년 말에 시작되어 15년에 걸쳐 다른 아시아와 유럽 국가와 싸운 전쟁은 미국에 의한 일본의 (소이탄과 특히 원폭을 사용한) 공습으로 바뀌었다.

조지 오웰은 냉전 시기의 세계를 풍자한 『1984』에서 1945년 이후의 국제관계를 정의하는 '모순의 논리'를 교묘하게 그려낸다. 3개국—오세아니아, 유라시아, 동아시아—간의 끊임없는 동맹의 재편성은 항상 역사를 고쳐 쓰는 것을 필요로 한다. 주인공 윈스턴 스미스Winston Smith는 오세아니아의 도시인 런던에 사는데 역사를 억압하고 고쳐 쓰는 권위인 위대한 형제big brother, 진리성眞理省, 그리고 당의 권위를 의심하기 시작한다. 유라시아와 동아시아의 동맹관계가 끊임없이 변하는 가운데 현재의 적과 과거에 유지했던 동맹의 기억, 그리고 현재의 동맹국과의 사이에 이전에 존재했던 적대관계는 다양한 이데올로기적인 조건부여를 통해 사라져갔다. 역사상의 모순을 극복하기 위한 주요한 방법의 하나는 '이중사고double think'이고 이것은 오세아니아 주민 모두가 실행해야 한다. 선과 파괴의 모순은 '전쟁은 평화이다/자유는 예속이다/무지는 힘이다'라고 하는 도처에 보이는 당의 슬로건에 나타나 있다. 이중사고의 특징 중 하나는 '서로 죽이는 두 개의 의견을 동시에 가지며 그것이 서로 모순되는 것을 알면서도 서로가 신봉하는 것'이다.[82]

이러한 이중 사고의 과정을 미국의 일반적인 언설 속에서 쉽게 볼 수가 있다. 근년에 원폭전시를 둘러싼 논쟁이 한창일 때 미국 상원은 "원폭기인 에노라 게이Enola Gay는 제2차 세계대전을 자비로운 결말로 이끄는 데 중대한 역할을 하고 그 결말에 따라 미국인뿐만 아니라 일본인의 생명도 구제했다"고 주장하는 결의 257을 채택했다.[83] 원폭의 파괴력이 선善을 가져오고 여주인공을 깨우치기 위해 뺨을 때리는 것은 진지해야 한다. 『1984』의 경우 이중사고는 사람들의 비판적 사고를 정지시키고 기억을 억압하는 방법으로 사용된다. 한편 패전 후 '기원의 내러티브'의 경우 원폭(과 천황)이 평화를 가져왔다는 이중사고는 핵무기의 파괴력을 일상적인 것으로 하였다.

미국에게 있어 일본

패전 후 미국의 패권헤게모니 아래 일본도 이중 사고를 할 필요가 있었다. 일본은 우호국이며 동시에 적국이기도 하다. 이 양의성이야말로 미일 관계가 극적이며 동시에 패전 후의 변화를 순조롭게 하는 자의적인 '이야기'를 생생하게 하고 또한 불안정하게 한다. 역사적인 '이야기' 속의 갈라진 금은 일본을 '좋은 적/패자'로 만듦으로써 봉합되었다. 그러나 이 봉합의 흔적이 늘 갈라진 금―갑자기 동맹관계의 재편성―을 상기시킨다. 일본이 '좋은 적'―미국의 힘에 굴복하는 적―의 범주에 있는 한 평화스러움은 유지된다. 그러나 일본이 드라마에서 맡았던 역할에서 일단 내려오거나 아니면 내려왔다고 보여졌을 때 '좋은 적'은 단순한 적이 되어버린다.

양국 간의 무역 마찰로 인해 1980년대 후반 미국 미디어의 열렬한 '일본 때리기' 속에서 일본이 미국의 안전보장을 위협하면서 재등장한 것은 놀랍지 않다. 패전 후 '기원의 내러티브'의 영향력은 항상 양국 간의 변화하는 세력 관계 속에서 시험받아 왔다. 그리고 각각의 상황에 대해 이 '이야기'는 구출과 회심이라는 미일 관계를 설명하는 데에 자주 사용된 기본적인 패턴을 재확인해왔다.

1980년대부터 90년대에 걸쳐 전개된 일본과 그 경제에 대한 비판 속에 일본은 다시 모순된 존재로서 나타났다. 그리고 일본 경제를 미국의 권익에 대한 위협으로 역설한 언설은 성적인 불안이라는 형태를 취해 나타났다.

1989년 5월의 『애틀랜틱』 잡지 기사에서 워싱턴에 활동의 거점을 둔

저널리스트 제임스 팰로스James Fallows는 일본의 경제적 위협에 대처할 필요성을 설명했다. 팰로스의 에세이는 일본 경제의 현상에 관해 아무런 새로운 시점을 제시하지 않았다. 하지만 그 공격적인 주장과 그것을 도해하는 삽화는 일본을 설명하는 근년의 시도 속에 깊게 뿌리내린 '좋은 적'이라는 '이야기'의 구조뿐만 아니라 핵 봉합의 논의가 얼마나 쉽게 미일 관계의 지표가 될 수 있는지를 분명히 했다. 팰로스는 "양국이 서로를 친구로 필요로 하고 있음에도 불구하고 일본과 미국의 권익 사이에는 기본적인 충돌이 있다"고 논한다.[84] 만약 일본의 '적대적인 무역' 수단이 봉쇄되지 않으면 그것은 미국뿐만 아니라 전세계에 위해를 가한다. 이 봉쇄는 에세이 삽화에서 상징적으로 묘사되고 있다. 비꼬듯이 웃는 지구본—그 얼굴은 대서양과 북미 부분에 있다—이 통통하게 살찐 장사에게 코르셋을 내밀고 있다. 매끈하고 체모가 없는 장사의 신체는 성역할의 혼란을 보여준다. 스스로 경제력을 주체 못하는 '남성'으로 묘사된 일본은 코르셋에 입혀져 선량하며 여성적이고 순종적인 적이라는 이미지에 갇혀질 필요가 있다.

동일한 생각은 1992년에 발표된 마이클 크라이튼Michael Crichton의 소설 『떠오르는 태양Rising Sun』에서도 볼 수 있다(크라이튼은 팰로스의 에세이를 권말의 참고도서 일람 속에 게재한다). 크라이튼의 소설은 일본 기업 나카모토가 로스엔젤레스에 건설한 최고층빌딩에서 젊은 백인 여성이 살해된 사건에서 시작된다. 소설의 주인공 스미스 경찰관은 일본 경제가 미국을 빼앗으려고 하는 것을 안다. 모든 미국인은 눈치 채지 못했는데 일본과 미국은 경제 전쟁이 한창이며 일본은 승리하고 있다.

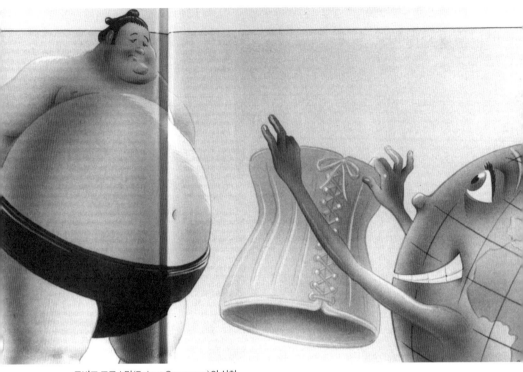

로버트 그로스만(Robert Grossman)의 삽화
출처 : 『더 아틀란틱』, 1989.5, 46∼47쪽

　이야기 속에서 일본은 공격적인 '남성'으로 표현되고 일본 남성의 변태적인 성행동과 일본의 공격적인 무역수단이라는 두 테마를 축으로 미스터리는 전개된다. 백인 여성의 순결은 미국의 안정보장과 중첩된다. 양자 모두 공격적인 일본인‸성으로부터 지켜야 한다.

　크라이튼의 이 소설은 백인 여성에 대한 위협을 모티브로 한 미국의 전시 프로파간다의 연장선으로밖에 보이지 않는다. 그러나 패전 후 미일 관계의 이야기와 스미스 형사가 경험하는 가정에서의 다툼에는 흥미로운 대응이 보인다. 그의 아내가 변호사로 성공했다는 야심이 가족을 붕괴시킨 것이다. 엄마만의 역할에 만족할 수 없는 그녀 때문에 두 사람은 이혼했다. 일본의 경제력이 미국의 안정보장에 위험한 것처럼 아내의 직업에서의 성공은 스미스에게 위협이다. 일본과 스미스의 '아내'는 크라이튼의 반 페미니스트적인 세계에서 맡겨진 역할을 탈피함으로써 위협이 되는 것이다.

사건이 해결된 후 스미스 형사는 불안감에 사로잡힌다. 이 해결에는 미스터리를 푼 후의 상쾌함은 조금도 없다. 어두운 불안으로 갈라진 금은 그때까지 견고하게 보인 그의 일상생활의 기초를 해치기 시작한다. 깊은 밤 누구도 없는 방으로 돌아온 스미스는(딸은 그의 엄마에게 주말에만 맡긴다) 아기침대에 잠든 딸을 생각하면서 불안감을 반추한다.

딸의 침낭이 눈앞에 떠올랐다. 완전히 안심하고 양손을 머리 위에 올리고 반듯이 누워 자고 있는 딸. 저 아이는 완전히 나를 신뢰하고 지금의 자기의 세계를 지켜준 사람이라고 안심하고 있다. 하지만 저 아이가 성장해가는 세계는 도대체 어떻게 되어 있는가. 딸의 침대를 정리하면서 나는 가슴이 죄어드는 것 같은 안타까움을 느꼈다.[85]

스미스는 자신의 딸에게서 미국 여성의 장래를 보면서도 그녀를 지켜줄 자신이 없다. 예전에는 핵폭탄의 파괴력이 미국의 안정보장에 대한 위협이었고 미국의 많은 사람을 불안하게 하는 것이었다. 여기에서 스미스의 두려움은 막연한 것이고 방심할 수 없는 것이다. 미국이 냉전 속에서 지키려고 한 자유주의 경제야말로 미국의 여성과 일본을 순종적인

뉴욕 근대미술관의 전쟁화 전람회(1942)에 전시된 전시 프로파간다 포스터
출전 : 『라이프』, 1942.12.21, 53쪽

'여성'의 역할에서 탈피시키는 것이 아닌지 스미스는 우려하고 있다.

팰로스와 크라이튼은 미일 양국이 패전 후의 '기원의 내러티브' 속에 맡겨진 역할에서 제외되는 것을 걱정한다. 일본은 어디까지나 '좋은 적'으로서의 역할을 해야 한다. 크라이튼의 소설 속 등장인물들 중의 한 사람이 선언한다. "응, 내 동료 중에 언젠가는 원폭을 한 발 더 맞아야 하는 녀석이 있다. 그렇게 되면 말이야."[86] 결국 원폭은 양국 간의 전쟁의 기억과 구출과 회심의 '이야기'를 상기시킨다. 크라이튼은 경계선을 다시 긋지 않으면 안 된다. 미국은 그 남성스러움을 다시 확립하고 일본은 여성적인 '좋은 적'으로 그대로 남아 있어야 한다는 것이다.

크라이튼 소설의 등장인물은 설령 인류를 절멸시켰을지도 모른다고 해도 핵무기의 사용은 변천하는 미일 관계에 대처하기 위한 선택지의 하나라고 상상한다. 그러나 나는 이 점에서는 더욱 소극적인 대책을 제안하고 싶다. 우리가 해야 할 것은 '기원의 내러티브'가 만들어지고, 수정되고, 왜곡되고, 과장되고, 수용되고, 그리고 반복되었던 미일 양국의 패전후의 역사로 되돌아가는 것이다. 이 '이야기'는 역사적 상상력을 제한해왔는지도 모르겠다. 하지만 그 영향은 균일적인 것은 아니었다.

'기원의 내러티브'의 힘은 모순된 주장에서 생겨난 것이며 항상 유지 maintenance를 필요로 한다. 역사 속에서 다른 길을 찾기 위해 이러한 과정에 주의를 기울여야 한다. 미일 양국에서 '기원의 내러티브'를 만들어내며 유지한 역사적 과정을 발굴하고 역사 속에서 양국이 공유한 역사적 공간을 이해함으로써 새로운 미일 관계의 '이야기'를 다시 상상할 수 있을 것이다.

제1장에서는 패전 후 일본 사회가 공유한 공간 속에서 전쟁으로 상처 입은 국가의 위상을 치유한 과정에 초점을 맞추었다. 제2장에서는 일본이라는 국가의 신체에 건강을 되찾기 위해 사용된 전략을 검증하기 위해 패전 직후의 시기로 돌아간다.

제2장

육체의 시대

나는 사상이라는 것을 자신의 육체로 생각한다. 자신의 육체 말고 어디에도 사상이라는 것은 없다고 생각한다. 따라서 나는 자신의 육체성이 아직 충분히 작품 행동으로서 구체화되어 있지 않으며, 나의 소설은 아직 충분히 사상적이지 않다고 자각하고는 있지만, 완전히 '사상이 없다'고는 생각하지 않는다. 나는 어디까지나 자신의 육체를 추구함으로써 사상을 탐구할 수 있을 거라고 생각한다. 아니, 너에게는 나의 육체를 생각하지 않고서는 사상이라는 것의 존립조차도 생각할 수 없다.

— 다무라 다이지로(田村泰次郎), 『육체의 문학』

패전 전 관리체제가 무너지고 난 후 도시의 폐허 속에서 살아남은 육체는 신생 일본의 상징으로 칭송받았다. 일본 도시 상당수는 미군 공습으로 불타버렸고 거기에서 시선을 가리는 것이 거의 없었다. 전쟁에서 살아남은 많은 이들에게 자신의 육체란 공습에서 지켜낸 유일한 '것'이었다.

쇼와 천황이 불타버린 일본 국내 곳곳을 적극적으로 찾아다니며 일반인들과 접촉하기 시작하자, 도시의 폐허 속에 멈춰 선 천황의 모습은 패전 직후 일본인의 신체 상황을 상징적으로 나타냈다.[1] 엄숙하게 관리되면서 일반 대중의 시선에서 멀리 떨어져 있던 그의 신체는 사람들 앞에 처음으로 그 모습을 드러냈다.

신문기자로서 1950년에 교토를 방문한 천황을 보도한 시바 료타로司馬遼太郎는 "여하튼 아무것도 없는 일본에 '천황만 있다'는 느낌이 있고 나머지는 폐허. 그런 시대에 지방을 순방하시면서 패전 후 천황의 이미지가 만들어졌다"고 주장하였다. 많은 일본인들의 눈에 비친 그의 모습이란 마치 자신들의 신체처럼 구체제의 제한에서 해방되고 인간성을 되찾은 것처럼 비추어졌다.[2]

일본인의 신체는 패전 전 내셔널리즘 언설의 중심에 있었다. 전시체제는 일본인의 신체에 엄격한 통제를 가했으며, 내셔널리즘의 이데올로기와 신체기능을 결합시킴으로써 순종적이고 애국적인 신체를 만들어내려고 하였다. 사람들의 모든 신체기능은 전쟁을 수행하기 위한 노력—그것이 이데올로기적이든 생물학적이든 경제적이든—에 바쳐져야 하였다. 패전 직후 전시체제의 엄중한 관리체제가 무너져 사회에 해방감이 찾아왔다. 도시의 불탄 자리에 출현한 암시장은 그런 축제의 장이 되었고, 많은 작가들은 거기에서 일본인의 육체에서 노골적으로 드러난 성애性愛가 가득한 에너지를 발견했다.

그러나 전시체제가 소멸한 이후에도 일본인의 신체는 전후사회 여러 가지 사회적 언설의 교차점에 있었으며, 한 순간에 신체를 '정상화'시키려 하는 미국의 의학적 언설과 실천의 표적이 되었다. 미국 점령기관이 일본인의 신체를 '정상화'하고 또한 위생적인 것으로 바꿈으로써 주입시키려 했던 것은 애국주의적 전쟁 완수를 위한 각오가 아니라 민주주의 개념이었다. 신체는 국가의 대체물로서 승자의 손에 의해 '여성'화·청결화·'정상화'되고 민주화되었다. 과학적 언설과 점령자의 의료기술을 사용하는 것이 일본의 트라우마를 합리적으로 설명하는 데 도움을 주었다.

제2장에서는 신체의 위생과 과학의 진보라는 보편적 개념을 패전 후 국제무대에서 활약한 일본을 위한 필수조건으로 변모시키는 데 이바지한 역할에 대해 검토하고자 한다.

패전 후 미국 점령기관과 일본 사회는 공통적으로 신체 이미지를 급격하게 변모하는 사회적 환경의 상징으로서 사용하였다. 신체는 패전 직후 일본의 해방은 물론이고 복종 또한 상징하였다. 여기에서는 해방의 언설과 복종의 실천—그 어느 쪽이건 일본인의 신체와 일본이라는 국가의 모습을 재정의하려고 했다—간의 상호작용에 초점을 맞추어 보고자 한다.

1. 해방되는 신체

전시관리 체제하의 신체

1930년대 말 일본의 지도체제가 중일전쟁에 역점을 두게 됨에 따라 일본인의 신체는 한층 엄격한 관리 하에 놓였다. 1937년 중국과의 전쟁에 전면적으로 돌입하기 전부터 건강한 신체를 만들어내는 일은 국가적 사업이었다. 전쟁이 수렁에 빠지고 연합국과의 교전상태에 접어들면서 일본정부는 엄격한 법규와 총동원체제를 통해 국민생활에 대한 관리를 강화해 나갔다. 신체는 국가 생산과 생식의 기틀로서 뿐만 아니라 공적 이데올로기를 실현시키기 위해서도 지도체제의 관심을 끌어 모았다.

1929년 도쿄제국대학 교수이자 애국주의자인 가케이 가쓰히코筧克彦는 신체를 이데올로기적 투쟁의 터전으로 삼는 체조를 고안하였다.[3] 가케이는 애국정신을 심기 위해 각각의 동작에 신화적 해석을 부여하였다. 신체는 체조를 통해 국가의 신화적 기원으로 되돌아가 맑은 정신을 가질 수 있다고 믿었던 것이다.

이 체조와 이데올로기 교화의 결합은 전일본체조연맹에 의해 1930년대 후반에 개발된 체조에서도 찾아볼 수 있다. 예를 들어 1937년 건국체조는 신체를 단련함으로써 야마토 다마시이大和魂를 배양할 것을 목표로 삼았으며,[4] 흥아興亞 체조는 아시아의 진보를 짊어질 역할을 담당하는 체육 교육자를 육성하기 위해 마련되었다.[5] 아시아·태평양전쟁 말기 라디오체조 참가자들은 '영미격멸英美擊滅'이라는 구호와 함께 몸을 움직였다.[6] 다나카 사토시田中聰가 논하는 바와 같이 애국정신 훈육을 위해 체조를 사용하겠다는 가케이의 선택은 예외적인 것이 아니었으며,[7] 실체로 일본인의 신체에 대한 통제는 정부의 선동 목표 중 하나였다.

전시 중 애국적 신체를 만들어나가기 위한 실천으로 인해 정신과 신체의 거리는 상실되고 말았다. '불건전'―비생산적이고 생식에 기여하지 않는다―하다는 것은 국가의 권익에 반하는 일로 간주되었다. 1920년대에서 30년대에 걸친 사상 통제에서 나타낸 열정만큼이나 1940년대 일본정부는 감시망 속에 신체를 포섭하려 하였다.

우선 신체검사로 '건강하지 않다'고 간주된 요소들이 탄압 대상이 되었다. 1940년 일본정부는 신체를 감시하고 개량하기 위해 두 가지 법령―국민체력법 및 국민우생법―을 제정하였다. 국민체력법에 따라 20세 이하 모든 국민은 신체검사 결과를 기입한 증서를 받았다.[8] 검사관은 신체에 관한 다양한 측정치 외에 결핵, 성병, 한센병, 정신질환, 트라코마클라미디아 트라코마티스를 병원체로 하는 감염병. 눈의 결막염으로 실명 원인이 될 수 있음, 기생충, 각기, 영양실증, 충치 등에 대해 조사하였다. 1942년 국민체력법이 개정되어, 군사목적을 위해 중요한 운동능력과 관련한 테스트도 신체검사에 포함되기 시작하였다.[9]

한편, 일본정부는 국민우생법에 따라 유전성 질병을 앓는 사람 뿐만 아니라 그의 사촌관계 이내에 있는 친족들에 대해 단종 수술을 강제할 수 있는 권한을 갖게 되었다. 이 법은 수술의 대상이 되는 다섯 가지 분류를 예시했다. '유전성 정신병, 유전성 정신박약, 강도가 세고 악질한 유전성 병적 성격, 강도가 세고 악질적인 유신체질환, 강도가 센 유전성 기형畸形' 등이 이에 해당한다.[10] 실체로 우생 단종 수술이 시술된 사례는 많지 않았지만 배제를 전제하는 이 법은 전시체제의 신체관리를 강화하는 역할을 담당하였다.[11] 우선 우생법이 국민들 속의 '불건전'한 요소에 대한 방파제 역할로 제정된 후, 정부는 7,300만 명에서 1억 명으로 인구를 늘리는 방안 중 하나로 1941년 '인구정책확립요강'을 밝혔다.[12] 이 '요강'은 여성들에게 젊을 때 결혼하여 적어도 다섯 명의 자녀를 낳을 것을 장려한다는 내용을 담았으며 생식을 국가적 사업으로 정의하였다.

'불건전'한 신체는 국가우생법에 의거하여 단속 대상이 될 뿐만 아니라, 다른 방법을 통해서도 사회적으로 배제될 수 있는 존재였다. 국민체력법과 국민우생법 아래 특히 한센병과 정신병이 공적 감시 대상이 되었다. 일본정부는 1930년대를 통틀어 한센병 환자들을 국립요양소로 수용하기 위한 다양한 방책을 강구하였다. 정부는 민간단체들의 도움을 받아 한센병 환자들의 수용·격리를 장려하였다.[13] 1936년 일본나학회日本癩學會는 내무성의 한센병 환자 격리를 위한 10개년계획을 수용했을 뿐만 아니라, 1940년대 황기皇紀[14] 2,600주년 축하와 발맞추어, 5개년계획을 단축할 것을 내무성에 제언하였다.[15]

게다가 황실로부터 거액의 금전이 한센병 환자를 돌보는 데 기부되었고, 성은聖恩에 의한 격리사업이라는 의미부여도 이루어졌다.[16]

결과적으로 환자들은 스스로에게 주어진 격리 조치에 대해 국가 및 천황제의 온정주의적 보호의 표출로서 감사를 표해야 했다. 그러나 이 같은 황실의 기부에도 불구하고 의료기관에서 생활하는 환자들의 상태는 전쟁 말기에 국가 전체가 식량부족에 시달리게 됨에 따라 점차 악화되어갔다.[17] 식량과 의료품 부족은 요양소에서 높은 사망률로 나타났다.

오키나와 두 곳을 제외한 일본 본토에 있던 국립요양소 중 두 곳에서는 1945년 사망률이 20%를 웃돌았다.[18]

정신병원에 입원한 환자들의 상황은 더욱 심각하였다. 도쿄 마쓰자와 병원에서는 1945년 41%의 환자가 사망했고 분원 시설의 사망률은 53%에 달하였다.[19]

교토제국대학 병원 기록에 따르면 1945년에 '퇴원'으로 기재된 건들 가운데 34%는 환자의 사망으로 인한 것이었다. 많은 환자들이 때로는 한 주 만에 1킬로라는 과격한 수준으로 체중이 지속적으로 줄었으며, 만성적인 설사 끝에 사망으로 이르렀다. 이 병원에서 전시 중 의료실태에 관한 저작을 펴낸 쓰카자키 나오키塚崎直樹는 환자들의 설사를 병원의 비참한 상황에서 자신의 고통을 호소하기 위해 유일하게 남은 수단이라고 보았다.[20] 요컨대 일본 사회에서 사람들은 정신과 신체를 국가의 요청에 적응시킬 것을 명령받은 것이다. 적응할 수 없다면, 그 신체는 냉혹하게 처분되었다.

의료시설이 신체를 '정상화'시키려 했던 유일한 기관이 아니었다. 전시 일본의 관리체제는 군대에서 가장 가혹한 모습을 드러냈다. 전후 사회에 남겨진 전쟁의 발자국을 기록한 사진가 후쿠시마 기쿠지로福島菊次郎는 전쟁에서 살아남기 위해 자신의 신체기능을 통제해낸 젊은 애국자였다. 1944년 육군에 입대 했을 때 그는 급성 황달에 걸려 죽도 먹을 수 없는 상태였음에도 국가를 위해 이바지하고 싶다는 의무감으로 입영연기 권유를 뿌리치기까지 하였다. 애국주의자였던 후쿠시마는 국가에 헌신하기 위해 육체의 병을 무시했던 것이다. 그러나 '군인칙유軍人勅諭'를 외

우지 못한 병사들이 피범벅이 되도록 얻어맞은 것을 보고 그가 간직해온 천황의 군대에 대한 환상은 순식간에 부서지고 말았다. 잔학함이야말로 그가 본 제국 육군의 현실이었다. 후쿠시마는 병에 걸린 몸에도 불구하고 이 지옥 속에 던져졌으며, 간신히 살아남았다.

> 게다가 콩이 섞인 군대 밥을 약해질 대로 약해진 위장이 전혀 받아들이지 않아, 먹은 즉시 그 형태 그대로 싸버리는 심한 설사가 지속되어, 훈련기간 내내 바지 속에 쌌다.
> 똥 묻은 이등병은 그래도 죽지 않아 보름 뒤에는 기적적으로 체력이 회복되어 소대의 모범병 취급을 받기 시작했지만, 동작이나 기억력이 둔한 몇 명 병사들은 입대한 이후 줄곧 얻어맞기만 했고 그중 세 명이 어느 날 밤 야밤도주했다가 한 명은 다음날 아침 무언가에 깔린 시체로 발견되었고, 남은 두 명은 열흘 지난 후 고무공처럼 불어난 썩은 시체가 되어 부대 안에 있는 우물 속에서 끌어올려졌다.[21]

후쿠시마가 적은 대로 적응하지 못한 몸은 '비국민'의 신체였다. 육군은 심한 훈련을 통해 사상적으로 견고한 신체를 만들어낼 것을 목표로 삼았다. 신체기능뿐만 아니라 자질구레한 일상생활 속의 활동까지 관리하는 것은 충실한 황군 병사로 거듭나게 하기 위한 필요조건이었으며, 신체훈련의 성공이야말로 충성의 증표였다. 이 요건에 적응하지 못하는 신체는 주의를 받게 되며 한층 엄격한 취급을 받았다. 후쿠시마의 체험담은 전쟁 말기 군대 내부에서 신체가 어떻게 다루어졌는지를 극단적 형태로 나타낸 것이다.

물자의 결핍이 극한으로 달하자 애국적 신체를 만들어내는 군대의 임무는 파탄났다. 예를 들어 육군에서는 통증을 무시한 채 배급된 군화에 자신의 발을 끼어 맞추라는 교육이 이루어졌는데, 전쟁 말기에는 배급할 군화마저 부족했다. 1945년 후쿠시마가 다시 병사로 입대했을 때, 그의 부대원 대부분이 40대, 50대 남성들이었다. 전투에 참여할만한 체력도 없고 군화, 총 그리고 물통과 같은 장비조차 지급되지 않아 이들의 신체는 오로지 제물로서만 구실을 할 수 있었다. 이들은 매일 반복적으로 폭탄을 짊어지고 적군 전차 밑으로 뛰어드는 특공훈련을 받았다.[22]

일본 국가는 또한 반상회나 부락회를 통해서도 일본인의 신체에 대한 감시를 강화해 나갔다. 신체기능을 지탱하는 데 필요한 물자를 관리하는 한편, 군대뿐만 아니라 국민들의 상호감시를 위한 조직을 통해 순종적이고 애국적인 신체를 만들어냈다. 1940년 내무성은 반상회와 부락회를 전국적으로 조직할 것을 명했으며, 이들 조직은 한층 작은 지역단위로 분할되었다. 1943년 반상회와 부락회가 행정기구의 일부로 인정됨에 따라 배급제도의 근간이 됨으로써 국민들의 일상생활의 기초가 되었다. 국민들은 식량이나 의류 배급을 받기 위해 이들 지역 모임의 일원이 되어야만 하였다. 전시체제는 지역 모임을 통해 주민들끼리 상호감시할 것을 장려했을 뿐만 아니라, 지역 모임의 수중에 둠으로써 복종을 강제하였다.

일본의 패전 또는 육체의 해방

따라서 1945년 8월 15일 많은 국민들이 전쟁의 종결을 자신들의 육체 해방이라며 축하했던 것은 놀랄 일이 아니다. 라디오에서 천황의 목소리를 들은 직후, 남편과 함께 소개지疎開地인 니가타新潟로 나가 있던 구와나 사다코桑名貞子는 목욕탕 굴뚝에서 연기가 솟아오르는 것을 보았다. 놀랍게도 아무 일도 없었던 것처럼 목욕탕은 영업 중이었다. 전시 중 극도의 연료부족으로 공중목욕탕의 영업일과 시간이 제한되고 결과적으로 목욕탕은 언제나 붐벼 있었다.[23] 이날 목욕탕 주인은 마치 정상적인 일상생활을 되찾기 위한 것처럼 오후 이른 시간부터 영업을 시작하였다. 구와나는 곧바로 입욕료를 내고 목욕탕의 유일한 손님으로 해방감을 만끽하였다.[24] 그녀에게 패전 즉 전후란 자신의 신체를 씻어내는 일에서 시작된 것이다.

다른 이들에게도 전후는 신체감각을 되찾기 위한 기회였다. 잡지편집자로 일한 도즈카 후미코戸塚文子는 그날 밤 소개지 나가노長野에서 동료들과 '와일드 파티'를 열었다. 밤새 전등불을 켜며 아는 만큼 재즈를 부르며 술을 마셨다. 분노와 자포자기한 감정에서 그녀는 전시 중에 금지된 사치품이었던 빨간 드레스를 입고 립스틱을 바름으로써 그동안의 관리에 대한 반동적 태도를 드러냈다.[25] 한편 패전 소식을 접한 후 데즈카 오사무手塚治虫는 텅 빈 전철을 타고 다카라쓰카宝塚에서 오사카로 향하였다. 종점 우메다梅田에서 전철을 내리자마자 오사카의 밤하늘이 밝게 비추어지는 광경을 맞닥뜨렸다.

역 빌딩 구내도 백화점 로비도 미도스지御堂筋도 불의 홍수였다. 불타 버린 거리에 이렇게나 불빛이 남아있었는가 할 정도로 화려한 빛의 장식이었다. 나는 기쁜 나머지 30분이나 멍하니 서 있었다. 쓰라린 패전의 감상 따위는 산산조각으로 날아가 버릴 정도의 감동이었다.[26]

일본인의 신체는 전시관리체제에 의해 감각적 자극을 빼앗겼다. 1945년 8월 15일 밤 도쓰카와 데즈카 그리고 오사카 거리의 불빛을 다시 비친 사람들은 자신의 신체감각을 경하하는 일을 통해 전후의 첫 발을 디디기 시작한 것이다.[27]

많은 이들은 신체에 대한 전시관리체제에서의 해방으로서 전쟁의 종말을 마음에 새겼다. 물론 전쟁의 종결을 축하한다고 해서 모두 끝난 것은 아니었다. 소이탄을 사용한 공습으로 기본적 시설이 파괴된 도시에서는 많은 이들이 최소한의 필요를 충족시키기 위해 분투하고 있었다. 가족과 자신을 위해 식량과 살 곳을 확보해야 했기 때문이다. 전쟁을 논하는 데 자주 등장하는 식량부족은 패전 직후에 한층 악화되었고 많은 이들이 먹을거리를 찾느라 고뇌하였다.

1945년 주요 식량 생산은 급격하게 하락하였다. 쌀 수확량은 전년도 878만 톤에서 587만 톤으로 감소했고 보리의 수확량은 108만 톤에서 74만 톤으로 감소하였다.[28] 한편 1945년부터 46년 사이에 일본인 500만 명이 해외에서 돌아왔다. 지역 모임을 통해 배급되는 식량은 만성적으로 제때 지급되지 않았고 그 양 또한 턱없이 부족했다.[29] 배급제도에만 기대서는 살아남을 수 없었다. 1947년 10월 도쿄지방재판소의 33세 판사가 법을 준수하기 위해서 배급품 외의 먹을 것을 거부해 아사했다는 소식이 전해졌다.[30] 세간의 이목을 모은 이 판사의 죽음은 배급제도가 충분하지 않았다고 증언하는 것이었다.[31]

도시에 사는 사람들은 열차를 타고 농촌까지 식량을 구하러 나섰고 소지품과 물물교환을 통해 먹을거리를 얻어냈다. 또한 암시장에서 턱없이 비싼 돈을 지불하여 필요한 것을 구하기도 하였다. 먹는 일은 일상생활 중 가장 중대한 관심사가 되었다. 1946년 4월 일반가정의 엥겔계수가계지출 중 식비가 차지하는 백분율는 68%나 되었다.[32] 정부는 1946년 3월에 물가통제령을 제정하여 급등하는 물가를 억제하려 했지만, 통제령은 합법적 상거래를 저해했고 암거래를 장려했을 뿐이었다.[33]

한편 패전 직후, 물자는 기존의 용도에 새로운 용도가 부여되어 암시장에 출시되었다. 철모나 비행기용 두랄루민 등은 냄비로 모습을 바꾸었다.[34] 공업용 알코올은 암시장에서 술로 유통되었고, 이 메틸 알코올을 마시곤 실명하거나 목숨을 잃는 일도 있었다. 미군의 음식 시설에서 배출된 쓰레기도 소중한 자원이었고 조리된 후 암시장에서 팔렸다. 그 중에서도 음식쓰레기를 끓여서 만든 스튜는 인기를 얻어 순식간에 매진되었다.[35]

전쟁이 끝났을 당시 15세였던 노사카 아키유키野坂昭如에게 암시장의 경험은 커다란 인상을 남겼다. 그는 작품 속에서 끊임없이 전쟁으로 인해 황폐해진 장면으로 되돌아가, 스스로를 '불탄 자리 암시장焼け跡闇市派'라고 선언하였다. 노사카가 전쟁이 끝났다고 실감했던 것은 한큐 니시나다역西灘駅, 현 오지고엔역(王子公園駅) 암시장에서 구한 사탕물의 달콤함을 맛보았을 때였다.[36] 1945년부터 46년 사이 일본 사회의 변모한 모습에 대해 노사카는 다음과 같이 적었다.

> [쇼와] 20(1945)년은 그래도 나았다. 21년이 되자 과연 구질서는 엎어지고 말았다. 이제부터는 무엇을 하든 괜찮은 것이다. 자신의 이익이 되는 일이라면 부모를 팔든 자식 피를 빨든 상관없다며, 세상 일반이라기보다는 지금까지 눌려 살았던 놈들이 활개 쳐서 무시무시한 양상을 띠게 된 것이다.[37]

노사카 스스로도 곧이어 식량을 거머쥐기 위해 좀도둑질을 하기 시작하였다. 음식을 늘 입에 물어야 하기 때문에 그는 한번 먹은 것을 위장에서 반추하는 일까지 배웠다(이 일의 역사적 의미에 대해서는 제6장에서 다룰 것이다). 전후 한때 노사카는 오로지 음식을 입에 무는 일로만 안정감을 얻을 수 있었던 것이다.

전후를 살아가는 투쟁 속에서 먹는다는 행위는 성욕과도 상통하였다. 이시카와 준石川淳은 1946년에 발표한 단편 「불탄 자리의 예수燒迹のイエス」에서 우에노의 불탄 자리에 출현한 암시장의 정경을 묘사했는데, 화자의 관심은 '갓 지은 백미'라는 이름으로 팔리는 말라 비튼 주먹밥에서 그것을 파는 여자의 육감적인 신체로 옮겨간다.

> 갓 지은 백미라는 들끓어 오르는 풍요로운 감촉은 오히려 여자 판매원에게 더 있었다. 나이가 어느 정도일지, 아니 그냥 젊다고밖에 표현할 수 없는 젊음이 넘쳐흐르는 몸매이다. 달아오를 만큼 탄 피부의 솜털 위에 윤택하게

도는 혈색이 풍겨났고 정력을 주체하지 못한 몸을 확 젖혔는데, 하얀 속옷에 비친 젖가슴을 비수比首처럼 살짝 보이고 같은 흰색 스커트의 짧은 옷자락을 한껏 걷어 올리며 걸터앉은 채 드러난 한쪽 다리를 부끄럼 없이 무릎 위에 올려놓았다. 그 자세는 이를테면 스스로 자신의 정욕을 도발하는 모습이면서도 이렇게 하는 것 말고는 몸을 놓을 수 있는 방법이 없는 것과 같은 모습으로, 그것을 추악하다고 볼 때까지 자연스러운 표현을 취했고 강열한 힘이 솟구치고 있었다.[38]

'갓 지은 백미'로 비유된 여성의 몸은 새로운 전후적 가치를 나타내는 것이기도 하였다. 이시카와는 그 강열한 힘에 매료된다.

인간의 생리가 주위를 두려워하지 않고 야만적 형식으로 몰려오더니 건전한 도덕이란 음탕함 그 자체가 되었고, 육체 또한 하나의 광원으로 눈부시게 빛나며 대낮의 태양 빛이야말로 오히려 인공적이고 느긋한 색깔로 비추어졌다.[39]

패전 직후의 생존을 위한 투쟁은 신체감각을 회복하기 위한 과정이기도 했으며, 그 속에서 특히 섹슈얼리티이시카와가 '음탕'이라고 부른 것의 복권復權에는 커다란 의미가 부여되었다.[40] 성적 기쁨의 탐구는 일본인의 신체에 대한 불복종을 의미하였다. 정부가 여러 번 시도했음에도 불구하고 암시장을 단속하지 못했던 일은 일상생활 속에서 사람들의 신체를 관리할 능력을 갖추지 못한다는 점을 확인했을 뿐이었다. 사람들은 신체기능과 감각에 관심을 기울임으로써 정부의 관리단속이라는 구속에서 벗어났다. 그리고 암시장에서 출현한 전후문화는 섹슈얼리티를 신체감각의 총체로 축복하였다. 그러나 이 같은 성의 해방이 여성의 육체를 그 매체로서 다루었던 것을 잊어서는 안 된다. 이시카와가 만든 가공의 화자가 암시장의 여자에게 던진 욕망에 가득 찬 남자의 시선은 이 시대 '육체의 문학'이라고 불리던 여러 작품의 중심적 모티프이기도 하였다.

2. 일본이라는 병

육체의 문학

1947년 3월 다무라 다이지로田村泰次郎가 「육체의 문肉體の門」이라는 제목의 단편소설을 발표하자 순식간에 화제를 불러일으켰다. 그해 8월 「육체의 문」이 무대화되었고 3년 동안 천 번 이상 공연되었다.[41] 이 단편과 함께 다무라가 같은 시기에 펴낸 다른 두 편이 성공하자 그의 작품은 '육체문학'이라고 명명되었고, 다무라도 '육체작가'라고 불리기 시작하였다.[42] 다무라는 인간이라는 존재의 육체적 차원을 강조하는 작품을 펴낸 의도에 대해 육체를 소외시키며 전쟁을 막는 데 전혀 도움이 되지 않았던 '사상'을 비판하기 위해서라고 설명하였다.[43] 그는 육체에 대한 신뢰를 다음과 같이 말한다.

오늘날 '사상'은 머리에서 우리를 오로지 위협하며 누르려고 할 뿐이다.

일본 민족 안에서 '사상'이란 강권적 색채를 띤 전제정치를 오랫동안 유지해 왔지만 이제 육체는 이에 대해 명백히 반역하려고 한다. '사상'에 대한 불신은 철저하다. 우리는 이제 자신의 육체 말고 아무것도 믿지 않는다. 육체만이 진실이다. 육체의 고통, 육체의 욕망, 육체의 분노, 육체의 도취, 육체의 혹란 惑亂, 육체의 수면 — 이들만이 진실이다.[44]

신체를 '사상'의 절대적 대립물로 간주한 다무라의 입장은 안일하다고 보일 수도 있지만, 그는 일본인을 전쟁을 위해 동원한 사상과 일본의 패전을 은폐한 사상 양측에 맞서기 위해 신체의 직접성을 특권화하였다.

다무라에게 신체란 역사를 올바르게 이해하기 위한 기초이며, 사상가나 작가가 전시 중에 늘어놓은 거짓말은 신체를 통해 분쇄되어야 하였다. 다무라는 일본의 패전과 맞설 필요성을 설파하면서 다음과 같이 적었다.

일본의 '사상'가나 소설가는 구제하기 어려운 만성적 거짓말쟁이들이다. 너무나도 만성적인 나머지 자신이 거짓말쟁이인지조차 스스로 깨닫지 못하고 있다. 무엇보다도 패전에 대한 자각조차 없는 듯하다. …더욱 더 족쇄를 풀어야겠다. 패배한 나라이기에 그렇게 되어야 당연한 것이고, 그렇게 되지 않는 것은 어딘가에 속임수가 있다는 증거다.[45]

다무라는 육체에서만 패전과 혼란의 역사적 사실을 만날 수 있다고 주장한다. 즉 패전과 그 후의 사회적 혼란 속에서 살아남는 일 — 육체가 필요로 하는 것을 거머쥐는 일―이 대다수 일본인들의 주된 관심사가 된 것이다. 바꿔 말하면 전후 일본 사회의 혼란에서 살아남는 일이란 '사상'의 억압적 성질과 그것이 일본에 가져다준 패전에 대해 학습하기 위한 기회였다. 패전 직후에 다무라가 재발견한 신체는 '사상'의 파산을 선고하였다.

다무라는 육체의 과격한 가능성을 설파했는데, 그의 주장 중 신체와 사상이라는 이원론은 일본인들이 전시 지도자들에게 속은 것에 불과하다는 자기중심적 해석을 재생산한다. 그에게 '사상'이란 지도자들의 이데올로기적 조작을 위한 도구에 불과하며, 한편으로 육체 자체는 중성적 존재이기는 하지만, 거기에 전시 이데올로기가 각인된 것이다. 전쟁이 끝나고 전시 이데올로기는 무산되고 신체는 무질서한 상태로 다시 부상하기는 했지만, 그것이 최종적으로 어떠한 형태를 띠게 될지 아직 알 수 없었다. 일본인에게는 자신의 육체만이 남아 있었으며 육체에서만 미래의 가능성을 찾을 수 있었다.

다무라에게 육체란 근본적인 사회변혁의 기초였고, 이를 위해 육체를 기르는 일은 그의 이데올로기적 투쟁에 빼놓을 수 없다. 그리고 다무라는 다음과 같이 선언한다.

> 일본인의 육체를 실컷 살찌우게 해야 한다. 에로스라는 것도 포용해도 여유 만만할 수 있는 육체를 일본인이 반드시 갖게 되어야 한다. 그리고 그 육체 위에 장대하고 견고한 인간성을 만들어내야 한다.[46]

그리고 마지막으로 인간성과 육체의 기본적 연결성에 대해서 그의 신조를 말한다.

우리는 인간다운 인간이 되어야 한다. 이를 위해 인간을 구성하는 기본적 조건인 육체를 자유롭게 해방시켜, 그동안 육체를 구속해온 여러 제약을 풀어 아기처럼 자연과 같이 호흡케 하고 이를 탐구해야 한다.[47]

성장 단계를 아기의 상태에서 시작함으로써 일본인은 보다 높은 수준의 인간성을 이루어낼 수 있을 것이며, 그 마지막 지점으로 다다랐을 때 인간성이라는 보편적 개념이 전쟁의 고통을 맛보게 한 고유의 역사에서 일본인을 구해낼 것이다.

다무라는 이 '사상' 비판 속에서 전시관리체제에 대해 왈가왈부했던 것은 아니지만, 전후사회의 혼란 속에서 찾아낼 가능성은 일본인의 신체에 대한 국가에 의한 통제가 느슨해짐에 따라 생겨났다. 모든 이데올로기적 제약에서 육체를 해방시켜 줌으로써 다무라의 정치관은 실천되었다.

전후사회의 혼란에서 새로운 가능성을 찾은 것은 다무라 뿐만 아니라 사카구치 안고坂口安吾가 이미 이 같은 가능성에 대해 언급한 바 있었다. 사카구치는 1946년에 발표한 「속 타락론續堕落論」에서 "천황이니, 무사도니, 내핍의 정신이니, 50전을 30전으로 깎는 미덕이니, 이런 갖가지 가짜 옷을 벗긴 다음, 벌거벗고 어쨌든 인간이 되어 다시 출발할 필요가 있다"고 일본인들을 설파하였다.[48] 사카구치는 다무라처럼 인간성에 대해 과대한 기대를 품었던 것은 아니지만 그 역시 육체를 전후 일본을 생각하기 위한 요건으로 간주하였다.

사카구치는 같은 해 발표된 다른 에세이에서 육체의 철학적, 윤리적 가능성을 주장하였다.

> 우리 윤리 역사는 정신이 육체에 대해 생각해 왔지만, 육체 자체도 생각하고 말할 수 있다는 것, 그런 입장이 있어야 한다는 것을 사람들은 잊고 있었다. 몰랐다. 생각해보는 일도 없었던 것이다.[49]

육체가 지닌 언어 속에 과격한 가능성이 있으며, 이 언어를 통해야만 전후사회의 윤리문제에 임할 수 있게 되는 것이다.[50]

시장화되는 여성의 신체

전후 일본 사회는 전전의 억압적 체제에서 해방의 상징으로 육체를 치켜세웠고, 다무라나 사카구치는 이 육체의 특권화를 문학 속에서 정당화하였다. 그러나 점령 하의 일본에서 주목받은 육체는 특정 젠더가 가진 것이었고, 여성의 신체와 섹슈얼리티야 말로 전후문화 속에서 찬미와 상품화의 대상이 되었다. 육체는 이미 시장의 수요에 노출되어 있었고 사회적 힘이 아직 미치지 못한 신체는 있을 수 없었다.

성적으로 적극적인 여성의 이미지는 전후사회에서 널리 확인되었다. 가스토리 잡지는 성적 흥미를 불러일으키는 이야기로 가득 채워지고,[51] 거리에서는 스트립쇼가 화제를 불러일으켰다.[52] 무대에 걸린 '육체의 문' 또한 오로지 스트립이나 다름없는 수준으로 감상되었다. 클라이맥스 장면에서는 주인공의 옷을 벗겨 다른 매춘부들이 매를 때렸다. 여성의 신체는 무대에서 허벅지를 노출시키는 일조차 금지되었다. 패전 전의 엄격한 규제에서 해방되었을지는 모르지만, 순식간에 남성들의 욕망을 채우기 위한 시장에 빨려들고 말았다.

게다가 여성의 신체는 비록 전시 체제에서 자유로워지기는 했지만, 승자의 정치적 질서 아래 넣어져 버린 일본 사회의 상징이 되었다. 몇만 명이나 되는 일본인 여성들이 미군 병사를 상대로 하는 매춘부가 되었다. 매춘부는 적국에 의해 해방됨과 동시에 복종 당한 일본인 섹슈얼리티의 양의적 상징이 되었다. 다무라는 「육체의 문」 속에서 한 명의 매춘부에게 주체성을 찾아냄으로써 이 양의성을 초월하려고 한다.

다무라의 이야기 속에서 고마사의 센小政のせん이 이끈 매춘부들은 남자들과의 관계에서 감정을 이입할 것과 쾌락을 위해 관계 갖기를 거부한다. 무리에 들어가는 조건으로 이런 일들을 거부하는 것은 생업의 비참함에 대한 심리적 방어로 기능한다. 비록 몸을 팔지만 마음은 팔지 않겠다는 것이다. 매춘부 무리들이 이 규칙을 어긴 자에게 처벌을 가했고 고마사의 센이 훈계한다. "넌 돌아가신 남편을 생각해 본 적이 있니? 이오지마에서 돌아가신 남편을 생각한다면 어찌 그런 안 좋은 일을 할 수 있니?" 다무라는 곧바로 규칙을 어긴 자가 말하고 싶은 것을 해설한다. "관능의 감각을 모르는 그녀들에게 육체를 파는 행위 자체는 죄가 아니다. 일종의 거래에 불과하다. 죄가 되는 것은 돈을 받지도 않고 육체의 비밀스러운 희열에 빠지는 일이다. 그런 일은 미망인으로서 칠칠치 못한 부정한 일인 것이다."[53] 센은 여성의 신체를 전시체제의 마지막 방어선으로

다루었던 것이다. 매춘부는 전쟁으로 가족을 잃었지만, 의제적擬制的 가족을 만들어 낡은 사회규범을 지키고 있다. 전후가 되어 자유를 누리는 것처럼 보이지만 그녀들의 진정된 해방은 육체의 희열을 경험할 때까지 찾아오는 일이 없었다.

『육체의 문』은 등장인물 중 한 명이 성적 희열을 통해 각성한다는 계몽의 이야기다. 규칙을 어긴 자의 처벌에 가담하면서도 보르네오 마야(그녀의 오빠가 전사한 보르네오 이야기를 자꾸 꺼내기 때문에 별명이 되었다)는 그녀가 아직 경험하지 못한 미지의 세계가 있는 것을 알게 된다. 마치의 육체가 '신비스럽게' 보이기까지 하였다. 마야 또한 곧 성적 희열을 얻게 되어 스스로 해방되었는데, 그 해방이란 일본인 남성에게 주어져야만 하였다. 마야는 육욕의 희열을 발견함으로써 과거의 망령을 떨쳐버리고 새로운 삶을 얻을 수 있었기 때문이다. 마야는 그녀들의 은신처에 눌러앉은 남자, 이부키 신타로伊吹新太郎에게 성적관계를 요구한다. 술에 취한 그녀는 거칠게 도발한다.

> 마야는 이부키의 어깨를 문 채 안 떨어진다. "야, 뭐 하는 거냐", "널 죽이고 나도 죽을 테야." 이부키는 어두움 속에서 도깨비불처럼 둔탁한 색으로 반짝이는 두 눈동자를 보았다. "신짱, 죽자. 나랑 같이 죽자." 마야는 남자 위로 올라타 남자의 목을 졸랐다. 자신이 틀림없이 미쳤을 거라고 생각하였다. 수치심도 주저하는 마음도 아무것도 없었다. "젠장"이라며 이를 갈고 남자 몸에 달라붙었다. 이부키는 갑자기 덤벼온 마야의 불손한 태도에 화가 치밀어 올랐다.[54]

마야에게는 이부키의 육체에 달라붙는 것 외에 그에 대한 격한 욕망을 표현해낼 방법이 없었다. 이부키는 마야의 도발에 격하게 반응한다.

그것(마야가 두 다리를 벌린 채 누워있는 모습)을 보아하니 이부키는 한층 처참하고 잔인한 본능의 갈망을 느꼈다. 느닷없이 보르네오 마야의 두 다리를 잡고 벌려, 개구리를 찢어버리듯이 그녀의 다리를 찢으려 하였다. 마야의 기뻐하는 신음을 듣자 그는 한층 짜증스러워하였다. 이부키는 이 건방진 여자를 쾌락으로 더욱 괴롭히고 꼼짝도 못할 만큼 괴롭히지 않고서는 자신의 증오가 가라앉지 않을 것을 직감하였다. 사선에서 기관총을 조작했을 때 느낀 투지와 본능적 공포로 정신이 나갈 것 같았던 생명의 충만감과도 유사한 감각을 그는 느낀다. 마야의 육체적 희열의 신음은 이부키가 느낀 증오의 불에 기름을 부었다. 보르네오 마야는 완전히 한 마리 짐승이었다. 슬픔이 느껴질 만큼 육체의 요염함과 즐거움, 고통스러움에 몸부림치고 신음하며 포효하였다. 허리 주변이 초처럼 불타 녹아 흐르는 것처럼 느껴졌다. 태어나서 처음 느낀 충만한 감각 — 아니, 마야는 이제 자신이 처음으로 이 세상에 태어난 것을 느낄 수 있었다.[55]

보르네오 마야는 자신의 성욕을 드러낸 일로 벌을 받았는데, 남자에게 벌을 받는 일로만 성적 충족을 얻을 수 있었다. 이부키의 억누를 수 없는 분노와 지배욕의 대상이 됨으로써 마야의 흥분은 절정에 달한다. 이처럼 다무라가 그리는 장면은 남자의 손을 통해 성적으로 각성하는 여자라는, 남자의 성적 공상에 호소한다. 이부키는 성행위 속에서 전쟁의 기억에 몸을 맡겨 살인의 흥분과 죽음의 공포 양쪽을 다시 경험하게 된다. 한편 마야는 "처음으로 이 세상에 탄생"하여 과거에서 해방되었다.

이야기 속에서 여자들은 육체의 희열을 발견함으로써 과거를 넘어서는 일을 요구받았고, 남자는 안심하고 과거로 돌아가 전시 중에 체험한 쾌락을 되찾았다. 남성의 섹슈얼리티는 전쟁 체험에 따라 비대해졌고 일본 남성은 과거의 기억 속에 서식하였다. 이부키는 전쟁체험의 안내자로서 전후를 살아남았고, 전투체험이 그로 하여금 모든 일을 꿰뚫어 보는 남자로서의 권위를 부여하였다.

한편 다무라는 여자들에게 육체를 통해 새로 태어남으로써 과거―1945년 이전의 억압적 체제―를 초월할 것을 요구한다. 매춘부들에게 전쟁이란 오로지 부정적인 의미만 있는 것이며 그 부정적 유산은 극복되어야 하는데, 이를 위해서는 일본인 남자에게 의지해야 한다. 여성의 섹슈얼리티를 역사의 무거운 짐에서 해방시킴으로써 일본인 남자들은 여성들에게 피해자 입장을 벗어나 일본 사회의 재생을 남성들과 함께 축복할 것을 강제한다. 성적 희열을 통해 여성의 주체성을 세워 줌으로써 남자들은 수많은 피해자를 낳은 전쟁의 현실을 쉽사리 지워버리고, 전쟁체험을 자신의 남성다움의 증거로 자랑스럽게 회상한다. 이를 통해 일본 남성들의 주체성은 여성의 신체를 이용해서 전시에서 전후로 이어지는 역사적 연속성을 확인하였다.

비록 지옥으로 떨어진다 하더라도 처음 알게 된 이 육체의 희열을 놓치지 않겠다고 마음속으로 맹세하였다. 점차 희미해지는 의식 속에서 마야는 이제 자신이 새롭게 태어날 것을 느끼고 있었다.

　지하의 어둠에 매달린 보르네오 마야의 육체는 희끄무레한 빛의 후광으로 휩싸여 십자가 위의 예언자처럼 장엄하였다.[56]

이야기의 마지막에 돌연 나타나는 그리스도의 이미지가 시사하는 것은 궁극적으로 여성의 주체성을 구제하는 것은 일본 남자들이 아니라는 것이다.[57] 구제란 일본에게는 타자적 존재다. 서구의 그리스도교 문화에 의해 이루어지는 것이며, 이는 역사적 기억을 희생시켜 타자와 일체화하고 무언가 전혀 다른 것이 되는 과정이다. 육체와 성적 희열은 그것 자체가 목적이 아니다. 이들은 전쟁에 기가 꺾여 무력한 '여성'화된 나라가 역사적 조건을 초월하기 위한 매체가 되는 것이다.

　죄가 많은 일본인 여성의 신체는 궁극적으로는 초월적인 서구에 의해 구제되어야 한다. 따라서 다무라의 작품은 그의 주장에도 불구하고 결국 신체를 제이의적第二義的인 것으로 만들고 만다. 지금 이곳에 있는 신체는 그의 작품에서 장래의 구제를 위해 도움을 주는 한 중요한 것이며, 이 구제란 승자와 일체화하는 일을 통해야만 주어지는 것이었다.

　16년 후 다무라는 구제가 의거하는 바에 관해 설명하면서 이를 '근대'라고 불렀다. 1963년에 출판된 에세이에서 '육체의 문'이라는 제목을 어떻게 고르게 되었는지에 대해 말한다.

　'육체의 문'이라는 제목은 오랫동안 정신주의적 전통에 사로잡혀, 어떤 의미에서는 중세기적이라고 해도 과언이 아닌, 불구의 일본인이 인간다운 인간으로서 근대화하기 위해서는 한번은 '육체'라는 문을 통과해야 한다는 마음으로 붙인 것이다. 즉 나에게 '육체의 문'이란 '근대를 향한 문'이란 뜻이다.[58]

다무라에게 있어서 육체가 일본 사회에 재등장했던 것은 새로운 시대의 선구였으며, 육체에 대한 찬미는 일본인을 근대화하기 위한 준비였다. 보편적인 근대화 과정에 참여함으로써 일본 고유의 '중세기적'에서 성장이 멈추어버린 과거(이는 전쟁의 비참한 결과를 가져다준 것이기도 하다)를 벗어던질 수 있게 된다.

다무라의 문학작품은 정신적 구제를 사물로서의 신체에서 발견한 것이며, 전후 일본 역사의 행방을 예언했다고 해도 무방할 것이다. 일단 경제적 회복의 궤도를 타기 시작하면, 일본 사회는 마치 물질문명을 만들어나가는 것이 구제의 조건인 것처럼 진보를 위해 그 정력을 기울였다. 다무라의 저작은 독자에게 여성화된 일본의 존재를 누리는 것이 꺼림칙한 데가 없다고 설파한다. 그리고 그렇게 받아들임으로써 과거의 전쟁 체험과 미래의 구제를 진보라는 보편 원리 속에서 결합시킬 수 있는 것이다.[59]

신체 이미지의 변모는 패전 직후 일본 사회를 논하는 데 매우 중요한 지점이다. 이 장의 나머지 부분에서는 이 시기에 일본인 신체를 감싼 '의료화'된 언설에 초점을 맞추어 보기로 한다. 일본인의 신체는 일본을 민주화시키기 위한 노력의 일환으로 진단되되 위생적으로 만들어졌으며, 그리고 항생물질로 치료된 것이다.

일본이라는 병

앞서 언급한 바와 같이 육체를 중요시 여기는 다무라의 주장에는 흥미로운 역전이 있었다. 그의 '육체문학' 속에서 육체는 아이러니하게도 역사 속에서 제일의적第一義的 계기가 아니었다. 궁극적으로는 개인이 자신의 신체를 이용할지, 이용하지 않을지 혹은 어떻게 이용할지에 대해 결정해야 한다. 마루야마 마사오丸山眞男의 패전 후 즉 전후 저작들은 또한 가지의 역전—역방향의 역전—을 보인다.

정치학자 마루야마는 정신이 신체에 대해 갖는 주체적 입장을 강조하는데, 그가 일본 근대사를 논할 때, 신체와 그 증상은 역사의 결정요인으로 출현한다. 마루야마는 짜증을 보였는데, 신체 이미지는 그의 저작 속에서 결국 다무라의 저작과 유사한 메시지를 전달하였다. 일본은 패전 후에도 본질적 특징을 바꾸지 않았다.

마루야마는 일상적 경험을 초월할만한 문학적 상상력을 지니지 않은 것으로 육체문학을 간주하여 격하게 거부한다. 마루야마는 1949년 '육체문학에서 육체정치까지'라는 제목의 에세이에서 일본문학 속에서 찾아볼 수 있는 육체적인 것에 대한 숭배를 비판하였다.[60]

에세이는 두 인물 간의 대화라는 형태로 집필되었고, 그중 한 명은 일본문학에 대해 명확히 부정적 의견을 가지고 있다. 그러나 대화 마지막 부분에서 이들 두 명의 일본문학 및 정치에 대한 평가는 거의 일치되고 만다. 둘은 먼저 문학에 대해 논의를 시작하지만 결국 문학과 정치 사이의 유사성을 찾아내게 되었다.

마루야마는 '일본은 가장 전통적인' 사소설을 문제 삼아 '개개인의 감각적 경험을 다발로 묶었을 뿐'이며, '픽션으로서의 내면적 통일성이 없다'고 결론을 내렸는데,[61] 그에게 신체기능은 정신을 통해 통합되어야 할 자연조건에 불과하다.

　　리얼리스트라고 해봐야 창작 방법의 한 종류라서 감성적 대상을 그대로 묘사하는 것이 리얼리즘이 아닐 것이다. 인간정신의 적극적 참여에 따라 현실이 직접적이 아니라 매개된 현실로서 출현해야 그것을 '작품'픽션이라고 할 수 있는 것이다. 따라서 역시 결정적인 것은 정신의 통합력에 있다. 그런데 일본처럼 정신이 감성적 자연 — 자연이라 함은 당연히 인간의 신체를 포함해서 말하는 것이지만 에서 분화·독립되지 않은 곳에서는 그만큼 정신의 매개력이 약하기 때문에 그 자체의 내면적 통일성을 갖지 않으며, 각각의 감각적 경험에 의해 끌려 다니는 결과가 된다.[62]

　　이 화자마루야마에게 사소설이란 모두 "감성적=자연적 소여所與에 작가의 정신이 먹는 굴처럼 달라붙어 진정한 상상력의 자유로운 비상이 결여된 점에서" 육체문학이라고 해도 무방하다.[63]

　　대화가 한번 정치로 옮겨가더니 두 사람은 일본 사회에는 정치 정신이 없다는 것 그리고 전근대적인 사회적 관계를 초월하기 위해 그러한 정신이 요구되는 것에 대해 열을 올려 지적한다. 일본에서 사회적 관계란 정치적 정신을 통해 중개되지 않은 감각적 양식 속에 머물러 있다. 이 상태는 일본에서 사회적 거래를 표현하는 데 신체적 비유가 종종 사용되는 점을 통해 잘 나타나 있다. 예를 들어 얼굴이나 배라는 어휘를 사용한 비유는 의사적 가족관계의 소중함을 표현하며 일본의 사회적 관계의 전근대성을 나타낸다고 마루야마는 (대화자의 목소리를 통해) 논한다.[64]

마루야마는 '육체정치'라는 용어를 창조하였다. 이 용어는 전근대적 조건에 의거한 정치를 뜻하며 현대 일본 정치기구의 문제점을 지적한다. 마루야마에 따르면, 신체는 독립된 정치 정신을 길러내서 극복해야 한다. 신체적 경험은 현대문학에서도 정치에서도 정신의 중개를 통해 깊은 곳에서 건져내야 한다. 그에게 신체란 정신을 통한 통합을 방해하는 요소와 다름없다. 일본 사회가 현대적 정치 주체성을 갖기 위해서는 신체가 '정상화'될 필요성이 있는 것이다. 신체는 이처럼 초극되어야 할, 전근대적 사회적 조건의 상징이 되었다.

이 에세이 중에서 일본의 가족제도를 '치부'라고 부를 때 마루야마의 입장은 한층 뚜렷해진다.[65] 신체적 비유는 그의 저작에서 일본정치의 부정적 측면을 그리는 데 사용되고 있다. 마찬가지로 1947년에 발표된 정치학에 관한 에세이에서는 '기존 정치학의 불임성'을 문제삼는다.[66] 마루야마는 동시대의 사회가 갖는 '사회적 병리'를 진단하여 메이지 사회의 '건강성'과 대비시켰다.[67]

마루야마가 병든 일본인의 신체성이라는 이미지를 들고 나와 사회병리에 초점을 맞춘 것은 다무라나 사카구치와 같은 사람들에 의해 널리 알려지게 된 전후를 단순히 일본의 해방으로 보는 해석에 대한 반조정反措定으로서였다. 마루야마에 따르면 전근대적 사회조건은 여전히 뿌리 깊게 남았으며, 그 결과로서 일본 사회는 1945년 이전과 깊은 연속성을 유지하였다. 그는 1945년 이전의 일본에서 전체주의 국가를 낳게 한 역사적 조건을 연구할 필요성을 설파한다. 그리고 그가 본 바로는 일본인의 신체와 정치는 내적 성장소외요인으로 인해 건강한 단계로 다다르지 못하였다. 즉 마루야마는 1945년을 일본 역사 중에서 혁명적 전환점으로 특권화할 것을 거부했던 것이다.

아시아·태평양전쟁에서 패전의 충격은 마루야마의 학문체계 속으로 이미 흡수되어 있었다. 패전은 일본의 만성적 증상 중 일부에 불과하였다. 마루야마는 일본의 정치적 주체성의 발달이 완전하지 못했던 이유를 도쿠가와 시대에서 '발견'하였고, 일본의 패전을 사상사 중에서 피할 수 없는 결과로 본 것이다. 마루야마는 오규 소라이荻生徂徠에 의한 작의의 논리(정치는 자연적 규범이 아니라 인위적 작위의 산물이라는 논리)에 정치적 주체성을 산출할 가능성을 찾았다. 그러면서도 도쿠가와 사회에서 부르주아 사회의 발달이 덜 된 덕분에 소라이의 논리는 불완전한 형태로 주체성을 가져다주었을 뿐이었다고 결론지었다. 상인층이 정치권력에 지나치게 의존한 탓에 정치주체로서의 부르주아 계급으로 발달하는 것이 저해되었다. 그리고 이 불완전한 발달 탓에 근현대 일본 사회는 자립적 주체성을 완전히 실현시키지 못했다. 마루야마의 논의는 숙명론적이다. 이론에서의 정치주체 발달은 지금까지 늘 불완전하였다. 그리고 근현대 일본 사회는 늘 악순환 속에 있다. 일본은 자립된 정치적주체성을 낳을 만한 조건을 갖추지 못했고, 이 같은 조건은 미래에도 변함이 없다.[68]

마루야마는 이처럼 일본이 피할 수 없었던 패전의 근거를 이론화했으며, 일본의 항복 소식을 접했을 때도 전혀 실망을 느끼지 않았다. 전쟁의 종결과 관련하여 육군 동료에게 말한 것은 '아무래도 슬퍼하는 표정을 지어야 하는 게 괴롭다'라는 감각뿐이다.[69] 만약 패전의 원인이 일본 사회 본래의 성질에 따른 것이라면 일본이 전쟁에 패한 것은 놀랄만한 일도 충격도 아니다. 마루야마에게 일본 사회란 1945년 하루아침에 변하지 않았으며 가까운 미래에 바뀌는 일 또한 없다. 신체적 비유를 사용함으로써 일본을 유기적 통일체로 간주하며, 일본의 정치적·사회적 병상은 치료가 불가능하고 또한 영속적인 것이라고 강조하였다. 마루야마가 본 바로는 일본 사회는 병들기는 했지만 이 병이야말로 일본 사회를 독특한 것으로 만들어 온 것이다.

일본을 신체적 증상으로 진단한 마루야마의 전후 초기 저작들은 열렬한 지지를 받았다. 마루야마의 언설이 전후 일본 사회에서 절대적인 인기를 자랑했던 것은 주로 두 가지 이유 때문이다. 첫 번째로 그의 저작은 패전의 아픔을 초월한 역사적 연속성을 일본에게 부여하였다. 서구라는 타자와의 안일한 일체화에 저항하여 고유의 성질을 (부정적으로나마) 지켜낼 수 있었던 것이다. 그리고 두 번째로 마루야마는 결과적으로 일본인 개개인을 아시아·태평양전쟁과 전쟁 패전의 책임에서 면탈하게 하였다. 만약 일본이 실제로 불치병이라면 아무도 그 병에 대해서 책임을 지지 않을 것이다. 오로지 일본인이며 병이 들었다는 한 가지 이유로만 비난받아야 한다. 마루야마에 의한 일본인 사회의 부정적 묘사는 패전의 상실감을 희석시키는 데 도움을 주었다. 1945년 8월에 일본 사회가 경험한 상실은 일본의 만성적 질병의 증상에 불과하였다. 따라서 그의 비관적 견해가 깊으면 깊을수록, 그리고 그의 비판적 언설이 일본 사회에 침투하면 할수록 전쟁에 참가한 개개인의 죄책감은 적게 느껴질 수 있게 되었다.

저해 받은 정치적 주체성의 발달에 대한 마루야마의 논조는 1950년
대에 그가 전개한 논의의 기초가 된다. 거기서는 일본의 특유성이 서구
와의 대비로 강조되었다. 다음 장에서는 마루야마 진단의 논리적 결말에
대해 다루되, 이에 앞서 일본인의 신체에 대한 의료 모델을 본뜬 다른 언
설을 논하기 위해 다시 1940년대의 일본에 초점을 두기로 한다.

청결하고 민주적인 신체를 만들어 내다

마루야마의 논의는 일본이라는 병이 만성적인 것이라는 점을 강조함
으로써 일본 사회 안에 역사적 연속성을 만들어냈다. 그러나 그의 언설
은 일본인의 신체를 민주적인 것으로 만들려고 한 미국 점령군의 의료
내지 위생 정책을 보충하게 된다. 미국의 점령정책 언설 중에서도 (마루야
마의 논의 속에서 일어난 것처럼) 의료적 언설과 사회과학적 언설이 교차했는
데, 마루야마가 의도했던 것과는 반대의 결론이 도출되었다. GHQ는 영
양실조와 전염병에 시달린 일본인의 신체를 일본에 대한 민주화 계획뿐
만 아니라 점령군을 위협하는 것으로 간주하였다. 그럼에도 불구하고 미
국의 풍족함을 기반으로 한 점령군은 일본의 위생기구를 근본적으로 바
꾸지 않으면서도 전염병을 억제하는 방법을 취할 수 있었다.

GHQ는 새로운 의료기술을 통해 비교적 저렴한 비용으로 전염병에
대처할 수 있었다. 대량으로 생산된 DDT와 항생물질은 점령 시기 일본
의 위생의료문제에 대처할 수 있는 값싼 방법이었다.

점령군의 의료 그리고 사회적 언설 속에서 건강한 신체를 만들어낸
다는 것은 민주적 사회를 탄생시키는 데 빼놓을 수 없는 조건이 되었다.

마루야마가 말하는 일본이라는 병이 구제할 수 없다는 진단 또한 만약 치료가 가능하다고 밝혀지면 두려워할 필요도 없어진다. 전후 일본 사회는 일본인의 신체가 전시관리체제에서 해방된 것을 축복했지만, 이 같은 신체는 곧바로 위생적이고 민주적인 신체를 창조하려고 하는 새로운 체제의 관리하에 놓여졌다.[70]

마루야마의 '의료화'된 언설과는 달리 점령군은 일본인의 병을 상징적으로 근절함으로써 건강한 신체를 만들려고 하였다. GHQ의 공중위생복지국장 크로포드 샘스Crawford F. Sams 준장의 회고록은 점령하 일본의 보건 위생 정책에 관한 책임자가 만든 귀중한 기록이다. 샘스는 점령군이 어떻게 문제에 직면했는지를 해설하는 부분에서 미국의 보건 위생 정책과 개발도상국의 민주화 관계에 대해 설파한다.

> 대다수 개발도상국은 다양한 이유로 저개발 상태로 머물러 있는데, 그 이유 중 하나는 인구 대부분이 지능발육장애나 체력 감퇴 등을 일으킬 수 있는 만성적 질병에 걸려 있다는 점이다. 만약 국제적 정책의 일환으로 몇몇 도상국의 생활수준을 끌어올림으로써 우리가 옹호하는 민주주의와 개인의 존엄을 주민들에게 이해시키려 한다면 먼저 보건위생 분야에서 시작해야 한다.[71]

샘스에 따르면 민주적 가치를 도상국에서 잘 안착시키기 위해서는 건강한 신체라는 물질적 기초를 빼놓을 수 없다. 이는 즉 '개인의 존엄'이라는 민주적 원리는 개개인의 신체에 대한 배려를 수반하는 것이어야 한다는 것이다.

샘스가 묘사한 건강하고 민주적 신체는 미군 관계자들에게도 해롭지 않아야 하였다. 1945년 8월 22일 SWNCC국무·육군·해군 세 부처 조정위원회는 일본의 항복 이후에 미국 정부가 실시할 대일정책에 대해 두 가지 궁극적 목표로 구성된 점령정책문서를 발령하였다. 이들 목표 가운데 첫째는 '일본이 다시는 아메리카합중국 혹은 세계평화와 안전보장의 위협이 되지 않도록 보장한다'는 것이었다.[72]

이 부분을 공중위생복지국의 전신인 공공사업부문Public Services Division은 8월 31일에 발표한 '운영기본계획'과 함께 본다면 흥미로운 점이 겹친다는 것을 알 수 있다. 공공사업부문은 보건위생대책을 통해 미국의 점령정책을 지지할 것을 대전제로 하며, 그 기본계획은 세 가지 목표 중 하나로 '일본인을 점령군의 위협으로 만들지 않기 위해 보건 위생 상태를 관리한다'는 것이 가장 먼저 거론되었다.[73] 즉 기본계획은 일본인의 신체적 경계를 일본이라는 국가의 경계와 같은 가치가 있는 것으로 표현한 것이며, 위생적이고 건강한 신체를 탄생시키는 것은 일본으로 하여금 민주화하고 '점령군의 위협이 되지 않도록' 하기 위해 빼놓을 수 없는 조건이었다.

민주적 신체라는 목표를 달성하기 위해 일본인에게는 충분한 영양이 필요하였다. 1946년 도시부의 평균 칼로리 섭취량은 1,570kcal까지 하락하였다.[74] 많은 도시에서 보건위생기관들이 제 기능을 상실했고, 충분한 영양을 섭취하지 못한 수많은 사람들이 치명적인 전염병의 위협에 노출되었으며, 같은 해 콜레라, 적리赤痢, 발진티프스, 천연두, 그리고 말라리아 등의 전염병들이 전국에 확산되었다.[75] 이런 상황 속에서 GHQ와

미국 정부가 실시한 밀, 대두, 탈지분유 등의 식량원조로 심각한 식량위기가 완화했다.[76]

한편 공중위생복지국은 대규모 예방접종 활동과 광범위한 DDT 사용으로 병에 걸린 사람 수를 감소시켰다. 공중위생복지국이 일본에 확립한 혈청, 백신, 항생물질 생산기구는 전염병을 막기 위한 면역학적 수준의 밑바탕이 되었다.[77]

또한 DDT는 곤충을 매개로 하는 전염병 확산을 막았다. 미군은 전쟁 말기에 여러 전선에서 DDT를 사용했다.[78] 점령군이 전쟁터에서 DDT를 사용한 것처럼 요코스카橫須賀에 상륙하기 24시간 전에 DDT를 하늘에서 뿌렸다.[79] 마찬가지로 다치카와시立川市로 이동하기 전에도 해당 지자체에 DDT를 사용할 것을 통보하였다.[80] GHQ는 1946년 상반기까지 광범위한 지역에 걸쳐 비행기로 DDT를 계속해서 살포했는데,[81] 그해 중반이 지나자 GHQ가 훈련·조직한 일본인 공중위생반이 목표 지역에서 직접 DDT 살포를 실시하기 시작하였다.[82] DDT는 점령 초기에 미국에서 반입되었지만 점령 말기에는 GHQ의 지도 아래 시작된 일본 국내생산으로 일본과 한반도의 수요를 충족시켰다.[83]

많은 일본인들에게 DDT와의 만남이란 굴욕적인 일이었다. 1946년 학교나 주요한 역 등지에서 미군과 일본인 공중위생반 멤버들이 DDT 분말을 마구 뿌렸다.[84] 노사카 아키유키는 DDT를 뒤집어쓴 비참함을 회상한다.

머리에 뒤집어쓰면 제대로 목욕할 수도 없는 탓에 언제까지나 피부에 하얀 가루가 달라붙어 '흰거미'와 같은 양상을 띤다. 바지 속에 말의 음경과 같은 펌프로 가루를 주입 당하니 마음속 깊이 한심하다는 생각이 들었다. 물엿을 뜨거운 물에 녹인 약을 먹었을 때는 전쟁이 끝나서 좋았다고 느껴졌지만 DDT로 인해 패전이라는 실감이 강하게 들었[85](다).

노사카의 회상은 도시의 폐허 속에서 뒤집어쓴 DDT는 일본의 굴욕적 물증이며, 게다가 일본인의 육체는 성적으로 복종시킨 것을 시사한다. DDT라는 하얀 화학물질을 '바지 속에 말의 음경과 같은 펌프로' 주입 당하는 것은 성적 행위였으며, 그것은 아직 10대였던 노사카를 '거세'한 '상징적 강간'이라고 불러야 할지도 모른다. DDT는 일본의 굴욕적 패전을 미국의 성적 복종으로 묘사하는 상징 중 하나였다.

한 신문기자의 다음과 같은 회상도 일본인의 육체를 위생적으로 만드는 것이 순종적인 신체를 만들어내기 위한 방책이었다는 것을 암시한다.

[1946년] 어느 날 저녁 무렵 마이니치신문사 편집국에 DDT 분사기를 든 두 명의 미군병사가 나타났다. 발진티프스 예방을 위해 이를 퇴치하는 것을 알고 있었기에 기자들도 가만히 온몸에 착의한 채 구석구석까지 흰 가루를 뒤집어쓰며 한심스러운 마음을 참아내고 있었는데, 다가가는 미군병사에게 몸을 피한 한 명의 젊은 여사원이 뛰쳐나가자 그렇게는 못하겠다며 미군병사가 쫓아가 편집국 밖으로 사라졌다.

곧 여성에게 자랑스러운 머리카락까지 하얀 가루를 뒤집어쓴 그녀가 울면서 되돌아왔다. 위로할 말이 없었던 것이 떠오른다.[86]

DDT는 점령군의 권위를 눈에 보이는 형태로 나타냈다. 패전국 주민으로서 위생의 이름 아래 가만히 받아들여야만 하는 처치였던 것이다. 이 기자에게 여사원을 위로할 말이 없었던 것은 그가 이미 위생상 DDT가 필요하다는 이유로 굴욕을 억압당했기 때문이다. 마루야마의 전후 논고에서 묘사한 병든 신체는 치료를 필요로 했지만 GHQ는 DDT를 만성적 질병에 대한 치료법 즉 민주화의 방법으로 제공한 것이다.

　　와타나베 나오코渡邊尚子는 소학교에서 교사가 DDT에 대해 가르쳐 준 일뿐만 아니라 DDT를 뒤집어썼을 때의 비참한 심정 또한 기억한

고마고메 병원에서 실시된 DDT 살포 시연(1946년 12월)
출처 : National Archives, SC-287308

다. 학교에서 DDT 살포가 있는 날에는 아이들이 비참해질 것을 짐작해서인지 교사가 '열심히' 전염병과 DDT의 효과에 대해 설명해 주었다. DDT가 발진티푸스 대책이라고 계몽하는 노래도 이 과업 중 하나였다. 와타나베는 '(교사의 이야기가) 끝나자 모두가 일어서서 춤을 추면서 이 노래를 부른다. 이어서 한 줄로 대열을 만들어 교정 구석에 있는 DDT 살포장을 향하는 도중에도 계속해서 이 노래를 불렀다'는 1947년의 일을 회상한다.[87] 학생들은 건강을 위해 굴욕도 참아낼 것을 배웠다. 이들의 신체뿐만 아니라 마음도 DDT에 노출됐던 것이다.

DDT는 이처럼 일본인에게 단순한 위생 조건 이상의 것이었다. 전시 중 정신병원에 근무했던 사쿠라이 도나오櫻井圖南男에게 DDT는 패전의 원인을 명확하게 보여줬다.

점령군은 이에 대해 매우 민감하였다. 병원을 시찰하러 온 의료 관리가 그 실상을 보고 즉시 대량의 DDT를 배급해 주었다. 이것으로 순식간에 구제되었다. 우리는 이 일을 보고 일본이 전쟁에 패한 것은 당연하다고 생각하였다. 우리에게는 어찌할 수 없었던 일이 점령군에 의해 순식간에 성취되었기 때문이다.[88]

DDT는 일본의 군사력을 무너뜨린 미국의 우수한 과학력에 대한 물증이었다.

후에 과학사가科學史家가 되는 무라카미 요이치로村上陽一郎도 또한 유효한 전염병 대책으로 대량생산되고 사용되었던 DDT에서 미국의 '힘'

을 보았다.[89] 무라카미의 이 같은 인상은 DDT만으로 국한된 것이 아니었다. 1948년경 '금속의 뚜껑으로 덮어진' 페니실린 병을 보았을 때, 그것은 '너무나도 근대적으로 반짝이는 마치 마술의 속임수처럼 보였다.'[90]

미국의 우수한 의학은 일본이 전후에 동경한 강대한 경제력에 지탱되는 것이며, 소년 무라카미무라카미는 1936년생 또한 같은 시대의 많은 일본인들처럼 승자의 풍요로움에 매혹되었다. '그 페니실린은 전시 중 처칠의 생명을 구해냈다는 일화도 전해지면서 마법의 약처럼 받아들여졌다.'[91]

이는 정확한 정보가 아니며 처칠의 치료에 사용된 것은 설파제였지만, 이 오보는 일본 의료연구자들이 전시체제 지도자들에게 페니실린의 효과를 납득시키는 데 도움을 주었다.[92] 점령 당시 일본에서는 이러한 의약품이 탄생한 미국, 영국과 일본의 곤궁한 상태를 비교하여 이들이 마치 이상향인 것처럼 간주하였다.[93] DDT의 분말과 페니실린의 위력으로 무라카미뿐만 아니라 많은 일본인이 마음속으로 승자의 이미지를 추상적인 과학적 지식으로 도치시킨 것이다.

이와 같은 미국의 과학적 외경은, 문부대신에 지명된 후 얼마 되지 않은 마에다 다몬前田多門이 히로시마와 나가사키에 원자폭탄이 투하된 지 2주가 지나지 않았을 때 표명한 과학입국에 대한 의욕에서 찾아볼 수 있다. 신문은 다음과 같이 보도하였다. '우리는 적의 과학에 패배하였다. 이 사실은 히로시마시에 투하된 한 개의 원자폭탄에 의해 증명된다. 마에다 문부대신은 취임에 즈음하여 과학을 포함한 넓은 문화의 부흥을 도모하고 싶다는 과학입국의 열의를 말했다.'[94] 이처럼 미국의 과학력에 초점을 맞추는 것을 통해 적敵이라는 미국의 이미지는 추상적인 것으로 바뀌었다. 과학의 이름 아래 마에다와 다른 많은 이들은 패전의 굴욕을 인내했던 것이다.

일본인 신체에 대한 DDT의 효용은 원폭의 영향과는 대조적인 것이었다. 흰 가루는 신체를 치유하며 전쟁으로 인한 손상을 지우는 데 사용되었지만, 원폭의 하얀 빛은 노출된 피부를 태웠다. 그럼에도 불구하고 무라카미가 DDT에 본 것과 문부대신이 원폭에 본 것 사이에는 명백한 공통점을 찾아볼 수 있다.[95]

과학적 지식에 중심성과 보편성을 기대한다는 것은 패전의 경험을 한층 받아들이기 쉽게 만들었다. 과학은 지역적 혹은 국가적 영역을 초월하는 것으로 간주된 것이다. 일본은 이번 전쟁에서는 지기는 했지만, 이 패전은 역사의 종언을 의미하는 것이 아니라 새로운 역사의 시작을 의미하였다.[96] 그리고 전후 일본 또한 이 새로운 경쟁에 참여할 수 있는 것이다.

의학적 그리고 과학적 지식은 지역적 환경에 따라 영향을 받지 않을 수도 있지만, 전후 일본 사회에 대한 응용은 사회적 조건뿐만 아니라 특히 성병의 만연을 우려하여 미국인 장교들은 이와 같은 질병의 대책에 있어서 상당히 고압적 방법을 사용하였다. 공공사업부문의 '운영기본계획'이 주장한 것처럼 점령하의 '일본인을 점령군의 위협으로 만들지 않기 위한 보건위생상태'는 관리되어야만 하였다.

일본 정부는 GHQ의 명령에 따라 1945년 11월 성병에 걸린 사람은 모두 의사에게 신고할 것을 법령으로 의무화하였다. 또한 이 법은 성병 환자가 아니라는 진단증명이 없는 매춘을 금지시켜, 성병에 걸린 매춘부의 강제입원을 명령하였다.[97] 한편 도쿄, 요코하마 지역에서 미군 헌병이 밤 시간대 길거리에 있는 여성들을 단속하는 것이 추진되었다. 여성들을 철조망에 둘러싸인 구역으로 모아 강제적으로 성병 검사를 실시했는데, 전화교환이나 GHQ에 근무하는 여성들까지 검사대상으로 포함시켜 큰 문제가 되었다.[98]

GHQ는 이와 같은 강권적 방법에 대한 일본 국내의 항의에 대처하기 위해 그 책임을 일본 정부에 넘겼다. 1946년 1월 이후 매춘 규제는 일본 경찰이 실시했다. 그러나 GHQ와 일본 정부가 실시한 매춘부의 건강상태 감시에도 불구하고 실체로 성병대책에 도움을 주었던 것은 광범위한 페니실린 사용이었다.[99]

GHQ는 일본 제약 산업에 양질의 페니실린을 대량으로 생산하도록 장려했으며, 이를 위해 완성시키는 데에 2천만 달러가 소요되는 것으로 알려진 생산기술을 일본 생산자들에게 공개하였다.[100] 일본에서 최초로 대량생산된 페니실린은 도쿄 사창가에 있던 요시와라 병원과 점령군 전용 위안시설인 RAA특수위안시설협회 요양소에서 사용되었다.[101] 페니실린은 1950년까지 일본에서 폐렴 등 다양한 감염증에 대처하기 위해 널리 사용되었다. 이 시기에 일본을 찾은 성병 전문가의 관찰에 따르면 미국에서도 찾아볼 수 있었듯이 '감기 등 많은 질병의 치료에 페니실린이 사용되었기 때문에 이것이 성병에 대한 예방효과를 가져다주는 결과가 되었다'.[102] 항생물질의 광범위한 사용으로 성병감염예방에 관해서 만큼은 미국 수준을 달성했다는 것일까.

해방과 종속

전후 일본은 일본인의 신체에 대한 전시관리체제에서 해방된 것을 축복했지만, 신체는 순식간에 점령군의 새로운 의학적 체제에 포섭되고 통제되었다. 전시에 건강에서 애국적 신체를 산출하는 것은 전후가 되어 청결하고 민주적 신체에 대한 관심으로 도치되었다. 많은 일본인들은 건강을 위해서는 새로운 체제에 대한 종속이 필요하다고 스스로 납득시키면서 합리화하였다.

미국의 의료기술은 패전국에 구체적이고 역사적 교훈을 주었다. 높은 기술로 유지되는 국력이야말로 승자를 패자로부터 격리시킨다는 것이 과시되었고,[103] 게다가 과학적 방법에 근거한 미국의 위생 정책은 패자의 굴욕감을 완화하는 데에도 도움을 주었다. 과학지식의 '중립성'과 '보편성'은 미일의 지역적 다툼을 초월하는 것으로 간주되었다. 궁극적으로 일본은 미국보다 커다란 권위에 종속한 것이다.

다른 한편으로 일본인은 미국과 전후 일본이 공동으로 추진했던 관리를 외면함으로써 신체의 해방을 축복할 수 있었다.[104] 일본인의 신체는 순종적인 신체를 만들어내고자 하였고, 관리규제의 힘에서 벗어날 수 없었다. 그러나 미국의 존재와 그 정책을 '필요'한 것으로 합리화하는 것에 한해서 일본에게 패전을 안겨준 미국을 불러들인 근본적 원인에 직면할 필요성이 없어졌다. 이처럼 자신의 신체를 소독할 필요성을 인정함으로써 자신의 기억 또한 소독한 것이다.

취약한 신체는 일본의 미국에 대한 굴욕적 입장의 상징으로서, 그리고 장래 희망의 양식으로서 존재하였다. 이 '육체의 시대'에 신체는 양의

적 존재로 일본인들에게 의식되었다. 신체는 해방의 낙관적 분위기와 승자의 힘에 대한 종속을 드러냈다. 과학지식의 보편적 이미지는 점령 하일본에서 패전과 상실의 고통을 완화시켜주기는 했지만 일본인의 신체에서 근본적 양의성이 사라지는 일은 없었다. 신체는 계속해서 상실의 흔적을 남긴 터전으로 존재하였다.

제3장에서는 이처럼 '체현'된 양의성이 1950년대와 60년대에 문화적 생산을 어떻게 지탱했는지를 고찰해 보고자 한다. 과거로부터의 해방과 현재 상황에 대한 종속 사이에서 전후 문화의 많은 생산자와 소비자들은 다른 신체적 이미지를 통해 과거와 현재를 화해시키려 했다.

어디에도 없는 나라

'일본인론'에 대해

우리들이 가진 사고나 발상 양식에 대해 그 배경 요소를 분석하여 그 계보를 거슬러 올라가보면 불교적인 것·유교적인 것·샤머니즘적인 것·서구적인 것으로, 요컨대 우리들 역사에 그 족적(足跡)을 보인 모든 사상들의 단편에 맞닥뜨리게 된다. 문제는 그것들이 모두 혼잡하게 섞여 있어 상호 간의 논리적인 관계가 확실하지 않다는 점이다.

—마루야마 마사오(丸山眞男), 『일본의 사상(日本の思想)』

일본문화의 잡종성을 한탄할 이유는 어디에도 없다. 오히려 그것은 우리들만이 할 수 있는 실험을 허락해주는 것이다.

—가토 슈이치(加藤周一), 『일본문화의 잡종성(日本文化の雑種性)』

1. 양산量産되는 '일본인론'

전후 미일 관계에 대한 '기원의 내러티브起源の物語'가 전후 내셔널리즘에 미친 영향을 검토하고, 또한 문화적 담론이 어떻게 일본인의 신체를 변용시켰는가를 조사하기 위해 1950년대의 문화론에 대해 검토하기로 한다.

전후의 정치적 현실을 배경으로 새로운 국가의 이미지를 만들려는 노력 중에 많은 일본인은 정치가 아니라 문화를 강조했다. 정치적으로 말하면 일본이 미국에 종속되어 있는 것이 분명한데, 내셔널리즘이라는 감정을 정치적인 말로 표현하는— 일본의 정치적인 주권을 국제적인 장면에서 주장하는— 일은 국민에게 패전의 현실이라는 '기원의 내러티브'가 은폐한 것을 드러내 보이게 되는 행위가 된다.

따라서 전후 일본에서는 문화가 대신해서 내셔널리즘적 담론의 주요한 전개의 장場이 되었다. 문화 혹은 전통은 미국을 적에서 아군으로 변환한다는 역사적 단절을 은폐하기 위해 과거와의 연속성을 투영하는 편리한 매개체였다. 미국은 이전부터 이미, 그리고 항상 바람직한 문화적 대상으로서의 일본을 조정措定하는 것을 통해, 많은 일본인과 미국인이 '전쟁'의 기억에 등을 돌리게 했다.

역사의 억압은 전후 문화적 담론 속에서 중요한 요소였다. 1970년대에서 1980년대에 걸쳐 크게 성행하면서 발표된 일본인론은 이데올로기적인(이데올로기라는 말의 최악의 의미) 일본 구축의 사례였다. 본 장에서는 주로 1950년대의 문화적 담론에 초점을 맞추는데, 그 이데올로기적 효과의 크기를 증명하기 위해 일본인론 '이후'의 형태를 들여다보기로 하자.

일본인론은 다른 나라들에게서 유례를 볼 수 없는 일본인과 일본문화의 독특함을 일반화하는 실체론적인 주장이었다. 그 논리는 환원주의적이었다. 생리나 민족성이라는 비역사적인 범주를 통해 일본의 독특함을 증명하는 것이었다. 일본문화는 매우 독특하고 타국의 국민은 도저히 이해할 수 없는 것이라고 주장하였는데, 이 주장은 타국에 대해 일본의 우위를 확보하기 위한 이데올로기 장치로서 기능하게 되었다.

일본인론의 이데올로기적 토대가 무엇이었는가를 밝혀내는 것은 전후 일본의 내셔널리즘을 탐구하기 위해 매우 중요하다. 이 담론에 대한 비판적 평가는 1980년대에 나타나기 시작해 1990년대까지 널리 받아들여지게 되었다. 오늘날 미국과 일본에서 (그리고 기타 지역에서) 올바른 일본학자로 대접받기를 바란다면 일본의 독창성을 아무 생각 없이 주장하는 것은 안 된다. 실제로 많은 비평가들은 각자의 연구에서 일본문화와 전통의 역사적인 내력에 대해 설득력을 가진 설명을 추가했다.

구체적인 역사를 조사해 보는 것을 통해 일본문화 전반에 대한 설명의 속임수가 밝혀져 왔다. 이러한 이데올로기 비판은 일본인론과 같은 연역적인 지식을 해체하고 '일본인이라면 일본인처럼 행동해라'라는 문화적 규범이 갖는 강제성을 중화하는 데 유효한 것이었다. 이데올로기적 지식에 대해 이러한 실증적, 역사적 비판의 유효성은 일본인론의 이데올로기적인 주장에서 비판적인 거리를 두는 것과 연관된다. 문화적 또는 민족적인 다양성에 대해 말하는 것으로 이러한 비판은 왜 일본인론이라는 이데올로기가 일본의 역사에 대해 충분하게 설명되지 않는가를 보여주어 왔다.

이데올로기성 폭로는 일본인론과 같은 고혹적인 이데올로기의 비판을 위해 필요하다. 실증적이고 역사적인 지식은 비판 대상의 이데올로기에서 거리를 만들어내고 그 거리를 통해 비판이 가능하게 된다. 결과적으로 역사적 현실의 복잡한 지형 속에서 이데올로기는 그 마력을 벗겨내어 이데올로기적이라고 낙인을 찍는다. 이러한 형태의 비판에 의해 그 이데올로기는 '시시하게 여겨져' 진지한 검토조차 필요없다는 인식으로 보여진다.

그러나 이러한 비판적 기능에도 불구하고 이데올로기성 폭로는 일본인론이 실제로 왜 받아들여졌는가 혹은 왜 아직도 기능하고 있는가라는 중대한 물음에는 답을 하지 않는다. 이들 물음에 대한 대답은 실증적인 역사적 지식 그 자체 내부에서는 발견해내지 못한다. 그것은 그러한 역사적 지식에 근거한 비판은 이데올로기와 역사 사이의 균열을 폭로하려고 하는 것이며 이데올로기를 역사의 외부에 두게 되는 것이다. 바꾸어 말하자면 실증주의적인 비판은 이데올로기를 구체적인 역사 지식에 의해 초월해야 하는 허위의식이라고 규정한다. 역사 지식의 결여야말로 이데올로기 수용의 기초가 되고 충분한 역사 지식이 있으면 속지 않는다. 올바른 정보를 보다 많이 손에 넣을수록 이데올로기를 믿는 기회가 적어진다.

더 나아가 일본인론의 산출과 소비는 실증주의적인 역사 지식에 의한 비판의 외부 틀에 있다. 그것은 이러한 폭로 방법이 이데올로기 자체의 역사성에 대처할 수 없기 때문이다. 이데올로기를 역사적인 것으로 규정하여 역사 자체를 이데올로기성을 띤 공간으로 개념화하여 그 이데올로기를 비판하기 위한 외부의 '장소'를 방기하는 것을 필요로 한다. 비판의 대상으로부터 그러한 거리가 없으면 실증주의적인 비판은 날카로운 절단면을 유지할 수 없다.

여기서는 실증주의적인 역사에 의한 비판 방법을 채용하는 대신에 이데올로기를 허위의식이라고 보는 게 아니라 역사적 현실의 한 형태로 보는 분석 틀을 제기하고자 한다. 일본이라는 범주에 감정 이입한 사람들에게 있어서는 일본인론은 전후 역사의 풍경 속에서 특히 무게를 갖게 된다. 이러한 감정 연구에서는 일본인론 자체의 역사성(일본인론도 역사의 일부라는 것)을 고려하지 않으면 안 된다. 이 장에서는 일본인론의 계보를 1950년대까지 거슬러 올라가는데 거기서는 새로운 정치적 현실이 새로운 국가의 형태를 담론 속에서 만들어내려고 하고 있었다.

미국과의 관계가 일본 국가로서의 아이덴티티identity에 깊은 영향을 주었고, 전후 이데올로기가 어떻게 생성되었는가에 대해 양국 간의 복잡한 욕망의 역학을 고려하면서 분석하지 않으면 안 될 것이다. 이러한 이데올로기 그 자체의 역사성을 더듬어보는 것은 양국의 진로를 견고하게 연결시킨 '기원의 내러티브'로 다시 돌아가서 '이야기'가 뿌리를 내리는 과정 속에서 문화적 측면을 발굴하지 않으면 안 된다고 보았다.

이 장에서는 일본문화의 잡종성, 혹은 중간성을 강조한 1950년대 일본의 문화적 담론을 검토하는 작업을 통해 일본인론의 계보를 다루어보고 싶다. 잡종성과 중간성 이미지는 미일 관계의 불합리한 역사를 은폐한 이데올로기적 도구의 역할을 담당했다. 일본과 일본문화의 본질을—단편적인 존재—규정하는 것으로 1950년대의 문화적 담론은 패전이 일본에 가져온 극적인 변화를 '나중에 의미를 부여하는 것으로' 설명했다.

이 시기 일본의 지적 상황을 비판적으로 검증하기 위해 '중간자'의 문학적 표현을 1950년대에 발표된 고지마 노부오小島信夫[1]와 오에 겐자부로大江健三郎의 단편소설에서 탐구한다. 고지마와 오에는 전후의 문화적 담론의 단순한 흠집 들추기에 만족하지 않고 중간성이라는 이미지가 어떻게 그리고 왜 기능했는가를 보고자 했다. 1950년대 문화적 담론 속에서 일본이라는 나라의 형태를 이데올로기적으로 만드는 작업에 동기 부여한 것은 이전의 적에 대한 매력과 혐오라는 상극적인 욕망이었다. 고지마 노부오와 오에 겐자부로는 그 작품을 통해 착종된 욕망을 찾아내어 이데올로기를 외부의 안전한 장소로부터 비판하는 것이 아니라 그것이 잉태되는 장소에 파고 들어가서 비판의 계기를 찾아내려고 했다. 이 1950년대 중반의 작품은 동시대의 일본 사회 속에서 '기원의 내러티브'를 자연스럽게 받아들인 조건을 비판적으로 그려내 주는 것이다.

2. 서양과 동양의 '잡종' 일본

강화되는 미국 의존성

1950년대 일본은 전쟁에서 입은 파괴의 피해로부터 착실하게 회복하고 있었다. 1952년 일본과 48개국 사이에서 교환한 샌프란시스코 평화조약이 효력을 발휘했을 때 일본의 점령은 공식적으로 끝났다. 1955

년 일본 경제는 패전 전의 최고점까지 회복되었고, 1956년 『경제백서』는 부흥을 기조로 하는 경제 정책의 종료를 선언하고 나카노 요시오中野好夫가 최초로 사용한 "이미 전후가 아니다"라는 말을 내걸렸다.[2]

그렇지만 일본은 미국의 밀접한 결속성과 의존을 통해 공식적인 독립을 되찾게 되었다. 일본의 평화와 안전보장이라는 분리하기 어려운 관계를 어떻게 평화조약과 미일 안전보장 조약 문서가 체결되었는가를 보면 확연하게 알 수 있다. 일본과 48개국 대표가 샌프란시스코에서 평화조약에 서명한 이후 요시다 시게루吉田茂는 샌프란시스코의 제6군사령부가 있는 프리시디오Presidio를 향했고 그곳에서 미일 안전보장조약에 서명했다(이 두 조약은 1952년 4월 28일에 발표된다).

미일 안보조약에서 규정한 양국 간의 관계는 도저히 평등하다고 말하기 어려운 상태였다. 실제로 군사적인 사항에 관해서 미국 정부는 일본 정부에 비해 훨씬 큰 결정권을 갖고 있었다. 조약 안에서 사용된 말들은 양국 간의 불평등한 관계를 여실하게 보여준다. 예를 들면 전문前文에서는 일본국이 미군의 일본 주류를 '희망'하여 미국 정부는 일본의 희망을 이루어줄 '의지가 있다'고 명기하고 있다. 제1조는 양국의 불평등한 관계를 돌려 표현하고 있었다.

평화조약 및 이 조약의 효력 발생과 동시에 미합중국의 육군, 공군 및 해군을 일본 국내 및 그 부근의 배치하는 권리를 일본은 허락하고 미합중국은 이것을 수락한다. 이 군대는 극동 지역의 국제 평화와 안전을 유지하는 데 기여하고, 하나 혹은 둘 이상의 외부 국가에 의한 교사 또는 간섭에 의해 벌어지는 일본에 대한 대규모 내란 및 소요를 진압하고 일본 정부의 명확한 요청에 응하여 원조를 포함해 외부에서의 무력 공격에 대한 일본의 안전에 기여하는데 사용할 수 있다.[3]

이 조약에 따르면 미국 정부는 일본 국내의 소요에 대처하기 위해 주일 미군을 움직일 수 있는데, 위기 상황이라 하더라도 그 군대를 출동시킬 의무는 없다. 이 조약에 의한 합의 유효기간은 명기되지 않았고(잠정조치로서), 미국이 주일 미군을 출동시키기 위해서는 일본 정부와 사전에 협의할 의무는 없다. 더 나아가 제2조는 '미합중국의 사전 동의 없이' 제3국과 군사상의 협력관계를 갖는 것을 명확하게 금지하고 일본의 주권을 제한했다.[4]

안전보장 조약 전문은 매우 짧다. 이는 전문과 5개 조항에 지나지 않는다. 조약 이행을 위한 세칙은 1952년 2월 28일에 양국 정부 사이에서 체결된 미일 행정협정 속에 정해져 있는데, 이것은 어디까지나 협정에 지나지 않았고 양국 입법부에 의한 비준을 필요로 하지 않았다. 특히 그 최초의 형태에서는 미국의 일본에서의 법적인 권한은 커다란 것이었다. 예를 들면 미일 행정협정은 잠정적이라고는 하나 일본에서의 미군에 치외법권을 부여했다. 이는 제17조 2항에 명기하고 있다.

북대서양조약 협정이 합중국에 대해 효력을 발생하기까지 합중국의 군사재판소 및 당국은 합중국 군대 구성원 및 군속軍属에 그들 가족(일본 국적만을 가진 그들 가족을 제외)이 일본 국내에서 생기는 모든 죄에 대해 전속적 재

판권을 일본 국내에서 행사하는 권리를 갖는다. 이 재판권은 언제라도 합중국이 포기할 수 있다.[5]

북대서양조약 협정은 그 당사국 간의 재판권에 대해 상호평등을 논하고 일본 측은 미국과의 교섭 때에 상당의 조건을 희망했지만, 당 협정은 미국에서는 아직 효력을 발휘하고 있지 않다는 이유에서 미국 측은 이에 동의하지 않았다.[6]

북대서양조약 협정은 1953년 8월 23일에 발효되었고, 그것에 따라 이 조항도 미국과의 협정서 속에 보다 평등한 것으로 개정되었다.[7] 그러나 일본은 일단, 주일미군의 '구성원 및 군속軍属 및 그들 가족'에 대해 재판권을 얻기는 했지만, 범죄행위가 '공무집행 중의 작위 또는 부작위에서 생겨났다고 할 경우' 재판권은 미군 당국에 속한다고 되어 있었다. 그리고 공무집행 중 혹은 부작위의 판단은 미군 지휘관에 위임되었고 일본의 재판권 내실은 상호평등과는 거리가 먼 것이었다.[8]

덧붙여 말하자면 1960년에 개정된 미일 안보조약신안보조약은 구 조약과 비교하여 미군 책임이 보다 명백하게 제시되었다. 제5조는 일본에 대해 '무력 공격' 시에는 공통의 위험에 대처하기 위해 미국이 행동을 나선다는 것을 선언하고 있다. 행정협정에 대체한 지위협정은 미국 정부에 주일미군도 동원하기 이전에 일본 정부와 협의하도록 의무화했다.[9] 신안보조약은 발효로부터 10년을 거친 이후 체결국의 어느 쪽이든 이의 신청이 가능한데, 그 신청으로부터 1년 기간을 거쳐 폐기할 수가 있다고 적었다.

이처럼 개정되었음에도 불구하고 1951년 안보조약에 따라 일본의 미국에 대한 군사적 의존이라는 양국의 기본적 역학 관계가 명문화되었다. 조약 체결로 미군 기지는 일본의 정치 그리고 국토의 항구적인 시설이 되었다. 미일 합동위원회는 '합중국이 안전보장 조약 제1조에 내건 목적 수행에 즈음하여 사용하기 위해 필요하다고 하는 일본 국내의 시설 또는 지구를 결정한다'제2조는 책무를 지고, 1953년 1월까지 약 1,400만 km²일본 영토의 약 0.4%의 토지가 미군 사용에 제공하기 위해 수용된다.[10] 미군병사 숫자는 1953년 이래 일본자위대1953년까지 보안대(保安隊) 인원이 증가함에 따라 감소했는데, 55년에는 아직 15만 명이 일본에 배치되었다. 일본은 미국의 전략계획 속에 중요한 동아시아의 거점으로 짜여졌다.[11]

1955년 보수 합동 산물인 자유민주당은 워싱턴 정책보다 큰 자주성을 얻기 위해 노력했는데, 그 지도자들은 안보조약에 의해 보여준 미일 관계의 기본적인 틀을 받아들였다. 1950년대 자민당은 일본을 재군비하고 보다 강력한 정치를 실현하려고 했다.[12] 그것은 미국의 동아시아에서의 전략적 계획을 지탱하고 반공체제의 강화이기도 했다.

1950년대 초기 일본의 경제부흥조차 미국의 군사력에 의존한 것이었다. 1950년에 발발한 조선 전쟁은 침체 경기였던 일본 경제에 활력을 가져왔다. 조선반도에서 전쟁을 벌이는 미군을 위한 '특수特需'는 거액의 달러를 일본 경제에 떨어뜨려 주었다.[13] 정전에 이르기까지 3년 동안에 합계로는 약 10억 달러 이상이 일본에 지불되고 1953년 특수는 그해 일본 총 수출액의 64%를 차지했다.

1953년 휴전 협정 성립 이후에도 특수는 지속되었고 1955년까지 일본 경제를 자극했다.[14] 더 나아가 1949년 4월 교환 환율이 미국 정부에 의해 1달러=360엔으로 결정되었는데, 이것은 일본의 수출을 증가시키기 위한 엔 가치를 과소평가한 환율이었다.[15] 일본 산업이 기술, 그리고 에너지 자원 측면에서 미국 기업에 의존함에 따라 일본 경제는 미국 경제와의 결속은 깊어갔다.

중간성과 잡종성

일본은 미국이 전략적 관심에 따라 만들어낸 정치적, 경제적 구조 속에서 경제적인 풍요를 얻었다. 미군에 의존하게 되면서 일본은 군사비를 유럽 각국에 비해 낮게 유지할 수 있게 되고 비교적 제한이 적은 상황에서 미국 시장에 접근이 가능해진 점은 일본 산업의 전후 성장에 크게 공헌했다. 기술사가史家인 나카오카 데쓰로中岡哲郎가 주장하듯이 미국 문화로 대표되는 물질문명을 향한 동경이 전후 일본의 경제 성장의 기초가 된 것은 분명한 사실이다.[16]

패전 직후 많은 일본인이 갖가지 미디어를 통해 알게 된 미국 사회의 경제적 풍요로움에 동경의 눈을 돌려 소비 욕망은 높아졌다. 예를 들면 영어회화 안내서인 『미일회화 수첩美日會話手帖』1945이 순식간에 베스트셀러가 된 사실에서도 알 수 있듯이 미국은 일본의 대중 의식 속에 발 빠르게 파고들었다.[17]

대부분의 일본인은 미국사회 속의 물질적인 풍요로움의 상징, 특히 가정용 전기제품에 매혹되었다. 이들 상징은 갖가지 이미지를 통해 나타난다. 특히 연재만화 〈블론디Blondi〉와 잡지 『리더스 다이제스트Reader's Digest』는 미국의 일상생활을 이상화한 형태로 그려졌다.[18] 이러한 이미지의 또 다른 출산지는 GHQ의 민간정보 교육국에 의해 순화된 교육 영화였다. 미국적인 가치를 장려하기 위한 행위로, 이들 영화 속에 볼 수 있는 미국의 경제적 풍요로움은 보는 사람을 감복시켰다.[19] 다수의 일본인이 미군 기지나 거주지 시설에서 고용되고, 실제로 가전제품이 사용되는 모습을 보았으며 특히 도쿄 도심에 위치한 워싱턴 하이츠는 미국 가정생활의 모습 그대로였다.[20] 게다가 라디오 프로그램이나 백화점 전시회 등은 미국식 생활을 전달하는 '매개'가 되었다.[21]

1950년대 일본의 소비자는 아메리칸 드림을 모방하는 것에 적극적이었고, 일본 제조자는 미국 가전제품의 소형 일본판을 만들어 그 꿈에 보답했다. 냉장고, 세탁기 그리고 흑백텔레비전은 1950년대에 국산품이 나돌기 시작하고 소비자들의 선망이 되었다. 이들 가전제품은 미디어에 의해 '삼종의 신기神器'로 불리고 천황의 정통성을 증명하는 심볼처럼 위광威光있는 것으로 다루어졌다. 1945년 이전에 황실이 체현한 문화, 정치적 정통성이 전후 중류 가정에 소비재 형태로 모습을 나타낸 것은 아이러니였다.[22] 도시부의 주민은 좁은 단지이지만, 기능적인 거주공간으로 이사하기를 희망했다.[23] 일본 경제는 미국의 지배에 의한 평화에 더욱 더 의존하면서 일본의 일상생활은 과거 적敵이 가진 생활양식을 모방하기 시작했다.

따라서 1950년대 후반 일본은 외국을 좋아하는 감정을 받아들이는 전통이 있으며 그렇기 때문에 독특하다고 하는 일본의 중간성이나 잡종성에 대해 문화적인 고찰이 많이 보이는 점은 우연이 아니었다.

실제 이들 고찰은 일본 내외의 정치적 조건을 배경으로 한 것이라는 측면에서 해독될 필요가 있다.[24] 가토 노리히로加藤典洋가 지적한 것처럼 '중'이라는 표현은 1950년대 일본에서 널리 나타나게 된다.[25] 예를 들면 문예평론가인 가토 슈이치加藤周一는 1955년 출판한 평론 속에서 일본문화의 잡종성을 강조했고 사회학자 가토 히데토시加藤秀俊는 1957년에 '중간 문화론'을 발표했다.[26] 마찬가지로 1957년부터 1959년 사이에 마루야마 마사오丸山眞男도 4편의 평론을 발표했고 비판적으로 일본의 사상적 전통은 겨우 외국의 전통의 단편을 한없이 받아들여 온 '긁어모은 것'에 지나지 않는다고 단정했다.[27]

중간성과 잡종성 개념은 일본문화와 일본의 특수한 입장을 확인하기 위해서 활용되고 일본은 이항대립을 초월하는 제3항으로서 조정되게 된다. 이러한 특수성의 강조는 전후 일본의 좌절감을 완화시키는 작용을 했다. 미국 점령군의 도래 이전에 일본은 이미 잡종이었고, 이미 그리고 언제라도 유럽이나 미국의 문화적 요소로 충만해 있었기 때문에 일본은 점령이라는 사태 아래에서도 그 독특한 아이덴티티를 잃지 않았다. 더 나아가 중간성 개념은 일본을 동양에서 떼어내고 아시아의 맹주가 되려고 했던 전시기의 야망을 은폐하는 것에 손을 빌려주었다.

따라서 중간성과 잡종성의 개념은 전후 일본의 특수한 역사적 조건을 초월하고 싶다는 욕망을 만족시켰다. 정치적 담론 속에도 '중'이라는 개념이 활용되었다. 동쪽 여러 나라를 배제하는 '부분' 강화講和에 반대해 온 많은 리버럴 지식인에게 있어서 중립은 매력적인 입장이었다. 그 논의에 따르면 중립은 냉전 하의 두 개의 대립 진영에 의해 위협받고 있는 일본에게 평화를 가져오기 위한 필요조건이었다. 일본은 미국과 소련에게도 거리를 유지하지 않으면 안 된다는 주장은 부흥을 위해 미국 쪽에만 의존하지 않겠다는 의미의 표명이었다. 이 중립 지향은 냉전이라는 역사적 현실을 초월하고 미국의 동아시아 정책 수용을 비판하는 염원의 발현이었다.

평화조약과 안보조약이 체결되고 일본이 미국의 지배에 의한 평화로 편입된 이후 리버럴 지식인들 사이에서의 '중립성' 인기는 쇠락하지 않았다. 실제로 소련이 미국의 주도권에 도전하게 되어 중립성의 매력은 증가했다. 1957년 10월 인공위성 스프트니크호의 발사 성공과 강력한 미사일 소유로 인해 전세계 각국과 지역이 핵 공격의 대상이 될 수 있다는 의미였다. 일본도 핵전쟁의 위협에서 피할 수 없다는 심각한 현실에 직면하고 사회당은 이 공적인 입장을 안보조약 개정에서 비무장중립으로 변경했다.[28]

가토 슈이치와 마루야마 마사오

가토 슈이치는 잘 알려진 것처럼, 일본문화의 잡종성에 대한 논의는 점령 후기 그리고 점령 후의 일본을 둘러싼 정치적 조건에 대한 지식인의 반응의 대표적인 예이다. 1950년 초엽 유럽에 장기 체재한 가토는 일본문화의 순수한 형태를 찾아내려고 한 처음의 의욕에도 불구하고 일본문화의 기본적 성격을 서양문화와의 밀접한 결합에서 찾았다. 서양문화와 아시아문화를 문화의 순수형으로 간주하고 그것에 대한 일본문화의 잡종성을 비교했다.

가토의 설은 영국문화와 프랑스문화는 서구문화의 순종純種으로서 그 형태를 유지하고, 인도와 중국은 피상적으로 유럽의 영향을 받는 것에 지나지 않았다.[29] 가토의 서양과 아시아의 이분법에 의해 일본은 잡종으로서 그 어느 쪽에도 속하지 않는 특수한 위치를 차지할 수 있었다. 그는 이 잡종성 속에 창조적인 가능성을 발견했다. 예를 들면 가토는 타 지역의 역사적 실정에 관심을 두는 것이 아니라 전후 일본의 경험을 특권화했다.

> 기독교권 밖에서 서구 문화가 그것과 전혀 이질적인 문화와 만나면 어떤 일이 생기는가. 그것이 일본문화의 기본적인 문제이다. 싱가포르나 홍콩에서는 그러한 문제가 일어나지 않는가, 일어났다고 하더라도 일본과 같이 깊은 의미에서는 일어나지 않았다. 문제는 현재 일본에만 존재하며 또한 이전에 일본 이외의 어디에도 존재했었던 것은 아니다.[30]

가토는 일본을 서구와 비서구가 만나는 특수한 공간으로 다루고 일본, 싱가폴 그리고 홍콩 사이의 공통성을 간단하게 일축해 버린다. 게다가 가토는 일본을 세계사적 무대에서 독특한 존재라고 주장하는데, 심층에서 서구 문화적 요소를 이미 받아들여 온 일본문화에 있어서 서구와 비서구의 만남은 특필할 만한 일이 아니었다고 주장한다. 가토는 이처럼 일본 속에 병존하는 갖가지 문화적 전통에 독창성을 도출하는 것을 통해 일본문화의 역사적 일관성을 확보한다. 가토의 잡종성에 대한 논의는 더 나아가 서구 여러 나라를 견본으로서 의심치 않은 근대주의에 대한 비판으로서도 기능했다. 일본인이 일본만의 문제와 대면하는 한 '서양의 근대적 시민사회는 도달해야 할 목표가 아니라, 일본 사회와 비교 대조하여 실행하는 데 참고할 만한 것'이라고 보았다.[31] 일본은 잡종성이라는 독특한 조건 아래에서 독자의 역사적 길을 가야한다고 보았다.

일본문화를 제3항으로 정의하고 서양 대 동양의 이항대립을 복잡화함으로써 가토는 일본의 문화적 특수성을 재구축하려고 했다. 더 나아가 가토의 논의는 일본문화의 세계 속에도 유니크한 입장을 주장하면서도 문화적 소비 속에 보이는 서구라는 타자에의 대중적 동경을 긍정한다. 그의 논의의 간명함과 낙관성은 밀려드는 미국 문화의 파도를 피할 수 없었던 1950년대의 일본인에게 매력 있게 다가왔다. 미국의 물질문명은 전후 일본에 들어온 외국문화의 가장 눈에 띄는 예였음에도 불구하고 가토는 서구 일반적인 이미지를 논한 것에 지나지 않는다. 그의 서양, 비서양, 그리고 잡종이라는 분류 속에는 역사적, 그리고 지리적인 특징은 잃게 된다. 역사적 상대주의는 일본을 잡종성에 내재한 부정적인 면을 해방시키기 위한 이데올로기적 주장이었다.

마루야마 마사오도 잡종성 문제에 대해서 발언했는데, 가토의 논의에 대해 비판적이었다. 마루야마에게 있어서는 외국의 전통의 절충적 수용은 지금까지 일본의 지적 전통에 일관한 주체적 입장이 없었던 것을 보여줄 뿐이었다. 잡종문화의 창조적 가능성 대신에 마루야마는 수입된 여러 가지의 유럽 전통이 병존하는 것에 지나지 않는다는 일본의 지적 풍토의 불모성을 강조했다.[32] 그럼에도 불구하고 『일본의 사상』1961에서 전개한 일본의 지적 풍토에 대한 논의는 그 절충주의를 강조하는 점에서 놀랄 정도로 가토의 일본문화론과 상통된다. 가토가 잡종성에 문화적 가능성을 보았는데 이에 대해 마루야마는 일본의 지적 전통 속에서 절충주의의 부정적인 면을 강조했다.

마루야마의 저작 속에 반복되어 나타나는 테마는 그의 저작 자체의 역사성이나 일본인론과 관련해서 받아들여야 할 것이다. 전시 중의 저작을 모은 『일본정치사상사 연구』1952에서 마루야마는 아시아의 영원한 침묵과 유럽의 역사성 사이에 위치하는 모순된 존재로서 일본을 그려냈다. 이를 통해 일본을 영원의 중간성에 '봉인'해 버렸다.[33]

전시 중에 마루야마는 일본의 중간성에 역사적 발전 가능성을 발견하려고 했고 패전 후에는 그곳에 현대 일본 사회의 불완전한 발전의 원인을 찾고자 했다. 학자로서의 마루야마는 일본의 중간성이 갖는 가능성과 동시에 불가능성을 보려고 한 모순된 바람에 '빙의'되었던 것으로, 1970년대 초기까지는 고대에서 현대까지 일관되게 존재한 부정적 조건을 일본문화 속에서 찾아냈다. 즉 일본과 일본인은 항상 확고한 역사적 주체의 부재에 번민해 왔다고 주장했다.[34] 이처럼 마루야마는 일본 고유의 역사적 문제를 일본의 중간적 성격에 대한 부정적인 진단 아래에서 논의해 왔다.

따라서 그 상위相違에도 불구하고 가토와 마루야마의 논의는 함께 1950년대의 일본이 서양이나 미국에 대한 단순한 반조정反措定으로서 정의를 내린 것이 아니라고 밝혀낸다. 일본은 가토와 마루야마에 의해 서양 대 동양이라는 이항대립의 외부에 있는 제3항으로서 이해했다. 잡종으로서의 일본이라는 개념은 전전부터 있었으며, 전후 사회에서 널리 받아들여지게 되었다. 1970년대의 일본인론은 일본이 서구를 이해 가능해도 서구는 일본을 이해할 수 없다고 강조했다. 이 비대칭적인 지식 흐름은 일본을 서구와 아시아의 잡종으로서 규정함으로서 생겨난 것이었다. 서양은 동양을 유추類推에서 이해하는 것이 가능하지만─ 예를 들면 유교를 기독교의 이미지로─ 서양은 그러한 범주를 넘는 일본의 잡종문화를 이해할 수 없다. 그러나 그 양자의 잡종인 일본은 서양과 동양을 쉽게 이해할 수 있게 된다.

바꾸어 말하자면 1950년대 이러한 문화적 담론은 일본을 동양과의 결속에서 해방시키고 서양과 동양 사이에 두었다. 이 움직임은 1950년대 일본의 실제 입장을 반영하고 있었다. 일본은 안전보장을 위해 미국의 군사력과 시장에 의존해 버렸으며 그 정치경제적 배경에 대해 일본의 문화적 잡종성이라는 주장은, 현상을 긍정하는 이데올로기적인 기능을 갖는다. 이 이데올로기적으로 구축된 일본을 통해 서구와의 전쟁의 기억뿐만 아니라 아시아의 여러 나라들을 식민지화한 역사도 소홀하게 되고 문제를 추궁하고자 하는 생각이 없어지게 되었다. 서양에 대한 동양의 대표라고 생각하며 행동하던 일본은 일본의 잡종문화의 논의 속에서 버려졌다. 일본은 항상 잡종이며 서구에 물들어버렸다는 식으로 말이다.

3. 아이덴티티의 동요

타자 동경과 혐오

1950년대에 중간성과 잡종성 개념은 '기원의 내러티브'의 중요한 요소였다. 일본인과 일본문화를 중간점에 두면서, 이 문화적 담론은 타자에의 동경과 혐오라는 일견 모순된 두 개의 감정을 받아들였다. 일본은 미국이라는 타자에 동화되면서 일정의 거리를 유지한다. 1945년 역사적 단절은 중간성이나 잡종성이라는 개념에 의해 교묘하게 봉합되는데, 이 봉합 흔적은 문화적 담론의 표면에 어색하다고 말할 수 없는 힘이 들어간 이데올로기적 조작 흔적을 남겨, 수복修復된 표면 하의 갈등 감정을 드러내게 된다.

고지마 노부오와 오에 겐자부로 두 작가는 1950년대 작품 속에서 이들 개념의 이데올로기적 효과를 그려냈다. 이 개념을 단순하게 거부하는 것이 아니라 고지마와 오에는 개념들이 특정 사회적 조건에서 어떻게 활용되어 유지되었는가를 탐색하는 것을 통해 이데올로기 비판에 관여했다. 이 두 작가는 이들 개념을 체현하는 '중간자'에 주목하여 그 사회적 역할을 나타내 보이고자 했다.

고지마 노부오는 작품 속에서 두 명의 일본계 미국인을 묘사하고 한편 오에 겐자부로는 1958년 발표한 단편 속에서 일본인 통역사와 창부를 등장시켰다.[35] 고지마의 이야기 속에서 일본계 미국인인 것이 중간자의 표식인 것에 대해 오에가 그려내는 인물들은 그 직업을 통해 중간자가 된다. 이들 중간자와 일본 사회의 다른 사람들과의 교류를 묘사하는 것으로서 고지마와 오에는 은폐된 것을 밝혀냄과 동시에 사회 내부에서의 갈등이나 감정을 고찰해 보고자 한다. 중간자는 타자에의 동경과 혐오가 부딪쳐 싸우는 내부에서 발견되는데, 이들의 모순된 감정은 중간자의 신체를 통해 나타난다.

1948년 단편 「기차 안에서」로 데뷔한 고지마는 패전 직후 일상생활에서 제목을 가져오는 방식으로 단편을 발표한다. 특히 일본과 미국의 문제로 가득한 관계를 몇 편의 단편 속에서 다루었다. 예를 들면 「연경燕京대학 부대」와 「별돌」에서는 미국과 일본의 파워관계를 조명하기 위해 일본계 미국인 2세 병사를 등장시킨다. 두 나라의 중간에 존재하는 인물을 통해 고지마는 패전 직후의 시기에 억압되어 버린 두 나라의 대립과 긴장을 파헤쳐냈다.

고지마의 동시대 사람인 오에도 마찬가지의 어프로치를 이용하여 그의 단편소설에 일본인 통역사, 매춘부, 동성애자 등 그가 '중간자'라고 부르는 인물을 등장시킨다. 그러나 오에와 고지마는 일본의 타자라고 분명하게 지칭하는가 그렇지 않은가에서 서로 다른 태도를 보인다. 오에의 이야기는 일본의 굴욕적인 입장을 밝히기 위해 미국이나 유럽을 공격적인 남성으로 등장시키는데, 고지마의 「연경대학 부대」는 일본과 미국의 파워 관계에 대해 언급하는 장면에는 극단적으로 주저함을 보인다. 2년 후 겨우 「별」에서 미국의 존재를 다루고 일본계 미국인의 주인공을 통해 전후 일본 사회가 어떻게 미국과의 관계 속에서 만들어져 가는가를 말했다.

고지마의 단편은 잡종으로서의 일본이라는 개념을 배경으로 하여 역사적으로 해독할 필요가 있다. 그 작품 속에 일본계 미국인이라는 중간자를 의식적으로 등장시켜 고지마는 일본의 잡종성에 대한 논쟁에 발을 들여놓은 것이다. 게다가 고지마의 작품은 어떠한 역사적 조건이 잡종으로서 일본이라는 사고를 매력적인 것으로 했는가를 탐구하는 점에서 가토 슈이치와 마루야마 마사오의 저작보다 더 역사적이었다고 말할 수 있다. 고지마는 이러한 조건을 대일본제국 붕괴 시의 육군부대로서 우화적으로 표현한다. 특히 언어와 신체가 소설의 등장인물들의 육군부대라는 주변적 세계에서 스스로의 아이덴티티를 교체하는 작업의 장소가 된다. 1952년 발표된「연경대학 부대」에서는 고지마는 아직 전후 사회를 확실하게 언급하지 않지만, 문제의 소재를 제시했고, 2년 후「별」에서 그 문제를 철저하게 전개했다.

타자 미국과의 관계

「연경대학 부대」에서는 고지마는 정보수집을 위해 조직된 육군부대 대원의 일상생활에 초점을 맞추고 있다. 작가와 동일한 이름의 주인공 고지마에 의해 이야기는 전개된다. 1944년 3월 고지마는 영어가 능숙하다는 이유로 산서성山西省에서 북경의 정보부대로 옮겨진다.[36]

실제는 정보수집을 위해 일본에 돌아갈 것을 기대하여 재배치를 신청했다. 그러나 부대는 북경의 연경대학 안에 있다는 것을 알고 실망한다. 부대 속에서 고지마는 미국 해병대원과 일본인 여성과의 사이에서 태어난 아비천阿比川을 포함해 몇 명의 독특한 사람들과 만나게 된다.[37] 아비천은 미국과의 연결성에 대해 혐오하고 일본의 승리 쪽을 기대했다. 이와는 대조적으로 일본에서 꽃 무역상을 하고 있던 하니와 젠베에塙善兵

衛는 일본은 이미 패했다고 확신하고 있었다.

이야기는 중국대륙에서 실제 전투에는 전혀 언급하지 않고 이 세 사람이 주고받는 말에 초점을 맞추고 있다. 필리핀에서 있었던 전투에 대해 언급한다 해도 핍박받은 느낌을 주지 않는다. 예를 들면 "필리핀은 섬이 넓기 때문에 전쟁에 지는 데도 시간이 걸린다. 먼 곳의 병사들은 이 섬이 패하고 있음에 익숙해져가고 그 와중에 그것이 당연한 것이 되어 아무것도 아니라고 생각하는 심리상태가 지속된다"고 고지마는 말한다.[38] 부대는 아시아에서의 실제 전투에서 멀리 떨어진 미국이라는 적은 방수傍受된 통신 속에서만 나타난다.

따라서 이야기 속의 등장인물들은 전쟁과 군대 속에서도 무정형이고 시간의 흐름을 느끼지 못하는 공간에서 생식한다. 나라고 자칭自稱하는 화자는 스스로가 놓여있는 상황 설명을 지속한다.

고향을 생각하면 무언가가 파고드는 듯하여 마음이 아프다. 그러나 그렇다고 해서 무엇을 할 수 있나. 반복되는 말에 지치고, 얼굴조차도 잊어버릴 형편이다. 자신이 죽는 공상에도 이제 질려버렸다.[39]

과거의 모든 기억을 억압하고 군대의 경계적인 공간에 적응하는 것은 생존을 위한 유일한 방법이다. 그러나 이 생존을 위한 작전은 고지마에게 그가 숙지하고 있을 일본어와의 저어를 느끼게 된다. 한편 아비천은 그 예외적인 언어능력 덕분에 부대의 임무에 적임적인 인재라는 것을 알게 된다. 흥미로운 것은 이 고지마와 아비천이 언어와의 관계는 마루야마와 가토가 그 이후 1950년대에 제시하는 일본의 잡종성에 대한 대조적인 평가를 선취한 것이다. 언어와의, 그 속에서도 특히 모국어와의 '어긋난' 관계 속에서 비유적으로 표현되고 고지마가 자기 자신의 아이덴티티에서 소외되는 이야기는 일본의 잡종문화 예찬의 마루야마의 비판과 호응된다. 마루야마에게 있어 일본의 지적인 풍토 속에서 외부에서 미치는 영향은 퇴보적인 혼란으로 이끌 뿐이었다.

그것에 대해 잡종적인 출생 덕분에 부대 임무에 적성을 보여준 아비천은 일본의 문화적 상황을 적극적으로 평가하는 가토 슈이치의 입장을 체현한다. 일본문화의 잡종적 성격이야말로 그 활력의 원천이다. 더 나아가 아비천의 언어적 적응성은 이야기 속에서 그려지는 그의 성적 에너지색욕과 조응照應하여 가토 슈이치가 일본의 잡종문화에서 본 생산적인 가능성을 분명하게 지시한다. 이러한 대비를 보여주기 위해 「연경대학 부대」 이야기 자체가 두 사람의 등장인물을 보여주고 이름 지어지지 못하는 타자, 미국과의 대조적인 관계를 둘러싸고 나뉘어진다.

누락된 중국

미국은 부대의 일상적인 생활에 방수된 통신 속 목소리를 통해서만 출현한다. 그것은 매우 가까우면서도 멀리 떨어져 있다. 반대로 중국은 대원들의 생활 장소이기도 하면서 침묵하는 존재이다. 예를 들면 부대 근처의 '놀이 장소'의 장면에서 중국인 여성의 신체를 매개로 상징적으로 표현된 중국이 드러난다. 놀이 장소에서 고지마는 일본어, 영어, 중국어를 사용하여 중국인 매춘부와 이야기를 하는데, 이야기의 내용은 '지리멀럴'하다. 이 여성은 도시코Toshiko, 줄리아Julia, 그리고 벽에 써 주기는 했는데 읽어본 적이 없는 중국명을 갖고 있는, 즉 세 개의 언어를 사는 존재였다.[40] 그러나 중국 이름만이 발음되지 않는데 특히 눈에 띄는(고지마의 이름은 여성에 의해 고지마, 스몰 아일랜드, 샤오다오 등 세 개로 발음된다) 이 여성의 중국명은 그녀에게는 '추억의 문자'이고 군대에 의해 남겨진 난잡한 벽 낙서에 섞여 표현된 것뿐이다.[41] 그녀의 중국명은 다른 이름과 동등하게 다루어지지 않고 과거 속에 치부된다.

마찬가지로 가토 슈이치의 일본문화의 잡종성 논의나 마루야마의 일본의 지적 상황에의 부정적인 평가 속에는 아시아, 일본, 그리고 서구라는 삼극에서 아시아—특히 중국—이 누락되어 버린다. 두 사람의 논의에서는 중국은 서구와 대극의 위치를 차지하지만, 서구에 대해 침묵하는 상징, 역사를 갖지 못한 타자에 지나지 않는다. 따라서 가토와 마루야마의 논의에서도 일본의 잡종성은 서구와의 관계 속에서 그려진다.

이처럼 잡종성과 중간성 개념은 전시 하 중국에서의 식민지 경험을 전후 사회가 은폐하는 데 도움을 준다. 고지마의 이야기 속에서 소리를 부여하지 못했던 여성의 이름은 아시아·태평양전쟁 종결 전에 군인의 마음속에서는 이미 중국은 없어진 부재 상태였다는 것을 암시한다. 그리고 미군의 통신을 방수한다는 정보부대의 역할은 완전하게 미국을 지향하고 있다. 이 부대의 적국에 대한 기묘한 의존과 중국의 과소평가는 전후 일본 사회에서 재생산되었다. 매춘부의 방에서 고지마는 벽 낙서를 지우는 것에서 과거로서의 중국을 지우게 된다. 어느 날 아침 여성이 자리를 비웠을 때 그 방을 찾아가는데 그곳에 잠시 있게 된다. 누워 있다가

지쳐버린 고지마는 군인들이 벽에 남긴 낙서를 지우기 시작한다. 여러 명의 일본 병사가 벽에 자신의 흔적을 남기고 갔는데, 그것은 이 매춘부에게 있어 중일전쟁의 기록이기도 했다.

고지마는 왜 벽을 지우기 시작했는지 본인도 알지 못한다. 삭제한 부분이 오히려 눈에 띄어 버리기 때문에 중간에 멈추지 못하는데, 마지막까지 계속한다. 그 작업을 마친 후 피곤해서 잠에 빠지고 부모, 부인, 친구들이 그의 몸을 관속에 옮기기 이전에 염을 하는 꿈을 꾼다. 그리고 꿈에서 깨어났을 때 낙서가 그 여성에게는 '추억의 문자'이며, 그것을 지운 것이 그녀에게 피해를 주었다고 생각하게 된다. 장례식 이미지는 벽을 닦음으로써 고지마가 과거와의 연결성을 잃어버리는 상황이 꿈속에서 중첩된다.

그리하여 과거에서 유리流離된 고지마는 자아의 경계조차 애매하게 되고 타인격의 목소리로 이야기하기 시작한다. 하니와堚처럼 말하고, 순찰 장교에게 자신은 하니와라고 이름을 말한다.

고지마의 바보스러운 행위는 마루야마 마사오에 의한 일본의 지적 전통의 잡종성에 대한 비판을 상기하게 한다. 마루야마에 따르면 통일성을 결여한 갖가지 지적 요소의 혼재는 불모不毛한 것일 뿐이다. 그렇지만 '어긋난' 고지마의 인격은 잡종성의 종착점이었고 중국인 매춘부와의 관계는 3개 국어를 사용하는 환경을 응축한 것인데, 그곳에는 과거라는 시간축이 소멸하고 인격조차도 보존되고 있지 않았다.

한편 미일 혼혈인 아비천은 언어 '사이'의 관계를 고민하지 않는 유일한 병사였다. 영어와 일본어의 이중 언어bilingual에 능숙하며 동시에 중국어도 능숙한 아비천은 부대 임무에 최적의 인재였다. 그것에 비하면 일본인 병사는 영어에 문제가 있으며 그 외에 혼혈의 병사나 2세 병사의 일본어는 적어도 처음에는 기초였었다. 아비천의 중간성—미일의 혼혈이며 중국어를 말하는 능력을 가진 상태—은 아이러니컬하게도 정보부대라는 주변적인 공간에서 그를 중심적인 인물로서 자리매김한다.

이러한 확고한 입장 덕분에 아비천은 신념을 갖고 행동한다. 부대 안에서 패전을 믿고 있는 상관은 하니와에 대해 경멸의 태도를 보이고 가부키 연기자처럼 행동을 크게 휘두르며 하니와를 죽인다고 협박한다. 기타 대원의 어정쩡한 태도에서 돌출되어 보이는 아비천은 아이러니컬하게도 가식 없는 '일본인 대표'로서 행동한다. 정보부대라는 경계적인 영역 속에서 아비천은 일본인으로서의 아이덴티티를 강조하는데, 충실한 일본인으로 있고 싶은 그의 야망은 그곳에서는 과잉적으로 나타나고, 그 과잉은 그를 어딘지 모르게 희극적인 인물로 그려낸다. 전투 현실에서 동떨어진 부대 속에서 그의 야망은 대원들에게 싸우는 전쟁의 '일'을 생각나게 하기 위해 과잉적으로 다루어졌다.

작자는 정보부대의 경계적인 영역 속에서의 아비천의 존재를 과잉된 성욕으로 표현한다. 일본과 미국의 전쟁 속에서 뒤엉킨 욕망을 항상 생각나게 하는 원천으로 아비천은 기능한다. 그러한 욕망의 산물인 그의 혼혈의 신체는 타자에의 동경과 혐오라는 갈등의 과정을 나타내고 그의 잡종성은 그 예외적인 언어능력과 질리지 않는 성욕을 통해 표현된다. 고지마는 아비천이 숲속에서 청소하는 모습과 마주하게 되어 잡담을 시작한다. 그 대화 속에서 아비천은 다음과 같이 말한다.

진짜는 이 숲속에서 아비천은 동시에 성욕이 진행되고 있어 곤란해 하고 있었다. 내일은 함께 놀러가자. 아비천에게는 일본인으로서 죽을 각오가 되어 있다. 자신은 자신을 낳은 미국인 아버지에게 원한만 있을 뿐이다.[42]

아비천의 성욕은 너무 강력한데 자신의 신체에 자유롭지 않았다. 대변을 볼 때조차도 성욕을 느낄 정도였다. 그리고 아비천의 성욕이 '일본인으로서 죽을 각오'와 등가인 것처럼 말하고 있는데, 마지막에 '혼혈'로서의 존재도 언급한다. 아비천의 잡종성은 성욕의 형태로 이야기되고 순환한다. 그리고 적의 통신을 해독하는 임무는 성적인 과잉으로 그의 잡종성이 증명된다.

일본과 미국의 성적으로 의미를 지어진 양국 관계 속에서 중국은 갈등하는 감정의 드라마가 전개되기 위한 매개로서의 모습을 나타낸 것에 지나지 않는다. 대원들과 아비천의 성욕은 따라서 중국인 매춘부들의 육체에 의해 매개되고 유통된다. 아비천의 음부에서 나온 이蝨가 그녀들을 지나 다른 부대원들에게 퍼져가는 것도 우연이 아니다. 부대의 '상상의 공동체'는 중국여성의 육체와 이蝨의 만연을 거쳐 일어난다.

이러한 언어와 아이덴티티 구축에 대한 통찰에도 불구하고 「연경대학 부대」의 군대 조직에 대한 비판전후 사회에의 간접적 비판은 이러한 장소 속에서 보이는 질서의 허구성을 그려내는 것에 그치고 있다. 그곳에 그려지는 장소는 가토와 마루야마가 1950년대에 개설한 일본에 상통하고 있다. 그것을 만든 역사적 맥락에 전혀 언급이 없는 익숙하지 않은 정적인 장소이다.

정보부대는 외부 세계와의 관계에 있어서만 존재하는데 그것을 낳은 조건—일본의 중국과 미국과의 전쟁—은 이야기 속에서 사라진다. 타자의 존재는 대원들의 중국인 매춘부에의 성욕을 통해 비유적으로 인정될 뿐이었다. 그렇다고 하더라도 매춘부의 중국명은 마지막까지 발음되지 않고 '추억의 문자'와 함께 주인공에 의해 소거되고 다른 한편에서 미국은 불가해한 기호로 나타난다.

이러한 장소에 대한 저자의 비판은 유머도 있고 신랄함도 있는데, 부대에서 그리고 전후 일본 사회 속에서 어떻게 타자를 향한 욕망이 유통되었는가에 대해서는 말하는 곳이 적다. 2년 후에 발표한 「별」에서 고지마는 일본계 미국인의 등장인물을 통해 타자의 그림자를 더욱 본격적으로 탐구하기 시작한다.

'일본계 미국인'이라는 잡종성

「별」에서는 스기하라 조지杉原讓次 이등병이 육군이라는 '상상의 공동체'에 들어간다.[43] 스기하라가 군대에 입대한 것은 역사적 우연에 의해서였다. 우연히 일본에 사는 숙부를 찾아갔을 때 미일 전쟁이 개시되었다. 그의 잡종적 아이덴티티는 그의 교육이나 이름 등의 상세한 항목 속에서 밝혀져 간다. 스기하라는 중학교 때부터 대학까지 미국에서 생활했는데, 숙부를 만나기 위해 일본에 갔을 때 전쟁이 발발되었고 징병되었다. 그의 이름인 조지讓次는 특별히 이상하지 않은 이름으로, 동시에 미국에서의 이름도 조지라고 간단하게 치환된다. 그는 이 교차하는 문화적 아이덴티티 때문에 군대에서 경계적인 입장이 부여된다. 그리고 그 경계성을

보충하기 위해 스기하라는 육군 의제擬制 질서를 열심히 받아들인다. 궁극적으로 '조지'와 '조지ジョ' 사이의 긴장감이 이야기를 추동시키고 있다.

이야기는 스기하라가 자기 자신의 혐오와 스스로의 아이덴티티 그리고 공동체를 발견하고 싶은 욕망을 중심으로 전개되는데, 그를 둘러싼 일본인들이 그의 아이덴티티를 거울로 비춰주고 자신의 욕망과 불안을 어떻게 행동으로 실행할까에 대해 상세하게 그려낸다. 이야기 속에서 스기하라의 아이덴티티의 잡종성은 다른 일본인 등장인물들의 타자, 즉 일본의 타자로서 미국에 대한 갈등을 동반하면서 성적인 반응을 도출한다.

중간자로서 자신의 존재를 버리고 싶은 스기하라인데, 어떤 일을 계기로 자신이 육군의 이등병임을 느끼게 된다. 상관들은 그를 '미국'이라고 부르고, 미국에 대한 동경과 동시에 혐오를 나타내어 제재를 가한다. 그는 '캘리포니아에서 있었던 일, 미국 여성에 대한 일 등등 여러 질문에 답하지 않을 수 없게 되고', 영어로 말하고 재즈를 불러보라는 명령을 받기도 한다.[44] 스기하라는 이들 명령에 따르지 않을 때 '서양 요리'은유적으로 스기하라를 구타하는 일을 가리킨다나 미국 구경의 대상이 된다.[45] 상관들은 스기하라를 구타함으로서 자신들의 미국에 대한 선망을 불식시킬 수 있었다. 이렇게 스기하라의 잡종성은 육군내무반이라는 공동체 내에서 미국이라는 외부와의 긴장을 억누르는 봉합으로 기능하는데, 이 봉합 흔적은 상처의 존재 자체를 가리킨다. 스기하라의 존재는 미국에 대한 동경과 혐오 사이의 긴장을 은폐하면서도 동시에 표현하고 있었다.

사회적 아이덴티티의 억압과 강조라는 갈등 속에서 스기라하杉原는 별 숫자로 나타나는 군의 계급제도를 절대시하면서 일본인으로서의 자아를 얻으려고 한다. 별 숭배자가 되고 그가 얻고자 하는 공동체를 별 속에서 보게 된다. 스기하라가 들어가게 된 육군 조직은 경계적인 장소이기도 하며 그곳에서는 별이 유일하게 스스로의 위치를 확인한다.

예를 들면 작자가 어느 중국 병사의 죽음을 이야기할 때 그것은 여기서 다룬 '연경대학 부대'와 '별' 두 이야기 속에서 유일하게 언급되는 실제 전투의 희생자이기도 하면서 그 시체는 계급의 상징인 별로 치환된다.

> 길가에서 하늘색 옷을 입은 한 병사가 웅크리고 앉아 있었는데, 다른 병사가 그를 발로 건드리며 바라보고 있었다. 우리들과 같은 곳에, 검은 땅에 흰색 별을 하나 달고 있었다. 적이 달았던 별의 초라함은 나에게 친근감을 품게 한다. 그것은 시체가 되어있었기 때문이다.[46]

스기하라 조지는 '적의 별의 가난함'을 보고 시체가 된 중국 병사에게 친밀감을 느끼게 된다. 스기하라가 속한 군대는 군사용어에서 말하는 '지방'—일반사회—에서 분리된 상상의 공동체였다. 군대 내부에서는 지방에서의 기억이 지워지고, 계급이라는 군대의 독자적인 사회성과 시간에 의해 치환되었다. 장병將兵의 존재는 그 계급을 상징하는 별에 응축된 것이다. 역사적 혹은 사회적 속성을 결여한 중국 병사의 시체에 얄궂게도 별끼리 서로 이해할 수 있는 토대가 된다. 스기라하의 중국 병사에 대한 동정은 별에서 별로의 감정으로서 표현된다.

잡종성의 '투명 도롱이'

스기하라는 자신보다 더 비참한 존재인 힛타^{疋田} 이등병을 생각하며 위안을 삼는다. 군대생활에 전혀 적응하지 못했기 때문에 힛타는 내무반에서 제재를 받는 대상이 되었는데 힛타 덕분에 스기하라는 학대에서 벗어나게 된다. 그뿐만이 아니라 그는 힛타가 더 어려운 지경에 처하도록 상황을 만들어 낸다. 힛타와 함께 있는 한 스기하라는 '투명 도롱이를 걸친 것처럼' 안심한다.[47] 힛타는 스기하라와 함께하는 군대 생활에서 밑바닥 입장을 반영하는 전가^{轉嫁}의 거울이 되었다.

아래는 힛타의 추한 부분을 묘사하는 내용으로, 곧바로 스기하라는 자신이 타인의 눈에 어떻게 비춰지고 있는가를 생각한다.

> 내가 추하다고 말한 것은 그의 균형잡히지 않은 자세나 우물쭈물하는 행동으로 인해 혼나기 때문에 여유가 없는 것인가, 더러운 옷을 입어서 그러한가. 그의 목 언저리에 있는 변변찮은 별 하나가 그의 작은 눈, 소침한 모습, 사마귀같은 점 세 개가 있는 얼굴색도 어울리지 않는 얼굴 등, 다시 보니 하나의 별이 바보취급을 받는 듯한 느낌이다. 하나의 별도 고상하게 보인다. 하나의 별보다도 더 하등한 별을 생각해내지 않으면 안 된다고 생각하고 있었다. 나는 내가 어떻게 보이는가, 생각하기 싫었다. 그러나 어렴풋하게나마 나는 내 나름대로 자신의 별을 폄하하고 있는 것처럼 보이지 않을까 생각했다. 하나의 별을 무시하는 것은 모든 별을 무시하는 것이 된다.[48]

스기하라는 군대 내에서의 낮은 지위를 각성하고 걱정했다. 그리고 힛타와의 차이를 만들어내기 위해 공적을 찾고자 했다. 힛타를 군대 속에서 가장 낮은 계급으로 자리매김하게 한다면, 혹은 '더 하등下等한 별이 있다면 말이다'라고 스기하라는 생각했다.

그러나 그러한 별은 실제로는 존재하지 않고 힛타의 초라한 겉모습에 집착하게 된다. 이처럼 스기하라에게 있어서 힛타의 추악함은 그의 하등함의 증명으로 힛타보다 하등한 지위는 스기하라의 잡종성을 보이지 않게 해주는 '투명 도롱이'였던 것이다.

중국인 주민과의 접촉도 2세로서의 성품을 보여주지 않아도 되기 때문에 마음이 편안해 졌다. 스기하라가 일등병으로 승진한 후 그와 이등병인 힛타는 성문 초소에 근무를 서게 된다.[49] 그 임무 수행 중에 현지 사람들과 인간다운 말을 주고받았는데, 이 '꿈'의 임무는 오래 지속되지 않았다. 두 사람의 편안한 성문 근무를 확인한 보초병이 스기하라를 발로 찼다. 군대의 현실을 현지인들도 보고 있었다.

스기하라와 대조적으로 힛타는 군대 계급 조직의 일부라고 생각하고 싶지 않았다. 군대에 대해 정이 없는 이상 힛타는 군대를 최저변에서 지탱한다고 생각하지 않았다. 스기하라가 그 이후 성벽 위에서 힛타를 구타하자 힛타는 스기하라의 부외자로서의 존재를 생각하게 되고 입장을 역전시킨다.

힛타가 쭈그리고 앉은 채로 '너는 역시 일본인은 아니구나, 그래 맞아'라고 혼자말을 했다.[50]

스기하라는 계급장인 별이야말로 절대적 질서의 초석이라고 믿게 된다. 힛타는 외부 일본 사회에서의 스기하라의 외부자로서의 입장이 생각나 반격을 하게 된다. 이처럼 응수를 하고 난 후 힛타는 동남아시아 부대로 전출되고 스기하라는 '없어서는 안 되는 인간'이라기보다는 별을 잃어버리게 된다.[51] 스기하라는 '투명 도롱이' 없이 스스로의 잡종성과 마주쳐야만 했다.

계급과 육체의 괴리

스기라하는 그 후 연대본부에서 이노마猪間 대위의 당번병이 되었는데, 이노마 대위는 그를 충실한 제국 육군병사로 단련하는 것을 자신의 책임이라고 생각한다. 이노마 대위가 부여한 최초의 명령은 그의 과거를 지우는 것이었다.

스기하라에게 적게 한 이력서를 불태우고 '스기하라 조지 일등병, 네가 일본 군인이 되는 일은 매우 힘든 일이다. 오늘로써 너는 과거가 없다고 생각해라'라고 지도한다.[52] 나아가 이력서와 '매일 매일의 자성록'을 재교육하는 일환으로서 쓰게 하면서 자기 자신의 과거에 주의를 기울이면서도 잊어버리는 이중의 행동을 요구한다.[53] 이번에 쓴 이력서는 그때마다 이노마 대위에 의해 찢겨졌다. 스기하라는 그것에 대해 반성문에서 다시 생각하지 않으면 안 되었다. 스스로가 일본계 미국인으로서의 아이덴티티를 명확하게 표현하고 또한 동시에 억압함으로써 스기하라는 충실한 제국의 육군 병사의 길을 발견하게 되었다.

육군의 가치관을 철저하게 주입시키는 데 더욱 효과를 발휘한 것은 이노마 대위가 제시한 '특이한 임무'였다.

> 마침내 기묘한 방법을 사용하기로 했다. 그것은 내가 대위 휘장을 세 개 준비하고 있는데 그가 취침할 때 그것을 바꾸어달라는 것이었다. 말할 것도 없이 내가 그것을 통해 이노마 대위가 대위라는 것을 침상에서도 잊지 않게 하기 위함이었다.[54]

스기하라의 재교육은 잘 진행되었고 그는 대위를 별로서 간주하게 된다.

> 나는 이노마 대위는 별로서 별 그 자체가 위대하다는 것을 점점 생각하게 되었다.[55]

더 나아가, 스기하라는 이노마 대위의 세 개의 휘장에 대해 자신의 형제자매의 이름으로 부르기 시작했다. 마침내 그 자신의 상상의 공동체를 톰, 프랑크, 게이트라고 명명한 별들 사이에서 찾아낸다. 이처럼 스스로가 속한 군대 내부에서 별들의 공동체를 만들어 내고 고국의 가족으로 치환시킨다.

별과 그 자신을 포함한 개인을 동일시하기에 이르고, 스기하라의 재교육은 종(완)료하게 되는데, 그는 곧바로 개인의 육체는 이 등식에 잘 수습되지 않는다는 것을 느끼게 된다. 입욕 중 이노마 대위를 보고 스기하라는 놀란다. 상징과 실체―즉 이노마 대위의 계급과 그의 육체―사이의 괴리는 스기하라를 혼란에 빠뜨리게 된다. 스기하라는 되돌릴 수 없는 발견을 했다.

> 그날 나는 대위가 목욕할 때에 때를 밀어주었는데 그가 욕조에서 나체인 채로 나와 내 앞에 앉자 나는 전기에 감전된 듯한 강한 충격을 느꼈다. 대위는 나체였는데 군복을 입고 있지 않은 모습이 왜 이렇게 나를 놀라게 하는가. 내 앞에 있는 나체의 모습은 누구인가. 근육이 울퉁불퉁하다고는 하지만, 대머리의 이 나체와 내 나체가 이렇게 다를 수 있는가.[56]

눈앞의 나체를 이노마 대위라고 인정하기는 했지만, 스기하라는 '뭔가 톱니바퀴가 뒤틀리는 듯 한 숨막힘과 불안을 느끼지 않을 수' 없었다.[57] 눈앞의 이노마 대위의 벌거벗은 육체와 그의 일상적 존재는 개인을 별과 연계시키며 간신히 구축한 질서를 붕괴시켜버렸다. 그 결과 대위가 '소리를 내어 차를 마시는 일도, 공기밥을 추가하는 것도, 코를 골며 자거나 매일 아침 침을 뱉는 일도 모두 이상하게 생각하지 않을 수 없게 되었다.'[58] 그는 별이라는 추상적인 상징 아래에 은폐된 개인의 살아있는 신체를 발견하고 놀라게 된다.

상징과 상징되는 표식 사이의 틈새를 발견한 스기하라는 더 별에 집착하게 된다. 실제로 북경에서 참모를 보았을 때 참모의 별을 멍하니 보고만 있었던 그는 결례를 한다. 참모 쪽으로 걸어가자 '찢어지는 목소리로'[59] 그를 멈추게 했다. 이노마는 스기하라의 행위에 격노하여 할복할 것을 명령하는데, 스기하라의 명령은 희극적인 발견에 의해 구원받는다.

스기하라의 배꼽이 별의 형태를 하고 있는 것을 발견한다. 스기하라는 이상적 공동체를 별에서 발견할 뿐만 아니라 그 자신이 이미 별이었다.

이처럼 별과 완전한 일체화의 순간에 스기하라의 자아는 붕괴되는 듯이 보인다. 할복을 피한 후 이노마에게 근신의 명령이 내려오고, 스기하라는 착란상태에서 구속을 피하고 재즈를 부르면서 연대본부를 걸어다녔다. 마지막에는 벽을 넘어 도망치지만, 자제력을 잃게 된 것이다.

나는 그 이후부터 정신이 멍해져서 벽을 넘어 마을 속으로 들어갔다. 몇 시간을 걸었는지, 어디를 걷고 있는지, 무엇을 하고 있는 것인지, 어디가 북경인지도 모르고 있었다. 나는 지구 밖으로 떨어지는 듯한 기분이 들 정도였다. 나는 땅바닥에 주저앉아 큰 소리를 질렀다. '군대 일등병 스기하라 조지. 나는 어디에 있는 것인가. 나를 인도해 줘.'[60]

스기하라의 재교육은 마침내 완료되었다. 별의 위광을 내면화하고 이제 군대 담장 밖에서는 전혀 기능할 수 없게 되었다.

미국이라는 새로운 '별'

전시 중에 스기하라는 군대에서 일본과 미국의 영원한 전쟁을 전제로 했던 '의제擬制'를 살았다. 그러나 그가 받아들인 계급이라는 의제는 전쟁이 끝나자 무너져버렸다. 패전 이후 의제는 미일 공통의 이익을 노래하는 새로운 의제에 의해 치환되었다.

전시 중에 스기하라는 아이덴티티의 잡종성을 육군 계급의 의제를 지키기 위해 강조하면서 동시에 억압하지 않으면 안 되게 되었다. 이와 대조적으로 전후 일본의 '상상의 공동체'는 패전 직후의 제국 육군처럼 미국과의 전쟁 기억을 소거시키기 위해 그의 잡종성(미국과의 친근함이기도 했다)을 열심히 스스로의 소유물로 삼고자 한다. 스기하라는 다시 긴장의 투쟁 속으로 들어간다. 통역으로서 커다란 입을 벌린 패전이라는 상처를 봉합하는 역할을 담당하게 된다. 패전 후 근원적으로 다른 역할을 부여받았지만, 그의 봉합 부분의 기능은 변하지 않았다.

별의 위광은 패전 이후 급속도로 흐려지게 된다. 제국 육군은 그 속에서 질서는 유지한다. 전쟁이 끝난 뒤 스기하라가 달고 있었던 '두 개의 별에는 추억과 역사'가 있었다.[61] 별로만 이루어진 폐쇄된 세계에서 살아가는 인식을 몸에 익힌 이후에는 외부 생활은 상상할 수조차 없을 정도로 어려워졌다.

더 나아가 그의 상관들, 특히 이노마의 언동은 육군 내에서 키워온 스기하라의 계급적 감각을 휘저어 놓았다. 이노마는 이전 기억을 지우라고 명령한 영어를 다시 생각나도록 스기하라에게 명령한다. 스기하라는 번역, 통역 그리고 유지有志의 장교들에게 영어를 가르치는 직무를 맡는다. 그는 이노마의 양복 옷을 입고 영어를 상관에게 가르칠 때는 자신의 퍼스트네임을 사용하도록 전달받고 육군 일등병, 스기하라 조지라고 신고하고, 영어 회화 수업을 시작한 것도 비판받는다. 이노마는 '너는 부모에게 받은 스기하라 조지라는 이름만을 말하면 된다. 조지만으로 충분하다'고 타이르게 된다. 총체적으로는, 스기하라의 심리적 장애는 육군의 일상에 적응하기 위해 거쳐 간 과정을 역으로 거슬러 올라가지 않으면 안 되었다. 스기하라는 겨우 손에 얻은 계급을 빼앗기고 원래 왔던 곳으로 다시 내팽겨쳐졌다. 차이라고 한다면 패전 후 육군이 그의 외부자로서의 존재를 스스로의 것으로 만들고자 열중했다.

매우 기묘한 일이었는데, 별들은 군대 외부의 세계와의 연결성을 회복하기 시작한다. 패전 직후 육군 장병은 모두 한 계급씩 승진했다. 계급 인플레이션이 생겼다. 이러한 결정을 한 상관들의 '바보 같은 심근心根'은 스기하라에게 아이러니를 일깨워주었다. 그의 튼실했다고 여겨졌던 육군 계급과의 관계는 이노마가 부끄러움을 참고 미국의 그의 아버지의 농장에서 일하게 해달라고 부탁해 옴으로써 더욱 흔들리게 된다. 이런 불쾌한 일들 덕분에 스기하라는 군대 외부에 있는 별에게 눈을 돌릴 수 있게 된다.

북경의 하늘에서 쏟아져 내려오는 가을의 햇볕이 나무들 사이로 내리는 백금색 별처럼 빛나고 있다. 나는 오랫동안 잊고 있었던 크리스마스 트리에 걸려있던 별과 종이 생각났다. 크리스마스 캐롤송이 어딘가에서 들리는 듯이 느껴졌고, 이는 묘한 연상이라는 생각이 들었다.[62]

묘했다고 하는 것은 이 연상이 자기 자신을 매몰시켰던 육군 환경의, 외부에서 행했던 행위들이었다. 미국은 스기하라의 마음에 별로 되돌아왔다. 별 그 자체가 그의 지리, 역사적 구체적인 체험으로 채워진 잡종이었다. 스기하라는 일본군 병사로 북경에서 '별'을 보고 미국의 크리스마스를 상기한다.

상륙 함정 복원 귀국 선상船上에서 스기라하의 군대 계급에 대한 태도는 다시 갈등한다. 그가 군대 계급에 다시 고집하게 되는데, 마음 편하게 대화를 교환한 미군 장교까지 계급의 일로 구애를 받고 있다는 점에 화가 난다.[63] 그러나 그는 후에 귀국선에서 일어난 사태에 허를 찔린다. 사세보 입항 직전에 미군 병사들이 하사관의 옷깃 휘장을 선물용이라며 떼어냈다. 제국 육군의 별의 계급 조직은 미국의 군사력에 의해 뒤바뀌어진다. 스기하라 부대와 몇백 명의 병사를 일본에 송환하는 귀국선에서의 이러한 광경은 특히 상징적이었다. 스기하라는 미국 병사와 다음과 같은 대화를 나누었다.

> 귀국자들은 이렇게 별을 모으고 있는가.
>
> 우리들은 처음으로 배에 올랐다. 다른 사람들 일은 모른다.
>
> 대장 브라운은 이 별 모으기를 허락했는가.
>
> 그가 제일 갖고 싶어하는데.
>
> 질서가 어지럽혀지는데도 말인가.
>
> 그때는.
>
> 그러면서 그는 기관총을 쏘는 흉내를 내었다.[64]

일본의 별의 권위는 잃어버렸고 별은 미국 병사의 선물용이 되었다. 일본의 별의 질서와 계급을 대신한 것은 미국의 힘 과시였다. 스기하라가 돌아왔을 때 전후 일본 사회에는 이미 미국의 존재가 침투해있었고, 그가 이전에 속해있던 공동체는 미국의 힘으로 치환되었다. 마찬가지로 미국의 복원선에서 일본인 병사의 눈에는 별이 이전에 갖고 있던 마술적 힘은 없어졌다.

미국 병사들이 원하는 것을 손에 넣고 돌아간 이후 일본병사는 자신들의 휘장 장식을 뜯어 버렸다. 스기하라는 그것을 그만두게 말리려 하지만, 소용이 없었다. 그 자신의 휘장조차도 다른 병사에게 떼어지고 짓밟혀버렸다. 그 직후 그는 이노마가 미군의 군화를 신고 갑판에 올라서 있는 모습을 보았다. 미군 장교에게 군화를 빼앗겨버린 것이다. 갑자기 스기하라는 엉뚱한 생각을 했다.

> 나는 그의 발이 매우 컸다는 것이 갑자기 떠올랐다.
> 군대도 이노마도 새로운 별을 찾으려고 하고 있다.[65]

이노마의 커다란 발은 그의 타자에 대한 동경으로 성적인 의미를 부여한다. 그것은 일시적으로 노출되었는데, 곧바로 미군용의 군화로 기분 좋게 덮혀버린다. 그의 새로운 별에 대한 노골적인 욕망은 이미 미국의 강대한 물자의 힘 속에 새로운 대상을 발견하게 된다.

배가 사세보 항구에 도착했을 때 스기하라의 눈에 들어 온 언덕이 그가 "입고 있던 군복이 카키색이라는 것을 깨닫고" 놀란다.[66] 돌아올 것을 고대했던 일본은 육군과 그 허무한 공간의 연장이었다. 그렇기는커녕 그곳에는 이미 별은 없었다. 패전 전 제국 군인과 전후 일본 사회는 개인의 역사적 그리고 사회적 기억은 이들 공동체의 역사를 넘어선 허구를 지탱하기 위한 희생이 되었다. 육군과 전후 일본 사회라는 상상의 공동체는 고지마 이야기의 결말에서 양자 모두가 카키색이라는 역사의 얼룩과 오점을 은폐해 버리는 중간색으로 뒤덮여버린다. 스기하라가 체험한 육군의 경계적 장소는 예외적이 아니라 매우 일상적이었다. 그가 일본에 돌아왔을 때 군대에서의 경험을 다시 반복하지 않으면 안 된다고 이해한다. 스기하라는 새로운 별을 전후 사회에서 찾았고, 과거 전쟁을 억압하지 않을 수 없었다. 성조기의 별을 완전하게 받아들이기 위해 전후 일본 사회는 과거에 미국과 벌인 전쟁을 은폐하지 않으면 안 되었다.

「별」에서는 전쟁이 끝난 이후의 일본 사회는 군대의 경계적인 장소의 연장이었다. 육군의 패전에의 반응은 일본 사회가 경험한 혼란을 선취했다. 전시중에 일본계 미국인들의 곤란한 체험은 그들의 존재가 미국과의 전쟁을 떠올리게 하는 존재이기 때문에 특별하게 기록되지 않았다. 다른 한편으로 일본계 미국인의 중간성은 전후 사회를 은폐해 버리는 눈가리개로 공유된다. 일본의 항복 이후 스기라하의 잡종성은 군대 속에서 다시 불러내고 전쟁에서 담당한 군대 역할을 감추고 새롭게 발견한 미국과의 밀접한 관계를 추진하는 도구로 활용된다.

아이덴티티의 '착복'

본 절을 마무리하면서 일본계 미국인이 일본 사회에서 그만큼 관심을 모으지 못했던 역사성을 강조해 두고 싶다. 일본계 미국인의 이미지는 미일 간의 긴장에 가득 찬 관계를 반영해 온 그들의 아이덴티티는 동경과 혐오의 갈등의 드라마에 나타난다.

그리고 패전 전후에 일본계 미국인 묘사 방식은 급격하게 변했다. 전시 중에는 일본 사회와의 차이는 억압되지 않을 수 없었다(일본인처럼 행동하는 것이 강요되었다). 1950년대에는 역으로 일본 사회가 일본계 미국인처럼 이미지화(일본계 미국인은 특권적인 존재가 되었다)된다. 고지마 노부오의 단편은 이러한 태도의 표변에 초점을 맞추어 일본 사회가 어떻게 해서 일본계 미국인의 아이덴티티를 '착복'했는지를 묘사했다.

이러한 착복의 구체적 예로서 1950년에 일어난 강도 사건을 들 수가 있다. 패전 직후에는 처참하게도 미디어의 관심을 집중케 한 범죄가 많이 발생했는데, 그 해 9월 22일에 도쿄에서 강도 사건은 특히 눈귀를 의심하게 했다. 그것은 범죄 내용이 아니라 경찰에 체포되었을 때 용의자가 한 말 '오, 미스테이크'였기 때문이다. 범인은 현금 수송 차량을 강탈하여 여자친구와 함께 그녀의 아파트에 숨었다. 이틀 뒤 경찰이 아파트에 나타나자 용의자는 일본어를 모르는 일본계 미국인 2세의 흉내를 내며 죄를 피하려 했다. 그가 발신한 더듬더듬한 영어 '미스테이크'는 그 해의 유행어가 되었다.[67] 이와 같은 일본계 미국인의 아이덴티티 '착복'은 고지마의 단편에서 밝혀내고 있듯이 전후 일본이 과거 범죄를 은폐하려고 했을 때 사용한 수법이기도 했다.

이 범죄극은 곧바로 전국적인 주목을 끌었다. 그것은 과거를 억압하는 일에서 생겨난 깊은 불안감의 표출로, 마치 딴 사람처럼 행동하는 것을 들키지 않을까라는 불안을 환기시키기 때문이다. 미디어는 이 사건을 이미 미국적인 것을 모방하려고 하는 전후 세대의 범죄로 정리해 버렸다. 결과적으로 이 사건에 대해 들은 사람들이 느꼈을 곤혹스러움과 부끄러움—고지마의 소설의 비소卑小한 주인공 등이 마찬가지로 불러일으킨 감정 — 은 많은 일본인들이 갖고 있었던 불안(그리고 기대)의 표현이었다. 전후 일본의 이야기가 억압해 버린 과거를 만나게 되는 상황은 불안감을 갖는다. 일본계 미국인은 타자에의 갈등 감정의 증거로만 흔적을 남긴 그들의 모습이 인정될 때조차도 일본계 미국인 2세를 가장하는 일본인이 그 대리를 맡게 된다.

4. 「돌연한 벙어리不意の啞」

상실감과 굴욕감을 되찾다

1953년 중간자를 끌어들인 사건이 일본 사회에 인상을 남겼다. 도쿄 도심에 있는 한 스키야바시数寄屋橋 위에서 세 명의 GI와 일본인 유객誘客꾼이 흥정을 하다가 싸움이 벌어졌다. GI들은 일본인 유객꾼을 바로 아래의 물구덩이에 내던졌고, 유객꾼이 익사했다. 이러한 불행한 아주 미미한 사건은 패전 직후 황량한 풍경들 속에서는 특기할 만한 것도 아닌 것처럼 보였는데, 오에 겐자부로의 단편집 『보기 전에 뛰어라』1958에서는 커다란 중대성을 갖고 있었다.[68] 이 사건은 이 책 속의 두 개의 단편에서 언급됐고 독자는 그 장소에 있었던 일본인들이 아무것도 하지 않았다고 알게 된다. GI들은 사형에 처해지는 것도 아니고, 통행인들은 불쌍하게도 남자 한 명이 익사했다 단지 보고만 있을 뿐이었다. 오에는 이 사건을 전후 일본이 내면화해버린 굴욕의 끝이라고 보고 다시 상기한다.

유객꾼은 일본 사회의 굴욕을 체현하고, 오욕을 당한 그의 죽음은 일본인 통행인들에게 어떠한 반응도 일으키지 않았다. 그들이 분개한 행동을 일으키지 않았음은 굴욕감 그것이 대부분의 사람들 마음속에서 이해 불가능하다고 인식하게 되었음을 보여준다.

오에는 굴욕감을 의식하기 위해서는 '강자로서의 외국인서구인도 많은 적든 굴욕적인 입장에 있는 일본인, 중간자로서의 존재' 사이의 상호 관계를 그리지 않을 수 없었다.[69] (여기서 중간자란, 일본인 통역자, 서구인을 상대로 하는 창부, 그리고 프랑스인의 파트너를 가진 일본인 동성애자 등등이다.) 오에는 성적인 이미지로 가득 찬 신체를 묘사하고 이들 상호 관계의 저변에 흐르는 성적인 것을 강조한다.

오에의 작품은 고지마의 작품보다도 내셔널리즘적 색채가 강하다. 오에는 독자에게 굴욕감을 지금 다시 떨쳐내고 공동체를 상기해 볼 것을 촉구한다. 그의 문학적 상상력은 베네딕트 앤더슨이 말하는 것처럼, 근대국가는 그 상실을 애도하며 하나가 된다는 논리와 공명한다.[70] 전후 일본은 아시아·태평양전쟁에서 잃어버린 과거를 용의주도하게 은폐해버렸기 때문에 추도를 통해 하나가 될 능력을 잃고 있었다. 애도를 통해 주체를 다시 만들기 위해 일본은 그 상실과 굴욕의 기억을 상기하지 않을 수 없었다. 오에에게 있어서 굴욕 투성이가 되어야만이 새로운 일본은 시작될 수 있다고 보았다.

오에는 『보기 전에 뛰어라』에 수록된 작품을 1958년에 집필했던 것인데, 이 시기는 일본에서 반미감정이 매우 높아진 때였다. 이소카와砂川나 우치나다內灘에서 미군 기지에 대한 반대운동은 특히 혁신진영의 관심을 집중시켰다. 미군 기지에서 탄피 줍기를 하던 일본인여성이 미군병사의 고의적인 총격으로 살해당한 사건이 있었을 뿐만 아니라, 이 병사를 처벌할 수 없는 일본 정부에 대해서도 많은 일본인들이 분노하고 있었다.[71] 이들 문제는 농지 접수나 여성 살해라는 구체적인 사례로 얻게 된 상실을 통해 일본은 미국에 대한 반감이 강해졌다.

여기서는 단편소설인 「돌연한 벙어리不意の啞」를 분석하여 물구덩이에 내던져진 남성의 이야기를 장면을 바꾸어 다시 말하는 것으로 오에가 어떤 방식으로 전후 일본의 출발점이 된 상실을 되찾으려고 했는가를 살펴보기로 한다.

「돌연한 벙어리」

「돌연한 벙어리」는 오에의 다른 작품들처럼 멀리 떨어진 촌락에서 있었던 이야기이다. 5명의 GI와 한 명의 일본인 통역자가 밝힐 수 없는 임무를 위해 마을에 도착하며 이야기는 시작된다.

마을은 외부 세계에서 벌어지는 일들과는 아무런 연관성을 갖지 않는 이상향처럼 보인다. 전승자들의 도래를 두려워하고 있기는 하지만, 주민들은 미군에 매료된다. 어른 남성이나 아이들은 미군의 도래를 멀리서 진귀한 것을 보듯이 대했고, 여성들은 각자 집에서 머물고 있었다. 병사들은 적어도 이야기의 처음 부분에서는 마을 사람들에 대해 성의를 갖고 대하고 마을사람들도 선의로 대응했다. 분수장分數場 옆의 광장에서 상호 간에 적의가 없다는 것을 확인한 후 GI 중 한 명이 통역을 통해 모인 사람들에게 인사말을 했다. 마을사람들은 자신들의 일에 되돌아가려고 하지 않고 한숨을 쉬면서 병사들을 보고 있었다.

이 미군 병사와 마을 사람들의 목가적牧歌的이라고도 할 수 있는 만남은 통역에 의해 흐트러진다. 병사들과 마을 사람들의 대화는 통역을 통해 이루어지는데, 그 통역은 마을 사람들에 대해서는 거만한 태도를 취한다. 마을 사람들은 통역자를 싫어하게 된다. 오에는 마을사람들의 감정이 어디에서 오는가를 확실하게 언급하지 않지만, 통역자가 마을 사람들에 대해 취하는 거만한 태도와 반대로 미군 병사에게는 아첨하는 모습을 통해 생겨나는 감정이라고 생각하게 된다. 통역자가 사용하는 말은 마을 주민에 대해서는 '거칠고 반말투'였고, 때로는 명령조였던 것에 비해 미군병사에 대해서는 '이분들'이라고 존칭을 사용했다.[72] 통역자가 마을 사람들과 미군병사에 대해 대하는 태도의 차이는 책의 서두에 분명하게 밝히고 있다.

마을의 아이들도 통역이나 병사에 대해 어른들이 취하는 것과 마찬가지의 감정을 갖게 되는데 그 감정을 더 강하게 표출한다. 어른들이 분수장에서 해산한 후 아이들은 미군 병사의 모습에 친근감을 갖고 바라본다. 특히 통역이 지프 운전석에 탄 이후에 아이들은 여유를 갖고 미군을 바라볼 수 있었다.

외국 병사들은 어른스럽고 예의 바른 인상을 받았다. 그리고 키가 크고 어깨가 떡 벌어져서 훌륭했다. 아이들은 조금씩 그들에게 다가갔고 더 잘 보기 위해 병사들에게 다가갔다. 두렵지 않았던 것이다.[73]

그 사이에 병사들은 수영을 하기 위해 다니가와谷川로 향했다. 군복을 벗은 그들의 신체에 아이들은 감탄했는데, 그에 비하면 통역의 신체는 매우 빈약해 보였다.

> 아이들은 온몸에 땀을 흘린, 그렇지만 어른스럽게 강변에 앉아있는 외국인 병사를 지켜보고 있었다. 그곳에 통역이 다가왔다. 물론 그도 옷을 벗고 있었는데, 그의 피부는 황갈색으로 게다가 털은 거의 없으며 전신은 추잡스러워보였다. 그는 외국인 병사들과 달리 하복부를 가린 채 수영을 했다. 아이들은 통역의 모습을 경멸하듯이 소리를 내어 웃었다. 외국인 병사들은 대체적으로 통역을 제대로 상대해주지 않는 것 같았다.[74]

통역은 미군 병사들에게도 아이들에게도 멸시당하는 존재였다. 그의 일본으로서의 신체는 '추잡스러워 보이는 느낌'이었고 아이들은 '하복부를 가린 채 수영을 했다'라며 일본다운 행동을 비웃었다. 미군 군복을 두른 일본인의 신체는 승자와 동일화하고 싶은 추종적 태도 그 자체였는데, 그 빈약함은 그러한 일체화가 불가능하다고 다시 느끼게 해 준다.

통역이 물위에서 나와 그의 구도가 없어졌음을 알아챘을 때 좀 위기적인 상황이 벌어진다. 고지마 노부오의 단편 속에서 있었던 것처럼 신발 없이 노정된 커다란 발은 새로운 질서를 체득해 보려는 통역자의 바램으로 나타난다. 통역자의 발이 '흉칙하다'는 그것이 마을사람들에게 자신들이 갖고 있으면서도 인정하고 싶지 않은 타자에의 동경하는 마음임을 상기시키기 때문이다. 통역의 존재는 전쟁이 끝나면 미국의 권위를 기쁜 마음으로 수용한 이노마猪間와 같은 사관생 그리고 그 이후의 모습과 중첩된다.

「별」에서는 이노마 대위는 일본으로 가는 귀환선 위에서 그의 커다란 발을 미군의 군화에 넣을 수가 있었다. 그리고 그 신발은 그의 추종적인 태도의 상징이었다. 마찬가지로 오에의 책 속 통역자는 그의 커다란 볼품없는 발을 미군에 의해 지급된 신발을 신고 보호를 받는다.[75] 그러나 그가 새롭게 손에 넣은 미군다운 보호막은 어딘가로 사라져버린다. 분수장에 다시 모인 마을 사람들에게 통역자는 그의 구두를 찾으라고 명령한다. 그 이후 전개되는 수색 작업을 통해 날카로운 칼자국이 남은 신발끈이 발견되었다.

게다가 수색 작업은 마을 사람들의 통역자에 대한 경멸과 미군 병사에 대한 동경 사이의 격차를 더욱 크게 만들었다. 병사 중 한 사람이 '강변 쪽에서 신발을 찾기 위해 눈을 돌렸을 때 마을 어른도 아이들도 모두 뜨거운 숨을 헐떡였다. 마을 사람들은 모두 외국인 병사에 대해 긴장을 풀게 되었다'.[76] 마을 사람들의 시선은 성적 만족을 느낀 충족감으로 가득했다. 그러나 그러한 행복도 얼마 가지 않았다. 통역자가 자신의 칼로 잘린 신발 끈을 발견하고 분노가 폭발했다. '마을 사람들 사이에는 다시 두려움이 드는 기분'을 느끼게 했다.[77] 이 이야기는 중간자인 통역자는 마을 사람들이 어떤 식으로든 억압하고 있던 미군병사에 대한 불안을 각성시켰다.

다시 수색을 했지만 신발은 찾을 수 없었다. 통역자는 그래도 신발을 되찾기를 요구하여 마을 사람들에게 도와줄 것을 명령하지만 그들은 침묵으로 답한다. 마을 대표와 이야기를 하는 동안에 통역자는 초조해지고 마을 대표의 얼굴을 정면에서 때린다.[78] 이 구타에 의해 마을 사람들의 미군 병사에 대한 적의敵意가 환기되어 비극적인 결과에 이르는 일련의 반응이 일어난다.

마을 대표는 통역에게 등을 돌리고 그 장소를 떠난다. 통역은 그에게 서라고 명령하며 병사들에게 무엇인가를 말한다. 병사 중 한 명이 총을 겨누며 무언가 외친다. 마을 대표는 두려움을 느껴 달리기 시작하는데 병사는 총을 쏘아 마을 대표가 죽게 된다. 마을 대표의 아들은 병사의 도래에서부터 아버지 죽음까지 일련의 사건을 목격한 것이다. 아버지의 죽음에 눈물을 흘리고 그 유해를 부둥켜안은 소년은 '혼자서 아버지를 소유해 버렸다.'[79] 죽은 아버지를 소유하는 일은 그가 마을 대표로서 상징한 전통, 과거를 사는 것으로, 소년의 아버지에 대한 애도는 마을을 결속시키고 미군 병사와의 긴장 관계를 다시 만들었다. 마을 사람들은 우선 침묵으로 소년의 애도에 가담하여 '말을 하기 위해 존재하는 통역'을 소거시켜버린다.

사건이 일어난 날 저녁, 마을 대표의 아들은 통역을 찾아간다. 소년은 아무 말도 하지 않았지만, 통역은 그의 방문이 화해를 위한 행동이라고 이해한다. 그가 잃어버린 신발이 있는 곳을 가르쳐 줄 것이라고 믿고 통역은 그를 따라 채석장으로 향한다. 그 사이에 통역은 소년에게 말을 걸었는데, 소년은 전혀 대답을 하지 않는다. 그러나 목적지에서는 그 통역의 목소리조차 침묵하게 만든다.

돌다리를 건너고 안개로 물기가 있는 돌계단을 내려갔다. 돌다리 밑은 어두웠는데 누군가가 팔을 내밀어 통역자의 입을 막았다. 그리고 '털이 난 근육이 돌처럼 단단해진 남성의 몸'이 통역을 붙들었다. 통역은 움직이지 못한 채 수십 명의 몸에 이끌려 물속으로 들어간다. 호흡이 곤란해진 자는 물 위로 나와 크게 호흡을 한 뒤 다시 통역자에게 가서 통역자를 물속에서 다시 붙잡는다. 오랫동안 어른들이 교대로 이 작업을 반복했다. 통역자만 깊은 물속에 남기고 그들은 돌계단을 올라왔다.[80]

이 모든 일은 침묵 속에서 진행된다. 마을 사람들은 중개자로서의 통역자를 살해함으로써 미국인과의 화해 가능성을 거절한 것이다. 그들이 소거하려고 한 대상은 '말한다는 기능' 자체인 것이다. 통역을 스스로의 손으로 익사시킴으로써 마을 어른들은 이전의 적과의 이해를 거부한다. 그들이 추종하는 상징인 통역의 몸을 문자 그대로 '끌어안았을 때' 남자들의 육체는 공동체의 남성성의 증거로서 재생한다. '털이 난 근육이 돌처럼 단단해진 남성의 몸'과 남근처럼 묘사된 육체가 여성화된 통역의 육체를 매장함으로서 남성으로서의 주체성을 회복한다. 통역을 산제물로 받치고 마을 사람들은 미국에 추종하는 자신들의 일면을 인정하고, 그것을 말살해버린다.

마을 대표라는 공동체의 장長의 죽음을 애도함으로써 마을 사람들은 자신들의 공동체를 회복한다. 그 공동체 속에는 서로 간을 이해하는데 말을 필요로 하지 않는다. 마치 하나의 유기체를 구성하듯이 그들의 움직임은 동조同調적이다. 마을 대표를 실제로 총을 쏴서 살해한 미군 병사가 처벌의 대상이 아니고, 오에의 공동체적 이상자 입장에서는 타자의 소거는 불가능하고 필요하지 않기 때문이다. 원하지만 손에 들어오지 않는 것은 선택지에서 소거하지 않으면 안 되었다. 필요한 일은 이 마을의 유기체적인 통일성을 인정하는 것뿐이었다. 타자를 이 마을의 시공간으로 끌어들인 통역자는 이 공동체의 자기실현을 방해하는 자이며, 소거하지 않으면 안 되었다.

다음 날 아침, 수면에 발이 떠오르고 통역자의 시체가 미군병사에 의해 발견되는데, 마을 사람들은 전혀 이에 개의치 않는다. 병사들이 마을 사람들을 이용해 시체를 끌어올리려고 해도 그들은 마치 병사들이 그곳에 없는 듯이 행동할 뿐이었다. 아이들을 포함해 누구 하나 관심을 표명하지 않았고, 지극히 일상적인 동작을 취할 뿐이었다.

마을 변두리에서 여자아이가 개의 귀를 쓰다듬고 있었다. 외국 병사들 중 특별히 더 파란 눈을 가진 병사가 과자를 던져주었는데, 여자아이도 개도 전혀 동요하지 않고 그 놀이를 계속할 뿐이었다.[81]

마을 대표의 죽음은 마을 주민들에게 병사들의 매혹을 적극적으로 거부하는 계기가 된다. 이 최후의 장면은 패전 후 일본의 실정과는 동떨어진 것이기도 하다. 실제로는 아이들이 미군병사를 둘러싸고 과자를 달라고 조르는 광경을 여기저기에서 볼 수 있었다.

이와 같은 방식으로 오에는 일본과 미국과의 관계를 봉합한 흔적과 그곳에 감춰진 것의 추악함을 강조한다. 중간자의 신체를 일본과 미국 사이의 긴장을 뒤덮어버리는 추종적인 태도를 구현화한 것이다. 이렇게 마무리하며 이야기는 봉합을 절개하여 상처를 벌여 보인다. 「돌연한 벙어리」는 일본에는 없었던 역사에 대해 말하고 있었다. 오에는 일본인이 추종적인 입장을 의연毅然하게 내버림으로써 역사의 표층 아래에 곪아있는 상처를 직시하기를 간절히 바랬고, 그 가능성을 산중의 마을에서 찾아냈다. 그러나 실제로는 일본인의 대부분은 열렬하게 미국 점령군을 받아들였고 패전의 트라우마를 억압하는 것을 바라게 되었다.

이야기는 전 일본에서 볼 수 있었던 미군병사와 주민들의 만남의 장면에서 시작되는데, 마을 대표의 죽음에 의해 공상적인 전개를 보인다. 전통적인 권위, 촌락의 아버지와 같은 존재의 죽음은 마을의 공동체 의식을 눈뜨게 했다. 이 상실은 투쟁의 감정을 환기시키고 양자 간의 화해를 불가능하게 한다. 추도에 의해 사람들은 마을 공동체적인 아이덴티티를 다시 구축하는데, 그 과정에서 이전의 적과의 조정調停이나 타협은 거절되지 않을 수 없었다. 중간자는 미군의 대리^{아류의 미국인}로서 뿐만 아니라 마을사람들이 자신들이 바라지 않는 부분을 투영하는 존재^{아류 일본인}로서 말살한다.

오에의 문학적 상상력은 중간자, 잡종을 문제 제기하는 점에서 가토 슈이치, 마루야마 마사오의 담론과 통저通低하고 있다고 말할 수 있다. 단, 오에는 일본인 혹은 일본 전체를 중간자/잡종이라고 간주하지 않았기 때문에 보다 낙천적이었다고 말할 수 있을 것이다. 그는 일본과 미국 (그리고 서구) 사이의 역사적 긴장 관계를 독자들에게 들이댄다. 그렇게 함으로써 공동체의 존재를 흔드는 듯한 상실과 그 상실을 애도함으로써 벽촌이 일체감을 회복한다는, 알레고리에 가득 찬 이야기를 짜낸다.

통역자라는 중간자는 스키야바시數寄屋橋 위에서 일본인이 보여준 추종적인 태도를 체현한다. 이러한 태도는 말 그대로 내버리지 않으면 안 된다. 스스로의 손으로 통역자를 침묵시킨 것으로 마을 사람들은 상실과 마주하게 되고 역사적인 주체성을 되찾겠다는 결심을 행동으로 보여준다.

그러나 이 이야기를 1953년 스키야바시 사건과 중첩시켜 생각해보면, 여기서 있었어야 하는 일을 오에는 미국에의 사형이 아니라 일본인을 결속하여 길을 안내하는 중간자를 물구덩이에 내던지는 일이었다그것조차도 미국인에 의해 이루어지게 된다. 일본인 창부와 미군 병사와의 사이를 연결하는 존재를 필요악이라고 받아들여 버린 일본 사회에 다시 한번 역사적 주체성을 되찾으라고 묻고 있었다.

그러나 전후 일본의 현실 속에서는 공동체의 존재를 흔드는 상실은 중간성과 잡종성 개념을 효과적으로 활용한 '기원의 내러티브'에 의해 은폐되어 버렸다. 일본 사회 속에서 궁극적인 권위자인 천황은 죽임을 당하지 않고 전후 일본에서 가장 유명한 중간자가 되어 일본과 미국 사이를 중재하고 있었다.

천황의 「돌연한 벙어리」

요시다 유타카吉田裕의 『쇼와 천황의 종전사』 후기에 쇼와 천황昭和天皇에 관한 매우 흥미로운 일화가 적혀있다. 천황/황후는 유럽 여행 중 1971년 9월 27일에(쇼와 천황이 맥아더와 사진을 찍었던 날과 같은) 알래스카의 엘멘돌프 공군기지Elmendorf Air Force Base에 들렀다.

기지에서는 닉슨 대통령이 천황과 황후를 맞이했고 연이어서 개최된 식전에서는 대통령이 미국과 일본의 우호관계를 칭찬하는 인사말을 했다.[82] 닉슨은 인사말 속에 역사적인 회견이 알래스카라는 도쿄와 워싱턴의 중간지점에서 이루어진 사실을 강조했다. 천황이 선의의 말로 답신을 하기 시작했는데, 그는 갑자기 말을 하지 못했다. 5천 명의 미국인들 앞에서 말문을 떼려고 입을 열었지만 목소리가 나오지 않았다. 이 상태가 몇 초간 지속되었다. 다음날 신문은 천황의 답례에 대해 아무 이상한 점이 없었다는 듯이 보도했다.[83] 그러나 이 사건은 마이크에 문제가 있어서가 아니었다. 시종장侍從長이었던 이리에 스케마사入江相政의 일기[84]에는 1970년 6월에 같은 증상을 경험한 일에 대해 기록했는데, 실은 환영 식전式典 전야에 증상이 재발한 적이 있었다.[85]

미일 우호관계를 축하하는 식전 동안에 천황이 말을 잃은 것은 양국의 전후 관계의 기초에 존재하는 깊은 '균열'을 드러냈다. 포츠담 선언 수락을 라디오로 국민에게 알린 26년 후 천황은 조정자라는 전후의 역할을 다하지 못했다.

사실 그의 목소리는 전쟁 계속을 바라던 청년 장교들의 표적이 되었다. 포츠담 선언에 나타난 항복조건을 받아들이는 '성단聖斷'을 내린 후 천황은 종전을 전하는 칙어勅語를 녹음했다. 녹음은 1945년 8월 15일에 방송될 예정이었는데, 육군청년장교들은 녹음 테이프을 빼앗아 파손시키는 것으로 제국 정부의 전쟁 종결 계획을 파괴하려고 했다. 청년 장교의 의도는 실패로 끝났고, 녹음은 예정대로 방송되었는데,[86] 그들 행동의 상징적인 의미에 주목할 필요가 있다. 천황의 발화는 일본의 타협을 의미했고 그들이 침묵시키고자 했던 것은 천황의 목소리였다.

1971년 천황의 신체가 상실을 재연再演하고 '기원의 내러티브' 속에서 부여된 역할을 일시적인 것에 불과했지만 거절했다. 천황의 「돌연한 벙어리」는 봉합된 전후 미일 관계 속의 긴장을 가리킨다. 오에가 묘사하듯이 봉합은 발화에 의해 유지되고, 재확인되었는데, 봉합의 흔적은 은폐해 버리려는 그것의 모습을 알려준다. 미국인의 시선에 노출된 천황의 신체는 이전에 적이었던 사람들이 구축한 전후 관계의 기저에 있는 깊은 균열을 폭로했다.

요시다는 이 사건이 그에게 있어서 그 이후 천황을 보는 시선을 좌우할 정도의 인상을 주었다고 적고 있는데, 처음에는 당혹감을 느꼈다. 천황이 고통스러워하는 모습을 보는 것이 견딜 수 없어 TV를 꺼버렸다. 요시다는 자신의 세대요시다는 1954년생 대부분이 동일한 체험을 하고 각각의 천황관을 갖게 되었다고 추측하고 있다. 요시다의 반응은 이 침묵의 몸짓이 너무 짧았고 시기적으로도 너무 늦었다. 그것은 일본인의 청중들 사이에 어색함과 당혹감을 불러일으킨 것인데, 일본의 미디어는 이 순간적 틈을 양국의 우호관계를 축복하는 발화로 간단하게 메워버렸다.

제4장

명명하지 못하는 것을 명명하다

망각이란 잊어버리는 일이리라
잊지 못하여
망각을 서약하는 마음의 슬픔이여

잊어버릴 수 없는 사람이란
먼 사람을 말하리
사람은 늘
잊어버릴 수 없는 사람을 잊어버리라고 하네

— 기쿠타 가즈오(菊田一夫), 〈너의 이름은〉

고질라는 바다에서 죽은 영령과 같은 존재가 아닐까. 그런 생각도 했던 시대였습니다.

— 이후쿠베 아키라(伊福部昭)

링 위에서, 그리고 자발적인 비열함의 밑바닥에서, 선수들은 신이다. 왜냐하면 그들은 몇초 동안 자연을 열어놓는 열쇠이며, 선을 악에서 떼어내고 마침내 드러난 정의(正義)의 형상을 드러내는 몸짓이기 때문이다.

— 롤랑 바르트(Roland Barthes), 『신화론』

1950년대 마루야마 마사오丸山眞男와 가토 슈이치加藤周一는 일본을 "경계적인 중간물"로 이해하고 일본이 아시아·태평양전쟁으로 겪었던 패배의 아픔을 완화시켰다. 이렇게 일본이 문화적으로 재정의 되면서 패전으로 발생한 역사의 균열은 보기 어려워졌다. 일본은 역사상 늘 잡다한 요소로 구성되었고 외국문화 요소에도 관용적이었다(혹은 이러한 이유로 확고한 주체성을 가질 수 없었다)는 주장은 전후 역사적 조건을 일반적 일본역사로 확대시켰다. 1950년대 주목을 끌었던 마루야마와 가토의 평론은 일본역사를 당시 입장에서 해석하여 상실의 트라우마를 가두어 버렸다.

그러나 고지마 노부오小島信夫나 오에 겐자부로大江健三郎가 시도한 것처럼 근래 역사 속에 단층을 발견하는 행위가 1950년대에 없었던 것은 아니다. 이들은 패전, 그리고 승자인 미국과 만났던 역사의 단층에 '중간 인물'을 등장시켜 "중간"이라는 개념이 역사의 단층을 봉합하는 양상을 찾았다. 이러한 중간 인물들은 봉합된 부분을 글자 그대로 체현하였다.

등장인물의 신체는 상처를 숨기면서 자신의 존재를 알렸고, 과거의 기억을 은폐하면서도 마주하고 싶다는, 모순된 욕망과 접하는 장이 된다. 고지마는 서로 반대의 힘이 작용하는 모습을 나타내기 위해서 봉합부분을 확대했고, 반면 오에는 심부에 곪은 상처가 있다고 믿어 이를 표면에 드러내기 위해 봉합부분을 성급하게 절개해나갔다.

1950년대 대중문화는 중간 영역에서 과거와 만나고 싶다는 욕망의 배출구가 되었다. 이 장에서는 과거 기억에 사로잡혀 있는 '장'으로서 라디오 프로그램 〈너의 이름은〉, 괴물영화 〈고질라〉, 프로레슬링을 다루고자 한다. 시청자나 관객이 대중 미디어 속의 내러티브를 소비할 때 괴물과 같은 과거로 되돌아가서 이를 물리치는 수단을 찾아냈다. 이 만남은 결코 '기원의 내러티브'가 금지했던, 과거 기억과 직접 대면하는 일은 아니었다.

대중문화는 과거 기억을 다른 형태로 표현했다. 기억은 전후 일본 사회의 문화 영역에서 눈에 보였을지 몰라도 정치적 담론 속에서는 억압되었다. 사랑 이야기, 괴물의 괴기한 신체, 프로레슬링 선수는 전후 일본의 경계 영역에서 역사를 표현하는 특별한 매개가 되었다.

게다가 전후 일본의 기억은 미국이라는 타자의 이미지를 매개로 성립되었다. 전후 일본의 '기원의 내러티브'는 미국을 향한 적대의식에 관한 기억을 은폐했다. 이에 반해 패전 직후 미국이라는 타자성을 인정하는 일은 과거 일본의 타자성을 인정하는 것을 의미했다. 그러나 '중간'이라는 개념으로 일본은 역사적 단층을 뛰어 넘었고 미국의 물질문화와 일체화할 수 있었다. 이와 동시에 '기원의 내러티브'의 억제 속에서 미국이라는 타자성은 부재 혹은 괴물의 형태로 표현되었다.

역사적 기억은 미국이라는 이미지를 매개로 하여 전후 일본에 존재한 경계영역에서 망령처럼 존재했을지도 모른다. 이 망령은 역사적 연속성을 회복하고 싶은 욕망 앞에서는 사라진다. 그러나 상실의 기억과 만나고 명명하지 못하는 것을 명명하고 싶은 욕구에는 괴물의 모양을 띠고 나타났다.

이처럼 1950년대 모순된 욕망은 일본의 대중문화를 형성하고 라디오 드라마, 영화 그리고 프로레슬링과 같은 표현의 장에서 과거 기억을 표상하기 위한 여러 전략을 만들어냈다. 〈너의 이름은〉 속의 주인공, 고질라, 역도산은 그들과 기억 사이에 있는 긴장을 체현하는 것으로 1950년대 문화 아이콘이 되었다.

이 장에서 다룰 문화형태에는 젠더 기호의 차이도 있었다. 영화 〈너의 이름은〉의 주인공이 곤란한 상황에서 용감하게 대처하는 모습은 많은 여성들에게 호소력을 불러일으켰다. 반면 주로 남성들은 〈고질라〉와 프로레슬링 속의 생생한 투쟁장면에 매혹되었다. 이처럼 드라마 주인공의 성별은 팬들의 성별과 대략 일치했다. 그러나 이 문화적 산물은 그 형태나 어필했던 집단이 다름에도 불구하고, 전후 일본이 걸어온 궤적이 배제한 것과 만나는 기회를 제공하기도 했다. 전쟁의 기억 그리고 적국인 미국에 대한 이미지는 인기 프로그램이나 영화, 퍼포먼스를 통해 의식화를 거쳐, 전후 일본 사회에 받아들여졌다. 이 장에서는 얼핏 보면 공통점이 없는 듯한 세 가지 문화 표현에서 볼 수 있는, 과거를 들추어보는 작업에 초점을 두겠다.

1. 상실의 표식

라디오, 영화, 서적

미국 점령 종결이 한 달 앞으로 다가온 1952년 4월, NHK일본방송협회는 라디오 드라마 〈너의 이름은〉 방송을 시작했다. 총 98회로 구성된 인기 프로그램은 2년 이상에 걸쳐 방송되었다. 라디오 방송이 진행되고 있을 때 영화로도 제작되어 1953년과 1954년에 개봉되었다. 영화는 순식

간에 히트를 쳤고 종전의 흥행기록을 넘어섰다.[1] 길거리에서 여성들이 '마치코 마키眞知子巻き'라고 불리는, 스카프를 두르는 방법을 흉내 낼 정도로 인기가 있었다. 1954년 라디오 방송이 끝난 후에는 시리즈로 책 4권이 출판되었다.[2]

이소다 고이치磯田光一[3]는 〈너의 이름은〉 이야기를 독립을 회복하기 전과 전쟁 후 일본이 정체성을 모색하는 과정으로 보았다.[4] 이소다는 과거에 대한 모색과 현재를 올바르게 살고 싶다는 소원 사이의 관계를 정확하게 짚어낸 것이다. 이 내러티브에는 주인공이 과거에 대한 기억과 맺었던 관계를 둘러싸고 대조적인 두개의 모티프가 존재한다.

이야기의 도입 부분은 과거와 만나는 일이 불가능한 점을 명확하게 보여준다. 과거를 회복하고 싶다는 주인공의 소원을 중심으로 다루면서도, 그녀가 되찾고자 하는 것과 마주하기를 두려워하면서 결국 회복은 어려워진다. 그러나 두 주인공이 한 번 만나면 이야기의 분위기는 크게 변화한다. 제2편에서는 둘의 만남과 이별이 궁극적으로는 과거의 회복―해피엔딩―으로 이르게 된다.

둘이 연속적으로 엇갈리면서 회복하는 과정은 이야기의 흐름을 보면 분명해진다. 아토미야 하루키後宮春樹와 우지이에 마치코氏家真知子는 1945년 5월 24일 공습이 한창일 때 스키야바시数寄屋橋[5] 다리 위에서 처음으로 만난다. 둘은 서로의 목숨을 구하고 6개월 후에 재회할 것을 약속한다. 하루키는 "너의 이름은"이라고 물었지만 다시 다리 위에서 만날 때까지 서로 이름을 알려주지 않기로 했다.

하루키는 6개월마다 다리 위에 나타났지만 마치코는 사도佐渡[6]에 있

스키야바시 위에서 만나는 아토미야 하루키와 우지이에 마치코 〈너의 이름은〉(1953)에서

는 큰아버지 가족과 살아야 했기 때문에 재회할 수 없었다. 마치코는 뜻
밖의 계기로 하루키가 사는 곳을 알게 되었다. 마음만 먹으면 재회할 수
있었으나 두려움이 더 컸다. 그리고 그녀는 하루키를 찾아내는 데 도움
을 준 하마구치 가쓰노리浜口勝則와 결혼할 것을 결심하게 된다. 둘의 첫
만남에서 1년 반이 지나 가쓰노리와의 결혼을 하루 앞두고 마치코는 그
날 저녁 처음으로 스키야바시에 나타난다.

마치코와 가쓰노리의 결혼생활은 비참했다. 마치코의 마음속에 하루
키의 그림자를 발견한 가쓰노리는 그녀가 바람을 피우고 있다고 망상한
다. 둘과 같이 사는 어머니도 아들인 가쓰노리를 과보호하며 마치코를
괴롭힌다. 마침내 마치코는 가쓰노리와 헤어질 것을 결심하고 사도로 돌

아갔지만 그 때 임신한 사실을 알게 된다. 하루키는 그녀와 결혼하기 위해 사도로 떠나지만 그녀의 임신으로 불가능해진다. 영화에서 하루키는 마치코에게 가쓰노리 곁으로 돌아갈 것을 타일렀지만, 라디오 드라마와 책에서는 마치코가 태어날 아이를 생각하고 가쓰노리와 헤어질 것을 망설인다. 그러나 결국 (라디오 드라마, 영화, 책에서) 마치코는 사고로 유산하고 가쓰노리와 이혼할 것을 결심한다.

마치코와 하루키에게 복수할 수단은 오직 마치코의 소원을 거부하는 일인 줄 알게 된 가쓰노리는 이혼을 허락하지 않는다. 그러나 마지막에는 하루키와 마치코의 성실함을 통해 문제는 해결된다. 둘은 어디까지나 플라토닉platonic한 관계를 유지하고 가쓰노리는 그 순수한 삶에 마음을 열어 모든 어려움을 극복한다. 마치코의 병과 둘을 가로막은 거리—하루키는 프랑스에 주재원으로 발령 받는다—를 극복하고 드디어 행복한 결혼에 이르게 된다.[7]

다른 등장인물의 묘사를 보면, 패전 직후 일본 사회의 혼란과 구체적으로 연결된다. 특히 자신을 향상시키는 이야기가 소개되는데, 그 중에는 어쩔 수 없는 이유로 성매매나 식량 불법거래 등 법을 위반하는 사람들이 등장한다. 하루키의 누나조차 일자리를 찾아 도시로 올 때 속아서 성매매를 강요당한다. 그러나 이 등장인물들은 상황을 극복하기 위해 노력하고 보통 시민들의 생활로 돌아간다(예를 들어 하루키는 성매매 하는 두 여성에게 일을 찾아주고 빈곤에서 구출해낸다).

불행한 사람들에 대한 이타적인 도움도 '치유'에 중요한 역할을 한다. 하루키가 구했던 성매매 여성들은 나이 많은 전 육군 장교의 도움을 받거나 때로는 그를 도와주며 스스로의 생활을 되찾고, 나중에는 하루키의 누나를 지원한다. 개개인이 성실하게 노력하고 고통을 묵묵히 견디어 내는 일이 사회악에 대한 정답이라는 점이 증명된다. 등장인물은 법에 얽매이지 않고 사회에서 정당한 발판을 얻게 된다.

상실의 이야기

〈너의 이름은〉은 굳건한 결의로 고난을 극복하는 도덕적인 이야기 이상의 것을 전달한다. 마치코의 모험은 현재 불행에서 벗어나고 싶은 소원과 동시에 명명하지 못하는 과거에 직면하는 노력이기도 하다. 그러나 이야기는 왜 마치코가 하루키를 찾았던 순간 하루키가 아닌 가쓰노리와 결혼하는지에 대해서 결코 밝히지 않는다.

원작자 기쿠타 가즈오菊田一夫[8]는 책의 마지막 호에서 그 이유를 밝히지만, 기쿠타가 작품 방영 후에 그 설명을 덧붙인 사실을 부정할 수 없다. 기쿠타에 따르면, 마치코가 받았던 전쟁 전과 전쟁 후 교육은 타인에 대한 의무를 너무나 강조하고 자신의 감정을 억누를 것을 강조했다. 그러나 그녀는 하루키를 잊지 못했다.[9] 그리하여 마치코는 낡은 사회규범과 새로운 행동양식 사이에 끼게 되었고 그 고통은 사회적 과도기에 전형적으로 볼 수 있는 현상이라고 말한다.

이처럼 마치코의 트라우마를 사회 변화가 만들어낸 산물로 보고 잘라버릴 수도 있다. 원작자의 해석에 따르면, 이 작품은 여성인 마치코가 전통적 사회규범이라는 억압적 과거에 허우적거리는 이야기다. 하지만 여기서 나는 이야기 속에 존재하는 근본적인 아포리아에 독자들의 주의를 환기하고 싶다. 마치코의 싸움을 단지 사회적 조건의 반영으로 환원하는 설명에 반대한다. 특히 이야기의 전반에서는 그녀의 사랑이 구제할 수 없을 정도로 상실의 기억과 얽혀져 있는 점이 묘사된다.

마치코의 사랑이란 전쟁 피해를 입은 상실에서 회복하는 과정이다. 실제로 마치코는 전쟁으로 잃었던 것, 즉 가족을 다시 만들기 위해 낡은 사회규범으로 돌아가기를 욕망한다. 그러나 사랑의 대상인 하루키는 그녀가 잊으려고 하는 상실을 나타내는 표시이며, 그 상실이 얼마나 큰지를 그녀에게 상기시킨다.

상실의 기억은 진정한 사랑을 찾는 마치코를 따라다닌다. 마치코는 하루키와 스키야바시에서 만난 이후에 부모가 행방불명이었던 사실을 알게 된다. 그리고 "미친 듯이 찾아다녔던 끝에" 부모의 시신을 찾아낸다.[10] 하루키는 그녀가 전쟁에서 잃어버린 것의 대가라고 할 수 있다.

부모가 살아 있었으면, 그 청년과 했던 약속도 잊어버렸을지도 모른다. 하지만 지금 보호자를 잃은 마치코에게 제2의 부모라고 할 수 있는, 그 이름도 모르는 청년이, 이 세상에서 단 한 명의 그리운 사람이었다.[11]

그녀가 상실한 것은 뚜렷했다. 전쟁으로 부모와 집을 잃어버리지만 이야기는 마치코의 불행에 대해서 상세하게 언급하지 않는다. 그녀가 부모를 생각하는 장면은 한 장면밖에 없다.[12] 동일한 경험을 했을지 모르는 청중/관객/독자를 위해 그녀의 체험을 전면으로 내세울 필요는 없었다. 이러한 상실은 마치코뿐만 아니라 동 시대의 사람들에게도 깊이 새겨져 있었다. 마치코의 경우 아토미야 하루키와 스키야바시로 표시되었다. 하루키와 스키야바시는 그녀에게 남겨진 '미래'라는 시간을 상징했지만 하루키 곁으로 돌아가는 일은 상실의 기억에 직면하는 것을 의미했다.

이처럼 마치코의 싸움은 과거와 전통적 사회규범에 대한 이야기라기보다 잃어버린 사회규범과 전후 사회혼란에 대한 내용이다. 만약 부모가 살아 있었다면, 그녀는 하루키를 그만큼 깊이 생각하지 않았을 것이다. 가쓰노리와 결혼할 때 겪었던 문제도 그녀가 부모를 잃었던 사실에서 어느 정도 연유되기 때문에, 부모가 있었다면 아무 문제가 없었을 것이다. 친정의 도움을 받을 수 없는 마치코는 며느리로서 불리한 입장에 있었다.[13] 마치코는 전쟁으로 부모를 잃고 결혼도 파탄되는데, 하루키는 그녀의 큰 상실을 메울 수 없었다. 하루키야말로 그 상실을 체현하기 때문이다.

하루키는 결코 사라지지 않고 과거에서 온 망령이 되어 존재한다. "마치코는 하루키의 친구인 겐고謙吾와 가쓰노리가 하루키에 대해 했던 이야기…… 마치코는 그것을 전쟁 중에 헤어진 젊은 남자의 망령으로 생각했다"고 한다.[14] 하루키의 모습으로 나타난 망령은 전쟁으로 마치코가 잃어버린 것을 잊지 못하게 한다. 가쓰노리와 결혼하기로 했으나 그 결심은 결국 가쓰노리라는 사회적 규범을 사는 남자―관료사회에서 출세를 바라는 남자―에 의해 상실을 메우려고 하는 시도에 지나지 않다.[15]

마치코는 하루키와 엇갈리며 상실과 마주할 것을 뒤로 미룬다. 가쓰노리와 결혼하면 과거 기억에 허덕인 싸움에 종지부를 찍을 수 있었다. 그러나 하루키가 체현하는 상실의 기억이 그녀와 함께 있는 한, 마치코는 새로운 가정에서도 하루키를 잊지 못한다.

전통적인 가부장제도의 수호자인 가쓰노리와 그의 어머니는 마치코의 가슴 속에 있는 과거를 알아채고 쫓아내려고 한다. 둘은 마치코가 하루키와 비밀리에 만나고 있다고 따지고, 있지도 않은 밀회를 금하려고 한다. 결혼 전 가쓰노리는—아토미야 하루키의 이름을 찾아냄으로써—명명하지 못한 것에 명명할 수 있도록 도움을 주고 결혼 후에도 하루키의 존재를 찾아내고 만다.

가쓰노리와 시어머니의 노력은 이루어지지 않는다. 그들의 억압은 하루키에 대한 마음을 마치코의 마음속에 깊이 뿌리내리게 할 뿐이었다. 마치코는 가부장제의 화신 가쓰노리와 시어머니를 모시고 함께 사는 생활에 견디지 못해 설상 그것이 다시 불행한 결합이 될지도 모르더라도, 과거 기억을 받아들여 하루키 곁으로 돌아가기 위해 가쓰노리와 이별해야 한다는 것을 깨닫게 된다.[16] 하루키와 결혼하기를 결심했을 때 마치코는 겨우 전쟁에서 잃어버린 것을 마주볼 수 있게 되었다.

신체의 '정상화'

마치코 스스로의 망설임이 하루키와 함께 할 것을 저지해 왔다. 그러나 이야기가 전개되면서 외부에서 파생된 이유가 그 망설임을 대신하게 된다. 가쓰노리와 시어머니는 마치코와 하루키가 결혼하지 못하도록 가능한 여러 수단을 사용한다. 이야기의 초점은 마치코의 내면의 투쟁에서 성실한 주인공이 사회의 사악한 힘과 싸우는 내용으로 옮겨진다. 기억과 싸웠던 이야기는 과거—마치코를 구속하려고 하는 봉건적 가족제도—의 어두운 힘과 싸우는 이야기로 전환된다.

마치코는 다시 심각한 상황에 놓이게 되는데, 두 번째 고난은 외부 힘에 의해 발생하였다. 가쓰노리의 어머니는 마치코와 가쓰노리의 결혼생활을 방해했다. 가쓰노리는 질투로 불타는 가장으로서 이혼을 용납하지 않는다. 이야기는 마치코가 과거 기억과 싸우면서 경험하는 갈등이라는 모티프를 떠나 과거에서 해방되는 일을 '악에 대한 승리'로서 찬양하게 된다.

그러나 이 승리는 봉건적 가족제도에 대한 표면화된 도전을 통해서가 아닌, 사악한 힘에 원래 존재했던 사회적 기능을 되찾음으로써 이루어진다. 이처럼 기쿠타가 보수적으로 묘사하는 방식은 당시 일본이 독립할 기회를 얻었던 점을 감안하면 아주 흥미롭다. 가부장제로 대표되는 일본 사회의 전통적 요소는 과거 일본 사회에 폐해를 끼쳤다. 그러나 기쿠타가 본 바로는 그러한 요소를 완전히 제거하는 작업은 전후 사회에 도움이 되지 않는다. 가부장제는 그 원래 기능을 회복할 때 극복할 수 있다.

마치코와 하루키는 가쓰노리가 노렸던 법적 함정에서 벗어날 생각을 해보지만 결국 마치코는 가부장제에 용서를 구했다. 두 연인은 마치코가 이혼할 수 있도록 3년 동안 완전한 이별을 감내했다. 이혼 조정위원은 가쓰노리의 마음을 달래기 위해 마치코에게 이혼청구를 하는 동안 하루키와 만나지 않도록 권유한다.

이처럼 〈너의 이름은〉 이야기는 관습적인 사회규범에 이의를 제기하지 않는다. 마치코와 하루키가 택한 방법은 둘이 법적으로 결혼할 수 있을 때까지 플라토닉한 관계를 유지하는 것이며, 이는 가부장제 회복에 기여한다. 하루키가 가쓰노리와 이혼조건에 대해서 이야기를 나눌 때 그는 마치코 사이의 관계가 '청결'하다는 것을 강조한다.[17] 이처럼 처절한 소원이 받아들여지지 않음에도 불구하고 둘은 육체의 욕망을 억누르며 가부장제를 지탱한다.

여기서 다른 등장인물을 둘러싼 일화를 보면 성적 욕망과 전후 사회 맥락에서 나타나는 분출이야말로 강하게 비난 받아야 한다는 점을 알 수 있다. 특히 여성의 섹슈얼리티는 사회규범을 파괴하는 마성으로서 취급된다. 또한 만약 이야기 속의 '성매매'와 '혼혈'이라는 사회문제를 일본의 패전과 미국점령이라는 더 큰 문제의 대체물로 본다면, 〈너의 이름은〉 이야기는 패전과 그 뒤에 이어지는 사회적 혼란의 인과관계를 거꾸로 뒤집었다고 할 수 있다. 거꾸로 뒤집힌 인과관계 속에서 여성의 섹슈얼리티라는 '문제'를 억압하고 치료의 대상으로 다루면서 사회질서를 되찾고 사회문제 배후에 숨어 있는 더 큰 원인을 지워버린다.

마치코와 하루키가 마지막에는 행복하게 결혼하는 반면 성적으로 적극적인 여성이 원하는 관계는 모두 파탄에 이르게 된다. 하루키의 친구이자 하루키의 누나 유키에悠起枝를 사랑하는 겐고는 나미奈美라는 여성의 성적 유혹을 이기지 못하고 원치 않는 결혼에 동의한다.

겐고는 유키에를 계속 사랑하는 일에 지쳐 있었다. 그리고 지금 그의 눈 앞에 있는 나미의 신체는 갓 익은 과일처럼 풋풋한 향기를 품고 따주기를 기다린다.[18]

둘의 결혼은 오래 가지 않는다. 나미는 겐고가 사랑하는 유키에를 향한 질투 때문에 말 그대로 스스로 신세를 망친다. 그녀는 겐고를 칼로 찌른 후 스스로 자살을 택한다.

하루키가 홋카이도에서 만났던, 글을 읽지 못하는 아이누 여자 유미그ᴚ도 자신의 욕망을 정열적으로 탐닉한 끝에 불행한 결말을 맞이한다. 유미는 "눈 부분이 백인처럼 쑥 들어가고 눈동자가 투명한, 마치 스페인 야생의 처녀이거나 집시[19]와 같은 얼굴인 '메노코아이누의 처녀'였다".[20] 유미가 발산하는 성적 에너지는 그녀의 타자로서의 존재만큼 컸고 유미는 억압받아야 할 파괴적 힘 그 자체였다. 그 정열적인 성격에 의해 유미는 곧바로 하루키를 사랑하게 되고 결혼을 선언한다. 이에 하루키는 애매하게 대답한다.[21]

그러나 마치코가 홋카이도까지 하루키를 찾아왔을 때 유미는 마치코만이 하루키의 마음을 가질 수 있다고 알게 된다. 영화에서 유미는 마슈코摩周湖[22] 호수에 투신자살한다. 라디오 드라마와 소설에서는 실수로 호수에 빠지는 것으로 나오는데, 유미는 가까스로 살아남았지만 아이누 약혼자가 그녀를 구하려 했을 때 타고 있었던 말과 함께 결국 호수에 빠져 죽는다.[23] 그녀는 평생 자신의 욕망이 불러일으킨 비극을 안고 살아야만 한다.

이야기의 논리에 따르면 여성의 신체와 섹슈얼리티는 '정상화'되어야 한다. 성매매 여성도 그 행동을 후회하고 보통 사람들처럼 살아간다면 행복한 삶을 누릴 수 있다. 하루키는 유미와 결혼할 것을 상상할 때 그녀의 교육 배경에 대해서 생각한다.[24] 그는 도쿄에 있는 친구에게 보낸 편지에 숨겨져 있었던 동기를 스스로 인정한다. "내 관심의 대부분은 아직 거칠고 야생인 아이, 유미를 가르치고 보살피는 일이다. 그것이 진정한 애정으로 변했다면 나는 결혼을 생각할 것이다"라고.[25]

타자의 표시인 화려한 여성의 섹슈얼리티는 길들여지고 '정상화'되어야 한다. 반면 GI미국병사의 화려한 섹슈얼리티는 오직 치유의 과정을 통해 간접적으로 억제할 수 있다. 사람들은 성매매 여성이 낳은 '혼혈'아이 도시키俊樹를 편견의 눈으로 보지만 도시키가 '좋은 아이가 되면' 해결되는 문제로 취급한다.[26]

여성의 신체와 섹슈얼리티의 '정상화,' 그리고 억압의 이야기 속에서 마치코와 하루키가 택한 방법이 성공할지는 마치코가 성적 욕망을 가부장이 뜻대로 억누를 수 있는지에 달려있다. 상실을 받아들이는 일은 성적으로 문란한 행위와 무관하고 사회규범을 파괴하지 않는다고 가부장인 가쓰노리를 납득시켜야 한다.[27] 둘은 전후 일본의 '정상화' 작업이 끝났다고 가부장에게 고해야 한다. 그래야만 마치코는 비참한 결과를 일으키지 않은 채 잃어버린 것에 대한 기억으로 돌아갈 수 있다.

그러나 가쓰노리를 납득시키려면 그 대가로 마치코는 신체기능을 전면적으로 부정해야 한다. 가쓰노리의 용서를 받기 전 마치코는 병으로 죽을 위기에 처한다. 하루키는 그녀가 죽기 전 만나기 위해 파견지역인 프랑스에서 귀국한다.[28] 마치코가 병을 극복하고 하루키와 재회하는 결말은 이 멜로드라마에 적합하다.[29] 병원이라는 신체기능의 '정상화'를 위한 시설에서 전개되는 마지막 장에서 '정상화'의 힘이 강조된다. 상실 그 자체가 길들여져 '정상화'된다. 전후 사회가 관리 대상이 되는 상황에서 상실의 기억은 겨우 안전한 상태가 되었다.

화려하고 문란한 섹슈얼리티가 나타내는 타자의 존재는 이 안전한 장소에서 배제되어야 한다. 위험한 섹슈얼리티는 이야기에 나오는 가정적인 공간 속에서 발굴되어 '정상화'된다. 따라서 치유는 일본이라는 나라를, 그 내부의 타자를 배제하고 다시 확립하는 과정에 지나지 않다. 흥미롭게도 이야기에서 '혼혈'의 문제를 이야기할 때도 미국이라는 타자의 이름을 결코 말하지 않는다.

'타자성'이 특정 국가와 연결될 때 그 나라는 예외 없이 유럽국가들을 말한다. 미국이라는 이름을 언급하지 않는 이유는 이야기의 치유방식을 보여준다. 한편으로는 미국과 미국으로 말미암아 입었던 피해를 억압하고, 또 한편으로는 억압하지 못하는 것을 '정상화'한다. 이야기에서는 '혼혈아이'를 '좋은 아이'로 열심히 바꾸려고 하지만 결코 GI를 언급하지 않는다.

일본의 '정상화'를 완수하기 위해 오페라 〈나비 부인〉[30]이 경고의 의미로 등장한다. 〈너의 이름은〉에는 푸치니Puccini가 1904년 작곡한 오페라에 대해서 언급하는 부분이 있다. 첫 번째는 거의 빈곤상태가 된 도시키와 어머니가 〈나비 부인〉을 극장에서 관람하는데, 이는 실제로 있을 수 없는 설정이다. 미국 해군사관과 사랑에 빠져 배신당하는 나비 부인의 비극은 청중과 독자에게 위험한 성적 대상인 타자의 존재가 일본에서 결코 낯설지 않다는 점을 상기시킨다.[31]

두 번째로 오페라가 언급되는 부분은 타자에 의한 배신이라는 안 좋은 기억을 해소하는 내용으로 이어진다.[32] 하루키가 프랑스로 떠나기 전 마치코와 하루키는 푸치니의 오페라 무대가 된 나가사키長崎를 방문한다.

두 연인에게 나가사키를 안내한 지역 전문가는 마치코를 두고 떠나는 하루키의 운명을 〈나비 부인〉의 숙명으로 비유하지만 하루키는 오페라 속의 핀커튼Pinkerton처럼 불성실한 남자가 아니라고 말한다.[33]

〈나비 부인〉에 대한 언급은 〈너의 이름은〉 이야기를 절정으로 이끄는 중요한 요소이며 실제로 하루키는 충실하게 마치코 곁으로 돌아온다. 미국인을 비극에서 쫓아냄으로써 오페라를 그들 내부─가정 내 그리고 국내─의 이야기로 수정한다. 이 새로운 이야기 속에서 일본을 떠나는 자는 일본인 남성이지만 그는 결국 귀국하고 타자로 말미암아 일어날지 모르는 혼란을 미리 배제해버린다.

상징으로서의 스키야바시

다음 절로 넘어가기 전에 한 가지 지적해 보겠다. 마치코는 "이 스키야바시의 모습만은 영원히 똑같다"고 믿었을지도 모르지만 현실은 그렇지 않았다.[34] 그녀가 과거와 화해할 수 있었던 해로부터 3년이 지난 1957년, 스키야바시는 지하철 노선의 확장으로 철거된다.[35] 전쟁 후 도쿄가 경제적으로 성장하기 위해서는 새로운 교통시스템이 필요했다. 1960년 수도 고속도로공단은 스키야바시가 있었던 지점의 바로 위를 지나는 고속도로 공사를 끝냈다.[36]

스키야바시는 전후 일본 사회의 혼란이 여러 형태로 분출한 경계영역이었다. 기쿠타 가즈오는 공습으로 타버린 후 도쿄 중심에 남았던 스키야바시를 일본의 상징으로 보았다.[37] 성매매 여성, 구두닦이 그 외 수많은 사람들이 외국인 손님을 찾아 몰려들었고, 1948년 6월에는 '목숨

을 팝니다'라는 전단도 볼 수 있었다.[38] 같은 해 여름 '무아의 춤無我の舞'이라는 무용[39]을 통해 인류를 구제하는 신흥 종교의 교주, 기타무라 사요北村サヨ가 신자와 함께 스키야바시에 나타났다.[40]

이 다리는 또한 상처 입은 일본의 상징이기도 했다. 1948년 12월 도쿄재판 후 처형된 전범들을 위한 제단이 스키야바시 위에 마련되었다. 그 때부터 5년 뒤 GI들은 일본인 성매매 알선업자를 다리 바깥 구덩이 속으로 던졌는데, 이 사건은 작가 오에 겐자부로에게 깊은 인상을 남겼다. 도쿄가 공습으로 인한 깊은 아픔에서 회복할 때 스키야바시는 도쿄의 근대화를 물리적, 상징적으로 방해하는 걸림돌이 되었다. 스키야바시는 고속도로 고가의 일부였던 신스키야바시에 그 위치를 양도했다. 도쿄 주민은 전쟁으로 잃어버린 것의 주요 표시를 잃었다. 상실과 파괴의 흔적이 소멸되어 상실자체가 상실된 것이다.

1953년 기쿠타는 일본의 상황에 대해서 아이러니한 어조로 다음과 같은 코멘트를 남겼다.

전쟁 후 거리에도 전쟁 파괴의 흔적이 참혹하게 펼쳐졌으며, 두 번 다시 전쟁을 하지 말자고 다짐하는 새로운 맹세의 언어가 넘쳤다. 그러나 지금 이 모습은 역전되어 거리도 시골도 아름답게 변해버렸다.[41]

파괴를 나타내는 구체적인 표시가 없어진 후에도 상실의 기억은 흐릿한 모양으로 수도에 머물렀다. 마치코는 스키야바시와 하루키라는 상징을 통해 상실과 재회할 수 있었다.[42] 그러나 마치코 다음으로 과거 기억과 직면하고자 하는 사람들은 우선 상실의 표시를 찾는 일부터 시작해야 했다.

2. 너의 이름은, 고질라

미국의 부재

1950년대 마치코 붐 이후의 전후 일본에서는 괴물의 신체가 상실의 흔적을 대체했다. 전쟁 기억은 특정 표시가 사라진 후에도 전후 사회에서 균일하지 않은 상태로 존재했다. 그러나 파괴의 현장이 갈수록 희미해져 딱히 상기시킬 상징은 없었다. 이와 같은 공간에서 기억은 특정한 모양을 지니지 않는 채 파괴적인 힘으로 변해갔다. 그리고 인류의 이해를 넘어선 괴물이라는 존재가 전쟁 상실의 기억을 표현하는 역할을 맡았다.

영화 〈고질라〉는 상실의 표시가 확실하게 소멸되는 1950년대 중반에 생겨난 일본의 역사적 산물이다. 실제로 마치코와 하루키가 행복한 결말을 맞이한 직후 고질라는 1954년 스키야바시로 돌아왔다.

고질라는 도쿄 중심을 공격할 때 시나가와品川에 상륙하며 긴자지구銀座地區를 지나서 국회의사당으로 향한다. 고질라가 스키야바시 방면으로 가는 것을 아나운서가 알렸을 때, 카메라는 고질라가 스키야바시를 건너가는―그 도중에 다리를 파괴한다― 장면을 포착했다.[43] 괴물이 도쿄 중심에 상실의 기억 표시를 찾아서 왔는지를 떠나서, 고질라는 상실의 기억을 만들었던, 전쟁 시기 파괴를 재현한다.

〈고질라〉의 '이야기'는 '기원의 내러티브' 담론 공간에서 기능하며 현실 파괴를 초래한 국가, 즉 미국의 이름을 소멸시킨다. 미국의 이미지와 갈라놓을 수 없는 상실의 기억도 스크린에 나타나지만 명명되지 않았다. '기원의 내러티브'는 상실의 기억과 적의 이미지를 역사적 구성요소이면서도 명명할 수 없는 괴이한 존재로 폄하한다. 그리고 고질라는 이러한 괴이한 존재의 모방이라고 할 수 있다.

고질라가 일으킨 파괴는 리얼했으나 그 역사적 의미가 특정될 일은 없다. 괴물의 어두운 표피에는 전쟁의 기억이 새겨져 있지만 관객들은 그것을 읽어낼 수 없다. 괴물의 그로테스크한 몸자세와 기괴한 소리는 인간의 유추와 이해를 거부한다.[44] 영화 〈고질라〉에서 어둠—고질라는 밤에만 출현한다—은 독해 불가능성을 조장한다.

미국이 비키니Bikini 환초 섬에서 진행했던 핵실험으로 영원한 잠에서 깨어난 고질라는 도쿄를 공격한다. 실생활에서 미국의 핵실험과 그로 인해 발생한 제5후쿠류마루 사건第5福龍丸事件[45]은 이 괴물영화를 제작하는 계기가 되었다. 1954년 3월 일본 참치어선인 제5후쿠류마루는 작업 도중 핵실험으로 날아 온 죽음의 재를 뒤집어쓴다. 그 결과 어선에 있었던 선원 23명 전원이 잔류반사능으로 병에 걸렸다. 후쿠류마루 사건의 보도는 미국 점령 시기에 실시되었던 엄격한 검열 때문에 보도되지 않았던 핵실험에 대한 침묵을 깨는 계기가 되었다.[46]

〈고질라〉는 처음 장면에서 후쿠류마루 사건을 연상시켜(항해 중이었던 어선 난요마루南洋丸가 핵실험을 상상하게 하는 수중폭발로 침몰한다), 미국의 관여를 암시하지만 결코 미국의 이름을 직접 말하지 않는다.[47] 그 후 괴물이 도쿄를 파괴한 사실에 대해서는 미국의 책임을 암시하는 기미조차 보이지 않는다.[48] 프로듀서인 다나카 도모유키田中友幸는 고질라를 인류가 직면하는 파괴력의 알레고리로 봤다. 그러나 그 힘에 어떠한 지정학적 기원이 있는지에 대해서는 문제 삼지 않았다.[49] 작품에서 미국의 책임을 다루지 않는 점에 집착한 오노 고세이小野耕世는, 원래 고질라가 미국의 핵실험에서 출현했기 때문에 태평양을 넘어 미국의 도시를 공격했어야 했다고 주장했다.[50]

미국은 다른 장면에서도 존재하지 않는다. 이야기 자체가 일본국내 사정으로서 조형되었던 것이다. 고질라는 일본인을 죽이고 타국의 도움 없이 일본인으로 말미암아 죽는다. 일본인 과학자의 발명 ─ 옥시젠·데스트로이어[51] ─ 은 괴물을 퇴치하고 일본은 완전한 파괴를 피한다. 문예평론가 고바야시 도요마사小林豊昌는 고질라와 싸우는 장면에서 주일미군이 등장하지 않는 점을 부자연스럽다고 지적한다.[52] 1954년 총 7만 5천 명의 보안대가 총 15만 명인 자위대에로 확대·재편되었음에도 불구하고 당시 미군 21만 명이 일본에 주둔하고 있었기 때문이다.[53]

영화가 묘사하는 통솔된 전투행동은, 적어도 1954년 시점에서는 미군의 지원이 있었기 때문에 가능했다.[54] 그럼에도 불구하고 일본의(그리고 가공의) '방위대'와 '해상보안대'가 고질라를 향한 공격을 맡았다. 만약 특이한 존재인 고질라가 실제로 미국의 핵 위협을 체현한다면 오직 일본 군대 조직이 공격하는 것은 이치에 맞는다. 당연히 미군은 개입하지 못한다.

따라서 고질라의 모습을 통해 미국은 ─ 그 이름조차 오르지 않지만—적으로 회귀하고 전쟁의 기억을 불러일으킨다. 고질라가 통과한 후 도쿄의 모습은 미국이 실시한 전략폭격으로 황폐된 광경, 특히 히로시마와 나가사키를 상기시킨다. 병원 장면에서는 아무 외상이 없어 보이는 아이들도 가이거 계수기[55]를 통해 방사능으로 피폭되었던 사실이 밝혀진다.

투영된 전쟁 이미지

고질라가 도쿄를 파괴할 때 도망 갈 곳을 잃고 빌딩 그늘에 주저앉았던 여성은 어린 아이 세 명을 안고 "이제 아버지의 곁에 갈 거야"라고 타일렀다. 고질라는 비참한 공습을 재현하는 듯한 장면에서 어머니와 아이를 사망자와 재회시킬 수 있는 황천의 나라黃泉の國[56]의 사자가 되었다. 일본 요격기가 B-29 수백 기에 무용지물이었던 것처럼 일본 제트 전투기의 공격도 괴물에게 아무런 타격을 주지 못한다.[57]

이와 같은 장면은 필름 제작자들이 전쟁 시기의 전쟁영화 제작에 참가한 경험과 관련이 있다. 혼다 이시로本田猪四郎[58]감독과 특수기술 담당자 쓰부라야 에이지円谷英二[59]는 1953년과 1954년에 전쟁을 모티프로 하는 영화를 공동으로 제작했다.[60] 특히 파괴 장면은 〈하와이, 말레이 해전ハワイ, マレー沖海戰〉1942이나 〈가토 하야부사 전투대加藤隼戰鬪隊〉1944와 같은 특수효과를 사용한 우수한 영화 제작에 참가했던 쓰부라야의 경험이 중요한 역할을 했다. 혼다는 나중에 신문기자에게 고질라가 도쿄를 파괴하는 장면을 1945년 3월 도쿄대공습의 이미지를 토대로 만들었다고 말했다.[61]

상실의 기억뿐만 아니라 잃어버린 것—영령—도 고질라의 모습으로 도쿄로 돌아온다. 음악감독 이후쿠베 아키라伊福部昭는 그와 같은 세대 사람들에게 고질라는 "바다에서 죽었던 영령과 같은 존재가 아닐까"라고 성찰했다.[62] 영화 평론가 가와모토 사부로川本三郎는 이 영화에서(상징적 의미로서) '어둠'이 묘사되는 이유를 영령들이 여전히 천황제의 속박 속에 있기 때문이 아닐까라고 추측한다. 긴자, 국회의사당 그리고 기오이쵸紀尾井町에 있는 텔레비전 탑을 파괴한 뒤 천황의 거처가 눈과 코앞에 있었다. 고질라는 전쟁의 기억을 억압하는 흔적을 없앤 후 바로 번영을 되찾았던 도쿄의 중심을 파괴했지만, 결국 전쟁의 기억을 억압하는 역할을 했던 황거皇居[63]에는 아무런 피해도 주지 않는다.[64]

가와모토는 고질라의 망설임에 대해서 다음과 같이 말한다.

> 전쟁으로 죽었던 자들이 여전히 바다 저변에서 일본 천황제의 속박 속에 있다. 고질라는 황거만은 파괴할 수 없다. 이를 '고질라'가 사상적으로 철저하지 못했다고 비판하는 자는 천황제의 '어두운' 구속력을 모르는 자들일 것이다.[65]

이처럼 괴물은 일본의 상실과 그 상실을 초래한 미국 양쪽을 체현하고 있다. 천황은 괴물이 지니는 이중의 상징작용을 필요로 하는 역사적 조건과 중복되지만 명명되지 않는다. 전쟁 중 미국은 전략적인 폭격으로 황거를 공격할 것을 피했기 때문에 미국의 대리자이기도 했던 고질라가 황거를 파괴하지 않았던 내용은 이치에 맞는다.

제1장에서 언급했듯이 미국과 일본 양 정부는 전쟁을 종결하기 위해

천황이 필요했다. 전후 '기원의 내러티브' 속의 역할을 통해 천황은 일본이 과거 적이었던 자와 동맹관계를 맺는 데 도움을 주었다. '기원의 내러티브'는 일본이 경험했던 상실과 그 상실을 가져다 준 미국이라는 상극의 이미지를 하나로 묶어 이해 불가능한 타자로서 취급했다.

고질라─'기원의 내러티브'로 인하여 역사에서 배제된 것의 체현─가 역사적 연속성을 상징하는 천황의 거처를 파괴하지 않는 점은 1954년 일본 사회에서 '기원의 내러티브'가 얼마나 강한 영향력을 가지고 있었는지를 명시한다. 천황은 작품 속에 부재함으로써 '기원의 내러티브'에서 그 존재의 거대함을 역설적으로 나타내고 있다.

고질라는 최종적으로 도쿄만東京灣으로 사라지게 된다. 기억이 파괴적인 힘으로 역류되는 것을 막기 위해 괴물은 퇴치되어야 한다. 고질라는 서로 어긋나는 두 가지 사명을 짊어지고 있다. 하나는 역사의 흔적을 상징하는 일이며, 또 하나는 지상에서 사라지는 일이다. 〈고질라〉는 위기를 해소하기 위해 그 효용이 이미 증명된 '기원의 내러티브'를 재현한다. 그 재현을 위해서는 비밀무기와 개개인의 희생이 조합을 이루어야 한다. 그러나 이 때 '기원의 내러티브'가 크게 수정되었던 점은 주목할 만하다.

옥시젠·데스트로이어를 발명한 세리자와芹澤 박사는 그가 발명한 무기가 제대로 기능하는 모습을 확인한 후 무기가 확산되는 것을 방지하기 위해 스스로 생명을 끊는다. 도쿄만 내에 있는 모든 생명을 파괴할 정도로 위력을 가진 무기를 사용하고, 괴물을 깨운 수소폭탄의 효과를 제거했다. 그러나 최종무기는 핵무기처럼 확산되지 않는다. 세리자와 박사의 죽음自殺과 부재는 옥시젠·데스트로이어를 단 한 번밖에 사용할 수 없

긴자 거리를 파괴하는 고질라
사진 제공 : 가와키타 기념영화문화재단(川喜多記念映畫文化財團)

으며, 과거의 파괴적 회귀가 두 번 다시 일어나지 않는다는 점을 밝힌다.

그리하여 영화의 결말은 천황이라는 인물을 통해 만들어진 '기원의 내러티브'의 줄거리를 따를 것을 거부한다.[66] 〈고질라〉는 관객을 전쟁 사망자가 있는 공간인 파괴의 장면으로 끌어들인다. 마지막에는 일본인 등장인물이 파괴의 기억에 종지부를 짓는다. 세리자와 박사의 발명과 자기희생이 괴물을 제압한다. 그러나 이 마지막 해결을 실행하기 위해 세리자와 박사는 영령과 함께 영원히 바다 저변에 있는 파괴의 공간에 머무른다.

영화 줄거리를 보면, 세리자와 박사는 전쟁에서 상처를 입었기 때문에 전쟁 후 사회와 관계를 단절하며 살아갈 의지를 가지고 마지막 행동을 통해 영령의 공동체에 속하게 되었다. 젊은 과학자의 희생은 역사적인 '이야기'로 말려드는 것을 완고하게 거부한다.

영화에서는 세리자와 박사의 희생이 고질라를 파괴했지만 전쟁 후 일본 사회가 미국의 군사력 보호 아래 번영하고 전쟁 사망자를 망각하는 한, 고질라는 계속 회귀한다. 고질라는 일본 사회에 깊숙이 존재하는 핵무기에 대한 불안을 행동으로 나타내기 위해 등장한다. 영령을 상징하고 미국 핵무기를 통해 돌아오면서 위력을 지닌 괴물은, 전후 미일 관계의 그로테스크한 희화로도 작용한다.

'인간화'되는 고질라

〈고질라〉의 성공으로 괴물영화라는 장르가 일본에 뿌리를 내렸고 시리즈로 제작할 수 있게 되었다.[67] 첫 속편이었던 〈고질라의 역습ゴジラの逆襲〉은 1955년 제작되었다. 이후 도호東宝[68]가 고질라 시리즈 작품을 거의 해마다 제작할 때까지 7년 동안 공백이 있었다.[69] 시리즈에서는 고질라를, 관객들을 끌어들이는 주요 캐릭터로 삼았으나 그 뒤에 제작된 작품은 괴물의 성질을 근본적으로 바꾸었다. 최초 작품에 있었던 '기원의 내러티브'를 향한 비판적 시각은 시리즈에서 갑자기 사라지게 된다.

영화비평가인 촌·A·노리에가Chon A. Noriega[70]는 국제정치가 변화하는 환경 속에서 특히 냉전 시기 미국과 소련의 핵전략에 따라 변해가는 고질라의 역할에 대해 설명한다.[71] 1960년대 데탕트긴장완화를 반영하여, 괴물 사이의 관계를 중개하고 인류를 지키는 '영웅'이 된 고질라는 1980년대 냉전 시기 긴장이 증대되는 배경 속에서 다시 돌아온다. 노리에가는 역사 맥락 속의 고질라에 대해서 예리하게 지적한다. 그러나 기호론을 바탕으로 고질라를 보면 고질라의 의미는 단지 국제정치 때문에 변화한 것은 아니다. 괴물 신체 자체 그리고 전쟁기억과 맺었던 관계도 후속 편으로 제작된 고질라 영화 속에서 격변하였다.

괴물(특히 초대 고질라)이 취하는 부자연스러운 움직임은 파괴적 행동이 얼마나 비합리적인지를 강조했다. 고질라를 만드는 기술은 시간이 지나면서 발전했는데, 이 기술은 의도치 않게 발생했던 무기질적 효과를 지워버렸다. 도호의 특수효과팀이 제작한 최초의 고질라 코스튬 무게는 100킬로그램 정도였고 안에 들어가는 배우의 몸 크기를 고려하지 않았다.[72] 따라서 처음 고질라에서 스며 나오는, 생명 없는 무기질적인 특성은 우연에 기인하는 바가 컸다. 고질라를 연기하는 배우는 다리를 몇 센티미터 이상 올리지 못해 여러 번 넘어지고 그때마다 스텝의 도움을 받아야 했다.

오리지널과 첫 속편은 흑백영화였다. 고질라는 밤에만 도시를 습격하며 인상적인 어둠이 두 편의 영화를 지배한다. 그러나 1960년대 고질라는 대낮에 컬러화면 속에 등장한다. 괴물은 더 이상 도시를 파괴하지 않고 도시에서 멀리 떨어진 안전한 곳에서 다른 괴물과 싸운다. 괴물은 완전히 길들여지고 인간을 그대로 모방하며 빠르게 움직인다. 고질라와 괴물의 싸움은 역도산力道山의 프로모션 활동을 통해 인기를 얻은 프로레슬링 시합 그 자체였다(제3절을 참조).

실제로 첫 속편 〈고질라의 역습〉에서 고질라의 '인간화'는 이미 시작하고 있었다. 고질라는 또 다른 괴물 안기라스アンギラス와 싸운다. 이때 고질라만으로는 더 이상 작품의 이야기를 유지하기 어려웠다. 세 번째 작품은 프로레슬링에서 신체표현 방법을 빌려 다른 괴물과 싸우도록 하여 괴물 고질라의 존재를 진부함에서 벗어나도록 했다. 그러나 이 시도는 괴물을 인간화시켜 더 길들여지게 했을 뿐이었다. 여러 괴물 사이에서 벌어진 싸움 이야기가 1960년대에는 괴물을 정의正義 혹은 악惡으로 단순히 구분하는 내용으로 변하고 말았다.

이야기 전략은 전환되었지만 〈고질라의 역습〉은 첫 편에 이어 전쟁 파괴를 다루면서 '기원의 내러티브'가 전달하는 일본과 미국의 해피앤드 이야기에 저항한다. 〈고질라의 역습〉에서는 괴물이 밤사이에 빛에 끌려 오사카에 상륙하는데, 이는 도쿄에 상륙한 고질라와 동일한 패턴이다. 고질라 상륙을 저지하기 위해 오사카에서 엄격한 등화관제가 실시된다.[73] 이 규제는 10년 전 미국 B-29 공습에 대비한 등화관제를 상기시킨다. 파괴 후 황량한 오사카 모습은 마치 공습직후의 광경과 같았다.

고질라는 아시아·태평양전쟁터가 되었던 또 다른 장소에 나타나 전쟁을 상기시킨다. 고질라는 처음 오사카에서 그다지 멀지 않는 섬에서 발견되는데, 특별한 이유 없이 일본 북방 오호츠크 바다에 있는 섬으로 이동한다. 그곳이 최종목적지이며 스스로가 죽을 장소임을 아는 듯이. 1943년 알류샨 열도Aleutian Islands의 애투Attu섬을[74] 사수할 것을 명령받아 옥쇄한[75] 일본수비대처럼 고질라는 얼음과 눈에 묻혀 죽는다.

마지막 장면에서 자기희생이 또 다시 고질라를 퇴치하는 계기가 된다. 전쟁 군인이었던 젊은이들이 괴물을 봉쇄하는 작전수행을 위해 스스로 생명을 희생한다. 민간 비행기 조종사 고바야시 고지小林弘治와 쓰키오카 쇼이치月岡正一는 방위대가 괴물을 섬에 가두어 놓는 공작에 참가한다. 전쟁 시기 그들은 방위대 조종사들과 같은 비행 부대에 소속하고 있었기 때문에 명예대원 취급을 받는다. 방위대 비행부대는 놀라울 정도로 전쟁 때와 연속성을 가진다. 패전에도 불구하고 그대로 고스란히 남아 있다.

고바야시는 고질라에 너무 가깝게 접근하여 얼음으로 덮인 산언덕에 부딪치는데 그 죽음은 방위대 조종사들에게 실마리를 제공한다. 충돌로 일어난 눈사태가 해결책이 된 것이다. 비행부대는 좁은 산골짜기를 지나 빙벽을 폭격하고 고질라를 얼음 속에 가두는 잔혹한 작전을 고안해 내고 수행한다. 수많은 F-86 제트 전투기가 잘못 날아가 얼음벽에 충돌하여 눈사태를 일으킨다. 전투에 참가한 자의 죽음을 전제로 하는 작전은 아니었으나, 젊은 조종사의 희생은 괴물과의 전투에서 중요한 역할을 했다. 영화는 살아남은 쓰키오카가 사망한 고바야시에게 작전 성공을 보고하는 장면으로 끝난다.

이처럼 작품은 일본의 특공작전이나 절망적인 전쟁에서 죽었던 자들에 대한 일종의 응답이었다. 1955년 당시 관객의 시선을 전쟁이 종결한 순간으로 끌어들이지만 이 영화의 결말은 첫 편과 다르다. 전쟁 수행으로 일어난 희생에 적극적으로 의의를 부여하고 전후 연속성을 받아들였던 것이다.

첫 작품인 〈고질라〉에서 괴물은 역사의 연속성을 완고하게 거부했다. 그러나 속편에서는 젊은 조종사들의 행동을 통해서 괴물은 봉쇄되고, 역사를 이해할 수 있게 된다. 영화는 방위대 비행부대라는 전쟁 시기에서 이어지는 연속성을 그려냄으로써, 전쟁 중 헌신했던 일이 전쟁 후에 헛되지 않았던 점을 관객들에게 보여준다. 이 희생은 실제 일본에서 안전을 지탱하는 '초석'이 되었다.

일본은 과거에 있었던(그리고 현재도 그 영향이 미치는) 자기희생 때문에 외부 위협에 대응할 수 있었으며, 오늘날 일본을 형성할 수 있었다. 다음 절에서는 1960년대 역사적 조건을 배경으로 전후 일본의 번영과 전쟁 시기에 발생한 희생을 연결시키는 심리를 살펴보겠다.

1960년대 도호는 고질라 영화 8편을 제작했지만 현장과 전쟁기억 간의 거리는 점점 멀어져 고질라가 지녔던 비판적 힘은 사라졌다. 〈킹콩 대 고질라キングコング対ゴジラ〉1962에서는 미국 대중문화를 상징하는 킹콩이 고질라의 위협에서 일본을 구출한다. 미국이 일본의 괴물로부터 일본을 구출하여 전후 '기원의 내러티브'를 충실하게 덧칠한다. 또한 일본인 여성은 킹콩의 욕망의 대상이 된다.[76] 그뿐만 아니라 여성을 손에 쥔 킹콩이 국회의사당 위로 올라서는 장면도 있다. 이는 성적 복종이라는, 미국이 착수한 '구출'의 의미를 노골적으로 연출한 것이다.

괴물왕 고질라의 진부함은 멈출 줄 모른다. 1964년 도쿄올림픽이 개최되는 해에 제작된 〈삼대 괴수 지구 최대의 결전三大怪獸地球最大の決戰〉에서 고질라는 지구 괴물인 모슬라モスラ, 라돈ラドン과 동맹을 맺어 우주에서 온 킹 기도라キングギドラ로부터 인류를 지킨다. 모슬라가 대극적 견지에서 고질라와 라돈 사이를 중개한다.

1960년대 중반부터 도호는 아이들을 주요 관람 대상으로 고질라 영화를 제작했다. 그러나 처음 여섯 편을 감독했던 혼다 이시로는 첫 작품을 제작했을 때 아이들을 염두에 두지 않았다고 나중에 말했다.[77] 타깃층이 변하면서 괴물의 진부함은 박차를 가했고 작품의 질도 저하되었다.[78] 심지어 고질라는 인간처럼 행동하고 1967년에는 '아버지'가 된다. 아들인 미니라ミニラ는 일본어로 말하기까지 한다―이상하고 기묘한 존재로서 완전히 길들여지게 된다. 1960년대 고도 경제성장이라는 배경 아래 낙관적인 분위기로 들끓었던 일본에서 괴물은 오직 희화적인 존재로서 공간을 찾을 수 있었을 뿐이었다. 1950년대 중반에 제작된 처음 두 편의

〈고질라〉 영화에서 묘사되는 어둠은 스크린뿐만 아니라 일본 사회에서도 사라졌다.

상실의 표시는 1950년대 일본 도시와 농촌에서 급속히 사라졌다. 고질라는 도시 표층에 상실을 다시 새기기 위해 등장했지만 그 효과는 오래 가지 않았다. 전후 일본을 완전히 거부했던, 그 이상하고 기묘한 존재는 길들여지고 일본번영의 파수꾼이 되고 말았다.

다음 절에서는 어떠한 물질적 조건이 상실의 표시를 지워버렸는지를 구체적으로 살펴보겠다. 1964년에 개최된 도쿄올림픽이 일본 사회에 그 물질적 조건을 조성하는 역할을 했다. 그러나 도쿄올림픽을 미화하는 현상이나 그 당시 위생문제를 이야기하기 전에 1950~60년대 초 일본 사회를 탐구하기 위해서 상실의 기억의 또 다른 대중적 표상을 연기하고 구현한 역도산이라는 존재의 기이한 신체에 대해서 살펴보겠다.

3. 일본을 연기하다 – 역도산力道山

일본에서 두 번째로 유명한 일본인

프로레슬링 선수 역도산은 늘 관객들에게 뛰어난 존재임을 연기해야만 했다. 스포츠 리포터인 후쿠다 가즈야福田一也는 저서에서 역도산이 프로레슬링의 기본 조건인 '유별난 존재'임을 증명하는 일화를 소개한다.[79] 미국 뉴욕 시내 바에서 역도산이 우연히 딕 더 브루저Dick the Bruiser[80]를 만났을 때, 브루저는 마시고 있었던 맥주병 뚜껑을 물어뜯어 역도산 쪽으로 날렸다. 이 광경을 본 역도산은 손에 든 유리잔을 이빨로 갉았다. 서로 유별난 능력을 인정하고 둘은 새벽까지 밤새 술을 마셨다. 이 일화는 퍼포먼스로서 프로레슬링을 묘사하기 위해 이야기되었고 여기서 이 만남이 사실인지는 그다지 중요하지 않다.[81]

데뷔 당초부터 역도산에 관한 전설 중 많은 부분이 가짜였다고 한다. 그러나 1950년대부터 1960년대 초까지 일본인 수백만 명이 유별난 존재인 역도산의 퍼포먼스에 성원을 보냈다. 외국 점령에서 빠져나온 지 얼마 되지 않았던 나라의 사람들은 그 퍼포먼스에 희망을 찾았다. 역도산은 천황 다음으로 일본에서 두 번째로 유명한 일본인이라는 말이 있었을 정도였다.[82]

역도산은 1950년대 일본에서 미국식 프로레슬링을 대중오락으로 만들어냈다. 역도산이 전쟁에서 패망한 나라를 위해 육체 퍼포먼스로 내셔널리즘을 표현했던 것이 성공의 열쇠가 되었다. 미국에서 훈련과 시합을 하면서 1954년 2월 19일 일본 최초로 텔레비전을 통해 중계된 프로레슬링 시합에 출전했다.

프로레슬링을 잘 몰랐던 관중이 열렬한 팬이 되는 데는 오랜 시간이 걸리지 않았다. 역도산과 기무라 마사히코木村政彦[83]가 메인 이벤트에서 미국인 샤프 형제The Sharp Brothers[84]와 세 번 연속 대결하였는데, 일본 팀은 첫 번째 시합에서 졌지만 3일 연속 시합이 끝날 때에는 일본인 수만 명이 도쿄 고쿠기칸國技館[85]이나 요미우리 방송日本テレビ이 거리에 설치한 텔레비전 앞에서 열심히 응원하고 있었다. 너무나 열정적이어서 도쿄에서는 심장마비로 사망한 사람도 있었다.

고쿠기칸을 찾아온 사람들이나 길거리 텔레비전 앞에 모였던 사람들은 눈앞에서 미국과 일본의 역할이 극적으로 교체된 모습에 매혹되었다. 일본인이 덩치 큰 미국인을 때려 눕혔다. 사람들은 역도산의 퍼포먼스를 보고 정의가 결실을 맺는 듯한 만족감에 취하였다.

시합 도중 미국인 선수가 약한 기무라를 상대로 비열한 수를 써서 공격하였다. 역도산은 고통을 참아내며 기무라를 끌어내고 페어플레이로 임했으나 마지막에는 화가 치밀어 상대를 '가라테 춈空手チョップ'으로 때려 눕혔다.[86] 그는 터치 없이 링으로 뛰어 들어가거나 샤프 팀 쪽에 있는 코너 부분에서 싸우다가 빠른 터치로 에너지 소모를 피했던 샤프형제의 '비열한' 방법에 인내심 있게 대항하고 마지막 수단에 호소하는 도덕적 설득력을 만들어냈다.[87]

미국 선수가 사용한 수법은 일본 프로레슬링에서 통용된 상식과 비교하면 별 게 아니었지만 프로레슬링에서 흔히 보는 거친 퍼포먼스에 익숙하지 않은 관객은 샤프형제를 비겁한 상대로 봤다. 다른 미국인 선수와 외국인 선수가 일본으로 진출하게 되면서 비열한 수법은 점점 심해졌으나 그것도 프로레슬링을 판매하기 위한 역도산의 치밀한 계산에 지나지 않았다. 그 결과 시합은 점차 거칠어지고 컬러텔레비전의 등장과 함께 일상적으로 피를 흘리는 모습을 보게 되었다.[88]

진정한 일본인

일본에서 데뷔한 이래 역도산의 프로레슬링은 '성실한 자신과 사악한 타자'라는 전쟁 시기 프로파간다의 기본요소였던 이항대립을 재현했다. 이 프로파간다에 따르면, 성실한 의도를 가진 일본은 사악한 힘에 의한 집요한 간섭에도 불구하고 마지막에는 승리를 거둔다.[89] 전쟁은 바람직한 방법이 아니지만 ABCD 라인(미국, 영국, 중국, 네덜란드의 경제봉쇄)으로 단절된 자원공급을 회복하고 아시아 식민지를 구미 지배로부터 해방하기 위해 일본은 실력을 행사해야 했다. 역도산의 시합에서 비슷한 '이야기'를 쉽게 찾을 수 있다.

가라테 촙이 너무도 압도적이어서 그 합법성이 의심을 받아 역도산은 처음에는 특별한 기술 없이 싸웠다(많은 외국인 선수는 주먹으로 상대를 때리면서 동시에 가라테 촙도 금지하라고 항의했다). 외국 선수가 비겁한 수법을 사용하는 것을 참았다가 팀 구성원이 궁지에 빠지자 일본산 최후의 '무기'로 박살낸다.[90] 그 퍼포먼스가 만들어 낸 드라마는 전쟁 시기 프로파간다를 다른 목적을 위해 전용한 것이며 그 매력은 전쟁 후에도 사라지지 않았다.

역도산은 악마와 같은 타자의 위협과 일본에 있었던 굴욕의 기억에서 전후 역사를 지켜냈다. 일본인 관객들에게 미국의 타자성과 패전의 기억을 상기시켜 그 망령을 쫓아냈다. '성실한 자신과 사악한 타자'라는 이항대립은 과거 일본의 기억으로 충족되었고 미국이라는 타자를 박살낸 퍼포먼스는 최근 일본역사를 거부하는 일이기도 했다. 역도산은 신체를 사용하고 역사의 연속성에 존재하는 틈—외국인 신체로 발생된 틈—을 봉합했다.

역도산이 시합에서 피를 흘려야만 봉합이 제대로 기능했다. 괴물과 같은 타자가 공격하고 역도산의 이마는 찢어졌다. 거기서 흘러나오는 피는 일본이라는 국가의 역사의식이 예전과 같은 상처를 입지 않도록 싸우는, 그의 영웅적 노력을 이야기했다. 신체 퍼포먼스는 미국을 상대로 하는 유혈사태를 통해 일본에 승리자의 역할을 부여하고 현존하는 일본 국가의 모습을 수복했다.

사진작가 세토 마사토瀨戶正人는 전형적인 일본인이 아니었지만 그가 역도산을 회상하는 모습은 동시대 사람들이 텔레비전을 통해 영웅과 만났던 장면을 대변했다. 1953년 태국에서 일본인 아버지와 태국인 어머니 사이에서 태어난 세토는 8살 때 아버지와 함께 후쿠시마현福島縣에 있는 마을로 이사하였고 그때 이미 프로레슬링 시합이 과격했던 1960년대의 역도산을 처음 보았다.

> 금발을 흩날리고 이마를 물며 상상하지 못한 짓을 하는 브랏시Blassie[91]는 괴물이고 적 자체였다. 피투성이가 된 역도산이 휘청거리는 모습을 보고 혹시나 물려죽는 줄 알았다. 그러나 리키[92]가 온 힘을 다하여 대대로 내려오는 비법인 가라테 촙을 하면 금발의 괴물도 양처럼 보여, 매일 한 발 한 발 훈련된 육체에 힘이 솟아나 그를 보는 것만으로도 용기를 얻는다.[93]

괴물과 같은 동작을 하는 미국 선수는 일본인이 미국이라는 타자에게 가지는 공포를 행동으로 나타냈다. 공정성이나 규칙은 싸움과 전혀 상관이 없었다. 역도산은 최종무기를 악마와 같은 타자를 향해 사용해야 했다.

세토에게 역도산과 만나는 일은 일본인 정체성을 발견하는 과정과 겹쳤다.

외국에서 연달아 들어오는 괴물처럼 보이는 선수들을 향해 멧돼지처럼 돌진하는 역도산에게서 '일본인'을 본 것 같다. 이것은 내가 일본인이 되는 과정이며, 역도산이 어디서 왔는지 몰라도 그 용감한 모습을 보고 일본인이 되고 싶었다.[94]

태국에서 온 소년은 진정한 일본인 모습을 찾았다. 일본인 수백만 명은 1950년대부터 1960년대 초에 걸쳐 역도산이 싸우는 모습을 통해 용기를 얻었다. 그러나 역도산의 출생지가 한반도인 줄은 아무도 몰랐다.[95] 역도산은 1940년 스모 선수로서 일본 본토로 넘어 왔고, 1951년까지 일본국적을 취득하지 않았다.[96] 친한 사람들에게는 이야기했지만 공식적인 자리에서는 일본에서 태어난 일본인으로 살았고 한반도와 관련되는 일은 전부 지워 없애버렸다. 사망 후 발간된 자서전에서조차 출신지를 규슈로 밝히고 그 지역에서 있었던 어린 시절 일화를 수록했다.[97]

아이러니하게도 역도산은 일본 사회를 외국 침략으로부터 지키기 위해 스스로의 타자성을 억압해야만 했다. '조선인'으로서의 정체성은 일본과 미국이라는 이항대립 속에서 일본인으로 변환되었다.[98] 링 위에서 역도산이 만들어 낸 드라마를 유지하기 위해 일본 식민지시대 과거는 억압되었다. 마치 프로레슬링의 정통성을 의심하기에 충분했던 것처럼, 그가 살아 있을 때 조선인이라는 소문이 퍼졌던 일이 있었다.[99] 드라마 속에서 일본은 과거 식민지 피통치자에게 구출될 수는 없었다. 일본인 영웅이 구출해야 했던 것이다.[100]

일본 전통도 때려눕히다

그런데도 역도산이 일본인 관객을 위해 만들어낸 '일본인'상은 가차 없이 전쟁 전의 일본을 잘라 버렸다. 역도산은 일본 격투기를 넘어서는 새로운 미국식 격투로서 프로레슬링을 선전했다. 샤프 형제와 대결했던 날로부터 2개월 후 과거 팀 동료였던 기무라 마사히코와 대결하여 15분 49초 만에 녹아웃시키고 승리를 거두었다.

샤프 형제와의 대결에서 기무라의 전설적인 유도선수 이미지는 부각되지 않았다. 기무라는 역도산의 가라테 촙으로 구출되는 약한 선수의 역할을 했는데, 그는 시합이 짜여진 사실과 그가 진지하게 싸웠으면 역도산은 전혀 상대도 되지 않는다고 슬쩍 넌지시 말했다.[101] 그의 도발은 결국 1954년 12월 1대 1의 대결로 이어졌다.[102]

그러나 사실 이 도전은 보복이 아닌 영업상의 거래에서 발생했다. 기무라는 프로레슬링 흥행단체인 '국제프로레슬링단國際プロレス團'을 결성했는데, 역도산이 설립한 '일본프로레슬링협회日本プロレス協會'만큼 인기를 얻을 수 없었다. 둘 사이의 대결은 역도산의 도움으로 기무라의 단체가 인기를 얻고자 하는 목적으로 짜여진 영업상의 거래였다. 앞으로 거듭될 시합의 시작에 불과하며 비겨서 끝날 예정이었다. 기무라는 적어도 그렇게 이해하고 있었다.[103]

그러나 역도산의 생각은 달랐다. 기무라는 전혀 준비를 하지 않은 채 링으로 오르고 대결이 시작하자마자 패배했다. 역도산은 사실상 도전자를 묻어버리고 자신이 주최하는 프로레슬링 조직의 발판을 확고히 했다.[104] 일본이 자랑스러워했던 유도가 프로레슬링을 이기지 못한다는 점을 보여주었다. 전설적인 유도선수를 가라테 춉으로 기절시켜 새로운 격투스타일이 훨씬 효과적인 인상을 남겼다.[105]

미국 스포츠와 일본 격투기·무술의 조합인 가라테 춉은, 한편으로는 외국인 선수들에게 일본다움을 알려주고 또 한편으로는 미국의 촌스러움을 풍겼다. 역도산이 지키고자 했던 일본다움은 전쟁 전 일본의 순수한 자아상이 아닌, 미국이라는 상징에 의해 충족된 일본 이미지였다. 미국인, 그리고 전통적인 일본인을 초월하는 일본의 잡종성을 체현했고 이를 지키기 위해 미국인 선수를 이길 뿐만 아니라 일본의 전통 격투기를 폄하해야만 했다.

그리하여 역도산은 스모와 관계를 유지했지만, 이는 프로레슬링을 선전하기 위한 발판에 지나지 않았다. 1955년 일본프로레슬링협회 이사장이었던 닛타 신사쿠新田新作는 계속 솟구치는 역도산의 인기를 억제하기 위해 전 스모선수이자 요코즈나橫綱인 아즈마후지東富士를 데뷔시켰다.[106] 역도산의 태도는 너무나 거만해져 있었다. 프로레슬링을 인기 격투기로서 확립하는 데 닛타의 역할이 컸다. 그러나 역도산은 닛타의 회사에서 받는 보수에 불만을 가지기 시작했다.[107] 닛타는 강력한 스타를 내세워 역도산의 자만심을 깎아내리고자 시도해 봤지만 결국 아즈마후지는 외국인 선수에게 지고 역도산의 도움을 받았다.[108]

실제로 잊지 못할 인상을 남겼던 장면은 1955년 아즈마후지와 멕시코 선수 제스 오르테가Jesse Ortega[109]의 대결이었다. 아즈마후지는 저항다운 저항을 하지 않고 실신할 때까지 오르테가에게 당했다. 그러나 1대 1의 대결에도 불구하고 역도산은 링 속으로 들어와 오르테가를 향해 가라테 춥을 했고 링 밖으로 내던졌다.[110] 너무도 짜여진 듯한 장면은 이미 그들 사이에서 알고 있었겠지만 관중은 흥분했다.

아즈마후지는 다른 시합에서 오르테가의 난폭한 행동을 저지하려고 자신의 이미지를 더 손상시켰다. 팀 메이트인 역도산은 오르테가의 머리를 코너포스트에 두번 치고, 머리를 피투성이로 만들어 나중에 20바늘 꿰매야 할 정도로 심각한 상처를 입혔다. 아즈마후지는 난장판이 된 싸움을 멈추려고 하다가 오르테가의 머리와 코너포스트 사이에 엄지손가락이 끼어 뼈가 부러졌다.

아즈마후지는 새로운 무대에서 연기자로서의 격을 떨어드렸다. 스모의 권위도 그에 대한 평판과 함께 급락했다.[111] 역도산은 유럽에서 생겨나 미국에서 인기를 얻은 프로레슬링을 잘 이해하고 흥행 수완도 가지고 있었다. 프로레슬링을 새로운 미국 스포츠로 확립시켰고 링 위에서는 일본 격투기를 시대에 뒤떨어진 것으로서 폄하했다.

역도산은 스스로 관객들에게 프로레슬링의 미국다움을 증명했다. 격한 트레이닝으로 스모선수의 체격을 근육질 몸으로 바꾸었으며, 도쿄의 좁은 길에서 캐딜락 자동차를 운전하고 즈시逗子 바다에서는 모터보트를 몰고 다녔다. 당시 프로 야구선수조차 누리지 못한 사치스러운 삶을 누렸다.[112]

역도산의 퍼포먼스는 내셔널리즘을 표현했지만, 패전 이전의 일본에 대한 동경이나 회복을 의미하지 않았다. 일본은 이미 미국화되어 있었고 프로레슬링의 인기는 미국인 선수를 미국의 스포츠로 녹다운시키는 퍼포먼스에 달려 있었다. 역도산의 퍼포먼스는 고도성장 시대의 기업정신이야기를 선취했다고 할 수 있다. 일본은 미국식 자본주의가 지배하는 속에서 두각을 나타내고 미국 게임을 통해 미국을 쓰러뜨렸다.

성공과 실패, 그리고 갑작스러운 죽음

지속적으로 성장한 역도산의 사업은 링 위에서 내셔널리즘을 연기하는 일이 어떻게 경제활동과 연관되는지를 보여준다. 역도산은 1963년에 사망할 때까지 '리키 팰리스リキパレス'라는 이름으로 프로레슬링 시합회장, 스포츠 짐, 복싱클럽 등을 수용하는 다목적 빌딩을 건설 및 운영하고, 고급 임대아파트 빌딩, 분양 맨션 빌딩, 슈퍼, 식당 그리고 일본 프로레슬링 흥행 등 여러 사업에 손을 댔다. 골프코스 건설에도 관여하고 요트 항구 건설도 계획하고 있었다.[113] 이러한 사업은 내셔널리즘을 퍼포먼스로 체현함으로써 성공했고 역도산과 관객들이 미국적인 게임에서 승자가 되기 위한 역할을 했다. 그러나 퍼포먼스 효력을 유지하기 위해 역도산은 조작된 시합이라는 의심을 풀어야 했다. 대부분 일본인 관객은 샤프 형제와 대결하는 시합이 진짜임을 믿었지만 점차 시합은 이미 짜여진 게 아닌지 의심하기 시작했다. 그리고 역도산의 시합 패턴을 알아채기에는 많은 시간을 필요하지 않았다.

프로레슬링의 인기도 사그라지면서 역도산은 링 위에서 더 심한 폭력 퍼포먼스를 보였다. 외국인 선수의 비겁한 수법도 악질화되어 유혈사태는 일상적으로 일어났다.[114] 게다가 역도산은 외국인 선수의 필살기를 전설화하고 각 시합에서 그가 어떻게 도전하고 이길 것인지에 대한 이야기를 고안했다.[115] 신체 퍼포먼스와 '이야기' 형식을 한층 과장하며 세상에 프로레슬링을 인지시키고자 했다.

역도산은 프로레슬링을 진지한 격투기로서 어필하려고 했으나 대중의 인기는 1959년에 새로운 흥행형식을 내놓을 때까지 계속 시들어갔다. 이 때 역도산이 고안한 토너먼트 방식은 프로레슬링에 대한 관심을 다시 불러일으켰다. 1959년 여름 제스 오르테가, 킹콩King Kong,[116] 미스터 아토믹Mr. Atomic[117]이 일본인 선수인 역도산, 도요노보리豊登,[118] 엔도 고키치遠藤幸吉[119]와 함께 월드 리그 시리즈에 참가하여 흥행에 성공하였다.

작가 무라마츠 도모미村松友視에 따르면, 시리즈는 그 형식이 진지한 승부로서 시합을 어필하는 데 적절했기 때문에 인정받았다고 한다. 토너먼트 형식으로 참가자를 걸러냄으로써 역도산과 오르테가의 결승전이 순수한 시합이라는 인상을 주었다. 월드 리그 시합은 또한 일본 프로레슬링의 '이야기' 구조를 '일본 대 타자'라는 이항대립에서 해방시켰다.

일본 대 미국혹은 외국이라는 2개국 사이의 대항관계는 국제 경기대회로 흡수되었다. 국제 토너먼트 형식은 일본 국내 시합을 '세계'가 원하는 것으로 내세워 국지적인 2개국 사이의 대항관계를 강조하기 위해 사용되었다. 월드 리그를 표방한 국제주의가 일본 관객들에게 어필한 것은 그것이 미국의 속박을 극복하는 길을 제시했기 때문이었다. 5년 후 일본 국민이 국가사업으로 도쿄올림픽 개최를 지지했을 때 국제경기가 가지는 이데올로기 효과도 받아들였다.

역도산도 열심히 올림픽을 지지했다. 그는 『스포츠 · 닛폰 スポーツ·ニッポン』[120] 특파원으로 1960년대 올림픽을 위해 로마를 방문하다가 일본인 선수들에게 격려의 말을 보냈다. 1963년에는 월드 리그 시합의 수익 중

1천만 엔을 기부했다. 그러나 그는 살아서 올림픽이 성공한 모습을 보지 못했다.

1963년 12월 8일 일본이 진주만을 공격한 날로부터 22년 후 역도산은 괴한과의 싸움에서 복부 아래 부분을 찔렸다. 곧바로 입원하여 상처는 심각하지 않은 것처럼 보였지만 상태는 급변하여 일주일 후 39살이라는 젊은 나이로 사망했다.[121] 돌연한 죽음은 많은 추측을 불러일으켰다. 소문에 따르면, 프로레슬링 시합 때문에 잠을 자기 위해 수년간 다량의 수면제를 복용하여 신체가 피폐한 상태였다고 한다.[122]

역도산은 설득력 있게 일본이라는 국가를 연기하기 위해 과잉된 폭력을 썼다. 신체를 통해 대중의 기억 속에 있는 폭력으로 가득 찬 과거를 연기하고 과거의 기억을 극복하기 위한 장으로서 신체를 내놓았다. 폭력으로 가득 찬 과거는 놀라운 힘으로 그의 신체에 되살아나고 이에 대항하기 위해 폭력에 호소해야만 했다.

시합에서 역도산은 과거의 무게를 견뎌내고 가라테 춉으로 물리칠 수 있는 힘을 가졌던 것을 증명했다. 표현을 바꾸자면, 일본이라는 국가를 위한 새로운 '이야기'를 만들기 위해 전신을 통해서 과격한 쇼를 진지하게 연기했다. 연출의 진지함을 강조함으로써—스스로 육체를 혹사함으로써—전후 일본 신화를 창작하는 역할을 다했다.[123] 그러나 종종 유혈사태에 이르렀던 신체 퍼포먼스 때문에 역도산은 폭력을 선동적으로 부추기면서 동시에 진부한 것으로 바꾸고, 안전한 공간에서 소비되어야 할 신화 속에 가두었다.

역도산은 스스로 만들어낸 신화 속에서 타자—미국이라는 타자—와 맺었던 폭력적인 만남을 링 위에서 연기하고 의미를 부여했다. 그러나 육체가 더 이상 신화를 유지하지 못하게 되었을 때 그 기능은 도쿄올림픽이라는 더 거대하고 정통성을 지닌 국제경기에 흡수되고 말았다.

4. 사라져 가는 상실의 표시

제4장에서는 세 가지 대중문화 속에서 경계 영역이나 경계 인물이 어떻게 만들어졌는지를 다루고 경계성에 대해서 살펴보았다. '전후사회'라는 경계에서 마치코와 고질라는 과거의 표시를 찾으려고 했다. 반면 역도산은 경계에서 폭력으로 가득한 일본의 과거에서 일본 자체를 지키려고 했다. 그러나 명확한 경계선은 1960년대 중반까지 존재했다가 사라진다. 스키야바시는 1960년대 허무하게 해체되었고 그때 일본에는 더 이상 그들의 장소는 남겨지지 않은 것처럼 보였다. 고도 경제성장기에 전쟁과 점령의 흔적은 급속히 사라졌다.

또 제3장에서 언급했듯이 이 경계성은 '일본인론日本人論'에서 일본만이 가지고 있는 유별난 특성의 증거가 되었다. '일본인론'은 경제성장으로 국제적 지위를 다시 찾았을 때 '전후 일본국가'가 가진 자긍심을 지탱하는 이데올로기로서의 지위를 얻었다. 일본을 경계, 잡종적인 것으로서 규정하고 여기에 역사의 연속성을 찾아냈다.

이와 같은 논리에 따르면, 현재 일어나는 역사의 단절은 결코 새로운 현상이 아니다. 일본은 늘 타자로 말미암아 새겨진 단절로 채워졌다. 이처럼 단절을 지극히 자연스러운 것으로서 다루는 이데올로기적인 일본 역사의 해석을 배경으로 하여 〈너의 이름은〉, 〈고질라〉 그리고 역도산이 프로레슬링을 통해서 제시한 단절은 많은 전후 비평가들 사이에서 관심 밖의 일이 되었다.[124] 서구 문화표현을 빈약하게 모방한 복제로서 인식되었고 동시대의 대중에게 압도적인 인기를 얻었지만, 전후 문화에 관한 논의에서는 유행에 따른 일시적 상품으로서 취급을 받았을 뿐이었다.[125]

대중문화 현상에서 볼 수 있는 과거 표상에 대한 관심이 제4장의 '독해'의 동기가 되었다. 세 가지 대중문화에 대한 압도적인 인기는 동시대 사회가 과거의 기억과 지속적으로 허우적거렸던 모습을 보여준다. 1950 년대 상실의 기억에 대처하기 위해 여러 전략이 생겨났으며 관객/청중/독자는 자신의 기억을 다시 방문하고 변용시켰다.

제5장에서는 1960년대에 등장했던 과거의 기억을 완전히 없애버리기 위한 방법에 대해서 검토하겠다. 1960년대 도쿄에서 일어난 급속한 도시풍경의 변모를 배경으로 1964년에 개최한 올림픽은 상실의 기억을 상기하면서도 그것을 지우고 싶다는 모순된 욕망을 융합하는 무대가 되었다. 그러나 올림픽에 관한 논의를 시작하기 전에 전후 일본 사회에 존재한 마지막 '괴물'인 기시 노부스케岸信介에 대해서 먼저 이야기해야 한다.

패
전
의
기
억

안보투쟁에서
도쿄올림픽으로

20세기의 새로운 불길, 원자(原子)의 불길이 지상의 전쟁에 종지부를 찍음과 동시에 세

상에 태어나 평화로운 19년간을 지내온 사카이(坂井) 군이 치켜 올린 성화…

— TBS 라디오, 와타나베(渡邊) 아나운서

나는 원폭이다.

찾아내어 파괴한다.

— 1996년 애틀랜타 올림픽을 위한 나이키 광고

1950년대 말 이래, 고도성장은 일본인들의 신체를 둘러싼 일상적인 환경을 급격하게 변용시켰다. 도시의 모습과 가정 내의 사적인 공간이 극적으로 바뀌어 간 것이다. 많은 일본인들이 단지團地[1]의 좁으면서도 기능적인 공간에 살게 되었다.[2] 단지는 1950년대 말부터 60년대에 걸쳐 널리 사용하게 된 가전제품으로 채워졌고[3] 주부들은 부엌에서 전기밥솥이나 냉장고의 편리함에 만족했다.[4]

1950년대의 '3종의 신기三種の神器'[5]는 60년대 중반까지 대부분의 가정에 보급되었다. 1965년 2월까지 냉장고는 62%의 가정이 구입했고 세탁기와 흑백 텔레비전은 각각 73%와 90%의 가정이 소유하고 있었다.[6] 연재만화 〈브론디ブロンディー〉[7]를 선망의 눈길로 본 사람들은 이 만화와 같이 현대적인 일본판 일상생활을 만들어낸 것이다.

우에노 고시上野昻志는 1960년대의 도쿄에서 사라져 가고 있었던 어둠이라는 관점에서 신체를 둘러싼 공간의 변용을 이야기한다. 일상공간의 여기저기에 존재하고 있었던 틈새는 단지의 기능적인 공간에서 구축되었고 인공적인 조명은 수도 도쿄의 밤을 채워갔다.[8]

우에노는 이 시기의 출산과 죽음이 병원에서 나타난 일이라는 통계 속에서 환경적인 어둠과 함께 사라져 가는 존재론적인 어둠을 밝혀낸다. 1955년에는 병원 출산이 18%에 지나지 않았지만, 1965년이 되자 그 비율은 84%까지 올라간다. 죽음도 출산만큼 극적이지는 않지만 이 시기에 같은 경향을 보였다.[9] 병원에서의 사망 비율은 1947년 9%에서 1980년 57%까지 서서히 상승했다.[10] 이리하여 일본인의 신체가 사회적 영역에서 나타났고 거기에서 사라져 가는 순간인 출산과 죽음도 근대적인 병원의 밝고 위생적인 공간에서 관리되었다.

일본인은 1960년대의 경제성장을 유지하고 생활환경의 극적인 변용을 가능하게 하기 위해서 예전에 없었던 장시간 근로에 힘썼고, 그 결과로 전후 일본의 평화와 번영은 현대적인 생활공간을 만들어냈다. 이 위생적이고 밝은 공간 속에서 상실과 과거의 형적은 급속하게 소실되어가는 것처럼 보였다. 그러나 과거와 그 상실의 기억은 현대화된 일상생활 속에서 사라져 버린 것은 아니다.

제5장에서는 1960년대 전반에도 사라지지 않은 전쟁의 기억에 대해 고찰하기 위해서 도쿄를 무대로 한두 개의 사상事象 ― 1960년의 미일 안보조약 개정 반대운동과 1964년의 도쿄올림픽 ― 에 초점을 맞춘다. 많은 사람들에게 안보반대운동과 도쿄올림픽은 전후 경제의 번영에 삼켜지기 전에 전쟁의 체험을 불러일으키고 그 두려운 기억을 길들이기 위한 기회였다.

1. 안보투쟁

신안보조약의 성립

1960년 전반, 미일 안전보장조약 개정에 반대하는 대중들의 투쟁이 일본을 뒤흔들었다. 일본이 경제력을 회복함에 따라 자유민주당은 기시 노부스케岸信介의 주도 아래 1951년에 체결된 첫 조약을 양국에게 보다 균형 잡힌 내용으로 개정하려고 했다.

리버럴 그리고 좌익 진영은 새로운 조약에 대해서 일본을 미국의 전략적인 필요에 영구히 종속시킬 것이라는 견해로 반대했다. 새로운 안보 조약의 성격에 대해서 논의가 이루어지고 있는 동안, 이러한 그룹은 동아시아에서의 미국의 패권에 대해 중립적인 입장을 취하려고 했던 것이다. 그러나 야당이나 노동조합 등이 반대 세력을 결속하려고 했던 노력에도 불구하고, 신조약을 무리하게 국회에서 승인시키려 한 기시의 움직임이 광범위하게 사회의 위기감을 불러일으키기까지 반대 투쟁은 대중들에게 도달되지 않았다.

기시 정권이 새롭게 조인된 조약을 국회에서 강제로 비준하려고 한 후 투쟁의 초점은 조약의 국제적인 영향에서 일본 국내의 민주체제로 이동했다. 기시의 강행에 대한 강한 반응은 결과적으로 미일 안보체제 하의 민주체제의 존재라는 복잡한 문제를 단순화하게 된다. 조약 개정이라는 쟁점은 동아시아의 미군의 존재에 의존하는 일본의 민주주의의 모순에 찬 상태를 드러냈던 것이다. 전후 일본에게 있어서 민주주의는 전쟁의 기억 그리고 다시 대두하기 시작한 내셔널리즘과 밀접하게 관련되어 있었다. 그러나 좌익 진영과 많은 투쟁 참가자들은 전후 민주주의와 독재적인 정치권력을 대비하여 전자를 옹호하는 자세를 취하는 것으로 그 공격의 시야를 좁히고, 기시가 체현한 것 — 전전·전쟁 중의 군국주의의 회귀 — 에 대해 비판을 집중시켰던 것이다.

1960년에 일어난 안보투쟁의 다양성을 설명하기 위해서 먼저 기시가 조약 개정을 통해 얻고자 했던 것을 확인할 필요가 있다. 종전 직후의 양국 간의 역학 관계와 동아시아에서의 미군의 전략적인 필요성을 대부분 규정한 구안보조약1951년 체결에서 일본이 제3국에게 공격받는 경우, 미국이 일본을 방어할 의무는 없었지만 일본에 주둔하는 미군에게는 큰 재량이 부여되었다. 기시는 조약을 개정하면서 양국의 군사적 의무를 명확히 하고, 일본을 아시아의 리더로 확립하는 것을 통해 미일 양국의 대등한 파트너십으로 재정의하려고 했다.[11]

미국 정부는 처음에 기시의 제안을 받아들이지 않으려고 했지만 두 가지의 사건으로 인해 교섭에 임하게 되었다. 첫째, 첫 인공위성인 스푸트니크의 발사가 성공한 것처럼 소련의 기술적인 진보가 미국의 전략적인 우위를 위협하기 시작한 것이고, 둘째, 미국에서 반대운동이 점차 수위를 높여가자 오키나와의 미군 기지 존재를 확실히 할 필요가 있었던 것이다.[12]

1960년 1월 19일에 기시와 아이젠하워Dwight D. Eisenhower 대통령이 백악관에서 조인한 새로운 미일 안전보장조약신안보조약은 구안보조약 만큼 불균형적이지 않았다. 제5조는 협약의 쌍무성을 다음과 같이 강조하고 있다.

각 체결국은 일본국의 시정하에 있는 영역에서 어느 한 쪽에 대한 무력 공격이 자국의 평화 및 안전을 위태롭게 하는 것임을 인정하고, 자국의 헌법상의 규정 및 절차에 따라 공통의 위험에 대처하도록 행동할 것임을 선언한다.[13]

1951년에 체결된 구안보조약에서 일본 국내의 소동에 대해 미국에게 개입할 권리를 부여한 제1조나 일본이 미국과 재협의 하지 않고 타국에게 기지를 제공하는 것을 금한다는 제2조와 같이 일본 측의 반감을 샀던 조문은 신안보조약에서 사라졌다. 신안보조약 제10조는 조약의 유효기한을 10년으로 정하고, 그 이후에는 조약국의 어느 한 쪽이 통고하면 1년 후에 조약을 종결시킬 수 있다고 명기했으며 제2조는 양국 간의 밀접한 경제적 상호원조를 규정했다.[14]

그러나 쌍무성은 양국 관계가 평등하다는 것을 의미하지 않았다. 제6조가 나타내는 바와 같이 일본은 미국의 전략적인 전초기지로서 규정되었다.

> 일본국의 안전에 기여하고 또한 극동의 국제 평화 및 안전의 유지에 기여하기 위해서 미합중국은 그 육군, 공군 및 해군이 일본국에서 시설 및 구역을 사용하는 것이 허용된다.[15]

일본은 헌법으로 금지되어 있기 때문에 미국에게 군사적인 원조를 제공할 수 없다. 그 결과 제5조의 쌍무성은 훼손되지만 제6조가 일본의 군사적인 전개능력 부족을 메우게 된다. 미국 정부는 일본의 군사 원조를 기대하지 않았지만 일본에 있는 미군 기지를 자유롭게 사용할 수 있는 권리를 필요로 하고 있었다.

기시와 자민당의 기시 지지자들은 점령의 흔적에서 벗어나려고 노력했지만 새로운 조약은 양국 관계의 기초를 바꾸지는 않았다.[16] 일본은 동아시아에서의 미국의 전략적인 관심을 적극적으로 인정하고 내면화하는 것을 통해서 어느 정도의 양보를 얻은 것이다. 신안보조약은 기시가 진정한 미일 관계를 표현하는 것으로서 구상하고 있었던 미국과의 군사 동맹과는 동떨어졌다.

기시를 비롯한 보수 진영은 헌법을 개정하여 미국이 일본의 군사원조를 필요로 할 경우, 일본 군대의 해외 파견을 법적으로 가능하게 하는 것으로 이 목적을 달성하려고 했다. 1950년대 전반에는 헌법 개정에 대한 상당한 지지가 있었지만 일본이 1950년대 후반부터 60년대에 걸쳐서 경제적인 풍요로움을 향유하기 시작함에 따라 그 지지는 떨어져 갔다.[17]

안보조약 하의 일본의 경제적인 성공은 대중적인 언설과 보수정치 지도자의 관심을 내셔널리즘적인 헌법 개정에서 빗겨가게 했던 것이다.

신안보조약을 통해 미일 양국이 대등한 파트너십으로 재편성되지는 않았지만 미일 관계의 새로운 시작을 알렸다. 기시는 조약의 비준을 축하하기 위해서 아이젠하워의 방일을 요청했고 그 답례로 황태자 부부의 방미가 예정되었다.[18] 그리고 아이젠하워의 도착에 맞춰 쇼와 천황이 하네다 공항으로 마중 나가는 것이 준비되었다. 맥아더와 쇼와 천황이 만난 1945년의 굴욕적인 모습과는 달리, 아이젠하워와 천황이 동석한 자동차 퍼레이드는 일본이 미국과의 새롭고 보다 평등한 관계를 세계에 과시할 기회가 되는 것이었다.

기시는 6월 19일에 예정된 아이젠하워의 방일에 맞춰 신 조약의 국회 비준을 계획한다. 이를 위해 중의원에서 5월 19일까지 조약을 통과시킬 필요가 있었다. 중의원이 승인해 버리면 참의원의 심의 없이 30일 후에 자동적으로 비준되기 때문이었다.

그러나 사회당과 공산당은 국회에서 신 조약에 대해 강한 반대를 표명하고 있었다. 양당 모두 군국주의자가 동아시아에서의 미국의 전략적인 계획에 일본을 깊게 관여시킴으로서 일본이 또다시 아시아에서의 전쟁에 끌려들어 갈 것을 우려했던 것이다. 기시 정권은 '미국 제국주의'의 원조를 받아 전쟁 시기의 강권 정치를 전후 일본에 부활시키려는 듯이 보였다. 이 때문에 1959년 3월에 사회당 서기장인 아사누마 이네지로淺沼稻次郎는 중화인민공화국을 방문하여 '미국 제국주의는 중일 양국 인민의 공통의 적'으로 선언했던 것이다.[19] 1950년대 후반에 공산당도 마찬가지로 일본이 미국 제국주의에 종속되어 있다고 호소하고 있었다.[20]

신 조약은 국회 심의 중에 논의되었다. 야당은 특히 미국의 행동 가능한 범위로서의 '극동'에 대한 정의, 미국 정부가 군사행동을 일으키기 전에 일본 정부와 사전협의를 행한다는 현실성에 대해 문제 삼았다.[21] 사회당 의원이 국회에 눌러앉아 심의를 늦추려고 했을 때 기시는 강경 수단을 동원하기를 주저하지 않았다.

5월 19일의 늦은 밤, 기시는 중의원 의장의 국회 입장을 저지하려고 했었던 사회당 의원을 배제하기 위해서 경관 500명을 불렀다.[22] 신안보조약은 사회당 의원과 국회 심의를 보이콧했던 자민당 내 반주류파의 부재 속에서 심의한 지 얼마 지나지 않은 5월 20일 오전 0시 6분에 승인되었다. 이리하여 기시는 계획대로 국회 심의를 마쳤지만 그 계획은 예상을 빗나가게 된다.

국회에서의 조약 개정을 둘러싼 다툼은 좌익 진영 내의 안보조약 반대를 보다 결속시키게 된다. 조직적인 반대운동은 이미 진행되고 있었고 1959년 3월에 공산당, 사회당, 총평일본노동조합총평의회 그리고 학생 조직 등을 포함한 134개의 단체가 안보조약 개정저지 국민회의를 결성했다.[23] 1960년 3월까지 여기에 참가한 단체 수는 1,633개까지 늘어났다.

그러나 안보개정 문제는 많은 사람들에게 너무나도 추상적인 것이었으며 다양한 조직을 통한 동원도 참가자들의 열정적인 지지가 있었던 것은 아니었다.[24] 궁극적으로는 기시에 대한 노여움이 폭넓은 계층의 시민들을 도쿄를 비롯한 각지의 안보 반대를 위한 거리 데모에 참가시켰던 것이다. 고등학생에서부터 노인들까지 다양한 사람들이 거리로 나왔고 대규모 데모 속에서 노여움을 표현했다. 그것은 많은 사람들에게 있어서 처음으로 데모에 참가하는 기회이기도 경험이기도 했다.[25] 신 조약에 반대하는 몇만 명이나 되는 사람들이 연일 국회, 총리 관저, 미국 대사관을 둘러쌌고 특히 6월 4일에 일어난 데모는 전국에서 560만 명이 참가하게 된다. 공공교통기관 근로자들뿐만이 아니라 2만 개의 상점도 참가했다.

'쇼와의 요괴' 기시 노부스케

조약 개정 비준을 위해 취해진 강행 수단은 복잡한 정치 상황을 선악의 대립으로 단순화시켰다. 기시는 전후 민주주의체제의 앞을 가로막는 일본 정치의 암흑 세력을 알기 쉬운 형태로 드러냈던 것이다. 그의 경력 그리고 신 조약에 관한 행동은 전시 일본의 잔재이자 패전 후에는 적국인 미국의 원조를 원했던 암흑 세력의 재래再來를 상기시켰다.

기시는 젊은 관료로서 만주국의 공업 발전에 관여했고 그 후에는 도조 히데키東條英機 내각의 상공대신이 되었다. 패전 직후에는 A급 전범용의자로 스가모巢鴨 구치소에서 심의를 기다리는 몸이었다. 그러나 도쿄

재판에서는 국제정치 정세의 변화를 반영하여 28명의 피고 이외의 심의가 집행되지 않았고 이 중 한 명이었던 기시는 석방되었다.[26]

1952년에 샌프란시스코 강화조약이 발효되자, 일본은 주권을 회복했고 기시에 대한 GHQ의 추방도 해제되었다. 그는 보수파 정치세력에 가담하여 정당 내의 기반을 굳혔고 마침내 1957년에 총리대신이 되어 일국의 지도자로서 돌아왔던 것이다.[27] 전쟁의 상흔을 억압하기 위해 고심했던 사회 속에서 정치가로서의 기시의 부활은 '괴물 같았다'고 형용하는 것이 어울릴지도 모른다.

사실, 전시기의 일본의 재래를 체험한 기시는 '쇼와의 요괴'라고 불렸다. 이 괴물은 패전 이전의 시기에서 돌아와 부활하여 1960년의 정치적 소란의 주축이 되었다. 전시기의 탄압적인 정치체제의 괴물과 같은 체질을 가지고 돌아온 것이다. 기시는 패전 이전에 일본인이 일체가 되어 저항해야 했던 군사체제 그리고 이 체제가 일본에 가져온 굴욕의 대명사가 되었다. '쇼와의 요괴'는 괴물스러움을 발휘했지만, 현대 과학의 지배자인 미국을 쓰러뜨릴 만큼의 힘을 가지고 있지 않았다. 역으로 미국에 대한 일본의 종속적인 관계를 신안보조약 속에서 지지하는 모습은 일본이 패배하여 종속국으로 길들여지게 된 패전 직후의 드라마를 상기시켰다. 따라서 안보반대투쟁은 전후 일본이 문제를 다루는 기회가 되었던 것이다.[28] 수백만의 일본인들이 기시의 강경 수단에 대한 분노를 표출하기 위해서 거리에 뛰어나와 큰 규모의 데모를 지지했다.

기시는 안보조약개정 이전에 이미 독재적인 성향을 보였다. 1958년 10월 4일에 후지야마 아이이치로藤山愛一郎 외무대신과 더글러스 맥아더

Douglas MacArthur II 주일대사가 안보개정을 위한 공식적인 교섭을 시작했다.[29] 기시 정권은 나흘 후 조약 개정 과정에서 일어날 소란을 상정하고 경찰관 직무집행법 개정안을 국회에 제출했다. 이 경찰법은 경찰관의 예방적 조사·취조·체포를 인정한 것이며 나중에 기시 자신도 인정한 바와 같이 안보조약 개정을 강행하기 위한 준비였다.[30]

그러나 기시의 강행에도 불구하고 이 개정 법안은 통과되지 않았다. 사회당은 개정 법안이 제출되자 곧바로 반대를 표명했고 법안 제출 5일 후에 66개의 단체가 경찰법 개정 반대 국민회의를 출범시켰다. 일반 국민뿐만이 아니라 미디어도 반대운동을 지지했다. 기시는 11월 4일에 국회 심의를 연장하여(회기는 11월 7일까지였다) 법안을 성립시키려고 했지만 사회당 의원들은 심의를 보이콧하며 대항했다. 또한 자민당의 유력 의원들 중에서도 기시의 계획에 반대하고 비판하는 자들도 나타났다. 최종적으로 기시는 패배를 인정하게 된다. 11월 22일에 사회당 서기장인 스즈키 모사부로鈴木茂三郞와 회담하고 법안을 보류하기로 합의했다.[31] 이와 같이 반대 세력이 경찰법 개정을 저지하는 데에 성공한 것은 기시의 강경한 안보조약 개정 반대에 대한 조직적인 기초가 되었다.

마루야마 마사오丸山眞男는 기시의 강압적인 처사로 인해 안보조약 개정 관련 문제가 민주주의와 독재적인 권력 사이의 선택이라는 이해하기 쉬운 형태로 나타났다고 주장했다.[32] '민주인가 독재인가'라는 다케우치 요시미竹内好의 문제제기는 복잡한 국제정치를 국내 상황으로 그리고 단순한 이항 대립으로 바꿔놓은 상황을 잘 나타내고 있다.[33] 미국이라는 요소는 민주주의와 독재 정치 속에서 쏙 빠져버린 것이다.

이러한 지식인들은 민주주의를 절대적인 주제로 제시함으로써 전후 일본에 민주주의를 가져온 역사적인 조건에 대해 무관심해져 버렸다. 민주주의적인 전후 일본 사회는 추상적인 개념으로서 존재한 것이 아니라 동아시아에서의 미국의 패권 하에 구체적인 역사적 조건으로서 존재해 왔다. 또한 전쟁 중의 총력전체제는 전후 일본의 사회 그리고 경제 민주화의 기초가 되기도 했다.³⁴

반대운동 참가자들은 전후 정치 상황의 모순을 미국 패권 하의 정치적인 조건 속에서 '민주와 독재'라는 모순된 관계를 생각할 필요가 있었다. 그러나 마루야마와 다케우치는 '민주인가 독재인가'라는 대립으로 파악함으로써 참가자들에게 미국 점령의 부산물인 민주주의를 무조건 받아들이기를 요구했다. 실제로 반대운동에 참가한 많은 사람들은 마루야마와 다케우치가 민주적인 현재와 독재적인 과거 간의 투쟁으로 문제를 단순화하는 호소를 받아들였다.

내셔널리즘의 감정

그러나 기시의 강경한 방법에 대한 참가자들의 반감이 문제를 단순히 '이것인지 저것인지'의 선택으로 변질시켰음에도 불구하고 과거는 다양한 형태로 반대운동에 따라다녔다. 많은 참가자들의 마음속에서 전쟁과 패전의 기억은 전후 일본에서 높아지고 있었던 내셔널리즘의 감정과 충돌했다. 1966년에 발표된 조지 패커드Packard, George R., III의 Protest in Tokyo'도쿄의 저항 운동'는 되살아나고 있었던 일본인으로서의 자부심 및 전쟁과 패전의 체험 간의 긴장 관계에 대해서 다음과 같이 설명한다.

전쟁과 패전이 국민의 자부심을 다시 쌓는 과정에서 극히 중요한 문제였던 것은 놀랄 만한 일은 아니다. 외부의 관찰자는 일본인이 점령을 받아들이고 민주주의를 빠르게 도입했기 때문에 전쟁의 기억은 먼 과거의 일이 되어 버렸다고 결론지었지만, 이것만큼 진실에서 동떨어진 것은 없다. 전쟁과 패전은 대부분의 일본인이 살아가는 데에 있어서 피할 수 없는 사실이자, 죄악감, 열등감, 불안감이라는 감정을 만들어 왔다. 높은 긍지와 섬세한 사람들의 마음속에 남겨진 상처는 현재의 대학생 세대가 일본 사회를 이어받을 때까지 아무는 일은 없을 것이다. 그리고 1960년, 겉모습 이상의 것을 보려는 자에게 상흔은 명확하게 보인다.[35]

신안보조약을 통해 굳어진 일본의 종속적인 입장과 독재자를 생각하게 하는 기시의 정치적인 획책은 '죄악감, 열등감, 불안감'을 일본 속에 부활시켰다.[36]

안보반대 투쟁에 깊이 관여했던 지식인 시미즈 이쿠타로清水幾多郎는 이와 같이 참가자들의 감정적인 반응 속에서 내셔널리즘의 징후를 찾아 냈다.

참가자 대부분이 전쟁을 알고 있었다. 그들은 전전의 생활과 전쟁 중의 생활을 알았으며 전후의 생활을 알고 있었다. 그러나 그것은 그 생활을 알고 있었다기보다 전쟁 속에서 겨우 살아 왔던 것이다. 그들은 이 시기에 시종일관 많은 것을 경험하고 그 때마다 큰 감정에 흔들려 왔다. 되돌아 본다면 누군가의 과거도 불안, 공포, 분노, 기아, 굴욕으로 가득하다. 확실히 그러한 감정이 있는 자는 자신이나 자신의 육친을 중심으로 한 자이지만, 다른 자들은 확실히 우리 일본을 중심으로 한 자들이었다. 거기에는 내셔널리즘이 있었다. 그러나 전후 15년간, 이러한 경험이나 감정의 사적인 부분은 밝고 높은 무대에 올라갈 권리를 부여받았지만 내셔널리즘을 포함한 부분은 어두운 편린에 처박혀 왔다.[37]

반대투쟁은 전후 일본에서 '어두운 편린에 처박혀 온' 내셔널리즘에 출구를 부여한 것으로 전례 없는 지지를 모을 수 있었다. 일본의 패전에서 아직 15년밖에 지나지 않았던 것이며 과거의 가까운 체험이나 감정이 반대운동을 형성한 것을 충분히 예상할 수 있다.

안보투쟁은 참가자들에게 '기원의 내러티브'에 의해 오랜 기간 억압받아 온 것―과거의 체험과 감정에 깊이 잠든 내셔널리즘 의식―을 표현할 기회를 받았던 것이다. 정부가 '기원의 내러티브'를 거의 그대로의 모습으로 추인追認하려고 했을 때 내셔널리즘의 감정은 되돌아 왔다.

시미즈는 정치권력에 대해 몸을 던져 부딪혀 가는 전학련전일본학생자치회총연합의 모습이 참가자들 사이에서 내셔널리즘의 감정을 일으켰다고 논한다.

전학련의 무리한―사심 없는―행동을 통해서 안보투쟁이 하나씩 계단을 올라감에 따라 그것은 국민들 정신의 깊은 층, 무의식 층 중간으로 파고들었고, 이를 통해 감춰져 있던 경험이나 감정을 자극하여 이들에게 뜻밖에 표현의 기회를 부여하게 되었다고 생각한다. 많은 사람들은 오랫동안 언급

하지 않았던 오래된 경험이나 감정을 '안보 반대'라는 외침에 맡기고 있었던 것이다.[38]

시미즈에 따르면 전학련의 몸을 던진 투쟁 스타일이 일본에서 평온하지 않은 과거의 기억을 불러일으킨 것이다. 이러한 기억은 도쿄를 중심으로 학생 데모 참가자들의 신체를 통해서 되살아 났다. 6월 15일에

국회 앞에서 대기 중인 경찰들과 데모 부대(1960.6.15)
출처 : 위키피디아

발생한 경찰과의 충돌에서 경찰봉을 맞아 부상당한 학생은 후에 "당시의 상처가 평생 낫지 않고, 흔적을 남기고 싶은 마음이다"라고 말했다.[39] 머리에 남는 상처로 정치적인 체험을 새기고 싶었던 것이다. 이 학생의 육체는 정치적인 투쟁의 방법, 그리고 그 장場이 되었다. 신체는 정치적인 의사를 표현할 뿐만이 아니라, 정치적인 투쟁의 기억을 보존할 수 있다. 고도성장의 초기에 반안보투쟁은 정치 안에서 신체를 재발견했다.

보다 과격한 공산주의자 동맹이 전학련의 주도권을 잡고, 1만 명에 달하는 데모 부대를 이끌고 국회 근처까지 쳐들어 간 것은 1959년 11월 27일의 일이었다. 전학련과 기동대 간의 충돌은 역사를 뒤엎은 전후 사회의 약속을 깨고 지금도 해결되고 있지 않은 갈등에 이르기 위한 필사적인 시도였다. 1960년 6월 15일에 데모 부대가 국회를 돌파하려고 하는 도중에 여학생인 간바 미치코樺美智子가 압사당하고 많은 참가자들도 부상을 입었다. 그 죽음은 안보투쟁에서 신체적인 표현이 다다른 곳이었다. 6월 16일에는 도쿄의 주요 7개 신문들이 합동으로 전학련을 강하게 비난하고 데모 참가자들에게 이와 같은 폭력에서 민주주의를 지킬 것을 강하게 요구했다.[40]

신체는 전학련의 지도자들에 의해 충분히 이론화되지는 않았지만, 그 지도 방침은 전후의 정치체제를 강하게 지지하는 사람들 사이에서 불안을 자아내는 데에 성공했다. 그로 인해 전학련은 반안보투쟁 그리고 다른 반대조직에 찬동하고 있었던 신문 미디어에게 비난받았다. 전학련이 몸을 던졌던 투쟁은 그 실력 행사와 기시가 체현하는 전전의 군국주의의 유제를 동일시하는 민주 운동 속에서 봉인되어야 했다.

기시 내각에서 이케다 내각으로

30만 명의 사람들이 저항을 위해서 국회와 총리 관저를 둘러싸고 있었던 6월 19일 0시, 신안보조약은 참의원의 심의를 거치지 않고 승인되었다. 그러나 일본 정부는 안전을 확약할 수 없기 때문에 정치적인 소란 속에 예정되어 있었던 아이젠하워의 방일을 중지시킬 수밖에 없었다. 자위대가 대기하고 경찰이 30대의 전차戰車를 언제든지 사용할 수 있는 상황에서 양국의 정부는 반대 세력에게 어떻게 해서든 승리하려고 결의했다. 하지만 간바 미치코의 죽음은 아이젠하워 방일 때의 치안 유지 여부에 대해 미국 정부의 신뢰를 궁극적으로 흔들었다.[41] 기시는 워싱턴의 압력으로 아이젠하워의 방일 '연기'를 발표했다. 대통령과 천황의 안전이 경비의 최대 관심사였지만, 경비의 불찰에 의해 황실의 이미지가 손상되지 않도록 한다는 배려도 있었다.[42]

양국 정부는 6월 23일에 비준서를 교환했고 같은 날, 기시 노부스케는 정치적인 혼란에 대한 책임을 지고 총리직을 사임했다. 괴물은 드디어 퇴치되었던 것이다. 이케다 하야토池田勇人가 7월 19일에 자민당 내 조정을 거쳐 차기 총리로 지명되었다.

이케다는 치안과 국민의 신뢰 회복을 위해서 정권의 슬로건으로 '관용과 인내'를 내걸고 국민의 관심을 경제성장으로 향하게 했다. 소득배증계획으로 대표되는 이케다 내각의 '정치에서 경제로'라는 정책 전환은 큰 성공을 거두게 된다.[43] 당시 이케다를 보좌했던 한 사람이 후일의 인터뷰에서 국회를 둘러싼 데모에 대한 본능적이라고도 말할 수 있는 이케다의 반응에 대해서 말하고 있다. 이케다는 데모 부대의 엄청난 에너지

를 인정하고 "이 활력을 경제 발전으로 향하게 한다면 일본은 틀림없이 경제대국이 된다고 확언했다".[44]

그가 바랐던 것처럼 일본은 1960년대에 그 에너지를 경제발전에 집중했다. 그리고 미일 안보에 대한 반응은 진정되었다. 안보 반대 데모에 참가한 많은 사람들은 망설임 없이 안보조약의 보호 아래 경제적인 번영을 누리고 있었던 것이다.[45]

그러나 조약개정을 저지하지 못했던 반대 세력은 패배를 맛보았으며, 기시의 퇴진은 과거의 기억과 미국의 주도권 아래에 있는 현재의 일본의 상태 사이에 있는 모순을 상징적으로 해소했다. 이 작은 승리는 아이젠하워의 방일 중지 그리고 이전의 적이었던 미국의 생활양식을 기준으로 한 물질적인 풍요로움을 안보투쟁 참가자와 목격자들이 받아들이기 위한 구실로 제공했다. 1960년 11월에 열린 중의원 총선거 결과는 신안보조약을 강행한 자민당에 대한 일반적인 지지를 나타내고 있었다.[46]

'불결'한 기시 내각

1950년대 말에 있었던 안보반대투쟁에 대한 논의를 마치기 전에 독자들에게 그 특징을 파악하기 위해서 사용한 신체적인 비유를 설명하고자 한다. 대학생으로서 투쟁에 참가한 호사카 마사야스保阪正康는 정치와 위생을 엮어 안보개정 반대운동의 특징을 다음과 같이 설명한다.

안보반대투쟁은 본질적으로는 반 기시 투쟁이었다. 반 기시 투쟁은 의회정치 옹호의 투쟁이라고 해도 좋다. 또한 쇼와시昭和史라는 흐름에서 본다면,

기시라는 전전의 관료 타입의 총리가 가지고 있는 모든 체질이나 사고, 기질에 대한 혐오감이 근저에 있었다. 대담한 가설을 말하자면, 기시 총리라는 인물을 '태평양전쟁의 책임자'로 진단한 '인민재판'이자, 15년 늦게 나타난 국민의 '전쟁 재판'이라고 할 수 있다.

기시가 예전에 관료의 한 사람으로서 선전포고한 나라를 추종하고 그 권위에 기대려고 했었던 불결함에 국민들은 초조해 하고 있었다.[47]

호사카의 논의는 1986년에 출판된 것인데, 기시를 설명하면서 그가 신체적인 비유를 사용한 것은 안보반대투쟁의 일반적인 견해의 변용을 촉구한 것으로서 흥미를 끈다.[48] 호사카는 기시의 '체질'이나 '기질' 그리고 그 행동의 '불결함'을 언급하는 것으로 기시가 "체현"한 정치를 신체의 상태로 바꿔서 반대운동을 위생 관념으로 설명한다. 기시를 규탄하는 것은 투쟁 참가자가 자신의 과거와 타협하는 방법이었으며, 기시가 퇴진했을 때 과거의 평온하지 않은 기억의 대부분은 기시의 '불결함'과 함께 전후 일본의 정치 무대에서 씻겨 내려갔던 것이다.

안보 개정 위기를 둘러싼 투쟁에서 이케다 하야토를 보좌한 미야자와 기이치宮澤喜一는 1990년대에 이뤄진 인터뷰에서 위와 같이 신체적인 비유를 사용하여 조약 개정 이후의 분위기를 묘사했다.

안보 소동이라는 것은 몸속에 설사약을 넣은 것과 같은 사건입니다. 이후 어떻게 나아가야 하지라고 생각하는 상태였으니까요. 그래서 "관용과 인내"라는 말밖에 없었습니다.[49]

미야자와의 이러한 신체적인 비유도 1960년의 소란을 겪은 후의 정부 대응을 묘사하는 데에 적절한 것이다. 이 비유를 빌리자면, 일본의 신체에서 과거의 기억이 '배설'된 것이라고 생각할 수 있다. 1960년에 일본은 극심한 '설사'에 시달리고 있었으며 이케다 내각은 이후 몇 년간을 '저자세'로 지냈고, 같은 시기 일본도 사회를 청결히 하는 데에 착수하고 있었던 것도 맞는 말인 것 같다. 과거의 기억은 밝고 위생적이고 현대적인 공간 속에서 다시 대중 의식으로 올라와 씻겨 내려갔다. 정치적인 이의 제기를 신체적인 표현으로 한 육체는 짓궂게도 1960년대의 합리적인 생산 기반으로 방향을 바꿔 몰두해 간 것이다. 도쿄는 1964년에 개최되는 올림픽을 준비하면서 그 외견을 격변시키고 청결함을 증대시켰으며, 정치도 순식간에 거리에서 사라져 없어졌다.

2. 1964년, 도쿄올림픽

전쟁과 파괴의 기억을 일깨우다

일본은 1950년대 후반에 고도성장 시대에 접어들었고 1964년에 개최된 도쿄올림픽은 경제 성장의 자극이 되었다. 도쿄올림픽은 경제적인 회복을 과시했을 뿐만이 아니라, 일본이 다시 국제사회의 일원이 되었다는 것을 상징했으며 앞으로의 갈 길을 가리키는 것이었다. 그럼에도 불구하고 과거의 증거, 특히 아시아·태평양전쟁의 기억이 짙게 반영되어 있었다. 1940년에 예정되어 있었지만 중국과의 전화戰火가 깊어지는 가

운데 중지되었던 도쿄올림픽의 그림자도 거기에 있었다.[50]

국제 올림픽 위원회는 1959년 5월에 투표를 통해 1964년 하계 올림픽 대회를 도쿄에서 개최하기로 결정했다. 이후 5년간 일본의 '올림픽 열기'는 점점 뜨거워졌다. 미디어는 도쿄올림픽을 '성전'聖戰이라 부르면서 가열되어 가는 내셔널리즘적인 논조를 비판했다.[51] 도쿄올림픽 공사 담당자 중에는 이 거대한 사업을 '옥쇄'의 각오로 수행해야 한다는 자도 있었다.[52]

올림픽은 새로운 시작을 알리면서도 전쟁과 파괴의 기억을 동시에 불러일으켰던 것이다. 신문의 한 독자는 개회식 3주 전에 다음과 같은 글을 썼다.

> 멋있게 완성된 경기장이나 도로를 보는 것을 통해서 패전당한 1945년의 초라한 가을을 생각하면 감개무량하다. 오늘 이 날을 누가 상상할 수 있었을까.[53]

이 독자의 마음속에서 1964년의 경제적인 풍요로움은 1945년의 파괴와 중첩되었다. 전쟁과 올림픽을 가로막은 19년이라는 시간을 초월하여 1945년의 파괴와 1964년의 부흥은 한 쌍의 이미지가 되었던 것이다.[54]

도쿄올림픽의 감동적인 개회식은 작가 스기모토 소노코杉本苑子에게 같은 장소에서 거행되었던 21년 전의 의식儀式을 떠오르게 했다. 1943년에 일본 정부는 긴박한 전황 속에서 대학생의 징병 유예를 중지했다. 징병 검사에 합격한 남자 대학생은 이과 계열 학생을 제외하고 모두 징병되었다. 1943년 10월 21일, 비가 내리는 가운데 고등교육기관의 학생 77명이 정부에 의해 조직된 학도출진장행회学徒出陣壮行会의 참가자로 메이지 진구 가이엔 경기장神宮外苑競技場. 이후 국립경기장으로 재탄생을 행진했다. 21년 전의 그 이미지가 스기모토의 마음속에서 개회식 장면과 중첩되었다.

　　20년 전 10월, 나는 같은 경기장에 있었다. 여학생 중에 한 명이었다. 출정하는 학도병들을 가을비가 내리는 운동장에 서서 배웅했던 것이다. 장내의 모습은 거의 바뀌었지만 트랙의 크기는 변함없다. 위치도 20년 전과 같다고 한다. 올림픽 개회식 진행과 겹쳐 나는 좋든 싫든 간에 출진하는 학도장행회 날의 기억이 되살아나는 것을 억누를 수가 없었다.

　　천황, 황후가 앉으신 귀빈석 주변에 도조 히데키 총리가 서서 적국인 미국과 영국을 격멸하자고 학도병들에게 격려했다.[55]

94개국에서 참가한 선수들의 행진은 총력전을 위해서 출진해 갔던 학도들의 기억을 불러 일으켰다. 21년 전의 의식은 올림픽 개회식의 멋스러움이 빠져있었지만―경기장은 검은색과 카키색으로 메워졌다―스기모토는 "오늘의 올림픽은 그날과 연결되었고 그날도 오늘과 연결되어 있다"고 직감했다.[56] 국민적인 축제가 고조되던 와중에 과거의 역사를 생각해 내고 그 반복을 우려했던 것이다.

문예비평가 에토 준江藤淳은 1963년에 미국에서 귀국했을 때, 도쿄에서 "밤낮을 가리지 않고 추진되고 있는 대규모 공사를 보고, 아, 일본인은 지금 전쟁을 하고 있는 거구나"라고 느꼈다.[57] 에토에게 있어서 전쟁을 불러일으키는 것은 단순히 과거의 감상적인 추억에 그치는 것은 아니다. 사람들은 다시 한번 전쟁을 경험하고 있는 것이다.

만약 대다수의 사람들이 이것이 일종의 전쟁이라는 것을 암묵적으로 인정하고 있었다면, 일본인들이 이 정도로 철저한 생활 파괴를 참아낼 리도 없었다. 그러나 사람들은 현실에서 오히려 그것을 태연하게 참았다. 그것은 아마 이 '전쟁'이 그 만큼 희생할 만한 가치가 있다는 것을 대부분의 사람들이 본능적으로 알고 있었음이 틀림없다.[58]

적의 모습은 보이지 않았지만, 주민들은 1960년대 초기의 전쟁 때와 같이 희생을 참고 견뎠던 것이다. 에토는 사람들이 20여 년 전에도 동일하게 행동하지 않았을까라고 넌지시 언급했다.

건물이 부서져 가는 장면으로 시작하는 이치카와 곤市川崑의 기록영화 〈도쿄올림픽東京オリンピック〉1965은 이 연관성을 더욱 명확하게 드러낸다. 이 작품이 처음으로 공개되고 24년 후에 이를 본 작가 하시모토 오사무橋本治는 도쿄올림픽에 대해 에토와 같은 결론에 달했고, 영화를 '일종의 전쟁영화'라고 불렀다.[59] 그러나 영화 첫 부분의 시퀀스에서 '전쟁'은 일본의 부흥으로 쉽게 포장되어 버렸다. 화면을 차지하는 태양(빨간색과 하얀색이 반전된 일장기처럼 보인다)이 나온 후, 카메라는 콘크리트로 만든 건물을 파괴되는 장면을 포착한다. 그리고 포크레인과 작업부들이 잔해들

을 제거하는 장면으로 이동한다. 나레이터의 목소리가 첫 부분의 시퀀스를 통해서 1896년의 아테네부터 1964년의 도쿄 순으로 이어지면서 근대 올림픽의 역사를 따라간다. 그 속에는 두 번의 세계대전으로 인해 중지된 대회, 그리고 일본이 참가할 수 없었던 1948년의 런던 대회도 포함된다. 올림픽의 역사를 제2차 세계대전 이후까지 따라가는 것으로 일단 단절된 올림픽이 전후에 부활한 대회를 통해 회복된 것을 시사한다.

다음으로 국립경기장, 그리고 국립 요요기代々木 경기장의 제1·제2 실내 경기장 건물이 스크린에 나타난다. 사람이 없는 국립경기장은 장엄함과 장대함을 갖춘 종교적인 건축물처럼 보이기도 한다. 낮과 밤의 실내 경기장의 장엄한 이미지가 이어진다. 건물을 부수는 요란함과 새롭게 건설된 올림픽 시설의 평온함의 대비는 파괴에서 부흥으로의 변화를 보여주고 있다. 아나운서의 목소리가 목록의 마지막에 있는 도쿄올림픽에 다다르자, 화면은 갑자기 떠들썩한 긴자銀座로 바뀐다.[60] 이리하여 첫 부분의 시퀀스는 일본이 전쟁으로 인한 파괴에서 빠르게 부흥하여 1960년대의 풍요로움에 이르렀다는 '내러티브'를 재확인한다.

다음 시퀀스에서 보이는 성화 릴레이도 이 내러티브를 반복한다. 그리스의 올림푸스산에서 점화된 성화는 하늘길을 따라 아시아의 여러 도시를 통과하여 9월 7일에 오키나와沖繩에 도착한다. 성화는 여기에서 분화分火되어 4개의 코스, 총 6,489.6km의 거리를 이동하면서 일본의 모든 지역을 통과한 후, 10월 9일에 도쿄에 도착한다.[61]

영화 〈도쿄올림픽〉은 아시아에서의 성화의 발자취를 찾으면서 7개의 도시 이름을 언급했는데,[62] 일본의 구체적인 지명을 언급한 것은 오키

나와와 히로시마広島뿐이다. 홍콩의 정크선Junk船에 이어서 히메유리 탑ひ

めゆりの塔[63]이 당돌하게 스크린에 나타나고 오키나와의 성화 주자에게 옮

겨진다. 그 직전에 카메라는 구름 속에 나타나는 원폭 돔을 포착하고 평

화공원으로 성화가 도착하는 장면을 쫓는다(오키나와는 7초 정도의 장면에

불과하지만, 히로시마를 묘사하는 데에는 1분을 사용한다). 이후, 미국 선수단의

도착 장면이 삽입되고 카메라는 다시 성화를 쫓는다. 성화 릴레이는 히

로시마를 통과한 후에 부감 촬영을 통해 해안선, 후지산, 그리고 기와로

된 지붕의 가옥 등 이른바 일본적인 정서로 충만한 배경 속에서 포착된

다. 이러한 일본적인 풍경 속에 여러 선수단이 도착하는 장면이 삽입된

다. 여기에서 시각적인 내러티브로서 드러나는 것은 파괴당했음에도 불

구하고 남겨진 일본의 자연과 전통이며 미국, 그리고 세계 각국에서 손

님을 맞이할 정도로 부흥한 전후의 일본이다.

　전쟁으로 인해 파괴된 기억은 1945년 8월부터 시작된 재건의 내러

티브를 정착시키면서 올림픽 경기장으로 입장하는 것을 허락 받았다. 이

러한 기억이 궁극적으로 불러일으킨 것은 일본의 성공이며 1945년 이전

의 고난은 1960년대의 도약을 위한 필요조건이 되어 버렸다. 1945년과

1964년을 도쿄올림픽 속에서 중첩시키는 것은 관객에게 19년의 세월을

묻지 않고 1945년의 파괴에서 단번에 1964년의 부흥에 다다를 것을 요

구했다. 패전의 고된 기억은 그 후의 부흥과 하나가 되어 무해한 것이 되

었다.

　올림픽의 성공이 은폐한 것은 패전에 의한 것이 아니라, 그 파괴에서

살아가야 했던 패전의 고투苦鬪였다. 그러한 의미에서 도쿄올림픽은 전쟁

의 기억을 소환하는 기회를 부여했던 1960년의 안보투쟁에 대한 강력한 해독제였다. 미군의 주택지였던 요요기代々木의 워싱턴 하이츠가 일본으로 반환되어 선수촌, 체육관, 그리고 실내 수영장으로 바뀐 것은 상징적이다. 일본의 패전과 미군 점령의 상징은 국제적인 쇼를 위해 도시 경관에서 제외된 것이다.

1964년의 도쿄올림픽은 전쟁의 파괴에서 부흥이라는 드라마를 제공하게 된다. 일본은 이 부흥 드라마를 상연하기 위해서 수도의 모습을 일변시켰고 일본인 선수의 신체를 훈련시켜 왔던 것이다. 근대화되고 위생적으로 변한 도쿄의 도시 공간은 높은 자긍심을 가진 일본의 신체적인 퍼포먼스를 위한 최상의 무대가 되었다.

건설 붐

도쿄는 1960년대 전반에 올림픽 준비를 위해서 줄곧 공사 중이었다고 말할 수 있다. 하시모토 오사무의 관찰에 따르면, 주민들은 도쿄올림픽 때 도쿄의 모습이 극적으로 바뀌었다고 지적하지만, 전시 중의 보다 큰 파괴에 대해서 같은 이야기를 하는 일은 거의 없다.[64] 하시모토는 실제로 도쿄가 전후에 재정비되었던 것이며 전쟁이 도쿄의 경관을 바꾸지 못했다고 주장한다. 도쿄올림픽의 건설 붐이 결국 도쿄에 있었던 전전의 요소를 제거했던 것이다. 또한 올림픽이 일본 역사에 있어서 중대한 전환기였다는 하시모토의 논의를 발전시킨다면, 1945년의 파괴와 1964년의 건설의 관계야 말로 도쿄가 패전 이전부터 이어받은 것을 은폐하는 데에 도움이 되었던 것이다.

국가와 도쿄도東京都는 수도가 필요로 했던 인프라 정비를 위해서 거금을 쏟아 부었다. 올림픽에 직접적으로 관련된 지출은 295억 엔이었지만, 간접 지출은 그 30배 이상인 9,600억 엔에 이르렀다. 거의 1조 엔이라는 액수는 1958년의 국가예산이 1조 3천억 엔이었다는 것을 생각한다면 방대한 투자였다.[65] 도카이도 신칸센東海道 新幹線 건설은 간접 지출의 46% 가까이를 차지하고 있는 가장 큰 규모의 사업이었다. 지하철과 도로고속도로 포함 관련 공사는 각각 간접 지출의 19.8%와 18.3%를 차지했다. 1959년에 올림픽을 위한 유료고속도로 건설을 위해 수도고속도로공단首都高速道路公團이 발족했고 1959년에는 수도고속도로 1호선의 일부가 개통한다.

전전, 전시의 기술적인 야망도 1959년에 시작된 도카이도 신칸센 공사를 통해 부활했다. 1930년대에는 이미 도쿄와 시모노세키下關를 9시간으로 묶는 탄환 열차 계획이 진행되고 있었다.[66] 그러나 중일 전쟁으로 인해 철재鐵材가 극도로 부족해졌고, 일반적인 군사력 증강에 따라 주요한 건설은 무기한 연기되었다.

일본이 중국과 전면 전쟁에 돌입한 1937년, 일본 정부는 철재를 사용한 건조물의 크기를 규제하는 엄격한 관리법을 도입했다(철강공작물 축조허가 규제). 이에 따르면, 50톤 이상의 철강을 필요로 하는 구조물은 허가되지 않았다. 결과적으로 6층 높이의 오사카역大阪驛 빌딩 건설은 완전하게 멈춰버렸던 것이다.[67] 1940년의 올림픽 개최를 위한 경기장도 이 규제를 피할 수는 없었다. 도쿄시는 10만 명을 수용할 수 있는 일부 목조로 된 주경기장 건설을 신청했지만 실현되지 않았다.[68]

탄환 열차 철도 계획은 1939년에 기안되어 자재가 부족해지면서 예정된 노선의 일부부터 건설이 시작되었다. 그러나 이 계획은 1943년에 완전히 파기된다(신설 노선을 위한 토지 매수는 계속됨).[69]

탄환 열차 철도는 일본 철도 기술의 정점이자, 1930년대의 꿈의 상징이 될 수도 있었다.[70] 그러나 이 계획이 1950년 말에 부활했을 때 일본 국유철도日本國有鐵道의 내부, 그리고 정치가 중에 고속 철도는 이미 시대에 뒤떨어진 것이라는 의견을 말하는 사람들이 많았다. 비행기와 고속도로가 철도를 대신할 것이라고 기대했던 것이다. 이 계획을 '3대 바보三代バカ'라고 불리는 건축물 피라미드, 만리장성, 전함 야마토戰艦大和와 비교하는 목소리도 있었다.[71]

일본국유철도는 1952년에 현재 사용하는 협궤狹軌의 운송능력을 확대시키기 위한 방침을 결정했는데, 총재였던 소고 신지十河信二는 표준궤標準軌를 사용한 고속철도 건설을 추진하고 있었다.[72] 소고 자신의 발자취도 탄환 열차의 부활 속에서 전전, 전시의 체험이 농후했다고 말하고 있다. 소고는 1909년에 철도원鐵道院에 들어갔고 후에 남만주철도 주식회사의 이사가 된다. 이 회사는 표준궤를 채용하여 1934년에 대련大連-신경新京 간 701.4km를 8시간 반으로 묶는 아시아호アジア号의 운전을 개시했다.[73]

아시아호라는 이름이 체현되고 있었던 대아시아주의는 일본이 아시아·태평양전쟁에서 패배했을 때 무너져 버렸지만, 전전의 꿈이었던 유선형 고속 열차는 올림픽과 같이 전후 일본에서 되살아났던 것이다. 패전 직후, 회복 기조가 보이는 경제활동 속에서 사람들은 살아남는 것만을 생각하고, 전전의 식민지주의적인 이상과 속도에 대한 희구를 잊어버린 것처럼 보였다. 그러나 속도에 대한 꿈은 신칸센으로 돌아왔다. 보다 빠른 속도로 그리고 많은 건설노동자의 생명을 희생하면서(203명이 공사 중에 사망했다), 탄환 열차는 미완의 근대화 프로젝트를 계속했던 것이다.[74]

신설 노선을 위한 주요 용지 구입은 전시 중에 이미 진행되었다. 철도성鐵道省, 1920년에 철도원에서 승격은 1943년 말기까지 필요한 용지의 19%를 확보하고 있었다.[75] 전쟁 수행을 위한 중요한 계획이었기 때문에 반대의 목소리도 없었으며 용지 수용은 비용도 그리 들지 않았다. 또한 미군의 공중폭격도 한 요인이 되었다. 공중폭격으로 인해 불타버린 토지는 가치가 사라져 버렸기 때문이다.[76] 철도성을 통해 토지가 확보되어 있었기 때문에 전후가 되어서도 용지의 매수가 쉬워져서, 신칸센이 어디를 달릴지를 결정하는 주원인이 되었던 것이다.[77]

고속 운전을 가능하게 한 기술도 전전의 기술적인 노하우에서 생겨난 것이다. 항공 공학 연구자들은 고속 전투기의 개발을 통해서 고속 항공에 관한 중요한 지식을 얻고 있었다. 이와 같은 지식은 패전과 함께 잊혀져 버린 것이 아니라, 군사 연구에 관여하고 있었던 1,000명의 연구자들에 의해서 전후에 철도기술연구소로 들어갔다.[78] 전전의 지식의 축적과 항공 공학의 응용은 신칸센을 개발하기 위해서 없어서는 안 되는 것이었다.[79]

한편 교통 기관만 관심을 모았던 것은 아니다. 도쿄도의 행정기관은 외국인들에게 수도를 어떻게 보일 것인가라는 문제에 대해 마치 홀린 것 같았다. 1961년 3월에 신생활운동협회는 도쿄도의 원조를 얻어 도쿄도 신생활운동협회로 재편되었다. 이 협회는 독자적인 미화운동에 지역주민을 동원함으로서 도쿄도의 '수도 미화운동'을 3년 반에 걸쳐 적극적으로 추진해 나가게 된다. 그리고 협회의 장려책은 성과를 올렸다. 예를 들면, 1964년 1월 10일, 도쿄의 거리를 청소하는 요청에 160만 명의 사람들이 응했다.[80]

위생적이고 밝은 수도를 만들다

제2장에서 다뤘던 일본인의 신체를 관리하려고 하는 전시의 의사意思도 미완의 프로젝트를 계속하는 것처럼 되살아났다. 후생성厚生省은 '국토정화 운동'과 '국민 보건체조 운동'을 추진했고[81] 신문 보도에 따르면 고바야시 다케지小林武治 후생대신厚生大臣은 이러한 운동에는 숨겨진 동기가 따로 있지 않다고 주장했다.

특히 최근 퇴화 경향에 있는 이른바 도시 주민의 '종합적인 신체의 강인함'을 향상시키기 위해서도 후생성이 앞장서서 보건 체조를 만들어 보급하는 것이 보건위생 상에서도 급무라고 생각한다.

후생대신은 전시 중 '건국 체조'나 '해군 체조'가 국민들에게 강요되었던 것은 다른 의미에서 평화적인 '보건 체조'를 라디오 체조와 같이 전국적으로 보급하여 '8천만 명 총체조 운동'이 될 때까지 분위기를 돋우고 싶다고 말하고 있다.[82]

그러나 후생대신의 발언은 그 의도하는 바와 반대로 체조 운동의 근본에 있는 관리적인 사고가 전시 체조에 뿌리를 두고 있다는 것을 요란하게 말해 버리고 있다.[83] 체위體位의 상승과 보건위생을 연결하는 발상이나 '8천 만 명 총체조 운동'이라는 표현은 전시의 관제운동을 연상시키기에 충분하다.

또한 패전 직후에 미군의 도착을 기다리고 있었을 때와 마찬가지로 일본인 여성의 정조貞操는 큰 관심사였다. 올림픽 준비가 급속도로 진행되면서 여러 잡지들이 세상 물정 모르는 일본 여성이 외국인유럽과 미국 남성 성욕의 먹잇감이 되어 버리지 않을까라고 썼다.

1959년 7월에 발족한 도쿄도 민정국 부인부東京都民政局婦人部는 일본 여성을 외국, 특히 남성에게서 지키기 위해 노력했다. 이 모임 활동의 중심은 사회의 저변에 있는 여성의 복지였으며 동시에 올림픽에 대한 특별 캠페인을 조직했던 것이다. 당시 이 모임의 대표였던 나카노 츠야中野ツヤ는 이 모임의 분투를 다음과 같이 설명한다.

구체적으로 한 일로 먼저 계몽용 영화를 만들었다. 그리고 젊은 여성과 성인을 위한 계몽용 팜플렛 7만 5,000부를 만들었고, 지구地區 단위의 지도 자층에 대한 강습회를 130회 정도했으며 언론에게도 협력 의뢰를 했습니다. (…중략…) 또한 특히 터키탕을 정리해야 했지만, 그렇게 하지 못했기 때문에 자숙하고 있었습니다. 관계자의 연락모임을 열거나 교장 모임 등을 통해서 고등학교나 전문대학에서도 꽤나 철저하게 했고, 몇 번인가 이야기를 하러 간 적도 있습니다.[84]

젊은 여성에 대한 이 모임 대표의 교훈은 유혹에는 확실하게 '노'라고 말한다는 단순한 것이었다. 나카노는 또한 그 내용에 대해 다음과 같이 설명한다.

참신한 아가씨가 아무렇지 않게 함께 바에 가거나 호텔까지 달라붙어 간다거나 해서 걱정했습니다. 외국인에게, 특히 백인에게요. 그들이 꼬셨다고 해서 싱글벙글 웃고 있어서는 안 된다, 예스, 노를 확실하게 해야 한다, 개인용 방에 들어가서는 안 된다와 같은 내용에 대해 철저하게 캠페인을 벌였습니다.[85]

이와 같이 외국인 남성에 대한 일본인 여성의 성적 욕망을 억압하려고 하는 노력은 '노'라고 확실하게 말하고, 어수선하게 말려들지 않게 하는 중요성을 설명하는 잡지 기사를 통해 지원을 받았다.[86]

한편 도쿄도 위생국은 1964년 3월에 '터키탕'에 대한 감독을 강화하고 올림픽 시설에서 일하는 사람들, 호텔, 바, 그리고 카바레의 종업원 등을 대상으로 성병 검사를 하기 위한 혈액검사 실시 계획을 발표했다.[87] 검사 대상이 된 것에 대해 항의의 목소리를 내는 사람들이 있었음에도 불구하고,[88] 위생국의 연보에 따르면 계획대로 검사가 실행되었다.[89]

도쿄의 위생 상태 향상을 위해서 사용된 금액은 교통망 건설과 비교하면 훨씬 적은 것이었다. 그래도 상당한 액수전 지출의 4.7%가 할당된 것이지만, 도쿄를 위생적으로 하기 위해서는 어쩔 수 없는 일이었다. 패전 이후, 도쿄도에는 도시의 성장과 이로 인해 발생한 문제에 대처할 만한 재원이 없었으며 수도의 진정한 재건은 1960년대까지 기다려야 했다. 도쿄올림픽을 통해서 그 기회를 얻게 된 것이다. 단순히 마을이나 하천을 콘크리트 구조물로 뒤덮어 버리는 것으로 전전의 상태가 보이지 않도록 숨겼던 것뿐이지만, 확대되는 일본의 경제력이 이러한 은폐를 가능하게 했던 것이다.

예를 들면, 전전의 '유산'인 충분하지 않은 인프라는 패전 후 증가하는 배설물에 대처할 수 없었다. 도쿄도 23구區 지역의 1960년 하수도 보급률은 21%에 지나지 않는다.[90] 가정 대부분의 생활 배수는 처리되지 않았고 하천에 흘려보내지고 있었다(1957년에 분뇨차가 도입되기까지 대소변은 각 가정에서 인력으로 회수되고 있었다. 또한 1953년까지 세이부 철도西武鐵道는 비료용 대소변을 도쿄 근교로 운송하는 열차를 운행하고 있었다).[91]

대부분의 대소변은 이용되지도 처리되지 않고 도쿄만東京灣 바깥으로 그대로 버려졌다.[92] 일본의 미디어는 도쿄를 국제도시로 선전했지만, 청소 관계자는 농담으로 '냄새나는 도시' 또는 '똥내 나는 도시' 등으로 부르거나 했다.[93]

도쿄도는 이 문제에 대해서 올림픽과 깊이 관련된 지역에 자금을 쏟아 부어 오물이나 대소변을 눈에 띄지 않게 하는 것으로 대처했다. 도쿄 전체의 하수도 보급률은 올림픽까지 26%로 늘어나는 데 그쳤지만, 야마노테센山手線 내의 도심부, 특히 올림픽 시설 주변의 비율은 눈에 띄게 늘어났다.[94] 예를 들어, 대부분의 올림픽 시설이 있는 시부야구渋谷區의 하수도는 극적으로 보급되었다. 1959년까지 구내의 3%만이 하수도 시설을 갖추고 있었지만, 1964년 말까지 그 보급률은 60%로 급증했다.[95]

도쿄도는 하수도망을 건설하면서 크고 작은 하천을 덮고 하수도로 바꿔버리는 간편한 방법을 선택한다.[96] 그 결과 전후의 급격한 도시화 속에서 이러한 하천들은 자연정화능력을 잃고 죽어버렸다. 또한 공업폐수가 하천을 더욱 오염시켰다. 이로 인해, 예를 들어 열차가 스미다가와隅田川를 건널 때, 승객들은 강에서 풍기는 악취를 피하기 위해서 창문을 닫았다.[97] 스미다가와 주변에서는 하루나 이틀 안에 놋쇠 제품이 거무스레해지고, 그 후 수일이 지나자 검게 변해버렸다고 한다.[98] 새로운 인프라 시설 건설이 숨긴 것은 전전의 도시 환경이 전후의 성장 속에서 사라지지 않고 그저 묻혀버렸던 것이다.

도쿄는 상징적으로 '정화'될 필요도 있었다. 경찰의 감시가 미치는 공간을 새로 만드는 것을 통해 도쿄를 관리하려고 시도한 것이다. 경시청警視廳은 올림픽 전에 '환경 정화 활동'이라고 명명한 일련의 범죄 방지책을 실시했다.[99] 도쿄의 환락가를 범죄의 온상으로 간주하고 영업시간을 제한하는 새로운 도쿄도 조례를 적용해 갔다(심야를 넘은 운영은 금지되었다).[100]

젊은이들의 '건전'한 행동을 키우는 것도 경시청의 큰 관심의 하나였다. 소년 소녀들을 밤의 유혹으로부터 지키기 위해서 번화가에서 보도補導했던 것이다. 경시청은 환경을 '정화'하고 '범죄 없는 밝은 거리'를 만들기 위해서 노력했지만, 이 '밝다'라는 말은 글자 그대로를 의미하기도 했다. 미성년자들이 모이는 장소가 되었던 밤샘영업을 하는 찻집은 기준 이상의 밝기를 유지해야 했다.[101] 경시청의 올림픽 보고서는, 경시청이 1963년 10월에 100대의 조도계를 구입하여 도쿄도 내의 43개 경찰서에 배치했다고 자랑스럽게 썼다.[102] 위생적이고 범죄가 없는 도쿄는 어두

컴컴함이 없는 밝은 공간으로서 이미지화되었던 것이다.[103]

거리를 어떻게 보일까라는 문제는 경찰의 주요한 관심이었다. 도쿄의 정화는 범죄 방지책이 아니라, 공공장소에서의 신체 기능 관리도 포함했다.[104] 실제로 경시청은 계획 단계부터 도쿄도 미화 캠페인에 관여했었던 것이며 경범죄에 대한 법령과 도로교통법은 거리에서의 다양한 행위를 관리해 가는 수단이 되었다. 경찰은 1963년에 허가 없는 포스터, 쓰레기 불법투기, 교통 방해, 불법 건축 등의 단속에 초점을 맞췄고, 그 다음 해에는 단속 대상 리스트에 '서서 소변보는 자'를 추가했다.[105] 이후 경시청의 올림픽 보고서는 정화를 위한 경찰 활동을 다음과 같이 설명한다.

대회가 개최되는 1964년은 전년도 단속 항목에 서서 소변보는 자에 대한 단속을 추가하여 주로 외근경찰관 등의 거리 활동을 통해서 해당 지도와 단속을 강화했고, 수도의 미관을 해치는 악질적인 위반자들을 일소하는 데에 힘쓰기로 했다.[106]

아쉽게도 보고서는 어떠한 서서 소변보는 자가 '악질적인 위반자'에 해당하는지는 언급하지 않았다.

일본인의 신체를 둘러싼 환경 — 경시청의 슬로건의 의미와 좀 더 일반적인 용법 두 가지를 포함한다 — 은 1960년대 초기에 과격하게 변모했다. 도쿄에 '정화'된 공간을 만들어 낸다는 경시청의 목표는 곳곳에 감시가 미쳤던 근대적인 공간을 완성시키고 싶다는 목표의 연장선에 지나지 않았을지도 모른다. 그러나 그 목표이야말로 1960년대의 도쿄에 더

근대적이고 합리적인 공간을 만들어 내려고 한 시도의 중요한 일부였던 것이며, 이러한 공간은 전전과 전시 중의 체제가 좌절된 프로파간다를 계승하고 이를 완성시키는 것을 통해서만 실현할 수가 있었던 것이다.

원폭 소년의 아름다운 신체

변해 가는 신체의 이미지는 1950년대부터 1960년대에 걸쳐 급격하게 변모한 일본을 반영했다. 1960년대에는 괴물의 신체가 일본인들에게 과거의 파괴를 상기시켰다. 이에 대해 1964년의 올림픽은 일본과 그 과거를 상징하고 대비시키기 위해서 건강하고 아름다운 신체를 관람하게 했던 것이다.

1954년, 고질라는 비키니섬에서 행해진 미국의 핵실험에 의해 오랜 잠에서 깨어나 도쿄를 습격했다. 괴수는 많은 일본인들이 받아들일 수 없는 역사의 참혹한 모습—전후 일본에 씌워진 1945년 이전의 기억—그 자체였다. 그 괴물의 존재는 이해도 속죄도 할 수 없는 상실을 상징적으로 나타냈다. 기억은 괴수의 모습이 되어 도쿄 거리에 나타났고 전후 재건된 것들을 가차 없이 파괴했던 것이다. 또한 이 괴수는 미국의 핵실험이 일본인들의 마음속에 불러일으킨 핵전쟁에 대한 공포도 체현한다. 괴수는 도쿄 도심을 파괴하는 것으로 1945년 8월의 핵으로 인한 파괴의 기억을 연출해 보이는 것이다. 그러나 두려운 괴수로서의 고질라라는 존재조차도 1960년대의 풍요로움 속에서 무해한 문화적인 상징이 되어 버렸다.

마찬가지로 원폭의 파괴력도 도쿄올림픽에 참가한 한 청년의 젊은 모습에 의해 길들여졌다. 도쿄올림픽 조직위원회는 히로시마에 원폭이 투하된 1945년 8월 6일, 폭심爆心에서 약 70km 떨어진 미요시시三次市에서 태어난 19살의 사카이 요시노리坂井義則를 영광스러운 최종 성화 주자로 선택했다. 그의 신체는 전후 15년을 간단하게 뛰어넘었다.

그의 선고는 미디어용 성격이 강했던 것 같으며, 특히 『아사히신문』은 원폭과 성화를 연결하는 데에 열중했다. 이 신문은 8월 3일에 예정되어 있었던 공식 발표 3일 전에 선고위원회의 결정을 보도했고 '원폭의 아이'라는 이야기를 대대적으로 게재했다.[107] 선고위원회는 신문과의 관련성을 부정하기 위해서 선고 결과 발표를 연기했고, 8월 13일 자『아사히신문』은 마치 최종 선고가 아직 끝나지 않은 것처럼 후보자 10명의 이름을 게재했다. 선고위원회와 『아사히신문』의 관계는 확실하지 않다. 단순히 선고 결과가 새어나왔을 뿐이라는 설도 있고, 신문의 보도가 최종 선고를 좌우했다는 비난도 있었다(『아사히신문』의 기사와 다른 결과를 낸다면, 사카이를 상처 입힌다는 의미에서).[108] 위원회는 공정한 선고라는 표면상의 이유에서 그 결과에 과도한 의미를 부여하지 않고 발표하려고 했던 것이라고 생각한다. 그래도 선고의 최종 결과는『아사히신문』이 수일 전에 보도했던 대로였다. 위원회는 8월 18일에 사카이를 최종 주자로 발표했다.

『아사히신문』은 위원회의 결과를 보도하면서 사카이의 신체가 얼마나 균형 잡혔는지를 강조했다.

중학교 때부터 '영양'羚羊이라는 별명이 있었다. 날씬한 몸에 젊은 힘이 느껴진다. (…중략…) 균형잡힌 몸매, 날씬한 다리는 경쾌한 주자가 될 수 있다.[109]

이와 마찬가지로 월간지인 『시간時』의 기사는 사카이의 아름다운 신체를 그렸다.

사카이 군은 신체 175cm, 체중 63.5kg의 날씬한 장신이다. 그의 다리는 마치 영양을 생각나게 하듯이 단단하다. 전형적인 중거리 주자다. 주법의 아름다움은 발군이라고 말해도 좋다.[110]

이 아름다운 신체가 히로시마의 파괴와 겹쳐질 때 나타내는 '내러티브'는 너무나도 친숙한 것이다. 일본은 전쟁의 파괴에서 훌륭하게 다시 일어섰다. 상실의 기억과 사카이의 아름다운 육체를 연결시키는 것은 이 부흥의 훌륭함을 강조했던 것이다.

에드워드 사이덴스티커Edward G. Seidensticker는 최종 주자로 사카이를 선택한 것에서 반미주의를 알아챘고 그 선택이 정치적인 동기에 따른 것이라고 주장하면서, 원폭에 대한 언급을 일본의 '자기 연민'이라고 불렀다.[111] 그러나 미디어가 사카이의 아름다운 신체를 어떻게 다루었는지를 설명하는 데에는 '연민' 보다도 '긍지'라는 말이 더 적절할 것이다. 『아사히신문』의 한 기자는 사내의 일반적인 반응에 대해 다음과 같이 말했다.

사카이 군의 경험에 대해서 우리들이 생각한 것은 원폭의 아이, 이것이 캐치 프레이즈가 된다는 것이었습니다. 우리들은 히로시마의 원폭의 아이라고 들었는데, 그 원폭 속에서 탄생해서 성장한 젊은이라고 생각했고 절호의 기사가 될 것이라고 생각했습니다. 나중에 폭심지爆心地에서 수십 킬로미터

떨어진 미요시시라고 들어서 좀 실망했을 정도였네요.[112]

이 기자는 폭심지로부터 모든 열선熱線과 방사선을 개의치 않고 사카이가 불사조와 같이 날아 올라간 것이 아니라는 것을 알고 실망했다. 그렇지만 그러한 연상連想을 통해서 일본의 완전한 부흥의 상징으로서 사카이를 받아들였던 것이다.

'동양의 마녀'

여자 배구팀이 소련을 이긴 것도 전시의 체험과 1964년 당시의 일본을 직접 연결하는 '내러티브'를 보다 강고하게 했다. 일본의 미디어는 올림픽 대회 전, 승리에 대한 단단한 의지에서 여자 배구팀을 '동양의 마녀'라고 불렀다. 선수들의 경기하는 신체에 대한 '내러티브'는 집요하게 계속되는 전쟁의 기억에 대해서 요란하게 이야기한다. 결승전의 승리만이 전시의 고통을 아름다운 추억으로 바꿀 수가 있었으며, 이 드라마의 초점은 동양의 마녀들이 전쟁의 기억을 빛나는 승리로 승화시킨 것에 있었다.[113]

일본 팀의 감독이었던 다이마츠 히로후미大松博文는 올림픽 전후로 일반독자들에게 그의 감독 철학을 설명한 두 권의 책을 썼다. 두 권의 책은 각각 1963년과 1964년의 베스트셀러가 되었고 100만 부 가깝게 팔렸다.[114]

다이마츠의 저서나 인터뷰 기사는 그의 감독 철학이 전쟁 체험과 깊게 연관되었다는 것을 증언한다. 1941년 말, 육군에 입대한 다이마츠는 중국, 그리고 동남아시아의 전투에서 살아남았고 버마현재, 미얀마의 악명 높은 임팔 전투Battle of Imphal에 참가했는데, 우기였던 다섯 달을 생죽순을

씹으면서 부대와 함께 퇴
각했다. 퇴각 중에 걸을 수
없게 될 정도로 치질이 악
화되었다. 포기하고 들것
으로 운반되는 것도 생각
했지만, 일단 걸음을 멈춰
버리면 쇠약해져서 죽어
버릴 뿐이라고 생각하고

소련 여자 배구팀을 꺾고 금메달을 딴 일본 여자 배구팀 출처 : 위키피디아

의지만으로 계속 걸어갔다. 수마睡魔에 사로잡혀도 "잠들지 마, 잠들지 마, 잠들면 죽는다"고 스스로를 타이르면서, 자력으로 퇴각을 이어갔다.[115] 다이마츠는 많은 병사들이 죽어갔지만, 강한 의지를 가진 자만이 살아남 았다고 주장한다. 단단한 의지를 가진 한 무엇이든 성취할 수 있다는 그 의 인생철학은 임팔 전투에서 살아남은 경험을 통해 만들어졌던 것이다.

그는 이 철학을 배구팀 지도에 대입하여 '선수들에게 자신의 전쟁 체 험을 반복해서 말하고 선수와 가족들의 만남조차 끊을 정도로 연습의 나 날을 강요'했다.[116] 또한 "시합은 진정한 승부이자 전쟁과 같으며 현재의 스포츠는 죽일지 죽임을 당할지의 일이다. 죽인다는 말은 온당치 못하지 만 2위로는 아무런 가치도 없다. 어디까지나 완승을 하는 1위가 아니라 면 무의미한 것이다"라고 선수들을 타일렀다.[117] 전쟁을 뚫고 나와 전후 일본으로 귀환한 다이마츠는 그의 전쟁을 끝내고 살아나면서 얻은 것을 정당화해야 했다.

즉 그것은 단순히 살아남은 것만으로는 그의 인생철학이 정당하다는 것을 증명하지 않았다. 전쟁이 끝난 후, 다이마츠는 버마의 랑군현재, 양곤에 건설된 영국군의 아론 포로수용소로 보내져 심한 굴욕을 맛보게 된다.

버마의 아론 수용소에서 영국군이나 독일군의 배설물을 맨손으로 치웠을 때의 일은 평생 잊지 않을 겁니다. (조용히 눈을 감는다) 전우가 독일군에게 총을 맞고, 빈사瀕死의 중상을 입었을 때도 영국 여군 소좌는 그를 바닥에 내팽개쳤을 뿐입니다. 결국 그는 숨을 거두었지만. (아랫입술을 깨문다)[118]

다이마츠는 자신이 컨트롤 할 수 없는 의지 이상의 것이 있다는 것을 깨달았다. 의지의 힘은 그가 패전국의 일원이었던 것을 바꿀 수는 없었다. 배설물과 죽음―역사 속의 블랙홀―과의 만남이 이 현실이 불가피하다는 것을 깊이 느끼게 했다. 목숨을 위협당하는 두려움은 없었지만 수용소 생활은 굴욕적이었다. 인터뷰 중에 특히 영국인 여성에게 받은 처사에 큰 충격을 받았다는 것을 보여주었다.

저쪽에 있는 여자 장교 쪽으로 포로가 청소하러 갑니다. 우리들 눈앞에서 여자 장교가 알몸이 되어 팬티도 집어던지고 '세탁'이에요. '헤이'라고 말했습니다. 세탁하지 않으면 엄벌을 당합니다. 일본인을 인간 취급하지 않았다고 생각했었어요.[119]

장교가 여성이었던 것은 일본인 포로의 굴욕을 더 심하게 했다. 그들 앞에서도 그들을 전혀 의식하지 않고 옷을 벗는 장교의 태도는 남성으로서의 자긍심을 빼앗아 버린 것이었다. 그리고 다이마츠를 비롯한 포로들은 굴욕의 대상이었으며 장교의 더러워진 속옷을 손으로 세탁해야 했다.

다이마츠는 패전 후의 참혹한 포로수용소 경험에서 '이기는 게 전부'라는 전쟁의 현실을 배웠다. 이러한 경험의 결과, 배구는 그에게 단순한 스포츠가 아니라 일본의 역사적인 구제救濟를 위한 방법이 되었다. 일본인을 인간으로서 취급하지 않았던 자들에게 배구 시합에서 이긴다는 결의를 과시하여 수모를 되갚아주려 했던 것이다.

수용소 당시의 경험에서 여성이 부각되었다는 것을 생각한다면, 선수가 여성인 것을 부정하고 승리를 위해서 특훈을 한 것은 단순히 우연이 아니었을 것이다. 막 감독이 되었을 때 그녀들에게 단련을 통해 '월경月經'을 이겨낼 것을 요구했다. 패배가 이어진 후, 항상 이기는 팀을 만들어 내기 위해서는 남자 선수와 같은 수준의 훈련으로 팀을 단련시켜야 한다는 생각에 이르렀다. 이기는 것은 팀의 숙명이며 '월경'은 패배의 구실이 되지 않는다.

저는 선수가 잘 하고 있다는 것을 알 수 있습니다. 훈련으로 나는 땀도 모두와는 달리 진땀을 내고 있습니다. 그래도 개의치 않고 1년, 2년 훈련을 쌓아가는 과정에서 몸이 아프더라도 연습은 똑같이 할 수 있는 몸으로 변한다.

순조로움이 없어지는 일이 없어지게 된다. 즉 언제 시합에 임하더라도 선수의 생리는 방해가 되지 않게 되어 버리는 것입니다.[120]

다이마츠는 선수가 여성이라는 사실을 '월경'이라는 신체적인 용어로 표현했다.[121] 여성인 것을 무시하고 '월경'을 이겨내는 것은 그의 감독 철학 속에서 배구 시합에 이기는 것과 동일한 의미였다. 또한 시합에서 이기는 것은 일본의 역사적인 구제를 위한 필요조건이기도 했다.[122] 더러워진 속옷은 포로수용소에서 겪은 굴욕의 축도縮圖였으며, 다이마츠 자신과 일본을 굴욕의 기억에서 구하기 위해서 선수들의 '월경'은 억압되어야 했다.

병든 몸에 대한 노스텔지어

두 명의 선수가 올림픽 대회를 위해서 다른 팀에서 추가되긴 했지만, 1954년에 발족한 니치보 가이즈카日紡貝塚 팀이 그대로 일본 배구 대표팀이 되었다.[123]

선수들은 방직 공장에서 오전 8시부터 오후 4시(때로는 6시까지)까지 풀타임으로 사무 일을 하고 근로 시간이 끝난 후부터 연습을 시작했다. 선수들의 일어나 있는 시간은 모두 생산이나 배구 연습에 쓰였던 것이며, 그 모습은 총력전 하에 동원된 청소년들을 생각나게 한다.

다이마츠 감독의 철학에 따른 연습법은 스파르타식이었으며 선수들은 최악의 조건 속에서 경기하도록 강요받고 있었다. 예를 들어, 다이마츠는 해외원정 때 충분한 수면을 취하지 않았다는 조건에 적응하기 위해서 평소의 수면 시간을 줄일 것을 요구했다. 선수들은 1962년에 열린 모스크바 세계선수권 대회에서 우승하기까지 평균 하루 5시간 정도밖에 자지 않고 있었다. 올림픽 전에는 수면 시간이 더 단축되어 3시간 반까지 줄어들었다.[124] 모스크바 세계선수권 대회에서 몇몇 선수는 부상이나 병을 가지고 경기에 임했다. 6명의 선발 멤버 중 한 명은 손가락이 골절되었고, 다른 한 명은 각기병, 또 다른 두 명은 감기에 걸려 있었다.[125]

다이마츠는 다른 선수가 간질환을 호소했을 때 팀을 그만두게 하지 않고 그 대신 격려의 말을 건넸다.

안 된다고 생각하면 안 되게 된다. 지면 안 된다. 아무 것도 아니라고 생각하면 병은 낫는다. 배구를 해 내는 것으로 간에서 병을 쫓아내는 것이다.[126]

그는 다른 선수들도 똑같이 지도했다.

부상을 염려하기 보다 부상에 적응해라. 연습으로 단련해서 몸을 길들이고 부상을 당하더라도 그것을 참을 수 있도록 또 연습을 거듭하는 것이다.[127]

그는 연습 중에 오른쪽 눈을 부상당했을 때 그가 말한 것을 실행했다. 부상은 심했지만(그는 이 부상으로 인해 나중에 오른쪽 눈을 실명한다), 연습을 감독해야 한다는 이유로 입원하기를 거부했다. 안과 의사가 없는 회사의 진료소에서 숙박하면서 연습에 참가하고 가까운 안과 병원을 다녔다.[128]

다이마츠는 선수들이 특별한 존재가 아니라는 것도 강조했다. 그에 따르면 선수들은 키가 크고 배구 경험이 있는 것에 지나지 않았다.[129] 이러한 극히 평범한 노동자의 신체는 격렬한 연습을 통해 국제 수준의 팀으로 단련되었다.

한편 경기 자체의 이미지도 바뀌고 있었다. 배구는 공과 좁은 장소만 있다면 할 수 있는 간편하고 비용도 들지 않는 노동자의 스포츠라고 생각되었다. 문예평론가 오쿠노 다케오奧野健男는 배구는 패전 직후의 황폐한 광경에 걸맞는 것이었다고 지적한다. 감독으로서의 다이마츠의 발자취는 그러한 직장에서 시작되었다.

> 다이마츠 히로후미가 니치보 공장의 여자 배구팀 코치를 시작한 것은 1947년이 끝날 무렵이었다. 1947년은 일본이 아직 패전의 황폐함과 물자 부족이 심각한 시기였고, 그도 그 해 6월에 패전 생활에서 막 돌아온 시기였다. 어둡고 더러워진 공장의 구석에서 영양실조에 걸린 여자들이 할 수 있었던 오직 한 가지의 스포츠로 배구를 하고 있었던 모습이 떠오른다. 배구는 빈곤한 사람들의 스포츠이다. 공장의 스포츠이며 점심시간에 옥상에서 할 수 있는 스포츠이다.[130]

배구는 패전 직후의 물질적인 번영을 아직 경험하고 있지 않은 일본 사회에 어울렸다. 많은 노동자들에게 있어서 직장의 일상적인 생활의 일부였다. 또한 다이마츠의 감독 스타일은 생산 라인에 있는 여성 근로자를 남성 주임이 감독한다는 방직공장의 노동 관리 그 자체였다.

니치보 가이즈카의 여성 근로자와 노동조합은 다이마츠의 특훈에 대해서 회사 상층부에게 불만을 표시했다. 그는 '여성의 적', '회사의 적' 등으로 불렸다.[131] 그러나 팀이 승리하기 시작하자(1958년에는 일본의 4대 타이틀을 독점했다) 비판이 그치고 회사 내의 지지도 높아졌다. 팀의 성공은 궁극적으로 노동자 생활에 광명을 가져왔으며 선수들은 종업원들이 경외하는 대상이 되었다. 어느 과장이 부하에게 "배구 연습을 한 번 봐라. 배구를 위해서 한 푼도 안 받는다. 그래도 회사를 위해서 하고 있다. 자네들도 반이라도 삼분의 일이라도 저런 기분으로 일을 했으면 좋겠다"라고 설교하고 있는 것을 듣고 다이마츠는 기뻐했다.[132]

일본에서는 전시 중에 "전선에서 열심히 싸우고 있는 병사들을 생각해라"라는 설교를 자주 들었다. 배구 팀은 우승을 거듭하면서 회사 내 노동 착취의 대상에서 보다 큰 목표를 위한 자주적인 노력을 대표하기에 이르렀다. 그 승리는 전시총동원의 전후 버전인 다이마츠의 방법이 올바른 것이었다는 것을 증명했다. 배구 선수들은 니치보 가이즈카 공장에서 전시의 전사戰士를 대신하는 역할을 했다. 보다 큰 목표를 위한 자기희생이라는 흔한 이미지를 통해서 선수와 종업원들은 전후 속에서 전시를 살았던 것이다. 붕대와 테이프로 감긴 선수들의 신체는 1945년 이전의 '유물'이었다.

일본의 자부심을 지킨다

다이마츠와 그의 팀은 1962년에 열린 세계선수권 대회에서 우승을 하면서 목표를 달성했다. 그 때까지 과한 희생을 치루며 그만둘 각오도 되어 있었다. 이 승리에서 몇 주가 흐르는 동안 일본 전국에서 오천통 이상의 편지가 도착했고 그 중 60%가 다이마츠에게 은퇴하기를 권했으며, 남은 선수들이 도쿄올림픽에서 금메달을 딸 때까지 계속 하기를 원했다.[133]

다이마츠는 쉽게 결심하지 못했지만, 최종적으로 그를 설득했던 것은 그와 팀이 해외에 사는 일본인이나 해외 이민 2세, 3세를 위해서 '일본의 명성을 날릴' 수 있다는 생각이었다.[134] 팀은 국민적인 사업으로서가 아니라, 일본계 이민자들과 일본의 관계를 확인하기 위해서라도 계속해서 이겨야 했던 것이다.

결심이 서자 다이마츠는 선수들의 피로한 신체를 더욱 격렬하게 연습시켰다.

저는 지근거리에서 여러 각도를 잡으면서 저의 모든 힘을 쥐어짜내어 선수들에게 속사포와 같은 공을 던졌고, 결국에는 쓰러져서 움직이지 않는 몸에 타협하지 않는 하루하루를 계속 보냈습니다.[135]

다이마츠와 선수들은 2년간 전진방어戰陣防御를 보다 완벽하게 만들기 위해서 연습했다. 연습하는 풍경을 설명하기 위해 사용한 군사적인 비유는 그가 일본의 자부심을 지킨다는 사명감을 높인 것을 가리킨다. 다이마츠는 연습용 코트에서 전투 장면을 재현한다. 총알이 관통하고 폭파당한 신체는 바닥에 넘어지면서도 다시 일어나서 싸운다.

다이마츠는 자신의 전쟁 체험을 선수들에게 계속 이야기하면서 그의 기억은 이미 기분 좋은 회상에 지나지 않았다. 살아남은 사람의 입장이라는 전후의 안전한 곳에서 그는 다음과 같이 말했다.

우리들은 북중국의 보정保定에 있는 예비사관학교에서 받은 훈련, 인고와 결핍 그 자체의 제일선에서 목숨을 건 체험만이 지금은 즐거운 추억이 되어 계속해서 되살아나는 것입니다. 이것을 선수들에게 이야기하고 "장래에 가정을 만들고 아이가 하나, 둘 생겼을 즈음에는 그리운 선수 시절을 회고할 것이다. 그때 많은 추억을 남기고 있는 사람이 행복하다. 힘들지만, 자네들은 지금 그 행복을 만들고 있는 것이다. 이 긴장과 단련의 고통을 모르고, 이른바 청춘을 즐기고 놀면서 적당히 신부수업과 수다로 시간을 보내고 있는 사람들에게는 그러한 깊은 추억에 잠길 행복은 없는 것이다"라고 말하고 있습니다.[136]

장래의 승리는 현재의 고통을 좋은 추억으로 바꾸는 것이지만, 승리 없이 그러한 장래는 있을 수 없다. 다이마츠는 살아남았다는 점에 있어서 승자였고 다른 많은 사람은 생환하여 추억을 이야기할 수는 없었다.

그의 생환이야 말로 그의 인생철학을 만들어낸 것이며 그 반대는―인생철학 있었기 때문에 생환할 수 있었던 것―아니다. 같은 고통을 경험하면서 살아 돌아올 수 없었던 많은 사람들이 있었던 것이다. 고난을 좋은 기억으로 바꾸려는 다이마츠의 가르침은 그러한 죽은 자들과의 대화를 요구한다. 그는 죽은 자들과 일체화 했고 선수들을 질책했다.

이 정도 연습 가지고 뭐하냐. 아직 살아서 숨을 쉬고 있지 않은가.[137]

다이마츠가 죽은 자들의 목소리로 아니, 더 정확하게 말하자면 죽은 자가 다이마츠의 목소리로 선수들을 육체적 한계까지 격려하는 것이다. 그의 말은 반대 방향으로 읽혀야 한다. 너는 아직 살아서 코트 위에 있지 않은가, 네가 살아서 돌아오기를 가능하게 한 의지를 보여라와 같이 다이마츠에게 니치보 가이즈카의 연습용 코트는 자신의 가치를 증명하기 위한 장소였다. 그는 전사한 사람들에게 왜 그들이 아니라 자신이 전쟁에서 살아남을 수가 있었는지 설명할 필요가 있었던 것이다.[138]

다이마츠와 선수들의 '전쟁'은 소련을 이겼을 때 겨우 끝났다(10월 23일 결승전 직전에도 4시간 동안 연습을 했다).[139] 일본 팀은 소련 팀을 간단하게 3세트로 이겼다. 소련은 아시아·태평양전쟁 종결 직전에 일본에게 선전포고를 하고 65만 명에 달하는 일본인을 시베리아에 억류시켰다. 전후 일본에서 미움을 받은 나라에 대한 승리는 특히 감미로운 것이었다.[140]

일본에서는 고난과 그것을 극복한 성공 드라마가 열심히 받아들여졌다. 결승전 순간 시청률은 과거 최고였던 85%에 달했다.[141] 올림픽 직후에 이루어진 앙케이트 조사에서 대부분의 사람들도쿄에서는 515명 중 79%, 가나자와(金澤)에서는 743명 중 76%은 올림픽 경기 중에서 가장 인상에 남았던 경기로 배구를 들었다.[142]

다이마츠는 금메달 획득을 통해 자신과 팀의 가치를 전사자들에게 증명할 수가 있었다. 과거의 기억은 선수들의 부상당한 신체를 통해서 1964년의 도쿄로 돌아왔다. 그러나 도쿄의 현대적이고 위생적인 공간 속에서 시청자를 위해서 이루어진 열렬한 드라마는 선수들의 고통을 좋은 기억으로, 그리고 전후 일본의 번영을 위한 필요조건으로 바꾸어 버렸다. 대중 잡지가 1960년대를 회고할 때, 도쿄올림픽의 여자 배구팀 활약을 꼭 포함한다. 그 승리는 일본 전후사戰後史의 발자취 속에서 중요한 사건이었던 것이며 많은 사람들에게 좋은 기억이 되었던 것이다.

생산적인 신체

이와 같은 안쓰러운 기억이 배구 코트로 돌아온 것은 이미 생산합리성의 측면에서 이해되고 있었다. 다이마츠가 선수들에게 매일 1미리의 몇 분의 일이라도 방어의 폭을 넓혀가는 노력을 요구한 것은 생산적인 장소에서의 합리화 노력과 밀접하게 연결된다.[143] 1960년대 초기, 일본에 도입된 품질관리 서클과 같이 다이마츠와 그의 팀은 밤낮으로 '기술' 향상에 힘썼다. 일이 끝난 후 기술을 연마하기 위해 몇 시간을 소비했다.

1964년에 팀이 이룩한 것도 다른 모든 기술과 같이 극복되는 운명에 있었다. 1976년에 개최된 몬트리올 올림픽에서 감독을 맡았던 야마다 시게오山田重雄에 따르면, 12년 후의 수준에서 봤을 때 1964년의 일본 팀은 고등학교 수준에 지나지 않는다고 한다.[144] 그녀들의 시합 수준은 이후의 선수들에게 크게 미치지 않는 것이었을지도 모르지만, 1964년의 일본 팀은 그 연습과 승리를 통해서 진보의 궤적을 그렸다. 1960년대의 일본은 이 고통과 진보의 이야기를 열심히 소비하고 다양한 스포츠 드라마 속에서 재생산하고 있었던 것이다.

팀의 승리는 최종적으로 과거의 기억에 대한 일종의 화해를 가져왔다. 여자 배구 선수의 부상당한 신체는 과거의 기억이 전후 일본으로 돌아오기 위한 매체가 되었다. 그러나 이러한 귀환은 그 과정 속에서 소독되고 하루하루의 훈련을 통한 자기 발전을 위한 동기로서 변모되어갔다. 선수들의 신체는 전쟁의 기억에 사로잡힌 장소였을지도 모르지만, 밝고 위생적인 공간 속에서 생산 관리의 힘으로 파악되었다. 이러한 의미에서 '원폭의 아이'였던 사카이 요시노리의 신체는 여자 배구 선수들의 그것과 같은 의미였다고 말할 수 있을 것이다. 그것은 과거를 체현하는 것이면서 진보라는 국민적인 프로젝트를 위한 필요조건으로 기억을 변용시켰던 것이다.

제6장

트라우마의 재현

헤겔은 어딘가에서 세계사적인 대사건과 대인물은 이른바 두 번 나타난다고 말했다. 그런데 그는 '한 번은 위대한 비극으로서, 두 번째는 볼품없는 소극(笑劇)으로서'라고 덧붙이는 것을 잊어버렸다.

— 칼 마르크스(Karl Marx), 『루이 보나파르트의 브뤼메르18일』

동일한 것이 다른 데서는 스스로를 부정하는 것이 불가능해서 거기서 자신을 재발견한다고 할 때, 반복은 동일한 것의 약함을 폭로한다. 반복이란 순수한 외재성, 순수한 기원의 모습을 하고 있었지만, 지금은 내재적인 허약성, 결정성의 결여, 일종의 부정적인 것의 말 같지 않은 말이 되었다. 그것은 바로 변증법이 앓는 신경증인 것이다.

— 미셸 푸코(Michel Foucault), 「극장으로서의 철학」

희미해지는 패전의 기억

노사카 아키유키野坂昭如와 미시마 유키오三島由紀夫라는 두 작가만 놓고 보면, 1960년대 일본의 밝은 위생적인 공간 속에서 전쟁의 기억은 그 구체성을 잃었다고 할 수 있다. 그러나 노사카와 미시마는 물리적 존재인 신체에 집착함으로써 과거와 화해할 수 있는 마지막 가능성을 붙잡고 있었다.

제6장에서는 전후 사회가 내팽개친 일본의 패전이라는 과거로 회귀하기를 희망한 두 작가에 대해서 생각한다. 노사카와 미시마는 둘 다 일본의 패전이라는 트라우마를 충실하게 재현하는 방법으로 반복이라는 문학적 테마에 집착했고, 반복의 몸짓을 통해서 트라우마를 다시 연기함으로써 현대사회에서 주어진 의미를 고집스럽게 부정했다. 그러나 그러한 거절에도 불구하고 전쟁의 기억을 진부한 이미지로 봉인해버린 동시대의 사회적 언설에 대항하는 것은 불가능했다. 이 장에서는 우선 1967년에 발표된 노사카 아키유키의 2편의 단편소설, 「반딧불이의 묘火垂るの墓」와 「아메리카 히지키アメリカひじき」에 대해서 논한다. 후반에서는 미시마의 절필이 된 『풍요의 바다豊穣の海』4부작[1]의 역사적 의의를 살펴본다.

이러한 문학작품에 대해서 언급하기 전에 1960년대 일본의 전쟁 체험을 둘러싼 사회적 조건을 언급해둘 필요가 있다. 1955년부터 18년간 일본 경제는 눈부신 성장을 달성했다. 특히 1960년대 후반은 전례 없는 성장의 시대였다. 일본의 국민총생산GNP은 연평균 11.6퍼센트라는 놀라운 성장을 이룩하였고 5년간 2.2배가 되었다.[2] 건국 이래 처음으로 미디어는 이 호황을 '이자나기いざなぎ[3]경기'라고 불렀다. 이 시기 일본인은 생

활 향상을 위해 일찍이 없을 정도로 장시간 일했고, 그 성과는 일상생활 속에서 소비재로 나타났다.[4] '3종의 신기'냉장고, 세탁기, 흑백 텔레비전는 곧바로 소비자에게 보급되었고,[5] '3C'승용차, 에어컨, 컬러텔레비전가 소비자의 선망의 대상으로 대체되었다.[6]

1968년 일본의 국민총생산은 서독을 추월하고, 서측 국가들 사이에서는 미국에 이어 두 번째가 되었다. 일본의 미디어는 메이지 유신 100주년에 해당하는 이 해를 '쇼와 겐로쿠昭和元禄'라고 부르며 축하하였다.[7] 이 시기 일본 사회의 흥분은 화미華美와 난숙爛熟의 문화로 알려져 있는 겐로쿠 시대元禄時代, 1688~1704로 비유되었던 것이다. 1960년대 중반에는 정부의 건축물 높이 규제가 해제되어 최초의 고층 건축—가스미가세키 빌딩—이 1968년 도쿄에 완성된다.

한편, 모리나가 초콜릿의 텔레비전 광고는 '큰 것은 좋은 것'이라는 캐치프레이즈를 반복하여 무한한 성장의 꿈을 부풀렸다. 텔레비전과 만화 속의 스포츠 드라마는 한결 같이 자기 향상에 대한 끊임없는 노력의 중요성을 강조하고, 시청자와 독자는 그 메시지를 열심히 받아들였다.[8]

1960년대 후기의 일본 사회를 감싼 지복감至福感은 '인류의 진보와 조화'를 메인 테마로 한 오사카 만국 박람회EXPO70에서 최고조에 달했다. 6개월에 걸쳐서 6,400만 명의 사람들이 오사카의 만국박람회장을 방문했다.

축제 기분의 만국박람회장에서 아시아·태평양전쟁에 대한 언급은 주의 깊게 배제되었다. 가장 두드러진 예는 일본의 역사에 관한 일본관의 전시로, 메이지 시대에서 현대로 한 번에 건너뛰어 그 사이에 무엇이 일어났는지 설명하려고 하지 않았다.[9] EXPO70의 '진보'란 전쟁의 괴로운 기억에서 도망치기 위해 옆도 돌아보지 않은 전진이었던 것이다.

1960년대 말까지 전진의 밝은 이미지는 일본 사회에서 전쟁의 그림자를 희미하게 만들었다. 도쿄올림픽의 성공과 그 후의 경제 성장은 현재 일본의 번영에 전쟁이 도움이 되었다고 하는 예정 조화적 역사관을 거들먹거렸다. 패전 직후에 일본인이 괴로워한 배고픔과 괴로움은 현재 일본의 성공을 위해 필요 불가결한 조건이었다고 하는 것이다.

이렇게 과거에 대한 노스탤지어는 전쟁을 통해 잃어버린 것을 의미 있는 체험으로 재조명하고, 이렇게 재정의된 전쟁 체험은 많은 사람들에게 받아들여졌다. 이러한 견해에 이질감을 느낀 사람들도 있었으나, 그러한 감정을 확실히 표현할 만한 단어를 반드시 가지고 있지 않았다.

예를 들어, 1969년 8월에 방송된 NHK TV의 〈스튜디오102〉에서 몇몇 대학생은 전쟁을 경험한 나이 많은 참가자들이 갖고 있던 암묵적 양해 ― 전쟁 체험은 젊은이들과 공유되어야 한다 ― 를 완고하게 거절했다.[10] 전쟁에서 살아남은 참가자들은 현대 일본 사회를 이해하기 위해서 전쟁 체험이 중요하다는 것을 강조한 데 비해, 스튜디오의 학생 절반 정도는 전시중과 현대 일본을 무비판적으로 연결하는 것을 반대했다. 학생들은 확실히 이론적인 입장에서 반대하고 있는 것은 아니었으나, 회고적으로 전쟁 체험에 의미를 부여하는 것을 경계하고 거부했다.

강조되는 고난

한편, 1960년대 일본인의 대중의식에서 아시아는 아직 잊혀진 존재였다. 개인의 차원에서는 일본의 식민지 침략과 그 유산에 대해서 생각하려는 노력이 이루어졌으나, 그러한 시도는 1970년대에 이르기까지 널리 미디어의 관심을 모았다고 말하기는 어렵다.[11] 일본 국내에 유포되었던 전쟁 체험의 기록은 거의 일본인의 기아와 고통에만 관심을 기울여 아시아·태평양전쟁에서 다른 아시아 국가들에게 행사한 폭력에 대해서는 거의 언급되는 일 없이 그러한 과거는 대중의식에서 잊혀져가고 있었다. 전후 일본은 자기 상황에 편리하게 전쟁 체험만을 이야기하는 것으로 그 경계선을 다시 긋고, 그 안쪽에서는 아시아 사람들의 전쟁 체험이 눈에 들어오지 않게 되었다.

『생활 수첩』1968년 여름 특별호는 이러한 일본인의 고난에 초점을 맞춘 일례이다.[12] 『생활 수첩』은 이 특별호에서 독자의 전쟁체험기를 특집으로 다루었다. 여기에서 '전쟁'이란 만주사변 이후 일본의 15년에 걸친 군사 활동이 아니라, 아시아·태평양전쟁 특히 그 후기만을 가리켰다.[13] 게다가, 편집자인 하나모리는 전시 중 일본을 전쟁의 중심 장소로 삼았다. 일상생활을 하는 장소도 포함하여 '총력전'이라는 측면이 확실히 전면에 부각되었으나, 아시아의 다른 나라 사람들이 전시하에서 어떠한 생활을 보냈는가에 대해서는 언급되지 않았다.

특집호에 모인 일본인이 공유하는 고통에 대한 '이야기'는 일본이라는 나라의 경계를 견고한 것으로 한다. 독자 투고는 전부 그 저자의 괴로운 체험 특히 기아와 배고픔에 대해서 자세히 기록하고 있었다. 1,736통에 달하는 독자의 편지를 살펴본 후, 하나모리는 '후기'에서 "최근 이렇게 마음을 움직이는 가슴에 스며드는 문장을 읽은 적은 없었다. 선별작업이 진행됨에 따라 일종의 흥분과 같은 것이 온몸을 휘감았다"라고 고백한다.[14] 하나모리는 편지가 어떠한 감동을 주었는지 구체적으로 말하지는 않는다. 전쟁 체험이라는 공통의 기반이 있는 한, 독자에 있어서 그의 감동은 자명한 것이라고 믿고 있는 듯하다.

더구나 NHK 스튜디오에서 전쟁의 기억을 추억하듯이 말하는 것에 비판적이었던 학생들조차 일본이라는 '기억의 장소'에 대해서는 문제 삼지 않았다. 그들의 이의제기는 다음과 같은 발언을 통해서 이루어졌다. "아 그렇구나, 라는 형태로 전쟁 체험은 느껴지지 않는다", "무엇을 계승하고 있는지 모르겠다", "전쟁 체험의 기록을 축적해서 무엇을 하려는 것인가. 자랑이든 불평이든 어찌할 방법이 없다", "전쟁 중에는 어두웠다고 하는데, 현대도 어둡고 무거운 세상이지 않은가"[15] NHK 스튜디오의 학생들은 전중파戰中派의 암묵의 전제—자신들의 전쟁 체험을 말하는 것은 의심할 여지도 없이 좋다—를 의문시했다.[16]

전쟁의 기억은 전후 일본에서 사라지는 일은 없었으나, 원래의 충격력을 잃은 환경잡음화이트 노이즈으로서 일상생활을 가득 채워갔다.[17] 이러한 환경에서는 전쟁 체험을 어떤 형태로 말하든 순식간에 진부한 것으로 만들어버리는 위험이 있다. 그렇기 때문에 NHK 스튜디오에 모인 학생들은 회의적으로 응답한 것이다.

아시아·태평양전쟁의 비참한 체험에 회귀하려고 하는 바람은 일본의 번영 속에서도 사라지지 않았다. 그것은 진보의 '이야기'가 상실 체험을 전후 일본 사회의 기초로 만들었기 때문이다. 이 친숙한 '이야기'는 체험자의 담화를 진부한 것으로 만들어버렸다. 상실의 원래 의미로 돌아가려고 하는 것은 진보의 '이야기'를 거스르는 것이기도 했다. 비참한 경험을 기록하고 그리고 망각한다고 하는 상반된 충동 사이에서 전쟁 체험에 집착하는 것은 반복의 형태를 취할 수밖에 없었다.

트라우마의 재현

제6장에서는 1960년대 두 명의 작가가 아시아·태평양전쟁에서의 상실의 체험을 어떻게 진부하지 않게 불러들이고 있는가 하는 문제가 초점이 된다. 노사카 아키유키와 미시마 유키오가 1960년대 말에 쓴 일련의 작품은 상실의 체험을 반추하면서도, 과거의 반복에서 어떻게든 도망가려고 한 전쟁의 기록이다. 두 사람은 자신의 문학적 상상력이 반복 속에 갇혀버린 것을 알고, 전쟁에서 잃어버린 것 그 자체로 돌아가려고 한 것이다.

마르크스가 『루이 보나파르트의 브뤼메르 18일』에서 주장했듯이 반복은 '촌극'— 인간이 물질적 그리고 역사적 조건을 극복할 수 없다는 것의 증거— 으로 나타난다. 노사카와 미시마의 안티 히어로들anti-hero, 주인공답지 않은 주인공은 풍요로운 전후 사회 속에서 과거를 재현하려고 발버둥치는 익살 즉 촌극으로 등장한다.

두 명의 작가가 반복해서 과거로 돌아간다고 해도 패전의 쇼크 그 자체에 도달하지 못한다면, 그것은 고도경제성장하의 일본 사회에서 과거에 대한 노스텔지어에 지나지 않는다는 것은 분명하다. 그러나 과거의 반복은 소극적笑劇的 반복의 몸동작을 통해서 잃어버린 것을 되찾기 위한 두 사람의 전략적 선택이기도 했다. 과다할 정도로 충실하게 과거를 반추함으로써 노사카와 미시마라는 안티 히어로들은 전후 진보의 '이야기'에서 비록 일시적이나마 일탈하려고 한 것이다.

노사카와 미시마의 전후 일본에 대한 비판은 비판하려고 한 당시 사회 상황을 통해 표현 가능해졌다고 하는 사정을 생각하면 안정된 것일 수는 없었다. 비평이 그 의거하는 기반을 분쇄하려고 하는 한, 그 비평은 스스로를 웃음거리로 만드는 촌극이라는 형태를 취하지 않을 수 없다. 푸코류의 반복을 통해서 역사라는 이야기의 기반을 흔드는 행위는 잠정적인 전략으로서만 가능할 것이다.[18] 기억과 망각이라는 양극 사이를 계속 왕복하는 노사카와 미시마의 희극적인 몸짓은 전쟁 체험을 풍요롭고 청결한 전후 사회 속에서 말하는 것의 어려움을 나타낸다.

병사로 전투에 참가하지 않았던 노사카와 미시마는 본토에 있었던 청년의 시점에서 전쟁을 바라보았다. 그러나 둘의 체험은 그 엄격함에 있어서 상당히 동떨어진 것이 되었다. 그리고 전쟁으로부터 얼마만큼 거리를 둘 수 있었는가 하는 차이가, 이십수 년 후에 둘이 어떻게 전쟁 체험을 재구성했는가를 규정하였다. 노사카는 스스로가 기아에 허덕인 소년이었던 패전 전후의 날들로 언제나 돌아가지만, 징병을 피할 수 있었던 미시마에게 전쟁은 추상적이고 멀리 있는 것이었다. 노사카에게 전쟁은 가까이서 일어난 체험이고 항상 극복해야 하는 것이다. 미시마는 노사카와는 달리 과거와의 정신적인 연결을 주장하고, 스스로가 직면한 적이 없었던 전쟁을 불러들이려고 하는 것이다.

과거를 재구성하는 방법에 대한 이러한 차이에도 불구하고, 전쟁은 두 사람에게 1960년대 종반에 가장 중요한 문학적 모티브가 되었다. 이 둘은 경제적 풍요로움을 추구하는 가운데 전쟁의 기억을 지워버리려고 하는 사회적 흐름을 거스르려고 한 것이다. 과거와의 관계를 청산할 수 없는 두 사람은 전쟁의 기억을 소거하기 위해 이용된 수단에 대해 발언하기 시작한다. 두 사람은 자신들의 이의 제기가 갖는 효과에 대해서 자각적이고 전략적으로 사회를 당혹스럽게 할 익살꾼으로서 행동, 발언하는 것을 선택하고, 그런 다음 신체를 전쟁을 추체험하기 위한 중심적인 매체로서 다루었다. 그러나 신체는 전후 일본의 언설 공간 속에서 역사적 재구성의 장소로 이미 크게 변용되어 있었다. 청결해진 '신체' 표면의 상처는 독해 불가능한 것이 되어버렸다. 상흔은 봉합되어 전후 일본의 '부흥에서 경제 발전으로'라고 하는 '이야기'의 상징으로서만 인정된 것이다. 1960년대 말에 노사카와 미시마가 신체에 집착한 것은 상흔을 전후적인 해석에서 해방하고 트라우마의 경험을 재현하고 싶은 바람의 출현이기도 했다.

1. 노사카 아키유키와 희극적인 과거의 회귀

패전의 기억

1930년에 출생한 노사카 아키유키는 전투원으로 전쟁을 체험한 적은 없었다. 1945년 6월에 고베神戸를 엄습한 공중 폭격으로 양아버지는

사망하고 양어머니도 큰 상처를 입었고 집도 소실되어 버렸다.[19]

이 폭격으로 노사카의 생활은 일변했다. 양아버지는 석유 회사의 중역이었고, 회사가 전쟁 수행을 위해 중심적인 역할을 하고 있었던 덕분에 노사카의 가족은 전시 중에도 불구하고 물자를 어려움 없이 손에 넣을 수 있었다. 양아버지는 식용유를 가득 가지고 돌아와서 그것을 암시장에서 다른 식료품과 교환했다. 돌연 보호자가 없어진 노사카와 여동생은 친척―미망인과 그 자녀들―에게 맡겨지게 되었다(양어머니는 화상으로 병원에 입원하고, 퇴원한 후에는 오사카의 친척에게 도움을 구했다). 그래서 처음으로 노사카와 여동생은 식량 부족을 경험했다. 식량난 속에서 미망인과 먹을 것을 둘러싼 언쟁을 계기로, 둘은 친척 집을 나와 방공호에 살기 시작하나 최종적으로 후쿠이현福井縣의 친구 집에 정착하였다. 먹을 것도 두 사람을 지켜줄 친척도 없이 노사카는 생후 16개월이 되는 여동생을 돌봐야 했는데, 여동생은 결국 영양실조로 사망한다. 그 후에 그는 여동생을 지켜주지 못했다는 죄악감에서 결코 회복하지 못하였다.

전후 다양한 일을 하여 생계를 꾸리고 있었던 노사카는 작사가, 방송국 시나리오 작가로 성공한다. 그리고 1963년 요시유키 준노스케吉行淳之介와 미시마 유키오에게 극찬을 받은 처녀작 「에로의 달인들エロ事師たち」을 발표한다. 현대생활 속에서 성에 대한 하찮은 집착이 갖는 창조적 가능성에 대해 모색한 노사카의 작품은 두 인기 작가에게 강하게 어필했다.[20]

노사카는 그 후 일상생활이 만들어내는 드라마에 강한 관심을 가지면서도 패전 후 자신의 체험에서 이야기의 테마를 찾게 된다. 1967년에 발표한 「아메리카 히지키」와 나오키상直木賞 수상작 「반딧불이의 묘」는 자기 경험에 뿌리 내린 반자전적인 이야기였다.[21] 그러나 이 두 작품은 노사카의 전쟁 체험을 완전히 다른 시점에서 회상해서 보여준다. 다른 시점이란 노사카 자신 내부에서 과거의 기억을 재현하고자 하는 바람과 지워버리고 싶어 하는 충동이 서로 충돌하여 나타난 것이었다.

기아감의 기억

「아메리카 히지키」는 굴욕의 체험을 재현한 것으로 과거로 회귀하려고 하는 작품이다. 패전 22년 후의 도쿄, 아내의 친구인 미국인 노부부의 방문이 주인공 도시오의 패전 후의 기억을 불러일으킨다. 미국에서 올 손님에 대해 긍지를 가지고 응대하려고 하는 결심에도 불구하고, 도시오는 결국 점령 하의 많은 일본인이 그랬듯이 추종적으로 행동해버린다. 게다가 도시오의 기억은 미국에 대한 성적인 이미지에 깊게 연결되어 있다. 도시오에게 과거로의 회귀는 신체적 그리고 성적인 굴욕의 재현을 요구한다.

어느 날, 도시오의 아내 교코는 퇴역하여 하와이에서 생활하는 히긴즈 부부의 방문을 알려준다. 교코는 하와이 여행 때 히긴즈 부부와 알게 되었고, 그 때 받았던 호의에 보답하려고 생각하고 있었다. 그녀가 취침 전에 영어 회화를 연습하기 시작함에 따라 분명해지는 것은, 이 일상생활에 대한 갑작스러운 미국의 침입이 도시오를 과거 미국인 혹은 영어와의 굴욕적인 만남으로 끌고 가버리는 것이다. 1945년 8월 이전 도시오의 세대는 전시체제 하에서 '적성어敵性語'로 여겨진 영어를 중학교, 고등학교에서 배울 기회가 거의 없었다. 도시오의 중학교에서 영어는 군사

교련으로 대체되었고, 영어 선생님이 비 오는 날 교단에 섰을 때조차도 상황은 그다지 달라지지 않았다.

> "너희들, 예스하고 노만 알고 있으면 돼. 싱가포르 공략 시에 야마시타 장군은 적장 파 시발에게" 여기에서 탁하고 책상을 치며 "예스하고 노야, 그런 정신이야" 안면 신경통으로 뺨을 일그러뜨리며 눈을 부릅뜨고 말한다.[22]

교실에서 학생들은 적뿐만 아니라 적의 언어도 증오하는 법을 배웠다. 그러나 일단 전쟁이 끝나자 동일한 영어 교사가 미국이 얼마나 훌륭한 나라인가를 상세하게 이야기해줬다. 그래도 학생들이 영어를 배우려고 하지 않았던 것은 대체로 변함이 없었다. 도시오가 그때 배워서 기억하고 있는 것이라면 교사가 칠판에 써 준 'THANK YOU', 'EXCUSE ME' 두 개의 관용구뿐이었다. 그래도 "상큐ㅡ, 에쿠스큐ㅡ즈미이, 알겠나, 이큐ㅡ에 액센트가 붙는다. 큐ㅡ"라고 배워서 수업이 끝날 때쯤에는 미국인과의 회화는 '큐ㅡ'라고 하는 단음절로 환원되었다. "극단적으로 말하면 큐ㅡ만 말하고 싱긋 웃으면 미국 사람들에게 통한다, 알겠나?"[23]

그러나 도시오는 나중에 영어를 더 실용적인 방법으로 익히게 된다. 나카노시마中之島의 기념사진관에서 기초적인 설명을 들으면서 배운 단어를, 미국인 병사에게 여자를 소개하는 매춘 알선업자 흉내를 내려고 사용한 것이다. 이렇게 해서 습득한 것이 도시오의 영어에 대한 태도를 복잡하게 만들었다. 영어를 말한다는 것 자체가 전쟁 직후의 그를 포함한 일본인의 굴욕적인 태도를 떠올리게 했다.

영어만이 소년 도시오에게 일본의 패전을 깨닫게 해준 것은 아니었다. 미국인 병사의 위압적인 신체를 보는 것만으로도 도시오는 일본이 왜 패배했는지 바로 알 수 있었다.

　　지금 보는 미국인 병사는 팔은 통나무 막대기에 허리는 절구 같고, 뭔지 모르지만 여기의 국민복과는 차원이 다른 반짝 빛나는 바지에 둘러싸인 엉덩이의 튼실함… 그 훌륭한 체격을 바라보았다. 아아 그래서 일본은 졌구나, 뭐 완전히 무리도 아니지, 왜 이런 커다란 놈과 전쟁을 한 거냐…[24]

이러한 미국인 병사와 만났던 광경은 도시오의 마음에 깊이 새겨졌다. 그리고 그는 백인 남성 특히 그 신체적 특징에 이끌리는 자신을 인정한다.

　　나는 좋은 비어홀에서 가까운 테이블에 앉은 수병 아니면 복장만 보면 초라한 외국인인데 그러나 얼굴 생김은 어딜 봐도 문명인 같고, 입체적인 그 모습에 그만 넋을 잃게 되지. 주위의 일본인과 비교해 봐도 눈에 띄잖아. 체격도 그렇고 저 두꺼운 팔과 탄탄한 가슴을 봐봐, 그 옆에 나란히 서면 부끄러운 마음이 들지 않겠나.[25]

이십수 년 후에 도시오가 백인 남성에게 던지는 성적인 시선은 10대 소년이 미국인 병사를 보고 만들어낸 승자의 이미지와 오버랩 된다. 백인 남성의 육체―'문명'의 물증―는 도시오를 자동적으로 패전 직후의 날들로 끌고 가 버리는 것이다.

패전 직후, 미국인 병사의 체구를 본 도시오는 그것을 낳은 미국의 경제적 번영에 감복했으나, 완전히 심취하는 일은 없었다. 그러한 물질적인 힘이야말로 아버지의 죽음의 직접적인 원인이라는 것을 안 도시오는 미국의 매력을 완전히 받아들일 수가 없었다.

이에 비해 그 주변 사람들은 자신들의 행동의 모순을 깨닫지 못하는 모습이었다. 1945년 8월 종전 칙서 이후, 미군 비행기가 일본에 있는 미국인 포로를 위해서 공중 투하한 식량을 둘러싸고 주변의 어른들이 표변하는 것을 도시오는 목격했다. 2개월 전에는 하늘에서 떨어진 물체에서 도망갔으면서 지금은 개미처럼 모여든다. 도시오가 속한 초나이카이町内會에서는 미국군의 식량을 훔쳐서 회원에게 배급해버렸다. 도시오의 어머니가 배급받아온 것을 돌아가신 아버지의 사진 앞에 바쳤을 때 도시오는 이 모순된 상황에 대해서 생각한다.

만약 아버지의 영혼이 있다면 이건 아니라고 생각하지 않았을까, 아버지를 죽인 귀축미영鬼畜米英을 삥뜯어서 불전에 공양한다고 하는 것도 이상한 이야기니까.[26]

눈앞에 있는 식량은 전쟁의 기억을 지워버렸다. 도시의 폐허 속에서 육체적인 필요를 충족하려고 하는 가운데 과거의 적에 대한 강한 증오가 현재의 신체적인 관심으로 치환되어 버렸다.

도시오의 육체적인 필요는 충족되지 않았고, 과거를 간단하게 떨쳐버리지는 못했다. 전후의 기아는 전쟁에서 아버지가 죽었기 때문이고, 그가 배를 주리고 있는 한 과거는 그와 함께 있었다. 미군의 배급 식량은 도시오의 가족에게 감사한 것이었지만, 그 양은 너무도 적었고 그 중에는 배를 채우기에 부족한 것도 있었다.

훔쳐온 미국인 포로용 식량 속에 검은 실밥 같은 것이 있었다. 누구에게 물어보아도 무엇인지 잘 모른다. 옆집 사람이 톳이랑 닮았다고 말해서 도시오는 풍로에 올려놓고 삶아보았다. 냄비의 물은 바로 녹슨 것 같이 갈색으로 변했다. 네 번 정도 물을 바꿔 보니 '아메리카 히지키'의 쓴 맛은 없어졌지만, 퍼석퍼석하니 맛이 나지 않았다.

도시오가 미국산 톳이라고 생각한 것은 후일 누구도 그때까지 한 번도 본 적이 없었던 홍차 잎이라는 것을 알게 되지만, 그때까지 배급받은 '아메리카 히지키'는 모두 초나이카이의 사람들의 배 속으로 들어가 버렸다. 퍼석 퍼석한 '아메리카 히지키'는 자신의 비참함—패전 국민이라는 것—을 알게 했을 뿐만 아니라 전혀 배를 채워주지도 못하는 것이었다.

게다가 도시오와 초나이카이의 사람들은 뒷맛의 쓸쓸함을 없애기 위해서 마찬가지로 영양가가 거의 없는 츄잉껌을 씹었다. 도시오 가족은 다른 기회에 '미국의 대체 배급, 츄잉껌 7일분'을 받게 된다. 도시오는 한 상자에 250개의 껌이 들어 있는 9개의 상자를 안고서 집에 돌아왔다. "묵직하니 무거운 그것은 풍족한 느낌이긴 했다."[27] 그러나 그 '풍요로운 느낌'도 한 명당 25장의 껌을 저녁으로 먹자마자 꺼져버렸다. 결국, 나머지 껌은 암시장에서 옥수수 가루와 바꿔버렸다. 미국 문화의 대명사라고도 할 수 있는 츄잉껌도 도시오에게는 미국의 물질문명의 공허함을 나타내는 것에 지나지 않았다.

실생활에서는 심리적인 불안으로 인해 노사카는 항상 계속해서 먹고, 일단 먹은 것을 위장에서 반추하여 또 맛보는 일까지도 익숙해졌다.[28] 기아감은 노사카(그리고 도시오)에 있어서 아버지를 잃고, 행복한 가족을 잃은 체험을 떠올리게 하는 것이고, 항상 뭔가 입에 넣고 있었던 것은 과거 그 자체에서 도망치기 위한 것이었다. 노사카는 도둑질을 해서라도 암시장에서 식량을 손에 넣었다.[29] 도시오와 노사카에 있어서 홍차 잎이나 츄잉껌은 배를 채우지 못했다. 미국에서 온 식품은 공복을 달래주지도 못했고 과거의 기억을 지우는 것도 불가능했다.

'일본의 무언가에 굴복시키고 싶다'

패전으로부터 22년의 세월은 패전으로 인해 공복으로 먹을 것을 찾으러 돌아다닌 체험을 지워 없애진 못했으나, 그 체험에 대해서 말하는 것을 매우 어렵게 만들었다. 젊은 세대는 전중파戰中派처럼 전쟁 체험이나 그 기저에 있는 허망함에 구애받을 필요가 없었다. 도시오의 아내 교코는 전중에 태어났지만, 많은 전쟁 체험을 말하는 논조가 향수에 젖어있음을 느끼고 비난한다.

기억하기 싫은 일은 생각하지 않는 게 제일이야, 매년 여름마다 전기戰記라든가, 그 종전의 추억이라든가 나오잖아, 기분이 별로야, 나도 엄마한테 업혀서 방공호에 들어간 거 기억하고 있고, 수제비 먹었던 기억도 있어요, 그렇지만 언제까지 옛날 전쟁 캐내서 8월 15일을 또 기억하는 건 싫어. 고통스러

운 일을 마치 자랑이라도 하려는 듯이.[30]

도시오보다 10살 정도 어린 교코가 전쟁 전후의 혼란 시기를 보낸 것은 아직 어렸을 때였고, 10대가 된 1950년대에는 일본은 이미 미국의 물질문명을 모방하기 시작하고 있었다. 실제로 교코는 도시오의 감정보다도 도시오가 꺼내는 전쟁 이야기로 미국에서 온 방문객이 기분을 상할지도 모른다는 것을 걱정해서 전쟁 이야기는 하지 않도록 결심하였다. "당연히 당신 아버지가 전사하셨다는 이야기 들으면 역시 좋은 기분은 아니잖아."[31] 낡은 과거와의 연결로서 그의 아버지의 죽음은 억압되지 않으면 안 된다.

도시오의 젊은 직장 동료의 반응도 비슷하다. 엷은 미소를 얼굴에 띄우고 도시오의 추억 이야기를 거절한다. 동료의 거절은 도시오의 이야기에 감정적인 반응을 보이지 않을 뿐 더 심각할지도 모른다.

회사에서 젊은 애들에게 자칫 말이 잘못 나가 공습이나 암시장 등 이런저런 이야기를 하면 걔네들은 또 18번이 시작됐다고 하는 식으로 엷은 웃음을 띄운다. 그 순간, 도시오는 오쿠보 히코자에몬大久保彦左衛門[32]이 토비노스몬쥬아마鳶の巣文殊山에서 공을 세운 이야기를 하듯이 떠들어댈 때마다 이야기를 부풀리다가, 그것을 상대에게 간파 당하는 것이 아닐까 하고 불안해 하면서 감회에 젖어 서둘러서 중단한다.[33]

「아메리카 히지키」 속에는 1960년대 후기의 일본 사회가 전쟁 상실의 흔적을 완전히 왜소화해 버렸던 모습이 그려진다. 젊은 동료의 '엷은 웃음'이라는 거절의 벽을 넘어서 전쟁 이야기를 반복하고 과장하는 도시오가 거기에 있다. 그러나 그러한 발버둥은 그의 이야기의 신빙성을 해칠 뿐이다.

공항에서 히긴즈 부부의 도착을 기다리는 사이에 도시오는 일본어만 말하고 긍지를 가지고 손님을 접대할 것을 속으로 정한다. 일단 결심하자 그의 '두근거림'은 '적을 요격하는 듯한 흥분'으로 변하였다.[34] 그러나 도시오의 "여어, 어서 오십시오"라는 인사에 히긴즈는 "곤니찌와 하지메마시테"라고 서툴지만 일본어로 인사했다.[35] 히긴즈는 전시 중에 미시간 대학의 일본어학교에서 공부하고, 1946년 점령군의 일원으로서 일본에 체류했다고 한다.

이 예상치 못한 전개에 심리적인 방어도 무너져 내려 도시오는 허둥지둥 영어를 말하기 시작한다. 그리고 이것이 그 후 두 사람의 힘의 관계를 규정한다. 도시오는 원래 영어를 익히게 된 계기가 되었던 굴욕적인 매춘 알선의 역할로 돌아가 버렸다.

히긴즈 부부와의 저녁이 끝난 후 도시오는 교코와 히긴즈 부인을 집에 바래다주고, 히긴즈를 클럽에 안내한다. 히긴즈는 클럽에서 자신이 찍은 에로 사진을 호스테스들에게 과시하면서 호색한 본성을 드러낸다. "이 아저씨, 여자 좋아하잖아"라고 알게 되자, 도시오가 바로 생각한 것은 다음 날 히긴즈를 위해 콜걸을 접대해야겠다는 것이다.[36] 도시오는 가끔 적개심을 느끼면서도, 매춘 알선이라는 역할을 통해서만 이 미국인 손님을 대접하는 것이 가능하다는 듯이 행동한다. 도시오는 굴욕적인 체험을 반복함으로써 비극을 꽁트로 바꿔버린다. 자기도 왜 그러한 행동을 하는지 모른 채 고개를 갸웃거린다.

하긴 히긴즈 입장에서 보면 점령군으로서 일본에 왔을 때는 나이로 볼 때 인생에서 가장 한창일 때였으니까 그래서 그렇게 생각될 수 있고 일본에 도착한 순간 점령군일 때로 돌아가는 건 모르는 게 아닌데도, 이쪽이 거기에 맞춰서 당시의 성인처럼 매춘 알선업자 흉내까지 내는 것이 그게 기쁘다는 것은 대체 어떻게 된 일인지……[37]

도시오와 많은 사람들에 있어서 전후의 혼란 속에서 살아남는다고 하는 것은 전쟁 체험이라는 과거를 배신하는 일이었다. 이전의 적에게 비굴한 태도로 접함으로써 과거의 전쟁의 기억을 억압하는 것이다. 그러나 과거의 기억은 도시오의 마음속에서 억압은 되었어도 사라지는 일은 없었다. 아이러니하게도, 이 트라우마에 가득 찬 적에 대한 기억이야말로 도시오를 비굴하게 만드는 것이다. 트라우마가 크면 클수록 그것을 덮어씌울 기만도 그에 맞춰서 커지지 않으면 안 된다.

도시오는 히긴즈에게 새로운 일본을 보여서 감탄하게 만들고 싶지만, 히긴즈는 올림픽을 개최한 도쿄를 보아도 그다지 감흥을 보이지 않는다. 도심의 고속도로에도 긴자의 네온에도 전혀 반응을 보이지 않는다. 미국인 부부의 방일 3일째에 도시오는 어느 호텔 방에서 열린 '시로쿠로 쇼[38]'에 히긴즈를 초대한다. 업자가 "나 같은 게 봐도 너무 위대해서 콤플렉스를 느끼게 되네요"[39]라고 하며 소개한 요시 짱이라는 남자는 거대한 남근의 소유자였다.

쇼가 시작되자 도시오는 히긴즈에게 왜 이러한 서비스까지 하고 있을까 하고 생각했다.

결국 내가 서비스하고 있는 것은 히긴즈를 뭔가의 방법으로 굴복하게 만들고 싶다, 술에 취해 정신을 잃어도 좋고, 여자에 홀려도 좋다, 저 히죽 히죽 웃으면서 아주 침착한 히긴즈를 일본의 뭔가에 열중시키고 굴복시키고 싶다. 그것을 바라고 있는 게 아닌가 하고 깨닫는다.[40]

쇼가 진행되자 도시오의 마음에는 미국에 대한 적의에 가득 찬 기억이 되살아난다. 지금이야말로 일본의 위대함을 일본인의 몸을 통해서 보여줘서 히긴즈를 굴복시킬 기회이다. 도시오는 미국에게 맛보았던 치욕을 드디어 그대로 되돌려주려 한다.

그런데 결국 요시짱은 그 '위용'을 과시할 수 없었다. 도시오는 요시짱의 초조함에 대해서 마음속으로 국수적인 외침을 내지른다.

어떻게 된거야? 넘버원이라며. 똑바로 해라. 미국인한테 보여줘 버려 일본의 자랑스러운 위대한 물건을. 찍소리도 못하게 만들어 줘. 겁먹게 만들어 줘.[41]

도시오의 그리고 일본의 자존심이 걸려있는 것이다.

이렇게 되면 오칭칭 내셔널리즘[42]이라고 할 정도로 여기에서 남자가 서지 않으면 민족의 이름을 더럽히는 것이다. 할 수 있다면 대신이라도 해주고 싶을 정도로 도시오의 그것은 아까부터 팽팽해진 채였다. 문득 히긴즈의 사타구니를 곁눈으로 봤지만 변화는 보이지 않는다.[43]

그래도 히긴즈의 반응은 없다.

낙담에도 불구하고 도시오는 요시짱의 처지를 동정하게 되었다. 그리고 왜 히긴즈 앞에서 일이 일어나지 않은 것일까 바로 알 수 있었다. 30대로 추측되는 요시짱도 도시오처럼 패전 직후에 굴욕적 체험을 했을 것이다. 히긴즈의 면전에 나오는 것을 굴욕적으로 생각했을 것이다. "연합함대도 제로센도 없어진 기댈 곳 없는 잿더미 위에 이글이글 타오르는 무더위의 허무함, 단번에 어제 일처럼 생각이 나서 그래서 임포impotence가 되어버린 거구나"라고 도시오는 납득한다.[44] 일본의 패전은 도시오의 그리고 요시짱의 신체에서 주체성을 빼앗아버렸다. 글자 그대로 쪼그라들 수밖에 없었던 것이다. 영어를 결코 말하지 않겠다는 결심처럼 도시오의 일본인으로서의 긍지도 허세에 불과했다. 그의 '팽팽해진' 남근도 히긴즈 앞에 나서면 마찬가지로 힘을 잃어버리는 것이다. '오칭칭 내셔널리즘'도 거세되어 버린 신체로는 꿈꾸는 것조차 허용되지 않는다. 전후 사회가 손에 넣은 경제적 풍요로움도 허무함을 없애버리지는 못한다.

노사카는 이야기의 마지막에 음식에 대한 기억으로 되돌아온다. 비참한 결과로 끝난 섹스 쇼 이후, 히긴즈는 교코가 자신들을 위해서 집에서 스키야키 준비를 하고 있는 것을 알면서도 친구를 만나러 나가버렸다. 히긴즈 부인도 요코하마에 있는 지인의 집에 묵으러 가버렸다.

자택에서는 도시오와 교코가 마츠자카규松坂牛, 고급 소고기를 비롯한 대량의 스키야키 재료와 마주하게 된다. 히긴즈에게 가벼운 취급을 당한 도시오는 일본의 물질적 번영의 심볼이기도 한 마츠자카규를 전혀 맛보지도 않고 위장에 밀어 넣는다. 그가 묵묵히 먹는 고급 소고기는 패전 직후에 먹은 '아메리카 히지키'와 마찬가지로 맛도 없고 쓸데없는 것이다. 대량의 소고기는 집안에 그리고 그에게 계속 존재하는 미국을 떠올리게 한다.

이야기는 도시오가 또 히긴즈에게 끈질기게 여자를 접대할 것이라고 생각하면서, 무리하게 마츠자카규를 계속해서 먹는 씬으로 끝난다. 히긴즈들은 조만간 없어지겠지만, 도시오 속의 미국은 도시오의 '코끝을 끌고 다니면서 기브미 츄잉껌 끙끙대며 비명을 지르게 한다.'[45] 도시오는 살아갈 양식을 전해주면서도 굴욕적인 체험을 하게 한 미국이라는 존재를 결코 자신 속에서 쫓아내지 못한다.

미국과의 두 번째 만남 속에서 도시오는 다른 태도를 취하는 것으로 과거를 다시 쓰려고 했다. 그러나 과거의 기억을 불식하는 데 열중하는 전후 사회 속에서, 그는 결국 이전의 굴욕적인 행동을 반복해버린다. 미국적인 물질적 번영을 추구한 경제발전하에서는 패전 때에 경험한 상실감이나 굴욕감에 계속해서 집착하는 것은 매우 어려운 일이었다.

일본의 풍요로움의 상징인 마츠자카규가 아메리카 히지키나 츄잉껌의 미국으로 치환되었듯이, 상실의 상징 그리고 적국 미국의 모습조차도 욕망의 회로에서 사라져버린다. 그러나 도시오는 소실되고 있는 적의 이미지에 오히려 집착하는 것으로 전후 사회에 문제 제기를 한다. 수치심을 다시 경험하고 마츠자카규를 억지로 먹는 것은 1960년대 번영 속에서 패전 직후의 상실과 굴욕을 재현하는 것과 다름없다.

죽음으로 순수함을 보존하다

주인공이 패전의 굴욕을 계속 경험하는 「아메리카 히지키」와는 대조적으로 「반딧불이의 묘」는 주인공의 죽음으로 시작해서 죽음으로 끝난다. 그 죽음을 통해 테두리가 쳐진 이야기는 주인공의 죽음을 과거에 대한 동경 속에 가두고, 전후라는 시간을 거절한다. 주인공과 그 여동생은 영구히 반복되는 시간 속에서 살고, 그들의 일상생활은 미국군의 공습을 통해서만 분절된다. 그 둘은 일본이라는 공간에서 패전 직후의 비참한 나날이 찾아오기 전에 깨끗이 죽어간다.

노사카는 스스로 전쟁 체험을 '이야기'로 말하는 것으로써 그 체험을 상기하면서도 또 동시에 억압한다고 하는 모순된 움직임을 보여준다. 노사카는 전후 사회 속에서 과거를 어떻게든 재현해 보이려고 하지만, 「반딧불이의 묘」는 재현을 통해 그 자신의 체험을 완전히 떨어진 시공간에 가둬버리고 만다. 이 슬픈 이야기는 항상 따라다니면서 떨어지지 않는 과거에서 도망가기 위한 장치로서 기능하는 것이다.

「아메리카 히지키」와 「반딧불이의 묘」라는 두 개의 이야기는 거의 동시기에 쓰여졌음에도 불구하고 완전히 다른 곳에 초점을 맞추고 있다. 노사카는 「아메리카 히지키」에서는 스스로를 희화화함으로써 전후 사회의 일상생활 속에 매몰되어 버린 전쟁의 기억을 불러일으키려고 한 데 비해 「반딧불이의 묘」에서는 아름다운 묘사를 통해서 처참한 기억을 억압하려고 한다.

「반딧불이의 묘」의 주인공 세이타는 1945년쇼와 20년 6월 고베 공습으로 부모를 잃은 소년이다. 4살이 되는 여동생 세츠코와 단둘이 남겨지게 되지만, 여동생은 패전 후 며칠 지나 영양실조로 죽는다. 세이타 자신도 세츠코의 유해를 화장한 직후에 마찬가지로 영양실조로 죽어간다. 세이타는 세츠코를 지키려고 열심히 노력하지만 역경에 쓰러지게 된다.

두 명의 어린이가 주인공이 되어 그 둘이 패전 직후에 죽어가는 것은, 이 이야기가 고통을 미화하기 위한 중요한 요건이다. 이해할 수 없는 큰 힘에 쓰러져 죽음에 이르게 되기까지의 고통이 이 아이들을 전쟁의 궁극적인 희생자로 바꾼다. 게다가 둘은 노사카 자신이 패전 후에 맛본 굴욕을 경험하는 일은 없다. 그것은 승자의 경제적 풍요로움에 대한 선망이 이 남매를 타락시키는 것은 결코 아니라는 것이고, 세이타와 세츠코는 미국과 만나는 일 없이 순수한 죽음을 완성한다.

전시하의 일본에서 세이타와 세츠코는 완전히 무력한 존재이다. 부모의 보호 없이 각자가 타인의 일은 전혀 신경 쓰지 않는 사회에서 살아가지 않으면 안 된다. 의지하고 있던 먼 친척미망인과 그 자녀들과의 관계조차 순탄하지 않게 된다. 둘이 지참한 식량이 바닥을 보이자마자, 미망인은 의지할 곳 없어 더부살이하는 둘을 구박하며 결국에는 내쫓았다. 산기슭에 판 방공호로 옮겨가게 된 세이타와 세츠코는 초나이카이에 소속되어 있지 않았기 때문에 배급 식량도 받을 수가 없었다. 부친의 저금을 깨서 때로는 도둑질을 해서 식량을 손에 넣었지만, 두 어린이의 건강상태는 확실히 악화되었다.

사회가 남매를 돌보지 않은 것과 마찬가지로 세이타와 세츠코는 전시하의 일본 사회를 거절했다. 미망인의 집을 나와 자신들끼리 살아가고자 했던 것은 세이타 자신의 결정이다. 세이타는 전쟁 열기에 들떠있던 사회에서 여동생과 함께 글자 그대로 물러나기로 결심한다. 이 선택은 전쟁 수행 노력에 대한 적극적인 저항은 아니지만, 세이타와 세츠코가 전시하의 사회에 의존하지 않고 살아가는 것은 전쟁의 죄악에서도 자유롭다고 말할 수 있다. 둘은 전쟁의 광기 하에서 살아가는 것을 거절했고 그렇기 때문에 죽어가지 않으면 안 된다. 세이타의 도둑질이라는 행동조차도 '죄가 없는' 자들을 희생해서 전쟁 수행에 맹진하는 사회에 대한 저항의 증거가 된다. 세이타와 세츠코의 비극적인 임종은 이렇게 전시 중인 사람들의 이기적인 행동과 이 남매를 구분 짓는다.

노사카는 과거를 표현하는 데 반딧불이라는 심볼을 이용한다. 어느 날 밤, 세이타는 방공호 밖에서 표시등을 점멸하면서 서쪽으로 향하는 비행기를 가리키며 세츠코에게 말한다. "저거 특공特攻이야." 세츠코는 "반딧불이 같아"라고 끄덕이면서 대답한다.[46] 세이타는 백 마리 이상의 반딧불이를 잡아서 둘이 자는 모기장 안에 풀어놓는다. 그 희미한 빛에 둘러싸여 어린 시절 1935년 10월의 관함식을 떠올린다. 그러나 해군대위인 아버지를 떠올리다 현실로 끌려와버린다. "아버지 어딘가에서 전쟁하고 계시겠지."[47]

다음날 아침 반딧불이의 절반은 죽어있었다. 세츠코는 죽은 반딧불이를 위한 무덤을 파면서, 세이타가 세츠코에게 숨기고 있었던 엄마의 죽음에 대해 알고 있다고 세츠코에게 알려준다. 특공, 세이타, 세츠코, 어머니, 아버지, 그리고 반딧불이는 모두 알 수 없는 큰 힘 앞에서 죽어간다. 전쟁은 세이타와 세츠코의 일상생활의 경계 사이의 꿈이 된다. 그러나 아침이 오면 꿈에서 깨지 않으면 안 된다.

1945년 8월 22일 세츠코는 죽는다. 그 쇠약해진 몸은 이와 옴으로 뒤덮여있었다. 세이타는 세츠코의 유해를 자신의 손으로 화장한다. 세이타 자신도 영양실조로 생긴 만성 설사에 시달리다 1개월 후 산노미야 역에서 자신의 분뇨에 뒤덮여 숨이 끊긴다. 세이타와 세츠코의 비참한 죽음은 전쟁의 불합리를 체현한다. 남매는 누구도 상처 주는 일 없이 전쟁의 광기 속에서 고통스러워함으로써 자신의 순진함을 지킨 것이다.

비웃는 과거

민속신앙에서는 죽은 자의 혼이 반딧불이가 되어 돌아온다고 널리 믿어져왔으나, 이 덧없는 황천에서 온 사자使者도 1960년대의 농약 사용과 환경 파괴 속에서 급속하게 멸종되어 갔다.[48] 노사카는 상실과 죽음의 상징인 반딧불이와 함께 자신의 전쟁의 기억을 묻었지만, 상실의 기억 그 자체는 반딧불이와 같이 사라지지는 않았다. 전쟁의 기억은 살아남은 것에 대한 죄악감으로서 노사카 안에 머물러 그 기억은 그의 신체를 통해서 되살아나게 된다. 노사카는 「반딧불이의 묘」 속에서 이야기로 꾸며내 정화된 기억을 그 후에 계속 방문하게 된다.

나중에 노사카는 이 작품 속에서 자신의 체험을 미화한 것을 솔직하게 인정했다. 예를 들어, 세츠코는 작품 속에서는 4살이었지만, 노사카의 여동생은 16개월에 죽었다. 그리고 노사카는 세이타 정도로 여동생에 대해서 동정심을 갖고 있지 않았다. 노사카 본인의 말에 따르면, 그는 여동생을 "사랑하고 있었다고 자신 있게 말할 수 있지만, 식욕 앞에서는 모든 사랑도 다정함도 빛을 잃었다."[49] 「반딧불이의 묘」 속에서는 영양실조에 괴로워하는 여동생을 보고, 세이타는 자신의 피나 손가락을 먹게 할 수 없을까 하고 생각한다.[50] 그러나 실제로 소년 노사카는 여동생이 말라서 쇠약해지기 전에 그 부드러운 허벅지 살에 식욕을 느꼈었다.[51] 여동생에게 먹을 것을 주었지만, 자신의 굶주림에 지쳐 줬던 것을 그다지 죄악감도 없이 뺏어 먹어버린 적도 있었다.[52] 여동생은 악화하는 건강 상태 때문에 밤낮없이 울었는데, 노사카는 여동생이 우는 것을 멈추게 하려고 주먹으로 때렸다. 그때는 맞는 것이 두려우니까 울음을 멈춘 것이라고 생각했지만, 나중에 알게 된 것은 맞는 것이 두려워서 조용해진 것이 아니라 뇌진탕을 일으킨 것에 불과했던 것이다.[53] 노사카의 마음속에 여동생에 대한 기억은 충분히 지켜주지 못한 죄악감과 중첩된다.[54]

실제 체험과 작품의 최대의 차이는 노사카가 전쟁에서 살아남아 자기의 체험을 말했다고 하는 점에 있었다. 살아남았다는 것에 어이없는 죄악감을 끌어안고, 이 죄악감이 그를 과거로 항상 데리고 간다. 1960년대 중반부터 쓰기 시작한 일련의 반자전적 작품은 전시 중부터 패전 직후를 무대로 하고 그 가운데 노사카는 신체적 고통의 기억을 더듬어 승화시키려고 한다. 전쟁의 참화를 추체험하려고 하는 바람이야 말로 그에게 작품을 쓰게 하는 동기가 되었다.

텔레비전을 본다. 국립경기장에 앉아 있다. 그리고 밤, 인파 속을 걸어가는 일상의 행동 속에서 전중 전후의 나날로 돌아가는 자신이 있다.[55] 자신의 '망상'에 잠기기 위해 노사카는 혼자가 될 수 있는 장소를 찾는다. 과거의 기억은 작품을 쓰도록 재촉하였고, 이러한 망상을 글로 적음으로써 이들은 사라져갔다. 쓴다고 하는 행위는 노사카에게 과거를 단절하는 의식이었지만, 과거를 상기하면서도 그것을 떨쳐내는 행위는 자신이 쓴 것이 '거짓의 속죄 행위'에 지나지 않는다고 하는 새로운 죄악감을 낳았다.

1945년 6월의 공습을 체험한 후, 노사카는 자신의 말에서 소외감을 맛보게 된다.[56] 일찍이 당연한 것으로 보였던 언어의 세계는 비극적인 상실을 경험한 후 허구의 세계로밖에 보이지 않게 되었다. 상실의 체험이 노사카의 단어를 외부의 세계와 분리시켰다.

노사카에게 있어서 이야기를 쓴다는 것은 언어와 외부세계와의 손상된 관계를 회복하는 시도이기도 했다. 그러나 그 시도는 상실을 완전히 표현할 수 없는 이상 성공하는 일은 없었다. 노사카는 회귀하는 죄악감에 내몰려 표현 불가능한 것을 표현하려고 하는 끊임없는 반복운동에 사로잡혀버리고 만다. 과거의 체험을 완전히 재현하는 것은 불가능하고, 동시에 과거의 트라우마에서 벗어나려고 해도 죄악감을 반복해서 기억하게 된다. 이야기가 노사카를 곤경에서 구하는 일은 없다. 그래도 노사카는 외부세계와 그리고 과거와의 관계를 유지하기 위해서 허구임을 인정하면서도 이야기를 계속해서 쓰는 것 이외에 길은 없다.

자신의 체험을 각색하면서도, 그것을 에세이 속에서 만들어낸 이야기에 지나지 않는다고 고백하는 기묘한 배합은 죄악감의 고리를 끊기 위한 궁여지책처럼 보인다. 자신이 쓴 이야기 속의 '거짓'을 자기비판하는 것으로 죄악감으로부터 거리를 두려고 한 것이다.

노사카는 실생활에서 알코올 의존증에 걸렸듯이 이른바 이야기 의존증이 되어버렸다고 할 수 있을 것이다. 알코올 의존증 환자처럼 술에 취하지 않았을 때는 허구의 이야기에 의존하고 있는 것을 반성해서 보여주지만, 과거 기억과의 싸움은 그의 신체를 확실히 갉아먹었다. 알코올 의존증에서 오는 간장해 때문에 노사카는 여섯 번 입원했다. 회귀하는 기억의 아픔을 지우기 위해서 술을 계속 마셔온 것이다. 1992년에 출판된 자서전『내 질곡의 비석わが桎梏の碑』의 마지막에서 이제 과거에 대한 '속죄'는 그만두겠다고 선언했다.

> 이 '간장해'는 알코올 과음으로 인한 간 지방으로 1개월 후에 퇴원한 이후 다섯 번 입원했다. 이것은 의존증에 흔히 있는, 의지가 약하다든가 이성적이지 못하다든가가 아니라 정신적인 병인 듯하다. 과거가 비웃고 있는 것이다.「반딧불이의 묘」 이후, 나는 이른바 '사소설'풍에서 벗어나지 못하는 문학을 늘어놓아 이것으로 비웃음에 저항하려고 했다. 나의 지금까지는 과거에 대한 극히 표면적인 거짓의 속죄 행위였다고 생각한다. 속죄할 수 있는 것이 아니다. 이후 '사소설'은 쓰지 않는다. 어디로 흘러갈지 모르나 '속죄'는 그만둔다, 적어도 그렇게 하는 편이 솔직할 것이다.[57]

노사카는 과거와 화해하는 것은 불가능했다. 그의 전쟁 체험, 상실의 기억은 이야기를 통한 의미 부여를 거절했다. 1960년대에 시작한 그의 문학자로서의 발자취는 1990년대에 과거의 '비웃음'을 받아들이지 않으면 안 되는 지점에 도달했다.

노사카의 전후는 과거의 무거운 짐에서 해방되려고 하는 시도의 연속이었다. 공습, 식량 부족에서 살아남았지만 살아남은 죄악감에서 벗어나기 위해 1960년대에는 「반딧불이의 묘」의 순환 고리 속에 죄악감을 가둬버린다. 여동생의 죽음은 아름다운 죽음이 되고, 노사카 자신의 죄악감은 세이타의 죽음으로 정화되었다. 그러나 노사카는 집필 이래로 이 작품을 반복해서 읽은 적은 없다고 한다.[58] 이 이야기가 불러들이는 마음의 고통 그리고 이야기 자체의 속임수를 직시할 수 없는 것이다. 「아메리카 히지키」와 「반딧불이의 묘」는 완전히 다른 형태로 과거를 표상한다.[59] 그러나 두 작품 모두 과거의 기억이 갖는 힘에 대해 이야기한다. 비록 상실이라는 상흔이 사라져버렸어도 기억은 간단히 사라지지 않는다. 그렇기는커녕, 흔적이 없다면 기억은 잡히지 않는 반복되는 불안으로 여기저기에 출몰하게 된다.

「아메리카 히지키」 속에서 과거는 반복되는 몸짓과 굴욕을 통해서 그 존재를 주장하고, 1960년대 말의 경제적 번영 속에서 전쟁의 흔적이 소실되어 가는 것에 저항했다. 한편, 「반딧불이의 묘」에서는 전쟁의 기억을 미화, 정화하는 것을 통해 전쟁의 흔적을 지우려고 했지만, 기억은 지울 수 있는 것이 아니었다는 것을 깨닫는다. 전쟁의 기억은 과거로부터의 도피를 반복하는 것을 강요한 것이다.

2. 미시마 유키오의 「소극笑劇적 죽음」

『풍요의 바다』

노사카 아키유키가 과거와의 싸움에서 졌다는 것을 깨달았다면, 미시마 유키오는 마지막 순간까지 계속해서 싸웠다. 싸움에 진 것을 인정하기보다 반복되는 과거를 촌극으로 살게 될 것을 더 걱정했다. 미시마는 과거의 희극적인 반복을 겪지 않기 위해 1970년 11월 25일에 자신의 신체ㅡ과거가 회귀하는 특권적인 매개체ㅡ를 잘라냈다. 그리고 그 극적인 자살에 이르는 수년 동안에 반복되는 이야기 『풍요의 바다』 4부작을 저술한다.[60]

이 작품은 미시마가 과거의 기억과 싸운 기록이고, 그의 자살을 역사적으로 해독하기 위한 열쇠가 된다. 즉, 미시마는 4부작을 통해서 1960년대 말 일본 사회에 과거의 기억을 제시하고 자신의 죽음으로 전쟁의 기억에 익숙해지지 않으려 했다. 미시마는 역사의 반복에 과격한 가능성을 보았고, 자신의 죽음을 통해서 촌극이 아닌 비극으로서 역사를 반복하려고 했다. 그러나 그의 자살은 그러한 역사를 초월한 순수한 죽음이 불가능하다는 것을 제시한 데 지나지 않는다.

노사카는 이 시기의 일본 사회에서 전쟁의 기억을 표현하는 것의 어려움에 직면하여, 자신이 엮어낸 이야기 속에서 촌극적인 반복과 순수한 죽음 사이를 왕복했다. 이와 대조적으로 미시마는 일본 사회의 이데올로기적인 폐색 상황을 자신의 신체 절개를 통해 보여주려고 했다. 그러나 그의 죽음은 상실의 기억이 진부한 것이 되고 있는 사회에서 조소거리가 되었다. 미시마는 촌극으로서 죽음을 성취한 것에 지나지 않았다.

『풍요의 바다』에서 과거는 반복을 통해서 현재로 회귀하고 있다. 미시마는 이 4부작에서 근대에서 현대에 걸친 4개의 시기를 환생하는 영혼의 이야기를 중심으로 삼았다. 주인공 마츠가에 기요아키의 영혼은 친구 혼다 시게쿠니가 살고 있는 현재에 계속해서 회귀한다.

제1권 『봄의 눈春の雪』은 기요아키와 혼다 두 사람이 18세인 1912년부터 시작되어, 황족과의 결혼을 앞둔 아야쿠라 사토코와 기요아키와의 불의의 연애가 비극적인 결말을 맞으면서 끝난다. 기요아키의 아이를 임신한 사토코는 낙태에 성공하지만 교토에 있는 월수사에서 출가를 결심한다. 사토코의 출가에 충격을 받은 기요아키는 병석에 눕는다. 그리고 다시 사토코를 만나지 않고 20세가 되어 기묘한 말을 혼다에게 남기고 죽어간다. "지금 꿈을 꾸고 있어. 다시 만나자. 꼭 만나. 폭포 아래서."[61]

제2권 『달리는 말奔馬』에서 기요아키는 천황과 조국에 대한 지순한 헌신을 증명하기 위해 목숨을 바칠 것을 맹세한 젊은 테러리스트, 이이누마 이사오로서 환생한다. 이사오는 1930년대 부패한 정부에 대한 분노를 함께 하는 젊은 동지들과 정부와 재계의 지도자들을 암살하는 계획을 세운다. 그러나 이사오의 동향을 걱정한 아버지에 의해 그 계획은 사전에 경찰에게 알려지게 된다. 이사오는 체포된 후에 기소되지만 그때 이미 판사로서의 지위를 가지고 있던 혼다는 자신의 지위를 던지며 이사오의 변호를 자진한다. 그 덕분에 이사오는 유죄가 되나 형 집행은 유예된다. 그러나 마지막에 이사오는 재계의 유력자를 살해하고 스스로 목숨을 끊는다.

처음의 2권을 보면 미시마는 주인공의 파괴적이기까지 한 열정과 혼다라는 합리적인 존재와의 사이의 긴장을 통해서 역사가 그 최종적인 도달점에 이르기까지의 변증법적 과정을 그리려고 했던 것으로 보인다. 4부작 속에서 혼다는 마츠가에 기요아키가 다른 인간으로서 환생하는 것에 계속해서 함께 한다.

합리적 관찰자로서의 혼다는 행동을 일으켜 죽음으로 달려가는 정열을 가진 기요아키나 이사오에 비해 평범하고 현세적인 관심을 체현하고 있다. 혼다와 기요아키·이사오의 대조는 4부작을 통해서 볼 수 있는 도식적인 이분법과 호응한다. 그것은 개인의 경험과 역사의 대립이라는 이분법으로 나타난다. 역사의 일부가 되기 위해서 개인의 체험은 타자와 공유되지 않으면 안 된다. 그러나 기요아키의 그리고 이사오라는 유일무이의 존재는 그러한 역사적 의미 부여를 거절한다. 이름붙일 수 없는 정열은 역사적 틀을 넘어선 과잉이고, 역사 그 자체를 위험하게 한다. 한편, 혼다의 합리적 시선은 그들의 정열을 역사에서 허용 가능한 것으로서 제시한다.

미시마의 사후 발표된 창작 플랜에 따르면, 개인의 정열의 긴장은 실수 없는 순정한 과거와 현재의 화해에 이를 것이었다.

혼다는 이미 노경. 그 신변에 1, 2, 3권의 주인공다운 여러 인물이 출몰해도 그들은 이미 사명을 다한 것으로 가짜. 4권을 통틀어 주인공을 탐색해도 찾을 수 없다. 드디어 80[80 말소] 78세로 죽게 하려고 할 때 18세의 소년이 나타나 돌연 천사처럼 영원한 청춘으로 빛난다.[62]

혼다는 드디어 이 소년을 만날 때 "혼다는 너무 기뻐하며 자기의 해설의 계기를 잡는다."[63] 초기의 구상에 따르면 개인의 유일무이한 정열의 역사에의 회귀는 과거와 현재와의 틀림없는 진정한 화해에 이르러 과거는 촌극이 아니라 개인의 경험과 역사와의 최종적인 조화를 초래하는 것으로서 반복할 것이었다.

처음 2권에서는 미시마는 이 긴장 관계를 그리는 데 성공했으나, 전후를 그리는 후반의 2권이 되면 개인의 정열은 그 힘을 잃고 이야기는 개인과 역사의 긴장 관계를 그리지 못하게 된다. 제3권 『새벽의 사원曉の寺』에서는 기요아키의 혼은 타이 왕국의 딸 진·쟌으로 혼다 앞에 회귀하고, 최종권 『천인오쇠天人五衰』 속에서는 10대의 고아 야스나가 도루로 나타난다. 두 주인공 모두 정열을 잃고, 기요아키나 이사오라는 등장인물의 그림자와 같은 존재에 지나지 않는다.

한편, 혼다는 전후의 혼란 속에서 변호비로 거액의 보수를 받고, 그의 냉정한 태도도 속물적인 것으로 변해간다. 관찰자로서의 역할도 추락하고 그저 염탐꾼으로 변해 버린다. 진·쟌의 몸의 좌측에 있을 환생의 징표인 세 개의 점을 찾기 위해 혼다는 진·쟌을 별장에 불러 침실에 뚫어 놓은 구멍으로 관찰한다.

최종권에서는 도루는 미시마가 창작 플랜으로 구상한 순정한 천사로서가 아니라, 혼다 시게쿠니의 실사로서 나타난다. 혼다는 이 소년과의 첫 해후 때 도루의 눈 속에 있으며 자기 안에 있는 것과 완전히 동일한 '기구'가 움직이는 것을 인정한다.

혼다와 소년의 눈이 맞았다. 그때 혼다는 소년이었을 때 자신과 완전히 같은 기구의 톱니바퀴가 똑같은 냉소적인 미동을 가지고, 아주 정확히 같은 속도로 돌고 있는 것을 직감했다. 아주 작은 부품에 이르기까지 혼다와 닮은 꼴로 구름 한 점 없는 허공을 향해 놓아준 것 같은 그 기구의 완전한 목적의 결여까지 마찬가지였다. 얼굴도 연령도 이 정도로 다른데 경도도 투명도도 조금의 차이도 없는 이 소년의 내적인 정밀함은 혼다가 사람들에게 무너져 내리는 것을 두려워해서 더욱 깊은 곳에 넣어두고 있었던 것의 정밀함과 똑같았다. 이렇게 해서 눈을 통해서 혼다는 찰나에 소년의 내부에 갈고 닦은 황량한 무인의 공장을 본다. 그것이야 말로 혼다의 자의식의 모형이었다.[64]

기요아키와 이사오의 혼이 도루로서 전후 일본에 돌아왔을 때, 쓸데없는 감정을 갖지 않는 '기구'가 되어버린 것이다. 혼다는 바로 시미즈 항에 출입하는 배를 위한 신호소에서 일하는 도루 속에 자신의 신분을 보았다. 도루의 주된 역할은 선박을 감시하는 것이고, 그는 '보는 것' 그 자체의 존재이다.

관찰하는 것과 관찰당하는 것, 혼다의 합리성과 기요아키의 정열, 역사와 개인의 기억이라는 것 사이에 있었던 긴장 관계는 혼다와 도루의 서로 닮은 관계 속에서 사라져갔다. 직선적인 역사의 움직임에 저항하고, 전생의 순환 고리의 움직임을 동기 지울 개인의 정열도 지금은 균일한 시간의 진행으로 채워져 버렸다. 기요아키와 이사오의 정열은 도루의 일상생활 속의 자기의식으로 환원되어, 미시마가 처음에 상정한 역사의 변증법적인 가능성도 있을 수 없는 것이 되었다. 미시마에 따르면 전후 일본 사회는 정열을 시계처럼 '같은 속도로' 기능하고 직선적인 역사의 진보에 따르는 한 관대하게 본 것이고, 정열의 기억에 대해서 이제 말할 수 없는 장소가 되어 버린 것이다.

쇠락해가는 천인의 모습은 반극反劇적인 최종권의 중심적인 모티브가 된다. 천인의 쇠락하는 신체는 혼다의 나이든 신체와 도루가 빠져드는 비참한 상황과 겹친다.

도루를 발견하게 되는 미호의 마츠바라로의 숙명적인 여행 도중 혼다는 친한 친구인 게이코와 천인이 쇠약할 때에 나타난다고 하는 표식에 대해서 말한다. 혼다는 죽음에 임박한 천인에게 나타나는 '다섯 가지 쇠약의 상'에 대해서 설명한다.

그 하나는 깨끗한 의복이 때 타버리게 되는 것이고, 그 둘은 머리 위의 꽃이 일찍이는 활짝 피었던 것이 이제는 시드는 것이고, 그 셋은 양 겨드랑이에서 땀이 흐르는 것이고, 그 넷은 신체가 불쾌한 냄새를 방출하는 것이고, 그 다섯은 본좌에 안주하는 것을 즐기지 않는 것이다.[65]

전후 일본의 평화 아래 혼다는 폐퇴하고 있는 천인 도루를 만난다. 역사는 그 안티테제—개인의 정열—를 잃고 변증법적인 가능성은 과거의 기억이 되어 버린다. 전후 일본의 균일하게 진행하는 시간 속에서 순수한 정열은 도루의 쇠퇴해가는 신체에 갇혀서 사라지는 것으로서만 나타난다. 결국 도루는 그가 초월해버렸다고 믿는 사회와 역사 속에 깊게 파묻혀버린다. 발터 벤야민이 그린 진보의 강풍에 날아가 진보가 파괴한 것을 보게 되는 천사와 달리, 미시마의 천인은 흙에 더럽혀져 역사의 경계를 넘어가는 것이 불가능하다.[66] 전후 일본 사회의 진보는 천인조차도 역사의 폐허 속에 남겨놓은 것이다.

미시마의 전쟁의 기억

『풍요의 바다』를 역사적 문헌으로 읽기 위해서는 우선 그 속에 확실히 표현되어 있지 않은 것—미시마 자신의 전쟁의 기억—을 발굴할 필요가 있다. 작품 속에 전쟁과의 연결을 나타내는 구조적인 표식이 있다. 4부작이 다루는 시기는 아시아·태평양전쟁을 계기로 이등분되어 있다. 이야기는 아시아·태평양전쟁이 시작되는 1941년의 29년 전, 1912년에 시작되어 전쟁이 종결된 29년 후인 1974년으로 끝난다.

게다가 패전 후 미시마는 20세였다. 이 20세라는 나이는 기요아키가 회귀하는 정열의 표식으로서 이야기 속에서 주요한 역할을 갖는다. 기요아키, 이사오, 진·쟌은 모두 20세에 죽는다. 주인공들의 환생과 미리 정해진 그 죽음은 파괴의 순간으로 돌아가는 미시마의 원망願望과 연결된다. 미시마가 『풍요의 바다』의 집필을 시작한 것도 패전으로부터 25년 후인 1965년의 일이다.[67] 그의 그 시점에서의 40년 인생은 일본의 패전을 끼고 딱 20년씩 등분되었다.

미시마가 다른 작품에서 얼마나 주의 깊게 구상했는가를 보면, 그가 이 4부작에서 이야기의 시간적 균정均整을 배려하지 않았다고는 생각하기 어렵다. 그러나 실제 전쟁 상황에 대해서는 작품 속에서 거의 언급하지 않는다. 예를 들어, 아시아·태평양전쟁 사이 혼다는 환생에 관한 다양한 불전을 읽는 것에 대부분의 시간을 보낸다. 제3권의 아시아·태평양 전쟁의 3년 반에 해당하는 부분은 불전의 해설에 할애되어 전쟁의 시작과 끝이 조금 묘사되었을 뿐이다. 전쟁의 명백한 영향에 대해서는 1945년 5월 공습 이후의 도쿄가 묘사될 뿐이지만, 그것조차 몇 페이지를 채울 뿐이다.[68]

전쟁이 글자 그대로 이야기의 중심적인 위치를 차지한 데 비해서, 실제 전쟁의 묘사가 없는 것은 특히 눈길을 끈다. 『풍요의 바다』 속에서 전쟁을 묘사하지 않음으로써 역설적으로 그 존재를 시사하는 것이다. 그리고 이 묘사의 부재야말로 미시마가 스스로 전쟁 체험을 갖지 않았던 것을 어떻게 평가했는가를 밝히고 있다.

미시마의 '전쟁 체험'의 특이성은 그것을 다른 세대의 전쟁 체험과 비교해서 보면 잘 알 수 있다. 비평가 이소다 고이치礒田光一에 따르면, 마르크스주의를 통해서 비평 정신을 몸에 익힌 미시마보다 나이든 세대에게 '성전聖戦'은 악의 권화權化였다.[69] 이소다는 1910년 태생의 하니야 유타카埴谷雄高를 예를 들어, 이러한 비판 정신에 대해서 말한다. 하니야 세대의 지식인은 전쟁의 외부를 조정하는 것을 통해 비판적 시점을 얻었다. 하니야는 자신의 전쟁 체험을 '큰 수용소' 속에서의 생활에 비유하는 것으로 총력전체제의 외부를 상상할 수 있었다.[70] 이 외부의 가능성을 믿음으로써 전쟁에서 거리를 두는 것이 가능했던 것이다.

하니야의 세대에 속하는 지식인인 1914년 출생의 마루야마 마사오丸山眞男는 전쟁에 대한 애착은 없었고, 패전을 알았을 때도 전혀 충격을 받지 않았다. 히로시마현에 있었던 육군 선박 사령부에서 동료와 공유한

반응은 "슬픈 얼굴을 하지 않으면 안 되는 것은 괴롭다"고 하는 태연한 것이었다.[71]

이 하니야와 마루야마의 세대에게 있어 외부란 '역사'라고 불러도 되는 것이다. 그들은 시간의 흐름에 구제를 요청한 것이다. 외부의 역사적 시간의 평범함 혹은 예측 가능성은 '수용소 내부'의 정지해버린 시간의 이상함을 비춰준다. 미래나 진보라고 하는 역사적 시간의 연장선상에 있는 희망이 전시체제를 비판하는 근거가 되었던 것이다.

반대로 미시마 세대에게 외부는 존재하지 않았다. 에토 준江藤淳이나 이소다가 말했듯이 아시아·태평양전쟁 중에 청춘기를 보낸 미시마나 다른 많은 사람에게 전쟁은 '은총'으로서 있었다.[72] 전쟁의 총체가 그들의 존재의 전부를 규정한 것이고, 그들의 내적 세계와 외부의 역사 사이에 균열은 없었다. 시간의 진행은 정지되었고 역사는 인과 관계가 미치지 않는 개인의 정열로만 성립하고 있었다. 개인의 행동은 역사적 의미 규정에서 해방되어 순수한 행동으로서만 존재했다. 개개의 다가올 죽음은 전시의 중단되고 고양된 시간 속에 포용되었다. 따라서 전쟁의 종결은 미시마에게 영원히 계속될 것처럼 생각된 조증의 종언이고, 파괴와 죽음의 징조의 저편에 전후의 평범한 일상 시간이 기다리고 있었다.

이소다는 1956년에 발표된 '금각사' 속에 미시마가 '영원의 미래'를 살지 않으면 안 된다고 깨달았을 때 경악한 모습을 보고 깨닫는다. 전시 중 주인공 미조구치는 금각사와 그 파괴를 통해서 일체가 되는 몽상에 사로잡힌다.

나를 태워버리는 불이 금각사도 태워버릴 것이라는 생각은 나를 거의 취하게 했다. 같은 재앙, 같은 불길한 불의 운명 아래에서 금각과 내가 사는 세계는 동일한 차원에 속하는 것이 되었다. 나의 부서지기 쉬운 추한 육체와 마찬가지로 금각은 딱딱하면서 불에 타기 쉬운 탄소의 육체를 가지고 있었다.[73]

미조구치는 장엄한 금각과 불꽃 속에서 운명을 함께 하는 것을 바랬다. 금각은 미를 체현할 뿐만 아니라 주인공의 비참한 존재를 초월하는 '영원'의 상징으로 있다.

패전의 충격, 민족적 비애에서 금각은 초월하고 있다. 혹은 초월을 가장하고 있는 것이다.[74]

금각의 존재는 패전국 일본에 회귀하는 영원의 시간을 표상한다. 그리고 역사의 영겁의 흐름은 개인을 재단하고 어찌할 바 모르는 작은 존재로 만들어 버린 것이다.

이 영원의 상징과 자신의 신체의 화재로 인한 소실로 미조구치는 영원의 시간과 완전히 동일화할 수 있었을 것이다. 그러나 그의 꿈이 실현되는 일은 없었다. 금각과 교토의 거리가 미군의 소이탄에 노출되는 일 없이 전쟁도 1945년 8월 15일에 끝나버렸다. 미조구치는 감미한 꿈이 무너져버린 것을 한탄하였다.

'금각과 나의 관계는 끊어진 것이다'라고 나는 생각했다. '이것으로 나와 금각이 같은 세계에 살고 있다고 하는 몽상은 무너졌다. 그리고 원래의 원래보다 더 바라지 않은 사태가 시작된다. 미美가 거기에 있고, 나는 여기에 있다고 하는 사태. 이 세상이 계속되는 한 바꿀 수 없는 사태' 패전은 내게는 그러한 절망의 체험에 지나지 않았다. 지금도 내 앞에는 8월 15일의 불꽃같은 여름의 햇빛이 보인다. 모든 가치가 붕괴했다고 나는 말하지만, 내 안에는 그 역으로 영원이 눈을 떠 되살아나 그 권리를 주장했다. 금각이 거기에 미래영겁으로 존재한다고 말하는 영원.[75]

미조구치는 '영원'을 일상생활이라고 하는 형태로 살지 않으면 안 되었다. 전쟁이라고 하는 드라마는 스스로의 죽음과 역사의 종언이라고 하는 형태로 끝나야 하는 것이었지만, 미조구치는 전쟁에서 살아남아 자신의 무참한 존재를 비웃는 금각의 미와 영원히 마주하게 된다. 전쟁의 종결은 끝없는 가해의 고통을 의미하고, 아무 일도 일어나지 않는 미래를 사는 것을 강요했다. 미조구치에 있어서 트라우마는 전시 중에 무엇인가를 상실한 것이 아니라, 전쟁이 종결되었을 때 상실 그 자체와 만나지 못했던 것에 있었던 것이다.

『풍요의 바다』 속에서 미시마는 전쟁 속에서 잃어버린 것을 재현하려고 했지만, 그가 전시기에 건져낼 수 있었던 것은 사건의 부재라고 특징지을 수 있을 것이다. 예를 들어, 혼다의 생활 속에서는 아무것도 일어나지 않는다. 분명히 도쿄는 불타오르지만, 그것 자체는 혼다가 역사의 관찰자로서 해야 하는 역할에 어떤 영향도 주지 않는다. 미시마에게 있어서 가장 주목해야 했던 다른 등장인물들의 비극적인 죽음도 이야기를 전개하는 문학 표현상의 취향이었을 뿐이다. 혼다가 그들의 죽음에 함께 하는 일은 없었다.

전후는 절망과 함께 시작되었다

실제로 미시마는 전시에 영웅적인 죽음을 선택하는 일 없이 외부의 세계가 무너져 내리기를 기다리고 있었다. 1945년 2월, 19세의 미시마는 육군에 입대를 명받았지만 입대 검사 때에 있었던 열 때문에 입대를 면제받았다. 반 자전적 작품『가면의 고백假面の告白』1949에 따르면 진찰을 담당한 군의관이 증상을 폐 침윤으로 오진하고, 미시마 본인도 이것을 정정하지 않았다.[76] 그러기는커녕 군의관이 결핵증상의 유무를 입대를 앞둔 청년들에게 물었을 때, 그는 자진해서 손을 들기까지 했다.[77] 젊은 문학적 천재로서의 아름다운 죽음을 꿈꿨지만 미시마는 죽음의 현실에서 도망치는 것을 주저하지 않았다.『가면의 고백』속에서 당일 귀향을 명받은 후의 일을 다음과 같이 회상한다.

군부대 입구를 뒤로하고 나는 달리기 시작했다. 황량한 겨울 언덕이 마을 쪽으로 내려간다. 저 비행기 공장에서처럼 어쨌든 '죽음'이 아닌 것, 무엇이든 '죽음'만 아닌 것으로 나의 발을 달려갔다.[78]

미시마의 분신인 주인공이 입대 통지를 받기까지는 비행기 공장에 동원되어 거기에서 공습 경보가 울릴 때마다 대피호에 피난하는 노동자들을 보고 있었다. '무언의/초조한/맹목적인 군중'이 대피호로 달려가는

것과 마찬가지로 스스로가 달려가는 것은 '죽음이 아닌 쪽'이라고 냉정하게 묘사한다.[79]

　더욱 구체적으로 말하자면 미시마가 벗어난 것은 군대의 일상생활 속의 죽음이다.[80] 근대적 군대 조직 속에서는 영웅적인 죽음은 불가능한 일이고 거기에 있는 것은 단순히 통계적인 죽음뿐이다. 그는 최종적인 귀결을 역사의 손에 맡기고 히로시마의 괴멸의 알림을 들은 후에 기대를 가지고 기다렸다.

　　마지막 기회였다. 다음은 도쿄라고 사람들이 수근거린다. 나는 하얀 셔츠에 하얀 반바지로 거리를 배회하였다. 자포자기 끝에 사람들은 밝은 얼굴로 걸어 다니고 있다. 일분 일분 아무 일도 없다. 부풀어 오른 고무풍선에 이제 터질까 이제 터질까 하고 압력을 더해갈 때와 같은 밝은 두근거림이 도처에 있었다. 그런 채로 일분 일분 아무 일도 일어나지 않는다.[81]

　이것이 종지부를 찍는 마지막 기회이고, 그는 역사라는 외부와 일체화할 예정이었다. 주인공은 '일본이 전쟁에 이기든 지든 상관없다'라고까지 주장한다. 그는 단지 '다시 태어나고 싶었던' 것이다.[82] 그러나 며칠 후 그가 기대하고 있던 일은 결코 일어나지 않는다는 것을 알았다. 그리고 그는 '일상생활'을 산다고 하는 이제부터의 괴로움에 마주하지 않으면 안 되었다.

　　나는 그 '항복 신청 문서'의 사본을 손에 들고 제대로 읽어볼 여유도 없이 사실을 깨달았다. 그것은 패전이라고 하는 사실이 아니었다. 나에게 있어서 단지 나에게 있어서 무서운 하루하루가 시작된다고 하는 사실이었다. 그 이름을 듣는 것만으로 나를 몸서리치게 한, 게다가 그것이 결코 일어나지 않는다고 하는 식으로 나 자신을 계속 속여 온 저 인간의 '일상생활'이 이제는 누구의 승인도 필요 없이 내 일상에서도 내일부터 시작된다고 하는 사실이었다.[83]

'나'는 일본의 패전 그 자체가 아니라 그때부터의 시간을 일상생활이라고 하는 형태로 지내야 한다고 하는 것에 의욕이 꺾인 것이다. 그것은 역사의 균일한 시간 속에서 아무것도 일어나지 않는다고 하는 사태를 사는 것이기도 했다.

이렇게 해서 미시마의 전후는 절망과 함께 시작되었다. 그는 전후의 저작 속에서 역사의 영속성을 저주했다. 그러나 그 자신의 전쟁 체험에 아름다운 결말을 맞이하는 것은 전후 일본에서는 불가능하고, 전후의 일상생활을 살아가는 한 전시의 극적인 측면을 소생시키는 것은 불가능했다. 내팽개친 과거와 화해하기 위해서는 전후의 균일한 시간은 정열에 의해서 부정되지 않으면 안 되는 것이었다. 미시마의 극적인 죽음은 1945년 8월로 돌아가 그가 살았던 전후의 역사적 시간을 부정하려고 하는 시도에 지나지 않았다.

그러나 거기에 이르기까지의 사이에 미시마는 당분간 전후의 일상에서 거리를 두는 것이 가능했다. 전쟁의 상흔이 아직 여기저기에서 보였던 패전 직후의 풍경 속에서 전시기로부터 일상생활로의 이행은 깔끔하게 하룻밤 사이 일어나는 일은 없었다. 『가면의 고백』의 주인공은 놀라움을 가지고 말한다.

> 의외로 내가 두려워하고 있었던 일상생활은 그다지 시작될 기미도 없었다. 그것은 일종의 내란이고, 사람들이 '내일'을 생각하지 않는 정도는 전쟁 중 아니 그보다 더 낫다고 생각되었다.[84]

패전 직후의 혼란과 진전되지 않는 부흥 속에서 피할 수 없는 것의 도래를 나쁘게 욕하면서 미래영겁에 걸친 일상과의 만남을 미루는 것은 가능했다. 전후의 파괴와 부흥의 이야기가 사회에 확실히 뿌리를 내리지 않는 한 그는 아직 비판적인 입장에 설 수 있었다. 패전 직후의 날들, 일상생활에 도전하는 행위는 아직 가능했다. 예를 들어 '금각사'의 주인공 미조구치는 자신의 손으로 금각을 태움으로써 드디어 꿈을 이룬다.

그러나 미시마가 그 정도로 두려워한 일상생활의 균일한 시간은 1960년대에 피할 수 없는 것이 된다. 일상생활 속에서 상실의 흔적은 없어지고 전쟁의 폐허에서 풍요로움으로라고 하는 이야기는 전후 일본 사회의 일부가 되어버렸다.[85] 미시마는 자신의 절망을 이제는 말할 수 없는 곳으로 와버렸다. 그의 전후 사회에 대한 원망도 일상생활을 채우는 잡음 속에 묻혀 버렸다.[86]

미시마에게 상실과의 조우는 영구히 미뤄져버린 것이었고, 노사카와 같이 전후 사회 속에서 상실 체험을 반추하는 것은 불가능했다. 여기에서 절망에 대한 미시마의 해석이 갖는 이데올로기적 성격을 밝히기 위해서 '뒤집어서' 생각해 볼 필요가 있다.

1945년 8월의 절망은 그가 실제로 경험한 상실을 느끼지 않기 위한 전략이기도 했다. 최종적인 귀결이 찾아오면 단편적인 체험을 통합하는 것은 그 마지막 순간까지 단편적이고 의미가 불확실하게 끝난다. 그리고 그의 체험이 이러한 상태에 있는 한 미시마는 상실의 충격을 완전히 받아들이는 일은 없다. 그것은 상실 그 자체를 체험할 수 없었다고 하는, 잃어버린 기회에 대한 그의 절망이었다. 그리고 전시 중에 잃어버린 것과 직면하고 싶지 않다는 것을, 인정하고 싶어 하지 않는 문학적인 장치이기도 했다.

미시마는 일본의 패전을 안 날에 '외부'를 만들어내고, 자신의 전쟁 체험과 대치하는 것을 피했으며 그러한 체험과 직접 대면하는 일 없이 '외부'에 문제가 있다고 했다. 그렇게 하면 전쟁이 뜻밖의 종결을 했기 때문에 상실을 받아들이려고 해도 받아들일 수가 없었다고 주장할 수 있었던 것이다. 전후가 되어 전쟁 체험과 마주하려고 한 미시마의 노력은 전후 일본이라는 외부를 저주하는 것으로 바꿔놓고, 전후 일본은 결국 천황과 동일시된다.

천황에 대한 분노

전후 미일 관계의 '기원의 내러티브'의 구축에 깊게 관련되어 전후 일본이라는 역사적 시간 쪽에 선 천황은 미시마에게 전후 일상생활을 체현하는 존재였다. 전후 일본의 번영은 천황의 인간적이고 자비에 찬 결정에 따른 것이라고 하는 '이야기'를 이데올로기적으로 뒷받침하는 기반이 되는 것으로, 천황은 그의 이름하에 펼쳐진 전쟁이라는 사건을 은폐했다.

1960년대에 미시마는 개인의 정열과 역사를 최종적으로 통합하는 추상적인 존재로서의 천황을 공경하지만, 역사적 존재로서 쇼와 천황에 대해서는 깊은 분노를 느끼고 있었다.[87] 천황만이 전쟁이라는 도그마를 완결시키고, 정열과 역사 사이의 통합을 성취할 것이었다. 그러나 미시마에 따르면 천황은 입헌 군주라는 인간으로서 질서와 역사를 위해 행동하는 것을 선택한 것이고, 그것은 전시 중 일본인의 모든 체험을 야만과 후진성으로 업신여겼다.

미시마는 '문화 방위론' 속에서 문화적 이상으로서의 천황과 정치적 존재로서의 천황을 개념적으로 구별한다. 이것은 반드시 두 개념의 통합을 제창하고 있는 것이 아니라 그러한 통합이 불가능하다는 것을 주장하고 있는 것이다. 양자 사이의 간격은 장애로서가 아니라 미시마와 그 자신의 전쟁의 기억을 사이에 두는 완충재로서 존재하는 것이다. 미시마가 전후 천황에 대해서 계속 가지고 있었던 분노는 그 외부 세계에 대한 요구로부터 니체적이라고 할 수 있다.

도덕에 있어서 노예 폭동은 르상티망원한, Ressentiment 그 자체가 창조적인 것이 되어 가치를 낳게 되었을 때 비로소 일어난다. 즉 이것은 진정한 반응 즉 행위에 의한 반응이 거부되고 있기 때문에 오로지 상상 속에서의 복수를 통해서만 그것을 벌충할 수 있는 자들의 르상티망이다. 모든 귀족 도덕은 자기 자신에 대한 자랑스러운 긍정에서 생겨나는 데 반해, 노예 도덕은 처음부터 '외부의 것'·'다른 것'·'자기가 아닌 것'에 대해서 아니라고 말한다. 즉 이 부정이야말로 그것의 창조적 행위이다. 도덕을 정하는 시선의 이 역전 — 자기 자신에게 돌아가는 것이 아닌 외부로 향하는 이 필연적 방향 — 이야말로 진정한 르상티망 특유의 것이다. 즉 노예 도덕은, 그것이 성립되기 위해서는 언제나 우선 하나의 대립적 외계를 필요로 한다. 생리학적으로 말하자면 그것은 일반적으로 움직임을 시작하기 위한 자극을 필요로 한다. — 그 활동은 근본적으로 반동이다.[88]

외계 — 주인의 세계 — 는 노예가 그 자신의 가치를 분노로서 표현하기 위해 존재해야 한다. 니체가 말하는 노예와 같이 미시마는 절망을 분노로서 표현하기 위해서 외부를 필연으로 하고 있었다. 천황 이상으로 '주인'으로서 분노해 마땅한 인물이 있을까. 이렇게 해서 미시마의 격한 감정은 '자기 자신에게 돌아가는 일 없이 외부로 향한다.' 천황의 신체는 '생리학적으로' 외부 세계를 표상한다.

게다가 니체가 말하는 르상티망은 과거가 현재로 영원히 회귀하는 표상이기도 하다. 1960년대 미시마는 분노라는 형태로 전후로 회귀한 과거를 표현하려고 노력했다. 그러나 그 회귀한 과거는 그 자신의 것이 아니라 다른 인간의 것이었다. 그 자신의 전쟁 체험과의 해후를 피하기 위해서 분노를 계속 말하는 한 자기 자신의 체험을 분노의 근원으로 하는 것은 불가능하다. 그를 위해 미시마는 그 이외의 인간의 분노에 의존해야 했던 것이다.

1966년에 발표된 「영령의 목소리英靈の聲」는 역사상 중요한 계기에

인간으로서 행동하기를 선택한 천황에 대한 미시마의 분노를 표명한다. 2·26사건에 참가한 병사들의 혼이 가미가제 공격대의 파일럿으로서 죽어간 항공병과 함께 '접신歸神'이 행해지고 있는 신사로 내려갔다. 영매를 통해서 말하는 최초의 목소리는 "우리들은 배신당한 자들의 영혼이다"라고 주장하는 2·26사건의 청년 장교들의 영혼이었다.[89] 그들은 신성한 개입을 가장 필요로 하고 있었을 때에 배신한 천황을 비난했다. 천황은 청년 장교들이 무너뜨리려고 했던 정치체제와 일체화하는 것을 선택했다.

이어서, 항공병들의 목소리가 천황이 전후 스스로를 인간에 지나지 않는다고 선언했을 때 그들도 천황에게 배신당했다고 주장했다. 현인신現人神으로서 머무는 것을 통해서만 천황은 이들의 영령의 희생을 의미있게 할 수 있었던 것이다. 영령의 목소리는 합창했다.

> 폐하가 단지 인간으로 받들어졌을 때
>
> 신을 위해서 죽어간 영혼은 이름을 박탈당하여
>
> 모셔져야 할 신사도 없고
>
> 지금도 더욱 공허한 가슴에서 혈조血潮가 흐르고
>
> 신계에 있으면서 편치가 않다
>
> (…중략…)
>
> 굴욕을 맛본 것도 괜찮다
>
> 저항할 수 없는 요구를 순순히 받아들인 것도 괜찮다
>
> 그래도 단 하나, 단 하나
>
> 어떠한 강제, 어떠한 탄압

어떠한 죽음의 협박이 있다고 해도

폐하는 인간으로 받아들여져서는 안 되는 것이었다.[90]

합창의 마지막에 죽은 자의 분노에 찬 목소리는 "왜 천황은 인간이 되어버리신 걸까"라는 질문을 반복한다. 이렇게 청년 장교와 가미카제 파일럿의 목소리를 통해서 미시마는 천황과 전후 일본에 대한 분노를 표출했다.

천황의 인간으로서의 행동에 대한 분노를 말로 표현하기 위해서 미시마는 '노예'의 목소리와 일체화할 필요가 있었다. 자기의 기억과 만나는 것을 피하기 위해서 분노를 외부에 표출한 미시마는 그 분노의 감정을 말하는 자신의 목소리를 갖지 않았다. 역사적 평가를 거부한 청년 장교와 가미가제 파일럿의 목소리가 그 역할을 한 것이다.

그러나, 패전 이래 이십수 년이라는 세월, 그리고 전후 일본의 물질적 풍요로움은 듣는 자를 부들부들 떨게 만들 그 목소리를 진부한 것으로 바꿔버렸다. 미시마의 작품에서 죽은 자는 집합체로서 말할 뿐 개개인의 인격은 '영령'이라는 일반적 범주 속에서 용해된다.[91] 청년 장교와 가미카제 항공병의 행동은 이미 안전하게 봉인된 과거의 상징이 되어버린 것이다. 그들의 목소리는 사회를 채우는 평범한 전쟁의 기억이라는 잡음에 섞여 간신히 알아들을 수 있을 정도이다.

미시마의 좌절

미시마의 극적인 죽음을 말하기 전에 미시마가 개인의 정열과 역사적 시간의 아름다운 통합을 그리면서 좌절한 곳으로 돌아가 볼 필요가 있다. 이 좌절은 『풍요의 바다』의 종장에서 어처구니없는 결말로 나타난다.

4부작을 통해서 주인공들의 젊은 죽음은 그들의 환생의 증거가 될 것이었다. 그러나 4명 중 첫 3명만이 20세가 되어 죽는다. 76세가 된 혼다는 도루의 존재의 역사에 대해 갖는 혁명적인 가능성을 컨트롤하기 위해서 도루를 양자로 삼아서 속세 속에서 자신의 엄격한 감독 하에 두려고 한다. 만약 도루의 기요아키와 이사오의 강렬한 정열을 결여한 완전히 현세적인 인간으로서 죽음을 대할 수 있다면, 혼다는 역사적 과정의 관찰자로서의 최종적인 우위를 증명할 수 있다. 역사는 드디어 정열을 이기는 것이다. 만약 기요아키나 이사오의 정열이 역사에 대해서 어떤 임팩트도 갖지 않는다고 한다면, 혼다가 행동을 일으키지 않았던 것은 최종적으로 옹호되는 것이다. 그를 위해 도루는 평범한 청년으로 죽지 않으면 안 된다.

이런 계획은 전생의 비밀과 혼다가 의도한 점을 게이코에게 들었던 도루가 메틸 알코올로 자살을 기도했기 때문에 실패한다. 미시마의 면밀하게 계산된 이야기는 도루의 동기에 대해서 자신이 선택되었다는 것을 깊게 믿고 있었던 것 이외에는 이야기할 부분이 없다. 그러나 그의 필사적인 행동조차도 그의 투명한 자의식의 반영에 지나지 않는다. 그것은 결국 외부적 목적을 결여한 자기애의 행위인 것이다. 도루는 실명했지만 목숨을 잃지는 않았고, 정신병을 앓는 아내와 은거 생활을 보내게 된다. 도루는 시각을 잃음으로써 합리적인 관찰자로서 자기의 우월감을 유지할 수 없게 된다. 그의 의식은 그의 동시대의 역사적 조건을 초월하지 못하고, 세속적인 존재로서 일상생활을 보내게 된다. 도루는 역사에 위협이 되는 일 없이 20세를 넘어서도 계속 살아간다.

혼다는 만약 그가 깨닫지 못하는 곳에서, 20세에 죽어간 청년이 혹시 다른 곳에 있었던 것은 아닐까 하고 의심한다. 그러나 아직 본 적 없는 청년을 만날 생각도 없어졌다. 실험에 실패한 것은 분명하지만 자기야말로 역사적 과정의 관찰자라고 하는 확신은 바뀌지 않았다. 미래영겁에 반복하는 윤회, 환생 속에서 언젠가 또 일어날지 모르는 해후까지 생각하며 안심한다.

죽어서 4대 원소(흙·물·불·바람)로 돌아가 집합적인 존재로 일단 융해된다고 하면, 윤회, 환생을 반복하는 장소도 이 세상의 것이지 않으면 안 되는 법은 없었다. 기요아키나 이사오나 진·쟌이 계속해서 혼다의 신변에 나타난 것은 우연이라고 하는 어리석은 우연이었던 것이다. 만약 혼다 속의 한 개의 원소가 우주의 끝의 한 개의 원소와 등질의 것이었다고 한다면, 일단 개체를 잃은 후에는 일부러 공간과 시간을 거쳐 교환 절차를 밟을 것까지도 없다. 그것은 어기에 있는 것이 저기에 있는 것과 완전히 동일하다는 것을 의미하기 때문이다. 내세의 혼다는 우주의 다른 극에 있는 혼다라고 해도 하등의 차이가 없다.[92]

영원의 시공 속에서는 혼다의 노쇠한 신체도 절망해야 하는 것은 아니다. 혼다는 역사의 눈에 보이지 않는 기구와 일체화하는 것으로 기요아키의 환생과 재회하는 것을 마음으로 기다리고 있다.

암에 걸려 마지막이 다가온 것을 깨달은 혼다는 기요아키의 정열의 흔적을 찾아 교토를 방문하여 자신의 인생에 종지부를 찍으려고 한다. 병든 몸에 채찍질을 가해 60년 전에 기요아키가 목숨을 걸고 사랑한 여성인 월수사의 문적門跡을 찾아간다. 월수사의 정문에 다다르자 혼다에게 '자신은 60년간 단지 여기를 재방문하기 위해서만 살아온 것이라는 생각이 몰려들었다.'[93]

기요아키의 정열을 봉인하고 의미를 부여하려 하는 혼다의 인생을 건 투기投企[94]의 마무리에 문적이라고 하는 증인 그리고 공범자를 필요로 한 것이다. 기요아키의 비운에 대해서 문적과 옛날이야기를 하는 것을 통해 그의 영원으로 회귀하는 정열을 기분 좋은 기억으로 바꿔버릴 것이었다. 그러나 기억은 마지막에 앙갚음을 한다. 혼다가 문적에게 마츠에다 기요아키를 생각나게 하려고 하자 그녀는 그러한 사람은 모른다고 주장한다. 이 점에 대해 문적은 양보하지 않는다.

아니 혼다 씨 나는 속세에서 받은 은애恩愛는 무엇 하나도 잊지 않았습니다. 그러나 마츠에다 기요아키 씨라는 분은 이름을 들은 적도 없습니다. 그러한 분은 원래 계시지 않았던 것과 같지 않겠습니까? 아무래도 혼다 씨는 있다고 생각하실지 모르지만 실은 처음부터 어디에도 안 계신 것이 아니겠습니까?[95]

문적의 부정의 말에 충격을 받은 혼다는 물증으로 반론하려고 했다. 그러나 회의懷疑는 빠르게 그의 마음속에 뿌리 내리고 겨우 대답한다.

그러나 만약 기요아키 군이 처음부터 없었다고 한다면…… 그렇다면 이사오도 없었던 것이 된다. 진·쟌도 없었던 것이 된다…… 게다가 자칫하면 나조차도…….[96]

혼다의 필사적인 반론에 대해서 문적은 "사람들마다 느끼는 것은 다 다르니까요"라고 딱 잘라 대답했다.[97] 기요아키의 정열이 낳은 긴장을 역사의 영원성 속에 융해해버리려고 하는 혼다의 의도는 완수되려던 순간에 무참히도 무너져버린다. 만약 역사의 반조정反措定[98]인 정열이 존재하지 않으면 역사 그 자체도 존재하지 않는다. 문적과의 대화에 큰 타격을 입은 혼다는 월수사 정원의 공허함에 생각에 잠긴다. '기묘하지 않은 우아하고 밝게 열린' 정원에 서서 '이 외에는 어떤 소리도 없이 더할 나위 없이 적막하다. 이 정원에는 아무것도 없다. 기억도 없거니와 무엇도 없는 곳에 자기가 와 버렸다고 혼다는 생각했다.'[99] 혼다는 60년에 걸친 발자취를 이상한 무력감에 사로잡혀 끝냈다.

역사에 반조정이 없이 개인의 정열과 역사와의 통합 등은 몽상에 불과하다. 그가 마음에 그린 경지는 역사 그 자체의 소실로서만이 도달할 수 있는 것이었다.

평화롭디 평화로운 일본

미시마는 혼다처럼 1960년대의 마지막을 정열의 기억조차 급속하게 사라져 간 시기로 느꼈다. 그러나 그는 마지막 해결을 기다렸다. 미시마는 1960년대 말 과격한 청년들에 의해 발생한 사회적 소란 속에서 마지막 가능성을 보았다.

미국의 베트남 개입은 좌익 진영 사이에 베트남 전쟁에서 일본의 역할과 일본을 미국의 전략 계획에 집어넣은 미일 안보조약에 대해서 격렬한 논쟁을 낳았다. 오키나와 반환과 1970년에 해소 가능해진 안보조약은 항의 운동의 초점이 되었다. 기성 좌익정당의 권위를 부정한 래디컬 섹터와 전공투全學共闘會議가 대학에서의 신좌익 운동의 핵심이 되었다. 이 운동은 정치권력과 대치하는 가운데 보다 폭력적으로 성장해갔다.

미시마는 1969년 10월 21일에 예정되어 있었던 국제 반전反戰의 날이 전후 일본의 역사의 전기가 될지 모른다고 생각했다. 그것은 신 좌익에 의해서 혁명적 상황이 생겨나고 일본의 정체를 지키기 위해 자위대의 출동이 요청된다고 믿었기 때문이었다.

미시마는 죽음 앞에 준비한 격문檄 속에 '나라의 비틀어진 근본을 바로 세운다고 하는 사명을 위해' 사설 군대인 방패회楯の會 대원들과 함께 목숨을 내던질 각오를 토해낸 것이다.[100] 자위대의 치안 출동은 전후 사회가 자위대를 국군으로 인정함에 따라 전전·전중부터 이어받은 것과 화해하는 기회라고 미시마는 믿었다. 일상생활을 지키기 위해서 내던져버린 것—전쟁의 기억—을 회복하는 것으로, 전후 일본은 그 패전 이전의 형태를 다시 받아들일 수 있는 것이다. 게다가 이 화해는 폭력에 가득

찬 과정이 될 것이다. 그리고 미시마도 이 폭력에 참가함으로써 1945년 8월에 내팽개쳐둔 그 자신의 과거와 화해할 수 있었을 것이다.

그러나 그의 마지막 해결에 대한 희망은 또다시 꺾였다. 3만 3천 명의 기동대는 10월 21일의 데모를 대부분 문제없이 제압해버린 것이다. 자위대를 동원할 필요는 전혀 없었다. 미시마는 대단히 낙담하여 결국에는 자기 손으로 사태를 바꾸려는 결심을 한다. 마지막 신체 퍼포먼스를 통해서 미시마는 전후 미일 관계의 '기원의 내러티브'가 실마리가 되는 전후 패러다임―「금각사」에서 미조구치가 더 이상 어찌할 도리가 없어 험악해진 일상생활이라는― 을 혼자서 분쇄해버리려고 했다.

1970년 11월 25일, 미시마와 방패회의 네 명의 대원은 동부방면 총감 마시타 가네토시益田兼利를 육상 자위대 이치가야市ヶ谷주둔지 내의 동부방면 총감부에서 인질로 삼았다.[101] 그들은 이치가야 주둔지의 자위관에게 미시마가 연설할 기회를 줄 것을 요구했다. 총감부는 요구를 받아들이고 미시마는 모여 있던 약 800명의 자위관을 향하여 '격문'에 적힌 주장을 토해냈다. 자위대를 국군으로서 확립하기 위해서 현재 놓여진 제한에 대해서 반란을 일으키도록 모인 자위관들에게 촉구한 것이다. 자위대는 군대의 존재를 부정하는 헌법체제 그 자체를 지키는 것으로 전후 일본의 모순을 체현하게 되었고, 그리고 자위대만이 일본 정신을 부패하게 한 가짜를 타파할 가능성을 가지고 있다고 미시마는 주장했다. 일본의 내셔널리즘의 위기를 호소하고 대원들에게 미국의 통제에서 벗어나야 한다고 격하게 추궁하였다.[102]

그러나 그의 마지막 호소도 대원들에게 야유를 받았고 상공을 나는

헬리콥터의 잡음에 섞여 사라졌다. 전후 일본의 모순을 찌르려고 한 (마사오 미요시가 적절하게 '신체 스피치'라고 부른) 시도도 단순한 판토마임이 되어버렸다.[103] 미시마는 연설을 7분 만에 중단하고 '천황폐하만세'를 삼창한 후 총감실로 돌아와 할복자살했다. 방패회 대원 모리타 마사카츠森田必勝도 미시마의 뒤를 이어 자결하고, 또 한 명의 대원 고가 히로야스古賀浩靖가 두 사람의 목을 쳐주었다.

육상자위대 이치가야 주둔지의 발코니에서 연설하는 미시마 유키오(1970.11.25) 출처 : 위키피디아

미시마는 신체적 고통을 통해 자신의 분노를 말하는 목소리가 순수한 것임을 증명하려고 했다. 그렇게 해서 과거를 재현하는 것은 이완되어 버린 현대에 대한 문제 제기였다. 자신의 목숨을 끊는 것으로 과거가 확실히 단 한 번의 사건으로서 그의 육체를 통해서 회귀하고 다시 역사에 충격을 주기를 바란 것이다.

그러나 미시마의 행동은 그가 희구한 과거와 현재의 화해가 완전히 불가능한 일이라는 것을 증명한 것에 지나지 않는다. 그의 죽음은 상당한―미디어와 학자의―주목을 끌었지만, 전후 일본의 일상생활에는 어떤 영향도 주지 못했다. 미시마는 당일 『마이니치신문』의 기자 도쿠오카

타카오德岡孝夫를 이치가야 주둔지까지 오게 했다. 총감실이 있는 건물 안에서 미시마의 죽음에 대해서 자위대의 발표를 들은 도쿠오카는 충격과 피로를 느끼면서 그 장소를 떠났다.

내리막길의 바로 앞, 길의 오른쪽의 원 전사실戰史室이 있었던 곳 근처에서 여러 명의 직원이 배구를 하고 있는 것을 보았던 것이다. 아직 점심시간인 듯했다. 여성이 네, 다섯 명, 남성이 한 명인가 두 명 있었다. 그것은 평화롭고 평화로운 일본의 더 이상은 평화로울 수 없는 멋진 풍경이었다. 토할 것 같았다.[104]

미시마의 죽음에 촉발되어 자위대원 사이에서 행동을 일으킨 자는 없었고 사회에 소동이 일어나는 일도 없었다. 그의 죽음은 전혀 효과가 없는 것이었다. 도쿠오카는 평화로운 일상생활이 미시마의 필사의 외침에 전혀 귀를 기울이지 않는 것을 보았을 때, '오심'을 느꼈다.[105]

미시마가 자결한 그 달에 도시바 EMI는 전후 일본의 평화로운 일상생활을 확실히 특징짓는 레코드 곡을 발매했다. 〈전쟁을 모르는 아이들〉이라는 제목이 붙은 그 곡은 1960년대 말의 일본의 낙천적인 분위기를 담은 곡으로 기억되었다.[106] 전쟁을 모르는 세대의 도래를 축복하는 가사가 밝은 멜로디를 타고 흐른다.

전쟁이 끝나고 우리들은 태어났다.
전쟁을 모르고 우리들은 자라났다.

어른이 되어서 걷기 시작한다.

평화의 노래를 흥얼거리면서

우리들의 이름을 기억해주었으면 한다.

전쟁을 모르는 어린이들

너무 어리기 때문에 허락되지 않는다면

머리카락이 길다고 허락되지 않는다면

지금의 나에게 남아있는 것은

눈물을 머금고 노래 부르는 것뿐이다.

우리들의 이름을 기억했으면 한다.

전쟁을 모르는 어린이들

파란 하늘이 좋아서 꽃잎이 좋아서

언제라도 웃는 얼굴의 멋진 사람들

누구라도 함께 걸어가자

아름다운 석양이 빛나는 작은 길을

우리들의 이름을 기억했으면 한다.

전쟁을 모르는 어린이들

전쟁을 모르는 어린이들[107]

이 노래는 전후 일본이 행한 전쟁의 기억과의 격투가 하나의 결말을
맞이한 것을 나타낸다. '전쟁을 모르고' 자란 전후 세대의 청년들은 사회

에서 자신들의 장소를 주장한다. 그들에게는 전쟁 체험이 없고 평화를 향수하면서 자라왔다. 전쟁의 기억은 전후 사회에 그 소실을 통해서만 존재를 알리는 껍데기뿐인 기호가 되어버렸다. '아름다운 석양'의 밝음 아래 전쟁을 모르는 세대는 자신들의 발걸음을 긍정했다.

『풍요의 바다』 제4권 『천인오쇠』의 야스나가 도루가 특별할 것 없는 존재로 살아가는 것으로 운명지어졌듯이, 정열이 일상생활 속에서 이미 길들여져 상냥한 것이 되어 버린 것을 미시마는 잘 알고 있었다. 정열은 현재로 회귀할지도 모르지만 그것은 촌극으로서 전후 사회의 현상을 긍정하기 위한 것뿐이다. 미시마는 전후 사회 속에서 정열을 체현하는 행동을 재현하는 것으로 일상생활의 무비판에서 도피하려고 했다.

그러나 그 오리지널한 격렬함 속에 과거를 재현하려고 한 그의 시도는 오리지널한 사건—그 자신의 죽음—을 그 격렬함이 결여된 형태로 드러낸 것에 지나지 않는다. 아이러니하게도 미시마는 전후 사회의 패러다임이 얼마나 깊이 뿌리를 내렸는가를 밝혀주었다. 1970년 11월 25일 도쿠오카가 목격했듯이 미시마의 분사憤死는 평화로운 일상생활의 마력 아래서는 불가해한 행위밖에 되지 않았던 것이다.

'기원의 내러티브'를 만들어내는 것으로 시작한 과거를 봉인하려고 한 전후의 노력은 1960년대 말에 일단 종결된다. 괴로운 전쟁의 기억을 봉합한 흔적도 전후 사회에서 급속도로 사라져가고 있다.

노사카 아키유키와 미시마 유키오는 일본인의 신체에 남겨진 상처, 게다가 그것을 꿰맨 흔적에 다시 주목하는 것으로 과거를 다시 불러들이려고 했다. 반복된 몸짓을 통해서 둘은 자신의 전쟁의 기억을 이야기하려고 한 것이다. 그러나 그들의 필사적인 비판도 거의 실효는 없었고 작품과 행동을 통해서 전쟁의 유산에 대한 논의를 불러일으키는 것도 불가능했다.

1970년대 이후에 냉전하의 국제정치의 균형(일본 사회가 과거를 잊는 것을 가능하게 한 조건)이 무너지기 시작하면서 겨우 일본 사회는 전쟁과 식민지의 기억에 진지한 눈길을 보내기 시작했다. 1960년대 말, 노사카와 미시마는 무엇보다도 새로운 세대가 걷기 시작한 '작은 길'을 마지막으로 비추는 저물어가는 '석양'처럼 보였다.

|결론|

전쟁의 기억을 씻어 내다

전쟁에서 상실한 것에 대한 기억을 재구성하는 것으로 자신을 재정의하려고 한 일본의 대응은 1960년대의 평화롭고 풍요로운 일상생활 속에서 하나로 귀결되었다. 산산조각난 국가의 이미지는 패전 후의 4반세기 사이에 다시 수집되고, 봉합되어, 수복되었다. 잃어버린 것을 상기하면서도 망각해버리고 싶다는 상반된 원망願望에 동기 부여 되면서, 전후 일본은 국가로서의 형태를 진보라고 하는 이데올로기와 새롭게 손에 넣은 경제적인 풍요로움을 통해서 회복했다. 국가의 형태를 회복하는 것은 과거를 기억하기 위해서 불가결한 요건이었다.

일본이라는 나라를 비유적으로 표현하는 데 사용된 대중문화 속의 신체 이미지도, 전후 25년 사이에 변용하였다. 패전 직후 영양실조로 때투성이에 이가 잔뜩 끼었던 '신체'는 1960년대 말까지는 물질적으로도 그리고 언설 상에서도 위생적이면서 생산적인 것으로 다시 만들어졌다. '신체'는 일본이 잃어버린 기억에서 분리되고, 국가의 '더러움'—전쟁의 기억—도 씻겨 내려간 것이다.

아시아·태평양전쟁의 부負의 유산에서 거리를 두려고 한 일본의 노력은 미국의 냉전 전략의 도움을 받았다. 제1장에서 논했듯이, 미국은 냉전의 동맹국으로서 일본을 필요로 하고 있었다. 그리고 일본은 미국의 동아시아 정책을 적극적으로 지지했다. 전후 미일 관계의 '기원의 이야기'는 동맹국으로서의 관계를 분명하게 했을 뿐만 아니라, 일본 사회의 관심을 식민지주의자로서의 과거에서 멀어지게 했다. 이 냉전의 정치 패러다임은 이른바 일본을 스스로의 과거로부터 지킨 것이다.

구체적인 예를 들면, 미군은 대일본제국 육군이 저지른 가장 잔학한 전쟁범죄를 은폐하는 데 도움을 주었다. 만주국에서 1936년부터 일본의 패전까지 세균전 부대인 731부대는 치명적인 병원균탄저균, 콜레라, 페스트, 파상풍, 그 밖의 세균을 가장 효과적으로 확산시킬 수 있는 연구를 위해서 3천 명에 이르는 피험자(그 대부분은 중국인이었다)를 살해했다.[1]

그러나 전쟁 종결 직후, 미군은 세균병기의 개발에 참가한 연구자들과 거래를 하였다. 연구자들은 그들의 병기에 관한 정보와 맞바꾸는 조건으로 그들의 범죄에 대한 형사 추급을 받지 않는다는 확증을 얻었다. 미군의 지도자들은 소련이 먼저 이 정보를 입수하여 미국의 국가 안전을 위태롭게 하지 않도록 획책했던 것이다. 두 초강대국의 충돌은 731부대의 잔학 행위의 기억을 매몰시켜버린 것이다. 일본의 전쟁 체험(그리고 동아시아의 사람들의 괴로움)은 미국이 냉전에서 싸우기 위한 유익한 정보가 되어 버린 것이다.

게다가 미국은 동아시아의 냉전 정책 수행을 위해서 경제적으로 자립한 일본을 필요로 하였다. 그 때문에 일본의 경제 부흥을 방해하지 않도록, 미국은 일찍이 일본의 교전국에 대한 침략행위에 대해서 배상금을 청구하지 않도록 영향력을 행사했다. 아시아의 4개국인도네시아, 필리핀, 베트남, 버마만이 샌프란시스코 평화조약에서 배상을 요구하여, 배상금의 실질적인 내용은 일본과의 2개국 간 교섭으로 결정되었다. 장기간에 걸친 교섭 끝에 일본 정부는 4개국에게 중요한 타협을 얻어냈다. 그 결과, 일본은 청구된 금액보다 적은 배상금을 장기 분할하여 지불하였고, 배상금의 지불은 이미 고도 성장기에 접어든 일본 경제에 부담이 되는 일은 없었다.[2]

최종적으로 일본은 별도로 교섭한 대한민국에 대한 경제 원조를 포함하여, 28개의 나라에 대해서 어떤 형식으로든 지불하고,[3] 그 총 지출액은 6,570억 엔에 이르렀으나, 그것은 국민 한 명당 약 5,600엔에 지나지 않았다(환율과 총인구는 1980년대 당시 수준). 게다가, 일본 정부에게 아시아 국가들에 대한 배상금과 경제원조는 반드시 과거의 책임을 인정하는 것은 아니었고, 이 지역으로의 경제적 진출에 대한 발판 그 이상의 것도 아니었다.[4]

더욱이 일본은 방위에 관해서 미국에 깊게 의존하고, 군사 면에서 적극적인 역할을 하지 않았다. 굳이 말하자면 자위대가 눈에 띄지 않는 존재였기 때문에, 전후 일본이 군사 면을 통해서 과거와 연결되어 있다는 것은 주목되지 않았고, 방위비도 낮게 억제했다. 냉전의 패러다임 하에서 일본은 경제적으로 번영하고, 전시의 기억에서 멀어졌다. 전후 일본 경제의 부흥을 강력하게 촉진한 이 정치적 패러다임은 1960년대 말부터 70년대 초에 걸친 미국의 베트남 참전과 궤를 하나로 하여 정점에 달하였다. 미국의 전쟁 수행을 위한 특수를 통한 일본 경제의 놀라운 성장은 일본인의 '신체'의 언설적인 양상을 바꾸었다. 아시아·태평양전쟁 종결 후에 시작된 일본인의 '신체'를 청결하게 하고, 탈역사화하는 작업은 베트남전쟁 기간에 그 극에 달한 것이다. '신체'가 과거의 형적形跡을 소각했듯이, 일본이라는 국가도 비역사적이고 투명한 이미지로 다시 만들어져, 그 결과로서 역사적 조건을 초월한 일본을 묘사하는 언설, 즉 '일본인론'이 인기를 모으게 된다.

1970년대라는 위기

그러나, 망각의 과정이 거의 목적지에 다다른 것으로 보였을 때, 그 과정을 뒷받침하고 있던 외부 상황에 긴장의 사인이 나타나기 시작했다. 특히, 1973년의 석유위기는 일본을 크게 흔들었다. 일본이 풍요로운 사회를 건설하는 기초가 되었던, 국제정치의 2극 구조를 위태롭게 한 것이다. 제4차 중동전쟁이 한창일 때, 중동의 국가들은 그 입장을 국제 사회 속에서 확고히할 효과적인 방법―석유―을 가지고 있는 것을 과시했다. 그 결과, 일본 사회는 패닉에 빠지고, 일본인의 '신체'의 청결함은 주의 깊게 지켜졌다.

1973년 10월과 11월, 두루마리 화장지는 일본에서 가장 필요한 상품이었다. 석유 위기와 종이 제품이 부족한 것은 아닌가 하는 두려움에서 단지의 주민들은 상점에 줄을 서서 두루마리 화장지, 티슈, 종이 기저귀, 생리대 등을 사재기하기 시작했다. 시즈오카에서는 1,000개만약 한 가족이 1주일에 2개를 사용한다면, 약 10년분를 사재기한 주부도 있었다.[5] 이 패닉은 주간지 보도에 따르면 오사카의 센리 뉴타운千里ニュータウン에서 11월에 시작되어 간사이關西에 퍼진 후 간토關東까지 퍼졌다고 한다.[6] 단지의 주민에게는 현대적인 생활양식을 뒷받침하고, 단지 생활의 청결함을 유지하기 위해 수입 석유가 필요한 것은 자명했다. 사재기의 대상이 된 상품은 등

유, 세제, 성냥, 설탕, 그리고 소금에까지 이르렀다.[7] 이러한 생활필수품에 대한 수요의 급상승은 상품 가격을 극적으로 인상시켰다. 지역에 따라서는 두루마리 화장지의 가격이 수 주 사이에 3배까지 상승하였다.[8] 오사카에서는 공공시설에서 두루마리 화장지의 절도가 빈발했다.

일본 사회는 1970년대에 들어 미국과의 관계를 통해서, 국제적인 정치 상황이 변화하고 있는 것을 감지하고 있었다. 1971년과 1972년의 두 번의 '닉슨 쇼크'—미국의 달러 방위책과 중화인민공화국과의 국교 수립—는 일본의 지도자들에게 일본을 둘러싼 정치적 환경의 변화를 알려주는 사건이었다.

그러나, 1973년의 중동 전쟁은 일본의 고도성장의 기반인 값싼 석유의 공급을 위협했다는 점에서 일본의 안전보장에 대한 신뢰를 가장 극렬하게 흔들었다. 1972년 7월, 총리대신에 취임한 다나카 가쿠에이田中角榮는 값싼 석유의 공급이 반영구적으로 계속된다고 하는 전제 하에 '(석유의) 전 수입량의 92%는 일본에서 8,000킬로미터 이상 떨어진 중동에 의존하고 있다'는 사실에 대해서 전혀 우려를 보이지 않고 "대량 탱크의 활용에 의해 일본은 국내에 세계 최대의 석유를 가지고 있는 것과 마찬가지가 된다"고 말을 덧붙였다.[9] 다나카에 따르면 이 일본의 중동 석유에 대한 의존이야 말로, 일본 경제의 강점이었다.

그러나, 이스라엘과 아랍 국가들의 군사 충돌은 다나카의 낙관적인 견해가 완전히 현실적이지 않다는 것을 나타낸 것이다. 1973년 10월 6일, 이집트와 시리아는 이스라엘에 대해서 공격을 개시했다. 16일 후에 정전이 성공하지만, 참전한 석유 산유국은 그 주장에 대한 국제적인 지지를 얻기 위한 전략적 상품으로서 석유를 이용하기 시작했다. 10월 17일, 페르시아 만의 6개국은 원유 가격을 21% 인상하였다. 그리고 아랍석유 수출국 기구OAPEC는 이스라엘 지지국에 대해서 수출을 5퍼센트 삭감한다고 발표했다.

석유가 부족할지도 모른다고 하는 두려움은 순식간에 번영한 일본 사회의 이미지를 흔들었다. 그리고 대부분의 주민은 이 위기 속에서 일상생활의 필수품이라고 생각된 것을 사재기하는 것으로 대응하였다.

이미 1973년의 이른 시기에 종이 부족의 조짐이 나타나기 시작했다. 1970년대 초의 공해 사건에 대한 사회적 의식의 고양은 종이 생산의 성장을 억제했으나, 한편 같은 시기에 신문 용지의 수요는 증가하기 시작했다. 게다가, 종이가 부족할지 모른다고 하는 예상은 종이를 투기의 대상으로 삼았고 업자는 대량의 원지原紙를 확보하였다.[10]

중동의 원유 공급이 정지되면 일본의 유통 시스템은 기능하지 않게 되고, 일상 필수품이 공급되지 않게 된다는 공포는 중동 위기를 예상을 넘은 위협으로 만들었다. 중요한 것은 일본의 소비자는 가장 먼저 화장실 휴지, 생리대, 종이 기저귀, 세제 등의 위생용품을 걱정한 것이다. 현대적인 생활양식은 이러한 생활 용품을 필요로 했으나, 1973년의 두루마리 화장지 사재기 광풍은 단순히 물건을 확보할 필요만으로 생겨난 것은 아니다.[11] 그것은 전쟁의 기억을 저지하기 위한 분투이기도 한 것이다.

일본 경제—전후의 국민적 정체성의 근원—의 기반이 위협받았을 때, 많은 사람들은 자신의 혹은 가족의 위생을 걱정했다. 제5장과 제6장에서 논했듯이, 새롭게 손에 넣은 풍요로움 덕분에 전후 일본 사회는 전쟁의 기억을 '신체'에서 닦아내는 것이 가능했다. 그러나 위생 용품이 지금도 손에 넣을 수 없게 될지 모른다고 하는 우려는 과거의 기억을 일상생활로 불러들였다. 두루마리 화장지나 다른 종이 제품을 사재기한 사람들은 스스로의 '신체'를 청결하게 해 두는 것으로 과거의 생활에 대한 침략을 막으려고 한 것이다. 실제로 매스 미디어는 전시 중이나 패전 직후의 경험을 빈번히 언급하였다. 설탕, 소금, 그리고 성냥이라는 품목은 전중·전후 시기 엄격한 배급제도하에 놓여 있었다.[12] 부족했던 종이 제품이나 다른 상품을 샀던 사람들은 일본 사회는 결국 과거에서 도망치지 못하는 것이 아닐까 하는 심층의 불안을 표출해버린 것이다. 전후 사회에 전시의 기억이 떠오르지 않게 하기 위해서 일본인의 '신체'는 청결하게 그리고 비역사적으로 보존하지 않으면 안 되었다.

정부의 지도자들은 중동 위기가 일본의 산업 구조 전체를 흔드는 것이 아닌가 하고 두려워했다. 이 위기에 대처하는데 외교적인 준비가 부족했던 정부는 친 아랍적인 입장을 취하는 것으로 원유를 확보하게 되었다. 1973년 12월, 일본 정부는 부총리인 미키 다케오三木武夫를 특사로 하여 아랍 국가들에 파견했다. 중동에 대한 일본의 경제 원조를 평가한 아랍 석유 수출국 기구는 일본을 우호국으로 인정하고, 원유의 공급을 보다 비싼 가격이지만 장래에 걸쳐서 확약한다.[13] 이 외교의 성공 덕분에 비록 1974년도에 마이너스 성장을 경험했으나, 일본 경제는 새로운 국제질서에 순응하게 된다.

아시아인의 '신체'

이렇게 해서 위기를 피하게 되고, 일본 경제는 그 위세를 떨어뜨리기는커녕 더욱 활성화되었다. 그 결과, 일본인의 '신체'는 전쟁의 기억에서 점점 멀어지게 되었다. 전쟁에서 잃어버린 것을 상기하려는 바람은 1960년대 말 이후 사라지지는 않았지만, 일본인의 '신체'는 아시아·태평양전쟁의 기억을 표현하기 위한 중심적인 장소는 아니게 된다. 그 초점은 1960년대 말 이후 외부로 옮겨졌다. 일본인의 '신체' 대신에 다른 아시아인의 '신체'가 전쟁의 상실을 의미하게 하는 역할을 담당하게 된다.

냉전 구조에 금이 가기 시작한 1970년대 초 이후, 아시아·태평양전쟁에 관한 다양한 문제가 일본의 매스 미디어와 대중 일반의 관심을 끌기 시작한다. 냉전 대립을 가장 여실하게 표현한 베트남 전쟁은 많은 일본인에게 자본주의 대 공산주의의 이항 대립이 아닌 제3의 존재를 생각하게 했다. 미국의 공중 폭격을 견뎌내는 베트남 농민의 모습은 아시아·태평양전쟁 말기의 일본 국내 공습의 기억과 겹쳐졌다. 괴로워하는 아시아인의 '신체'의 발견은 일본인을 대미 전쟁의 피해자로서 간주해온 전후의 감정과 공명한 것이다. 그러나 미국의 권익에 의존하고 있는 일본의 모습은 미국이 아시아에서 수행한 전쟁의 공범자가 일본이라는 것을 여실하게 보여주었다. 1972년의 오키나와 반환도 오키나와를 미국군의 전초지라는 할당된 역할에서 해방하는 일은 없었고, 일본이 베트남 전쟁의 공범자였음을 방증한 데 지나지 않았다.

일본이 중국이나 다른 아시아 국가들과 보다 친밀한 관계를 형성함에 따라, 이러한 지역에서의 일본의 침략의 기억도 일본의 대중 의식 속에 점차로 받아들여져 가고 있었다. 미국과 중화인민공화국의 국교 수립은 냉전 정치의 대립 구조 속에 있는 균열을 드러냈다(미국에 이어서, 일본도 1972년에 중국과 국교를 수립했다).

일본군의 중국에서의 폭력과 학살에 대한 혼다 쇼이치本多勝一의 보고는 1971년에 『아사히신문』에 연재되어 큰 반향을 불렀다. 혼다는 전쟁의 기억이 중국에서 어떻게 이야기되어 왔는지를 광범위에 걸쳐서 처음으로 보도하고, 1937년 남경대학살에 대한 논쟁을 불러 일으켰다. 현재 아직 귀결을 보지 않은 이 논쟁은 학살이 일어났는지 여부 그리고 몇 명의 중국인이 살해되었는가 하는 문제를 중심으로 다루었다.[14]

1980년대에는 모리무라 세이이치森村誠一의 베스트셀러 『악마의 포식悪魔の飽食』을 통해 731부대의 러시아인이나 중국인을 이용한 생체실험이 널리 알려지게 된다.[15] 1980년대 중엽에는 일본의 교과서 검정제도가 국제적인 논의의 대상이 되었다. 주변 아시아 국가들은 아시아에 대한 침략의 역사를 완곡하게 표현하려고 하는 일본 정부의 태도를 비판하고, 일본의 과거에 대한 공적 견해에 대해 논쟁의 방아쇠를 당겼다. 총리대신, 나카소네 야스히로中曾根康弘가 야스쿠니 신사를 최초로 공식 참배한 것과 그의 지도하의 자민당이 1980년대에 일본의 군사 확대에 이니셔티브를 취한 것은 중국과 한국의 양 정부가 아시아·태평양전쟁에 대한 일본의 공적인 해석에 이의를 제기하는 계기가 되었다.

일본이 과거에서 눈을 돌리는 것을 뒷받침하고 있었던 냉전체제가 1980년대 말에 붕괴하고, 일본의 식민지주의자로서의 과거는 아시아 사람들의 신체를 통해서 재부상해 왔다. 게다가 1989년 쇼와 천황의 죽음

은 전후 패러다임을 더욱 흔들었다. 쇼와 천황의 신체―'기원의 이야기 起源の物語'의 중요한 요소― 의 소실과 함께 전쟁의 기억은 노스탤지어, 그리고 비판적 검토의 형태를 띠고, 전후 미디어에 회귀한 것이다.

게다가, 천황의 죽음은 전쟁에서 살아남은 사람들에게 스스로의 체험을 말하는 시간이 그다지 남아있지 않았다는 것을 알려줬다. 자신의 신체도 이윽고 소실되어 버린다는 것을 실감하고, 그때까지 침묵을 지켜온 사정을 이야기하기 시작하는 사람들도 있었다. 종군 위안부 문제도 일본군 병사의 '위안부'가 되었던 사람들이 마음을 움직이는 증언을 한 덕분에 이 시기 일본의 대중의식 속에 자리 잡게 되었으나 이와 더불어 정부가 전시 하에 위안부 제도의 관리에 어떻게 관여해왔는가에 대해 격렬한 논쟁이 일어났다. 스즈키 유우코鈴木裕子가 주장하듯이 이러한 여성의 목소리는 1980년대의 한국에서 그녀들의 역사를 더듬는 긴 준비 기간 후에 일본에 도달하게 되었던 것이다.[16] 이와 더불어, 일본에서 마이너리티 문제에 관심이 높아진 것도 이러한 목소리를 수용하기 쉽게 하였다.

그러나, 1990년대의 회고적인 시선은 전시를 상기하기 위해 중요했을, 일본인의 '신체'를 발견하는 일은 없었다. 일본인의 '신체'는 전시의 기억에서 이미 수복된 지 오래되었고, 과거를 상기하기 위한 실마리는 되지 않았던 것이다. 그 대신에 일본 사회는 전후 패러다임의 외부에 있었던 아시아인의 '신체'상을 추구하게 된다. 아시아 사람들의 상처 입은 '신체'가 아시아·태평양전쟁 중의 비참한 경험을 상기할 기반이 된 것이다.

아시아인의 상처 입은 '신체' 이미지는 냉전 후의 일본의 심상 풍경의 일부가 되어, 전쟁 '이야기'의 일부가 되는 것을 계속 요구한다. 아시아의 사람들의 체험이 제기하는 이의를 진지하게 받아들이려면 일본이 어떻게 해서 이러한 이의 제기를 계속 억압하고, 일본인의 상처 입은 '신체' 이미지를 대중 의식 속에서 어떻게 수복했는가를 엄격한 자기반성을 통해 명확히 하지 않으면 안 될 것이다. 일본의 아시아에 대한 침략 전쟁과 관련해서 진지한 논의를 하기 위해서는 일본이라는 국가의 폭력의 기억을 받아들일 수 있는 공동체로서의 새로운 정체성이 요구된다. 그러한 정체성을 창조하기 위해서 전후 일본이라는 국가의 모습이 패전 후 상실의 기억을 희생하면서 어떻게 해서 만들어지고, 유지되어 왔는가를 이해할 필요가 있다.

전후 사회로의 회귀

냉전 구조의 붕괴는 일본이 과거의 아시아 침략에 대한 의식을 고양하는 데 도움이 되었다. 그러나 그것은 동시에 전쟁의 기억을 대미 관계 속에 한 번 더 가두려고 하는 강력한 원망願望도 해방시켰다. 『아사히신문』의 논설에 따르면, 1998년 여름 "미국은 예수 그리스도에 참회하라/ 히로시마 나가사키 핵 대학살"이라고 적힌 포스터가 보였다.[17] 이 포스터의 반미주의는 '기원의 이야기'가 은폐하고 있었던 것을 폭로하지만, 동시에 그것은 '기원의 이야기'와 완전히 같은 이데올로기적인 효과를 발휘한다. 일본을 전쟁의 희생자로 규정하고, 일찍이 식민 통치하에 있었던 사람들의 기억을 지워버린다.

아시아·태평양전쟁이 종결하고 50년이 지나, 일본 사회는 정치적인 내셔널리즘이나 반미주의를 받아들인 듯이 보인다. 그러나 그러한 감정은 냉소적이게도 '기원의 이야기'에 부정적으로 반응하는 것으로 이 '이야기'와 완전히 똑같이 기능해 버린 것이다. '건전한' 내셔널리즘이라는 구호 아래, 1990년대 보수주의자는 다른 아시아인들이 전쟁에서 잃어버린 것에 대한 기억을 침묵시키려고 하였다. 그리고 최근의 보수적인 논조는 일본인의 '신체'가 언설 속에서 치유된 과정을 반복한다.

고바야시 요시노리小林よしのり의 『전쟁론』1998은 내셔널리즘의 문제에 가득 찬 전후 사회로의 회귀의 일례이다. 『전쟁론』은 일본이라는 나라의 본연의 모습을 회복하고 싶어 하는 적지 않은 사람들의 원망을 파악하여, 1998년 베스트셀러 리스트에 수 주간 머물렀다.[18]

일본의 영웅적인 전쟁이라는 이야기를 옹호하는 고바야시의 이데올로기적인 싸움의 저변에는 사회적 패러다임의 전환에 대한 깊은 불안이 존재하는 것은 분명하다. 우선, 일본이라는 나라가 지금까지 전혀 공격적인 의도를 갖지 않았던 것을 제시하고, 현재 일본 국민이 자랑할 만한 것이라는 것을 증명하려고 한다. 그 때문에 '전쟁론'은 일본의 아시아인들에 대한 침략을 증거 불충분이라는 이유로 완고하게 부정한다. 고바야시는 일본의 침략에 대한 비판을 구미의 식민지주의에 대처하는 싸움 속에서 필요했던 것이라고 주장하고 거부한다. "우리들도 자랑해야 하지 않겠나, 차별주의자 백인과 싸웠던 조부를 가진 것을"이라고 모든 페이지의 한 컷 만화 속에 유전 지대로 진격하는 젊은 일본병사들이 다그친다.[19] 고바야시가 이 장면과 동일시해 버리고 있는 것은 분명하다. 돌격을 촉구하는 듯이 보이는 병사들의 얼굴은, 이 책 속의 미화된 고바야시의 자화상 그 자체이다.

　고바야시는 자기희생이라는 영웅적인 이야기를 회생시키는 것으로 1990년대에 일본 사회가 직면하고 있는 위기를 극복하려고 한다. 가족의 붕괴, 이혼율의 증가, 부부나 여고생의 매춘, 중학생의 폭력이라는 버블 붕괴 후의 다양한 증후를 열거해서 보이고, 거죽만의 평화 아래에서, 사회적 규범은 붕괴해왔다고 주장한다. 고바야시는 1990년대 일본의 큰 패러다임 변환을 인지하고, 현상 유지에 대한 원망을 불안에 가득 찬 자신의 만화 속에서 표현한다. 그의 마음속에서는 1945년의 일본의 패전, 그리고 그 결과 내셔널리즘을 잃어버린 것이 현대 일본이 안고 있는 모든 문제의 잠재적 요인인 것이다.

　고바야시는 국민의 희생을 요구한 일본이라는 나라는 전후의 역사 해석 속에서 철저하게 업신여겨졌다고 주장한다. 국가만이 뒷받침할 수 있는 공공심公共心없이 개인주의를 장려한 전후 일본의 민주주의는 단순한 이기주의로 해체되어 버렸다. 따라서 일본이라는 나라와 그 내셔널리즘은 사회의 윤리적 뒷받침이고, 재생되지 않으면 안 된다. 이 목표를 위해서 고바야시는 아시아의 사람들에 대한 침략을 모두 부정하고, 일본의 무고한 비전투원에 대한 미국의 공격의 비인간성을 강조한다. 침략이란 악마와 같은 타자에 의한 행위인 것이다(고바야시는 소련, 미국, 영국, 중국, 게다가 북한을 이 범주에 넣는다). 그리고 이러한 타자의 부負의 이미지에 대한 대극으로서 일본이라는 나라의 모습을 그려낸다.

　이렇게 고바야시는 전후의 가치관을 비판하고 있지만, 그가 하는 이야기를 보면 냉소적이게도 그 자신이 얼마나 깊게 그 가치관에 규정되어 있고, 전후 패러다임에 매달리고 있는가를 잘 알 수 있다. '전쟁론'이 묘사하는 것과는 반대로, 1990년대 일본에서 잃어버리고 있는 것은 '공공심' 과 같은 추상적 윤리규범이 아니라, 특정 역사적 조건 속에서 만들어져 온 전후 패러다임이었다. 그가 재발견한 것은 사회규범을 뒷받침하고 있는 국가라는 것이지만, 그가 간과하고 있는 것은 전후 패러다임이 패전이라는 사실에 대응하기 위해서 만들어져온 것이라고 하는 사실이다. 고바야시가 일본 국민에게 요구하는 헌신이야말로, 패전이라는 역사의 단절을 은폐해 온 '기원의 이야기'의 주요한 모티브이다. 전후 패러다임이 약체화한 것을 알아차린 고바야시는 '기원의 이야기'가 일찍이 가지고 있었던 분명함을 동경의 마음과 함께 칭송하여 보여준다.

고바야시가 현대 일본이 안고 있는 문제에 대한 해답으로 제시하는 내셔널리즘은 1960년대에 미시마가 제창한 미적인 내셔널리즘과는 다른 것이다. 미시마三島의 비판의 대상은 전후 패러다임 그 자체였다. 미美로서의 정치즉 천황와 대비시키는 것으로 정치적 현실을 무너뜨리려고 필사적으로 시도하였다.[20] 미시마에 있어서 전쟁에서의 죽음은 미적 세계에 속하고, 전후 정치는 그것을 이해하지 않았다.

한편, 고바야시는 전시戰死의 유용성을 강조하고, 그렇게 하는 것으로, 무너지고 있는 패러다임의 형태를 지키려고 한다. 전사자의 희생이 전후 사회의 기초를 만들어 냈다고 하는 점에 가치를 발견하고, 일본의 패전 전후前後의 연속성을 주장함으로써 고바야시는 1945년 8월의 역사적 트라우마를 은폐한다.

고바야시의 반미 내셔널리즘을 이데올로기적이고 역사적으로도 부정확하다고 하는 이유로 상대하지 않으면 그만이다. 그러나 그렇게 물리쳐버리는 것만으로는 이러한 이데올로기가 갖는 매력을 설명하는 것도 미국에 대한 반감이 과거를 생각하는 데 강력한 동기가 된다는 것도 이해할 수 없다.[21] 반미 내셔널리즘의 이데올로기적 측면, 그리고 그것이 부정하는 패전의 트라우마와 성실하게 마주하는 것을 통해서만, 일본의 식민지주의적인 침략의 역사를 포괄하는 것이 가능한 새로운 집합적인 아이덴티티를 상상하는 것이 가능할 것이다.

패전의 기억과 마주하다

1990년대 후반의 문예평론가, 가토 노리히로加藤典洋가 쓴 일련의 평론은 늦었지만 패전의 트라우마와 마주하는 시도의 하나이다. 이러한 평론은 대폭적인 수정을 가한 후, 『패전후론敗戰後論』으로 정리되었다.[22] 가토는 전후 일본의 배외적인 내셔널리즘을 낳은 조건을 이해하고, 극복하려고 노력한다. 그에 따르면 패전국의 국민들은 패전의 현실을 살아가지 않으면 안 된다. 그러나 일본인은 패전이 초래한 것은 사실은 자신들이 바라고 있던 것이라고 스스로를 납득시키고, 패전과 마주하기를 피했다.

가토는 전후의 '평화' 헌법이 미국의 강대한 군사력이라는 위협에 의해 강제되었다고 하는 모순 속에 '뒤틀림'을 발견한다. 이러한 상황에서 일국의 역사는 이제는 직선으로서 표현할 수 없다. 그 역사는 영원히 '뒤틀려' 버린 것이다. 가토에 따르면, 새로운 헌법, 그리고 궁극적으로는 패전 그 자체가 일본에 초래한 것—평화—이야 말로 국민이 자주적으로 그리고 자발적으로 원했던 것이라고 주장함으로써 전후 일본은 그러한 '뒤틀림'에서 눈을 돌렸다. 이러한 트라우마의 기피는 일본을 내적 자신과 추종적인 외적 자신으로 찢는 분열적 상황을 불러일으킨다. 내적 자기는 외부의 정치적 현실에서 스스로를 지키고 일본의 이상적인 상을 보존하는 한편, 외적 자기는 타자의 요구를 자신의 것으로서 받아들인다.

전후 일본의 병리를 설명하는데, 가토는 기시다 슈岸田秀에 의해 행해진 일본이라는 나라의 심리학적 진찰에 의거한다. 기시다는 나라를 정신 분석하는 것이 가능하다고 제창하고, 근대 일본은 19세기 구미와의 만남이라는 쇼크에 기인하는 통합실조증統合失調症 : 정신분열, 조현병에 괴로워하는 나라라고 진단하였다.[23] 가토는 자신의 논의를 전후기에 한정하면서도, 기시다의 진단을 완전히 받아들여 개인의 심리 요법과 같이 일본에 대한 치료법을 처방한다. 이에 따르면 전후 일본은 그 기원에 있는 속임수를 직시하지 않으면 안 된다. 그리고 일본은 패전의 트라우마를 있는 그대로 받아들여야 비로소 전쟁 책임의 문제에 진지하게 대응할 수 있게 된다.

가토는 전사자조차도 3백만 일본인 사자死者와 2천만 다른 아시아 국가들의 사자로 분열되어 있다고 주장한다. 전후 일본의 내적 자기는 일본의 전사자와 동일시하는 한편, 사회적 언설 속에서 지배적이었던 외적 자기는 일본 이외의 아시아의 희생자를 존대했다(역설적으로 이로 인해 3백만 일본인 전사자에게는 그늘이 드리워졌다). 일본인과 아시아 사람들이 잃어버린 것 모두를 추도할 수 있는 주체성을 쌓아 올리기 위해서는 이 분열을 극복하는 것이 필수라고 가토는 논한다. 그에 따르면 일본의 정신의 재통합은 3백만 일본인의 사자를 추도할 수 있게 되었을 때 볼 수 있는 것이고, 일본의 내적 자기가 필사적으로 지켜온 것 ― 순진무구한 3백만 일본인 전사자들이라는 이미지 ― 을 받아들이는 것에 의해서만 아시아의 2천만 죽음을 추도할 수 있다.

다른 논고에서 가토 노리히로는 괴로워하는 아시아인의 이미지가 1990년대에 전쟁 책임에 대한 논쟁을 활성화시킨 그 양상에 대한 우려를 표명하고 있다.[24] 그에 따르면, 일본에서는 과거가 남긴 것에 대해서 일상생활의 문맥 속에서 생각하는 자세를 찾아볼 수 없다. 일본 속에는 구멍空洞이 있는 것이고, 이 구멍 때문에 국민은 아시아의 사람들의 괴로움을 진지하게 이해할 수 없는 것이다. 가토는 이 구멍을, 식민지주의의 부負의 유산을 '우리들의' 역사로서 책임질 수 있는 윤리적이면서 집합적인 주체로 채우는 것을 제창한다. 전후 일본은 과거의 반성을 외적 자기로만 받아들여서는 안 된다. 반성은 내면에서 생겨나지 않으면 안 되는 것이다.

국가와 개인

가토의 논의의 내셔널리스틱한 울림은 곧 바로 비판의 표적이 되었다. 기시다 슈岸田秀의 사회정신분석의 전제를 받아들임으로써, 그는 일본이라는 나라의 경계를 보다 강고하게 한 것이다. 전사자를 포함하는 공동적共同的인 '우리들'이 가토에 있어서 추도의 주체를 이룬다. 많은 논자는 가토가 일본의 공동적共同 주체를 특권화하는 것에 의문을 표시했다.[25] 가토는 일본의 본질론에 다가가고 있는 것을 잘 분간하고 있지만,

패전의 트라우마를 받아들일 수 있는 새로운 나라의 양상을 만들어내기 위해서 이 위험을 두려워해서는 안 된다고 주장한다. 일본은 20세기말 자본주의가 만들어낸 국경 없는(경계 없는) 사회를 순진무구하게 축하하는 것은 불가능하다고 하는 것이 가토의 전제이다. 침략국의 국민으로서 일본─가토가 말하는 '우리들'─에는 아직 해결하지 않으면 안 되는일이 남아있다. 전후사의 시작의 역사적 '뒤틀림'을 받아들이는 것을 통해서만 일본인은 일본이라는 나라의 형태를 더욱 개방적인 것으로 할 수있다.

내셔널리스틱한 반향을 갖는 것만으로 비판하는 것은 가토의 논의를검토하는 데 있어서 생산적인 방법은 아닐 것이다. 왜냐하면, 이러한 반향은 그가 비판적으로 대응하려고 하는 일본의 전쟁책임이라는 어려운문제 그 자체에서도 유래하기 때문이다. 즉, 국가야말로 전쟁 책임을 생각할 때의 단위로서 널리 받아들여지고 있는 것이고, 아시아·태평양전쟁 때에 아직 태어나지도 않았던 전후 세대의 윤리적 책임을 주장하기위해 가토는 전전부터의 연속성을 갖는 공동적 주체를 정립하지 않으면안 된다. 그러나 일본국민으로서 모든 세대의 책임을 윤리적으로 받아들이는 것으로 역설적으로 국민국가의 제한에서 벗어나지 못하게 되는 것이다.

국가와 관계없이 개인으로서 추도하는 것은 가능하지만, 그러한 개인으로서의 행동은 국가가 과거에 행한 것에 대해 대응할 필요성을 감소시켜 주지는 않는다. 몇백만이라고 하는 아시아 사람들이 일본의 침략의 희생이 된 것이다. 국민국가의 과거의 행위는 개인 레벨에서 해소하는 것은 불가능하다. 아시아·태평양전쟁이 남긴 것은 일본국의 국민에게 전쟁 책임 문제를 국가로서 대응하는 것을 요구한다.[26] 패전 후 혁명이 있었다면 현재의 일본 정부는 직접 전쟁 책임을 기피하는 것이 가능했을지 모르나, 실제 역사는 그러한 단절을 낳지 않았다. 전쟁의 부의 유산과 아직 화해하고 있지 않은 정부하에서 생활하는 일본 국민에게는 전전·전후의 세대를 불문하고, 이러한 전쟁 책임과 마주할 윤리적 책임이 있다.

가토 노리히로의 논고는 전후 세대의 전쟁 책임 문제에 대한 하나의 답안이다. 가토는 전후 세대의 일원으로서 과거에 행해진 일본의 침략에 마주할 수 있는 윤리적 입장을 요구하고, 동시에 그러한 입장이 강제하는 국민국가의 틀에 저항하려고 한다. 내적 자기와 외적 자기의 최종적인 화해는 역설적인 순간이기도 할 것이다. 3백만 일본인이 무익하게 죽어간 것을 인정했을 때에만 전후 일본은 국가로서의 아이덴티티를 다시 확고하게 할 수가 있다. 그러나 상실에 대한 엄격한 자각은 일본의 국민국가로서의 견고한 틀을 반드시 흔드는 일이 될 것이라고, 가토는 기대한다.

전쟁의 유산과 마주하려면

전후 일본이 집단으로서 전쟁의 트라우마와 상실에 대해서 생각할 필요가 있다는 점에 있어서 나는 가토의 입장을 지지한다. 그러나 구체성이 결여된 채 역사를 취급하는 것은 큰 문제가 있다. 가토는 마치 일본이 패전 이후 완전히 균일한 기만의 시간을 살았던 것처럼 말한다.『패전

후론』속에서는 1945년 8월의 일본이 아무런 지장 없이 1990년대의 일본으로 귀결한다. 반세기 사이에 거의 아무것도 변하지 않고, 일본에 사는 사람들은 아직 완전히 똑같은 트라우마와 부재^{不在}를 살고 있는 듯하다. 심리적 방위^{防衛}기능이 트라우마의 소멸을 막았다고 가토의 설명은 시사한다. 전후 일본에서 트라우마는 억압되고 그 억압 속에서 원래의 형태와 충격은 보존되었다는 것이다.

이 책은 전후 일본이 아시아·태평양전쟁의 트라우마에 가득한 기억을 어떻게 다루어왔는가를 역사적으로 고찰함으로써 가토의 주장과는 반대되는 논의를 전개해왔다. 트라우마는 어딘가 손이 닿지 않는 곳에 보존되고 있는 것이 아니다. 패전과 상실의 트라우마는 전후 일본의 문화적 그리고 사회적 공간 속에서 몇 번이고 표상되어 왔다. 그리고 그때마다 최초의 충격은 그것을 지키려고 하는 시도에도 불구하고 감소해 간 것이다.

일본인의 상처 입은 '신체'의 이미지는 과거의 아픔을 기억하려고 하는 노력의 중심에 있었다. 그러나 전후 일본은 전쟁과 상실의 언설적인 표시를 그 이미지에서 제거하는 한편 일본인의 '신체'상에서도 과거의 흔적을 지워버린 것이다. 가토가 1945년 역사적 단절을 표현하는데 '더러움'이라는 말을 사용하는 것은 특히 상징적이다. 그는 일본의 '더러움'이 1990년대를 사는 사람들에게 아직 눈에 보이고 친숙한 형태로 남아 있다고 믿고 있을지도 모르나, 지금까지 논해왔듯이 전후 일본의 전례 없는 경제적 번영에 동반한 문화적 실천은 일상생활에서 더러움을 말끔하게 닦아버렸다.

단순히 윤리적인 요청을 하는 것만으로는 일본 속의 균열을 만들어 낸 역사적 조건을 바꾸는 데 충분하지 않다. 전후 사회에서 가토가 발견한 균열은 윤리적 노력을 통해서 메워지기를 기다리고 있는 구멍이 아니다. 그것은 이미 패전의 의미를 완전히 바꿔버린 수많은 언설적 실천을 통해 채워지고 있는 것이다. 트라우마를 변용시킨 과정에 대해서 깊게 성찰하지 않는 한 가토가 요청하는 윤리적 주체는 전후 일본의 언설 공간 속에서 곧바로 갈 곳을 잃게 될 것이다. 이 공간에서 비판적 입장을 구축하기 위해서는 그것을 낳은 역사적 과정에 주의를 기울이지 않으면 안된다.[27] 전후 역사를 건너뛰어서 원형原形인 채로 트라우마에 도달하는 것은 있을 수 없는 일이다. 유일하게 바랄 수 있는 것은 전후의 언설 속에서 그 반향을 파악하는 것일 뿐이다.

이 책에서는 전후 역사를 상기하는 전략으로서 일본이 어떻게 전쟁의 부의 유산을 망각해왔는가에 대해서 성찰을 거듭해 왔다. 망각의 과정은 단순한 하강선下降線은 아니었다. 그것은 과거를 표현하고, 또 억압하고 싶다고 하는 상반된 원망 속에서 비로소 이루어진 것이었다. 망각과 상기 속의 긴장을 발굴하는 것으로 이 논고는 전쟁의 기억을 만들어낸 전후 일본의 역사적 조건을 전면에 내세웠다. 전후사의 검토는 이러한 기억을 역사적 산물로서 다루기 위한 필요조건이고 국경을 일탈하는 것이 가능한 집단으로서의 주체를 만들어내기 위해서는 어떻게 해서 전후 일본인의 주체성이 국가 단위의 역사적 '이야기'를 통해서 생산되고 유지되어 왔는가를 이해하는 것이 필수인 것이다. 이 책의 각 장에서는 전후 일본의 국민으로서 아이덴티티가 만들어지고, 유지되어가는 가운데 전쟁 체험의 표상이 갖는 중심적인 역할을 예증해 왔다.

전쟁의 유산과 마주한다는 근년의 일본에서의 대응에 있어서 괴로워하는 아시아 사람들의 '신체'는 주된 위치를 차지해왔으나, 그 이미지는 전쟁의 기억의 발굴이라는 과제에 대해서 자동적으로 대답을 주는 것은 아니다. 아시아인의 '신체'의 충격적인 이미지를 통해서 일본의 과거를 생각하기 위해서는 동시에 전후 일본이 어떻게 일본인의 '신체'의 표면에서 '더러움'을 닦아내고, 전쟁의 기억과의 연결을 끊었는가를 검토하지 않으면 안 된다. '신체'적 고통이 지워져버린 문화적, 사회적 공간에서 타자의 고통은 기껏해야 추상적인 것에 그치고, 최악의 경우에는 상상도 할 수 없는 것이 되어버릴 것이다. 역사의 탐구는 타자의 고통을 이해하기 쉽게 하지 않을지 모르나 그러한 고통을 간단히 이해한 것쯤으로 해버리는 '이야기'에 저항할 수단을 제공할 것이다.

후기

　서문에서 언급했듯이 전후 일본을 살아온 사람들에게 이 책이 다루었던 주제는 결코 새로운 내용이 아니다. 정기적으로 나타나는 회고적인 취미의 특집을 별개로 하면 너무 넘쳐서 이제 와서 주목할 가치도 없는 현상으로서 그다지 관심을 끌지 못했다. 이 책을 통해 나는 당연시된 사실과 현상에 다시 한번 주목하여 새로운 독해방법을 제시하고 이미 '상식'이 된 지식을 하나씩 검증하여 재구축하는 작업을 시도했다.

　여기서 나의 개인적인 기호를 선택하여 스포츠특히 농구에 비유하자면, 리바운드를 하고 두 번째 슛, 세 번째 슛을 노리고 그래도 득점하지 못한 경우는 다른 연구자선수에게 패스하여 새로운 판을 짜는 일련의 움직임이다. 이러한 작업을 위해 포스트모더니즘을 비롯한 '문화이론' 혹은 영어권의 학술적 용어로 '이론'으로 불리는 것으로부터 많은 배움이 있었다. 그러나 여기서는 일일이 구체적인 출자나 효용에 대하여 다루지 않겠다. 이와 같은 생각은 '이론'은 결코 주역이 되지 말아야 한다는 확신에서 나온다.

　스포츠의 비유를 확장시켜 말하자면, '이론'이란 운동선수에게 웨이트 트레이닝에 해당하지 않을까. 오늘날 웨이트 트레이닝은 경기종목과 관계없이 운동 능력퍼포먼스을 향상시키는 데 불가피하다. 이와 비슷하게 문화이론은 '學'의 범위와 관계없이 지적 자극을 제공해왔다. 여기서 '이론'은 웨이트 트레이닝 그 이상도 이하도 아니다. 각 경기분야에 맞추어 웨이트 트레이닝문화이론을 디자인하면 되고, 최종목적은 보다 높은 퍼포먼스 수준에 달하는 것이다.

하나하나의 동작에 대하여 일일이 어떤 웨이트 트레이닝이 필요했는지를 해설하는 일은 선수의 퍼포먼스 총체에 관심을 가지는 관객들에게 성가실 뿐이다. '이론'을 절대시하며 울퉁불퉁한 근육을 키우고 거울 속의 자화상에 넋을 잃은 연구자를 볼 때도 있는데, 이러한 목적과 수단이 거꾸로 되는 일은 '학學'의 퍼포먼스에 유해할 뿐이다.

일본어판 준비를 끝내면서 저작을 통해 나의 생각을 세상에 문제제기 할 수 있는 일을 행운으로 느낀다. 역시 시합에 나갈 수 있는 일이야말로 선수에게는 더 없는 행복이다. 도시락을 먹고 오직 농구를 연습하기 위해 학교에 다녔던, 공부를 못하는 고등학생이 어떻게든 연구자로서 미국에서 생활할 수 있었던 것도 많은 스승과 친구의 질타와 격려, 그리고 많은 교육·연구 기관의 지원 덕분이다. 그 가운데서도 전후 미일 관계의 산물인 국제기독교대학国際基督教大學/ICU에서 공부할 수 있었던 일은 나의 학문적 관심의 형성에 특별한 의미를 지녔다.

미국 시카고대학 대학원에서는 문화이론을 깊이 배워 일본학이라는 분야를 새롭게 생각하는 기회를 얻었다. 지금은 전설이 되어버린 마이클 조던과 시카고 불스의 전성기에 시카고에서 살면서 스포츠를 중심으로 형성되는 '상상의 공동체'의 열기를 체험한 것도 이 책을 쓰는 동기의 하나가 되었다. 밴더빌트대학Vanderbilt University에서 학생들에게 알기 쉽게 강의하고자 고군분투했던 과정에서 이 책은 탄생했다. 좋은 동료들, 그리고 본질적인 질문을 해주었던 학생들에게 감사!

은혜를 베풀어준 분들의 이름은 여기에 다 적을 수 없지만 간단하게 이름만 적겠다. ICU에서 지도교수였던 윌리엄 스틸William Steele 교수, 지바 신千葉眞 교수, 윌리엄 하버William Haver 교수, 헤리 하우투니언Harry Hartoonian 교수, 마릴린 아이비Marilyn Ivy 교수, 그리고 윌리엄 시블리William Sibley 교수에게서 학문의 기초를 배울 수 있었던 것은 행운이었다. 일본 릿쿄대학立教大學의 이가라시 아키오五十嵐曉郎 교수께는 오랫동안 여러모로 신세를 졌다.

영어판을 출판하면서 대학원 시절부터 친구인 노리코 아소Noriko Aso 교수가 꼼꼼하게 읽고 자연스러운 영어로 고쳐주신 것에 감사드린다. 영어판 집필을 위해 미국의 인문학연구기금National Endowment for the Humanities 과 밴더빌트대학에서 연구비 지원을 받았고 1년간의 연구휴가를 받았던 것도 감사하게 생각하고 여기에 명기한다.

일본어판을 출판하는 데 오사카대학大阪大學 가와무라 구니미쓰川村邦光 교수에는 많은 신세를 졌다. 이 책의 영어판을 오사카대학에서 개최한 세미나에서 사용해 주셨고 번역 도움까지 받아 영광이었다. 오사카대학 대학원생인 나가오카 다카시永岡崇 씨에도 일본어판 작성을 위한 도움을 받았다. 중앙공론신사中央公論新社 오노 가즈오小野一雄 씨에게도 책 간행을 위해 애를 써주신 점에 감사드린다.

이 책은 내 부모님이 살았던 시대에 대한 이야기다. 두 분은 뼈가 빠지게 열심히 일하셨고 그 덕분에 나는 부모님이 꿈에도 꿀 수 없었던 기회를 누릴 수 있었다. 이에 깊은 감사의 마음을 담아 부모님께 이 책을 바친다. 마지막으로 내 아내 테레사와 두 명의 아이들 마야摩耶와 가이타海太에게는 팀워크의 기쁨을 가르쳐주었던 것에 그저 감사할 뿐이다.

　　한림대학교 일본학연구소 인문한국플러스 사업단은 한국연구재단
이 지원하는 인문한국지원사업의 일환으로 2017년부터 '포스트제국의
문화권력과 동아시아'라는 주제로 공동연구를 진행하고 있다. 제국 해체
후 포스트제국이라는 시간 축과 동아시아라는 공간 축이 재편되는 과정
에서 '앎·지식', '매체·문화', '일상·생활'이라는 문화영역에서 국민국가
가 엮어내는 권력과 이를 전복시키는 경험의 역동적인 관계에 대한 경계
횡단적인 종합연구를 수행하고 있다. 1단계 3년차는 '제국의 유제와 기
억'이라는 대주제로 연구를 수행하였고, 2단계는 '제국과 국민국가의 이
분법을 넘어서'라는 주제로 현재까지 제국과 근대 국민국가의 관계에 대
한 비판적 고찰을 시도하고 있다.

　　연구진은 포스트제국과 문화권력에 대한 이해를 심화시키기 위한 공
동연구의 일환으로 미국 밴더빌트대학교Vanderbilt University 역사학과 이
가라시 요시쿠니五十嵐惠邦 교수의 저서『敗戰の記憶－身體·文化·物語
1945~1970』패전의 기억 – 신체·문화·이야기 1945~1970, 이하『패전의 기억』을 선정하였
다. 그리고 일본이 패망하고 새로운 '국가건설'을 욕망하는 시공간에서
대중문화를 통해 전개된 기억의 정치를 분석한 이 책이 제국과 국민국가
의 상호관계를 비판적으로 규명하는 데 유용한 텍스트로 판단되어 공동
번역 프로젝트를 시작하였다.

　　1945년을 기점으로 제국 일본은 공식적으로 해체되었다. 그러나 일
본에서는 일반적으로 '전전戰前', '전후戰後'라는 인위적인 시대 구분을 통

해 제국 해체 후 단순히 전쟁 이전과 이후로 시공간을 단절시켰다. 이때 전쟁도 아시아·태평양전쟁으로 축소시켜 진주만 공격에서 히로시마 원폭 투하라는 거대 서사로 거듭 이야기되었다. 그 결과 '승자 미국과 피해국 일본'이라는 구도를 형성하였고 양국의 이해관계는 충족되었다. 동아시아 냉전구도 속에서 미일 관계가 재편되는 동안 '전후' 일본사회 내부에서는 '전쟁'의 과거를 둘러싸고 특정 기억이 선택, 조장된 동시에 망각되었다. 여기에서 대중문화는 과거와 기억을 둘러싼 국가권력의 수단이자 긴장, 갈등, 저항의 장으로 기능하였다. 이 책은 일본이 아시아·태평양전쟁에서 패전을 겪은 후 국가주권을 '회복'하고 새로운 국민국가를 재건하고자 했던 1950년대에 나타난 대중문화를 대상으로 하여, 1950년대 일본사회 내부에서 발생한 기억을 둘러싼 갈등, 그리고 국민국가 권력과 대중문화의 관계를 검토하는 데 많은 시사점을 준다.

본 사업단 연구진은 번역서 출판에 앞서 저자 이가라시 교수를 모시고 간담회를 개최하였다. 미국에서 밤늦은 시간에도 불구하고 이가라시 교수는 모든 질문에 꼼꼼히 답해주셨고 크게 두 가지 점을 강조하셨다. 첫째, 이 책에서 저자는 1950년대에 등장한 과거와 기억·망각의 물질성 materiality에 중점을 두고 기억이란 비물질적인 형태로 존재하는 것이 아니라 상징, 공간, 신체 등을 통해 표출되는 점을 강조하였다. 둘째로 저자는 이야기語り의 행위성을 부각시켰다. 특정 사건, 인물, 이미지, 행위가 어떻게 이야기되는지에 따라 사람들은 그 사물이나 사건을 전혀 다르게 바라보고 해석한다는 것이다. 일본이 패전한 후 대중문화 영역에서 과거와 기억은 물질과 이야기함의 힘에 의해 새롭게 형성되면서 망각되는 긴

장과 갈등이 존재하였다. 그러나 1950년대 말 기억의 상징, 신체조차 보이지 않게 되면서 이와 같은 갈등도 없어졌고, 1960년대에는 경제성장과 소비문화라는 역사적 조건에서 완전히 사라졌다. 이 책은 바로 1950년대에 존재했던 기억을 둘러싼 충돌에 초점을 두고 기억의 문화정치를 조명하였다.

책의 각 장을 간단히 소개하면 다음과 같다. 제1장에서는 제2차 세계대전을 종결시킨 원폭과 천황의 '성단聖斷'을 통해 미일 양국이 만들어낸 '이야기' 속에서 천황과 미국이 어떠한 역할을 완수하고, 무엇을 은폐했는지에 대해 논하였다. 패전 후 원폭을 이용한 멜로드라마 속의 미일 관계는 미국=남자와 일본=여자라는 성적性的인 관계로 상징되었다. 미국은 '남성'으로 쇼와昭和천황은 순종적인 '여성'으로 묘사되었는데, 이것은 승자=패권와 패자=복종의 '이야기'로서 양국의 역사 인식을 형성하는 기반이 되었다. 양국 간의 변화하는 세력 관계 속에서 이 '이야기'는 미일 관계를 설명하는 데 여전히 부동의 영향력을 미치고 있다. 그리고 패전과 함께 미국은 아시아에서 식민지 지배자였던 일본의 역할을 대신 맡았고, 일본은 일본의 식민지였던 아시아국가의 역할을 맡게 되었다. 아시아에서 미국이 일본을 지배하는 새로운 미일 관계의 '이야기'가 만들어졌다. 이러한 미일 관계는 일본이 미국과의 동맹 관계를 특권화하여 미국과의 전쟁뿐만 아니라 과거 타국과의 전쟁의 기억을 억압하게 하였다. 나아가 일본이 과거 식민지에 대한 기억을 망각하고 일본의 아시아와의 역사적인 관계를 은폐하게 하였다.

제2장에서는 패전 후 개인이 신체의 주인 자리를 국가로부터 되찾은

해방감과 전시체제에 구축된 사고방식에서 벗어나는 데 정신적 갈등을 겪는 일본인의 내면적 갈등을 다무라 타이지로田村泰次郞의 소설 『육체의 문』에 등장하는 매춘부 집단을 중심에 두고 논의한다. 전쟁으로 인해 남편을 잃은 이들은 성매매를 오로지 생계를 위한 경제행위라는 논리로 정당화하려 했지만, 성적 희열을 얻은 한 매춘부의 해방감과 그를 벌하려는 다른 매춘부들 간의 갈등은 여성 내부의 내면적 갈등을, 그에게 희열을 안긴 남성의 존재는 남녀 간의 내면적 갈등을 각각 상징한다. 정치사상학자 마루야마 마사오丸山眞男가 일본을 병든 신체를 지닌 비논리적 약자로 빗댄 것처럼 과학적이고 건강한 신체가 상징하는 서양인이라는 강자에게 마땅히 패배했다는 인식을 일본인이 공유하게 되었다. 이 같은 인식은 일본인으로 하여금 급격한 변화를 받아들이는 데 완충제 역할을 했다. 후반부에서는 병든 일본인이 점령 하에서 미국의 의학적 언설과 과학에 의해 위생적 여건을 얻게 됨에 따라 신체의 '정상화'가 진행되는 과정에 대해 살펴본다. 일본인이 해방감을 누림과 동시에 전후체제라는 또 다른 국민국가 규범에 편입되었다는 점이 제시된다. 국민국가는 인간의 신체를 자원으로 보아 관리통제하에 두려고 한다. 패전 이전 일본 또한 예외가 아니었다. 강하고 아름다운 신체는 개인의 의사와 무관하게 내셔널리즘적 이데올로기와 결합하여 전쟁수행이라는 국가적 목표를 위해 바쳐져야 했다. 따라서 패전은 적지 않은 일본인에게 해방감을 안겨 준 것이다.

제3장에서는 1950년대 문화론을 전후 내셔널리즘이나 일본인의 신체 변용을 일으켰는가에 초점을 맞추어 기술하고 있다. 특히 일본이 국

가 이미지를 새로 만들기 위해 문화를 강조하게 되고 이 일본문화론이 곧 내셔널리즘의 재편으로 이어지는 논리를 규명해 냈다. 일본문화론 속에는 미국과 일본의 전쟁 기억이 소거되는 과정과 맞닿고 있었다. 특히 샌프란시스코 강화조약 이후 미국 종속되는 것을 우려하는 목소리가 대두되지만, 일반 대중들은 미국문화의 수용과 경제적 풍요로움을 누리게 되는 아이러니 상황을 맞이한다. 이때 일본문화론은 서양과 일본의 잡종으로서 논의되고, 일본문화론을 중간성이나 잡종성으로 접근하게 된다. 가토 슈이치加藤周一와 마루야마 마사오의 잡종성론 그 대표적인 것으로, 전자는 일본의 독창성을 논의하는 입장이며 후자는 창조성 없는 일본문화로서 잡종성을 비판했다. 그럼에도 불구하고 이 논의는 미국의 군사력이나 경제적 배경이라는 현상을 긍정해 버리는 이데올로기로 작동하는 데 문제가 존재했다. 바로 이점을 저자는 일본문화론이 내포하는 전전의 식민지화 역사 그리고 전후의 미국 문화에 물들어가는 주체의 상실을 지적한다. 이러한 입장은 아이덴티티의 문제와도 연결된다. 이는 일본계 미국인이라는 잡종성을 소설 속에서 다룬 고지마 노부오小島信夫나 오에 겐자부로大江健三郎의 소설을 통해 재현해 준다. 중간성에 대한 소거를 꿈꾸며 체제적 질서 속으로 들어가려는 욕망과 그 질서의 허상을 깨닫는 이중성 속에서 잡종성의 위치가 갖는 딜레마를 보여준다. 그리고 마지막으로 주의를 환기시키는 것은 천황이 닉슨 대통령과 만나고 미국인 청중 앞에서 말을 떼려고 할 때 돌연 목소리가 나오지 않은 상황 설명이다. 이 가라시 교수는 천황의 발언은 일본이 미국에 타협하는 순간이었지만, 천황의 신체에 순간적으로 나타난 증상은 전전과 전후의 균열을 일본 대중에게 보여준 것이었다고 보았다. 그럼에도 불구하고 미디어는 그것을 의심없이 메웠고 '일억 일본인의 쇼와昭和'는 과거를 재구성하는 기회를 잃게 되었다고 밝히고 있다.

제4장에서는 대중문화를 과거에 사로잡힌 장으로 보고, 정치 영역에서 억압된 전쟁 기억이 대중문화 영역에서 갈등하는 양상에 주목하였다. 우선 1950년대 인기를 끌었던 멜로드라마를 사례로 전쟁으로 부모를 잃었던 여성 주인공이 남성을 만남으로써 상실한 과거를 회복하고 싶지만 마주하기를 두려워하는 모순, 그리고 사랑과 섹슈얼리티가 정상성을 회복하는 이야기를 통해 전쟁 전 사회규범과 전쟁 후 사회혼란 사이의 경계 위치에서 주인공의 욕망이 허덕이는 모습을 설명한다. 다음으로 전쟁 전과 전쟁 후 사이 연속성을 회복하고자 하는 일본사회의 욕망 앞에서 적국이었던 미국의 타자성을 제대로 명명하지 못한 상황에서 전쟁 기억은 고질라ゴジラ처럼 정체 불분명하고 경계적인 괴물의 신체의 모양을 띠고 나타난 과정을 분석하였다. 마지막으로 패전 후 프로레슬링 선수 역도산力道山은 미국으로 상징되는 외국인 선수들을 박살내는 신체 퍼포먼스를 통해 미국을 전복하는 '일본'을 연기하여, 폭력으로 가득찬 과거 일본을 과격한 폭력으로 지키려고 했던 존재였음을 밝힌다. 저자는 대중문화 속의 경계적인 영역, 경계적인 인물의 이야기를 통해 과거와 단절하고 싶은 욕망과 연속성을 찾으려는 욕망이 서로 공존하면서도 경합하는 모습을 조명하였다.

제5장에서는 1960년에 발생한 미일 안전보장조약 개정 반대 운동과 1964년에 열린 도쿄올림픽을 통해서 패전 후 일본에서 사라지지 않고

있었던 전쟁의 기억에 대해 검토하고 있다. 기시岸 정권은 1961년 1월에 미국과 새로운 안보조약을 체결하고 5월에 개최되는 국회에서 이를 비준시키려고 했지만, 야당을 중심으로 한 반대 세력은 일본이 다시 동아시아에서의 전쟁에 휘말릴 수 있다는 점을 우려하면서 기시 정권의 신안보조약 강행 처리 움직임에 대해 반대 운동을 전개했다. 하지만 기시 정권이 조약의 비준을 위해 강경한 방법을 동원하자 반대 운동은 대중들의 폭넓은 지지를 받으면서, 전전·전시의 군국주의와 같은 독재적인 정치권력에 맞서 전후 민주주의를 지킨다는 성격으로 바뀌었다. 이러한 반대 운동 참가자들에게 전쟁과 패전의 기억은 내셔널리즘과 충돌하게 되었다. 이 반대 운동은 결과적으로 패배하게 되었지만, 기시 정권의 퇴진을 통해 전쟁의 기억도 기시 정권의 '불결함'과 함께 씻겨 내려가게 되었다. 도쿄올림픽은 일본의 눈부신 경제 발전과 국제사회의 일원으로 복귀했다는 것을 상징하는 한편, 전쟁의 기억이 무해하다고 인식되는 계기가 되기도 했다. 패전 이후의 경제적 부흥, 그리고 그를 통한 올림픽의 성공적인 개최는 전쟁의 쓰라린 기억에서 부흥이라는 드라마를 제공했다. 올림픽을 개최하기 위한 인프라 정비 및 환경 정화를 통한 위생적이고 건전한 도시 이미지, 그리고 원폭에서 그리 멀지 않은 곳에서 태어나 성화 주자로 참가한 젊은 청년과 '동양의 마녀'라는 별칭으로 올림픽 금메달을 딴 일본 여자 배구팀의 건전한 신체 이미지를 통해서 전쟁의 기억은 무해한 것이 되었다. 이와 같이 1960년대의 신안보조약 개정 반대 운동과 도쿄올림픽은 전쟁의 기억과 체험을 불러일으키고 그것을 길들이기위한 계기가 되었던 것이다.

제6장에서는 1960년대 놀라운 경제 성장을 이룩한 일본 사회가 점차 전쟁과 패전의 기억을 망각해가는 가운데 기억을 소환하려고 시도한 두 명의 작가 노사카 아키유키와 미시마 유키오의 작품을 다루고 있다. 두 작가는 작품 속에서 특히 '신체'를 중심 매체로서 이용하여 그 이미지를 통해 패전의 트라우마를 재현함으로써 전쟁의 기억을 봉인해 버린 동시대의 사회적 언설에 대항하려고 하였다. 노사카는 「아메리카 히지키」를 통해서 패전국 일본인의 신체에 대비되는 백인 남성의 신체적 이미지, 미군 배급 식량을 통해 대비되는 물질적 풍요와 기아감을 표현했다. 노사카는 화자의 희화화를 통해 풍요로움 속에 매몰되어 버린 전쟁의 기억을 소환하려고 했다. 「반딧불이의 묘」에서는 전쟁 중 공습 속에서 식량 부족으로 영양 실조에 걸리고, 비위생적인 환경 속에서 처참한 죽음을 맞이하는 등장인물들의 모습을 보여준다. 작가 자신의 전쟁 체험을 투영한 반자전적 작품을 통해 전쟁의 참화를 추체험하게 하려고 했다. 미시마 유키오는 『풍요의 바다』 4부작을 통해서 근대에서 현대에 걸친 4개의 시기를 환생하는 주인공의 이야기를 중심으로 과거가 반복을 통해 현재로 회귀하고 있음을 보여준다. 『가면의 고백』이라는 반자전적 작품을 통해서 전쟁을 경험하지 않고 전쟁이 종결됨으로 인해 영원히 상실 그 자체를 체험할 수 없게 된 미시마 자신의 이야기를 하고 있다. 「영령의 목소리」에서는 육체가 없이 영혼으로 등장하는 병사들의 노래를 통해서 천황과 전후 일본에 대한 분노를 표출하고 있다.

　연구진은 여섯 개의 장과 서론, 결론으로 구성되는 책 내용을 정독하고 토론하면서 비판적 성찰 없는 단순한 번역작업에 그치지 않기 위해 일본지역 연구자 최은미 박사, 윤석정 박사를 모시고 워크숍을 개최하였다. 워크숍에서는 책 제목에 사용된 어휘 '패전'이 아시아 지역과 한국사회 역사인식과 괴리가 있는 표현이라는 의견이 있었다. 특히 식민지 지배를 받은 한국사회 관점에서는 일본을 '패전국'으로만 설명할 수 없으며, 독자들이 패전으로 전쟁 범죄의 상처를 아무는 일본에 대한 이해로 읽을 수 있을 가능성과 그 한계에 대한 지적이 있었다. 이 지적은 번역 작업을 진행하면서 연구진이 가졌던 질문과도 연결된다. 이 책은 '패전', '전후'라는 시대구분으로 1950년대 기억의 창조와 망각을 다루었는데, 여기에서 망각하고 싶은 '과거'는 앞서 언급한 '전쟁 시기'에 국한된다. 19세기 말부터 근대 일본 국민국가 형성과정에는 침략, 지배, 수탈 등이 수반되었지만, 이와 같은 제국주의적 야망이나 폭력의 과거는 포함되지 않는다.

아울러 워크숍에서는 현재 한국사회에서 『패전의 기억』을 출판하는 의의에 대해서도 논의하였다. 한때 한국사회에서 볼 수 있었던 '일본 붐'은 사그라지고 일본에 대한 관심이 줄어들고 있다. 최근에는 일본군 '위안부' 합의2015, 강제동원 대법원 판결, 한일 무역마찰로 인한 양국의 갈등이 있었고, 주류 언론은 마치 양국 온 국민이 대립하는 것처럼 자극적인 보도를 쏟아냈다. 오직 경제수준으로 국가의 위상을 평가하는 한국사회 분위기 속에서 일본을 더 이상 '상대가 되지 않는 나라'로 여기는 경향도 나타났다. 경쟁과 대립의 구도 속에서 일본에 대한 협소하고 단편적인 이해가 만연되는 상황에서 일본을 이해한다는 것은 과연 어떠한 의미를 지니는가.

한국사회에서 일본을 과거 식민지 지배 관계 속에서 바라보는 관점을 완전히 부정할 수 없다. 그렇다고 과연 한국에서 일본 제국과 식민지 지배에 대한 관심과 심도 있는 이해는 충분하다고 할 수 있는가. 이는 결코 '지배자의 입장을 이해하자'는 것을 뜻하지 않는다. 제국, 국민국가 일본이 저지른 범죄와 폭력 만행은 패전 후 주권을 '회복'한 시공간에서 어떻게 망각되었으며, 어떠한 기억이 이를 대체하였는가. 저자는 바로 일본이 '전후' 기억을 새롭게 만들어냄으로써 전쟁의 기억을 지워낸 점을 부각시켰다. 일본 내 기억의 정치는 피식민자들에 대한 망각과도 상호 연결된다. 이중, 삼중으로 서열화된 기억의 정치와 그 배후에 있는 제국의 질서를 이해함으로써, 피식민자들의 존재가 부정되고 소거되는 현재진행형의 폭력의 한 단서를 알 수 있다. 이 책은 한국 독자들에게 일본 제국의 지배와 그로 인한 피식민지 주체에 가해진 기억의 폭력의 문화적 메커니즘을 비판적으로 생각하는 계기와 토론거리를 제공할 것이다. 또한 일본 애니메이션이나 대중문화가 당대 권력과 어떻게 연결되는지 이해할 수 있는 기회가 될 것이다.

간담회에서 이가라시 교수는 과거가 기억되면서 은폐되는 일본을 사례로 한국사회의 기억의 정치도 분석해보기를 제안하셨다. 이 책을 일본뿐만 아니라 근대 급속한 정치변동을 겪었던 동아시아에서 볼 수 있는 배타적인 국민주의 경계, 권력과 문화의 관계를 성찰할 수 있는 문화연구 텍스트로서 활용할 수 있을 것이다. 동아시아의 국민주의는 제국 권력에 대응, 저항하는 과정에서 어떠한 부분을 모방하였고 어떻게 변이되어 현존하고 있는지를 비판적으로 바라볼 계기가 되기를 바란다. 본 사업단의 궁극적인 목적은 이와 같은 성찰적 작업을 통해 동아시아에서 격화되는 상호불신과 혐오의 원인을 극복하고 화해와 협력을 구축하는 것이다. 독자들이 이 책을 읽고 앞으로 동아시아의 문화권력에 대한 다양하고 새로운 논의와 연구가 출현하기를 고대한다.

본 역서를 발간함에 있어 이가라시 교수는 이 책에 대한 번역을 타진했을 때 흔쾌히 수락해주셨고, 그 후 연구소가 주최한 간담회에서 이 책에 대한 이야기를 들을 자리를 마련했을 때도 세심한 설명으로 많은 조언을 해주셨다. 역서 간행에 이른 이 자리를 빌려서 저자이신 이가라시 교수께 다시 한번 감사의 말씀을 드린다. 그리고 이 역서를 출간할 수 있도록 지원해주신 일본학연구소 서정완 소장님과 출판작업에 도움을 주신 심재현 연구원께도 감사드린다.

2022년 1월

옮긴이를 대표해서

임성숙

주석

|서문|

1   大貝[1994].

2   이 책은 아시아가 태평양과 함께 일본군의 군사행동의 중요한 지역이었다는 것을 강조하기 위해 '아시아·태평양전쟁'이라는 표현을 사용한다. 아시아·태평양전쟁이나 다른 전쟁의 다양한 호칭을 둘러싼 전쟁의 의미에 대해서, 그리고 이 용어의 근거에 대해서는 木坂[1993]이 간결하게 정리하고 있다.

3   La Capra[1998]는 최근의 미국의 유럽에서의 전시기에 관한 중요한 논쟁과 텍스트에 대해서 분석을 더하고 있다. American Historical Review(no.5, 1977, 102쪽)에 수록된 역사와 기억 포럼의 논문에는 이 테마에 관한 광범위한 참고문헌이 게재되어 있다. Crane[1977], Confina[1977], James[1977] 참조. 1980년대, 독일에서의 '역사가 논쟁'에 관한 개관은 Maier[1998] 참조. Rousso[1991]은 1980년대에 프랑스에서 전시기의 기억을 재고찰 하려고 했던 것을 실증하고 있다. 미국은 제2차 세계대전의 전승국이었기 때문에 여기에서 말하는 국가들과는 실정이 다르다. 정의(正義)의 전쟁은 미국인들의 대중의식을 근저에서부터 뒤엎는 것과 같은 체험이 되지 않았다. 그러나 Sturken[1997]이 지적하고 있는 것과 같이 미국인의 의식은 베트남 전쟁 그리고 최근에는 에이즈에 의해 흔들리고 있다.

4   Bhabha[1994].

5   窪島[1997a], 窪島[1997b]에서는 무곤칸에 있는 63장의 작품이 게재되어 있다. 구보시마와 무곤칸에 관한 기술은 상기 두 권의 책, 그리고 1998년 5월 17일, 나가노현 우에다시에서 필자가 구보시마와 인터뷰한 것을 바탕으로 한다.

6   野見山 他[1977].

7   窪島[1997a], 110쪽. 구보시마가 적고 있는 것은 노미야마의 기술과 조금 다르다. 노미야마는 사망한 학우의 부모와의 만남에서 느낀, 전쟁에서 살아난 것에 대한 죄책감을 말하고 있다(野見山 他[1977], 70쪽).

8   노미야마는 자신의 책에서 구보시마의 관찰대로라고 밝히고 있다. 거의 반세기가 지난 이후 유족들 속에서 이제는 사망자를 '찾아낼' 수는 없었다(野見山[1977], 199쪽)

|제1장|

1   이 계획은 1993년에 시작되었는데 공군협회와 퇴역군인 등의 반대로 2년 후에 중지되었다. 논쟁의 자세한 경위에 대해서는 Harwit, Martin[1997], Nobile, Philip 외[1995], 米山リサ[2003] 제3장, 斉藤道雄[1995]를 참조.

2   Dower, John[2001]은 제2차 세계대전 중에 미일 양국의 프로파간다가 어떻게 적의 이미지를 만들어냈는지 면밀하게 검증하고 있다.

3   여기에서는 정치적인 드라마 속의 속임수를 강조하기 위해서 멜로드라마라고 하는 개
    념에 호소하고 있다. 감정적으로 일체화시키는 힘에 이 드라마가 살아남은 열쇠가 있었
    다. 멜로드라마의 문학적 장르에 대한 비평은 Brooks, peter[1976]를 참조.

4   1996년 4월 15일에 미국 ABC TV 방송망 프로그램 〈나이트 라인〉에서는 미국인의 반
    일 감정이 쇠퇴하고 있다고 보도했다. 1990년대 일본의 경제 경쟁력의 저하가 직접적
    인 원인인 것은 분명하다. 한편, 1980년대 말부터 미일 영국의 매스 미디어는 일본의
    전쟁 책임의 문제, 특히 아시아에 대한 침략국의 역할에 큰 관심을 보여왔다. 中村政則
    [1994]가 논한 것처럼 '종군위안부' 문제는 패전 후 일본 속의 '전쟁'을 계속 상기시키
    고 있는 '끝나지 않은 전후'의 전형이다.

5   1995년 6월 9일의 중의원 본회의에서 '패전 후 50년 국회결의'는 다수의 찬성으로 채
    결되었다. 그러나 중의원 안팎의 강한 반대 때문에 이 결의는 일본의 전쟁 책임을 애매
    모호한 말로 표현한 것에 불과하다. 이 결의에 대한 비판은 北岡伸一[1995], Dower,
    John[1995], Field, Norma[1995]를 참조.

6   요시다 유다카(吉田裕)는 근년의 보수파 정치가에 의한 전쟁에 대한 견해에 반미적인
    감정을 발견하고 있다. 예를 들어 이시하라 신타로(石原眞太郞)는 아시아 국가들에 대
    한 일본의 책임을 인정하면서도 아시아·태평양전쟁은 제국주의 국가들과의 전쟁이며
    일본만이 그 책임을 지는 것은 아니라고 주장한다. 이 주장은 주로 미국을 향하고 있다
    (吉田裕[1995], 15~21쪽).

7   근년 미국의 여론조사에서는 원폭 투하의 결정에 대한 지지는 감소하고 있지만 1994
    년의 NHK, 미국 CBS, 『뉴욕타임즈』의 공동조사에 따르면 55%가 원폭 투하에 찬성
    하고 38%가 반대했다. 일본인 응답자의 12%가 원폭의 사용에 대해서 아무런 도덕
    적 문제도 느끼지 않는다고 대답하고 80%가 도덕적인 이유에서 반대했다(Alperovitz,
    Gar[1995], pp.672~73, n.15).

8   여기에서의 일련의 사건 묘사는 아래의 문헌 등에서 재구성한 것이다. Toland,
    John[1970], Craig, William[1967], Pacific War Research Society[1968], 半藤一利
    [1985], 信夫清三郞[1992], 中村隆英[1993b].

9   半藤一利[1985], 326쪽.

10 細川護貞[2002].

11 약호 제652호. 외무성[1990].

12 寺崎英成 외[1991] 129쪽. 허버트 빅스(Herbert P. Bix)는 쇼와 천황이 아시아·태평양
    전쟁 때 했던 적극적인 역할에 대해서 추궁한다(Herbert P. Bix[1992]).

13 Harry S. Truman[1996], 310쪽.

14 초기 트루먼 정권에서의 무조건 항복에 관한 논의에 대해서는 Alperovitz, Gar[1995],
    pp.33~79·292~317를 참조.

15 우다이 모한(Uday·Mohan)과 산호 트리(Sanho·Tree)는 일본의 무조건 항복에 대

해 1945년 봄부터 여름에 걸쳐 미국의 매스 미디어에서 거론된 논의를 개설하고 있다 (Uday · Mohan 등[1995]).

16 이 답신을 받았을 때 국방장관 헨리 루이스 스팀슨(Henry Lewis Stimson)은 휴가로 워싱턴을 떠날 참이었다(Bernstein, Barton J.[1995]).

17 五百旗頭[1985], 244쪽.

18 일본 항복 직후에 *Newsweek*는 "The Face of the Defeat : An Emperor Remains"라는 기사를 게재했다. 연합국의 대답은 "천황에게 연합국 최고사령관에 대한 책임을 지도록 하였다"는 것을 이 기사는 강조했는데 '무조건 항복'에 부가된 일본의 조건을 명확히 파악하고 있다(Newsweek, August 20, 1945, pp.28~30). 일본과의 전쟁이 끝나고 발행된 최초의 *TIME*지는 일본의 지도자와 연합국 사이의 교섭 과정을 묘사했다("U.S. at War", Time, August 20, 1945, p.21).

19 Sherry, Michael[1995].

20 흥미롭게도 쇼와 천황의 죽음과 냉전의 종말을 상징하는 사건인 베를린 장벽의 붕괴는 같은 해 1989년의 일이었다.

21 사토 다쿠미(佐藤卓己)는 '종전의 칙서'가 라디오에서 방송된 8월 15일을 패전 후로의 변환점으로 보고 패전 후 역사 속에서 특권화되어가는 과정을 佐藤卓己[2005]에서 묘사했다.

22 1943년이라는 이른 시기에 궁중 그룹은 전쟁종결을 위해 천황의 '성단'을 이용하는 계획을 검토하고 합의에 이르렀다. 1945년 8월에 이 안에 찬성한 사람들에게 소련의 참전과 원폭 투하는 '어떤 의미에서는 천우(天佑)였다'(吉田裕[1993], 26~27쪽).

23 후지와라 아키라(藤原彰)와 아와야 겐타로(粟屋憲太郎)는 천황이 1945년 6월 중순에는 이미 전쟁종결을 결심했고 '성단'은 갑작스러운 전향이 아니었다고 추론한다(藤原彰 외[1991], 98쪽).

24 많은 사람은 난해한 말로 작성된 칙허를 수신 상태가 좋지 않은 라디오방송에서 청취하고 잘 이해할 수 없었다. 그 내용의 중대함을 깨달은 사람들은 들었던 단편들로 추측을 하였다. 일본 정부는 조칙의 방송에 이어서 라디오 해설로 '성단'에 의해 전쟁종결에 이르렀다는 점을 강조했다. 많은 일본인이 라디오 수신기 앞에 모여서 조칙을 듣는 광경은 패전 후의 시작을 보여주었다. 그리고 이 광경은 많은 TV 드라마에서 실제의 방송녹음과 함께 재현되었다. 하지만 그 녹음 속의 쇼와 천황의 목소리는 1945년 8월 15일에 사용된 원래 음반을 재생한 것은 아니었다.

이 음반은 궁내청(宮內廳)에 보존되어 있었는데 1975년에 NHK 방송박물관에 영구대여되었다. 그 시점에서 원래 음반의 보존 상태가 나빠서 녹음을 재생할 수 있는 상태는 아니었다. 패전 후 많은 일본인이 들었던 녹음은 GHQ 민간정보교육국이 원래 음반에서 복사한 것이다. 패전 후 일본의 결정적 요소로 보여졌던 천황의 목소리는 미국 점령군의 손에 의해 보존되었다(竹山昭子[1989], 75~79쪽).

25 실제로는 조칙 방송에 이어진 해설에는 일본에 대한 엄중한 말을 제외하고 포츠담 선언의 약 절반을 낭독했다. 조칙의 패전 후에 방송된 해설 프로그램에 대해서는 竹山昭子[1989], 92~147쪽에 자세히 설명되어 있다.

26 鷲田小彌太[1989], 43~46쪽.

27 천황은 영미와의 전쟁 중에 각자의 의무를 다하도록 신민에게 요구했다. 예를 들어 전쟁 선언 조칙은 다음과 같이 시작된다.

하늘의 도움으로 선조 대대로 황위를 계승해 온 대일본제국의 천황은 충성스럽고 용감한 국민들에게 알린다. 짐은 이 문서로 미국 및 영국에 대한 전쟁을 선포한다. 짐의 육군과 해군은 전력을 다해 싸우길 바란다. 짐의 모든 부하는 힘써 직무를 거행하고 짐의 국민은 각각의 본분을 다하며 모든 국가의 총력을 기울여 전쟁의 목적을 달성하는 데 실패하지 않도록 명심하라.

칙서는 이처럼 천황을 전쟁 선언의 주체로 명확히 규정하고 신민에게 전쟁 수행을 명령한다.

28 [옮긴이 주] 1872~1951. 오사카 출신. 일본의 외교관이자 정치가이며 1924년 이후 4번의 외무대신을 지냈다. 영미 양국과의 협조외교와 중국에 대한 내정불간섭 방침을 취해 연약외교라고 비난을 받았다. 1945년 10월 9일부터 1946년 5월 22일까지 제44대 내각총리대신으로 신헌법제정에 관여했다.

29 荒井[1995], 161쪽.

30 예를 들면 평화를 애호하는 군주의 이미지는 일본인이 맥아더에게 보낸 편지 속에 자주 보인다. 1945년 11월부터 1946년 1월 사이에 164통이 도착했다. 편지 대부분은 천황을 변호한 것이고 비판적인 편지는 9통에 불과했다(袖井[1991], 82~143쪽).

31 1947년에 발표된 미합중국 전략폭격조사에 따르면 히로시마와 나가사키에서 조사대상이었던 사람들 가운데 47%가 '두려움-공포'를 느끼고, 27%가 '감탄'을 느끼고, 17%가 '분노'를 느꼈다. 그리고 조사는 '폭격 후 히로시마와 나가사키 지역 주민들의 사기(士氣)는 떨어졌는데 그 하락은 일본의 다른 도시농촌의 이하는 아니었다'고 주장했다. 〈표1〉은 원폭이 투하된 히로시마와 나가사키에서 비교적 높은 사기를 보여주고 있다. 〈표2〉는 핵 공격 후 히로시마와 나가사키의 사기는 중간 정도에서 경도의 폭격을 받은 도시와 동등하다는 것을 보여주고 있다. 데이터를 보면 원폭은 주민의 사기에 무엇인가 영향을 주었는데 그것은 일본의 기적적인 전향을 일으킬 정도는 아니었다는 것이 분명하다(〈표1〉과 〈표2〉는 United States Strategic Bombing Survey[1947], pp.94~95에서 작성). 전략폭격조사는 그 조사에서 "원폭 투하가 없고 러시아가 참전하지 않고 본토 상륙이 계획 또는 고려되지 않았어도 일본은 틀림없이 1945년 12월 31일까지 필시 1945년 11월 10일까지는 항복했을 것이다"라고 결론지었다(United States Strategic Bombing Survey[1946], p.13). 미국전략폭격조사에는 공중폭격의 영향력을 너무 강조하는 경향이 보일 수도 있는데 이들 조사는 통상의 소이탄을 사용한 폭격과 비교한 원자폭탄에 대한

심리적 대응을 엿볼 수 있는 귀중한 것이다.

〈표1〉 원폭 투하 후 일본인의 승리에 대한 확신도(%)

	히로시마, 나가사키 지역	일본 다른 지역
승리를 의심하지 않았다	19	11
일본이 승리할 수 없다는 확신은 갖지 않았다	27	26
개인적으로는 전쟁을 계속하는 것을 싫어하지 않았다	39	28

〈표2〉 폭격의 정도에 따른 일본의 사기

	비교적 낮다	비교적 높다
심한 폭격을 받은 도시(도쿄 제외)	56	44
중간 정도의 폭격을 받았고 파괴율이 높은 도시	51	49
중간 정도의 폭격을 받았고 파괴율이 낮은 도시	46	54
가벼운 폭격을 받았지만 폭격을 받지 않은 도시	47	53
히로시마, 나가사키	45	55

32 蜂谷[1995], 106쪽.

33 蜂谷[1995], 107쪽.

34 谷本[1950], 27~28쪽.

35 도요시타 나라히코(豊下楢彦)는 외무대신 요시다 시게루(吉田茂)의 9월 20일의 맥아더와의 회담, 그리고 다음 날 천황과의 면담은 이 회견 준비의 일부였던 것은 아니었을까라고 추측한다(豊下[1990a], 251쪽).

36 マッカーサー[1964], 141~142쪽.

37 Stimson[1947].

38 マッカーサー[1964], 142쪽.

39 마쓰오카 다카요시(松尾尊兊)는 동시대의 자료를 주의 깊게 검증하고 천황의 발언을 다음과 같이 재구성한다.
  선전포고에 앞서 진주만 공격을 할 생각은 없었다. 전쟁회피에 있는 힘을 다해 노력했지만 결국은 전쟁이라는 부득이한 사태에 이르게 한 것은 참으로 유감이다. 그 책임은 일본의 군주인 자신에게 있다(松尾[1990], 88쪽).

40 [옮긴이 주] 1887~1957. 외교관이며 정치가이다. 오이타현 출신. 도조내각 등의 외상을 지냈다. 제2차 세계대전 후 A급 전범으로 복역되었다가 1950년에 가석방되었다. 개진당총재와 하토야마내각 외무대신을 역임했다.

41 松村[1964], 267쪽.

42 マッカーサー[1964], 143쪽.

43 맥아더의 회상기록이 일본어로 번역되어 1964년에 『아사히신문』에 연재되었을 때 『文藝春秋』 편집부는 그 내용을 철저하게 조사하여 다수의 '과장' '오해' 그리고 사실과 '완전 반대'의 예를 지적했다(豊下[1990a], 233쪽).

44 豊下[1990b].

45 ラミス[1981].

46 松尾[1990], 62쪽.

47 野坂[1972a], 57쪽.

48 野坂[1972a], 70쪽.

49 [옮긴이 주] 미군에 의한 점령통치하에 있었던 패전 후의 일본에서 미군 병사를 상대로 한 거리의 사창(私娼)이다.

50 체력과 성적 충동의 동일시는 이로카와 다이키치(色川大吉)의 미국 병사의 묘사에도 보인다. 패전 직후의 세태를 묘사하는 데 이로카와는 1946년 5월의 일기에서 인용한다. 그때 다른 병사 한 사람이 20살 정도의 일본 여자를 끌어안듯이 하며 벤치 앞으로 왔다. 여자 2배 가까이 되는 신장의 미국 병사는 허리를 굽히고 정신없이 여자의 온 얼굴을 구석구석 핥는다. 키스 정도의 가벼운 것이 아니다. 여자는 몸을 맡긴 채로 가끔 무언가 속삭인 듯한데 똑똑히 들리지 않았다. 그 사이 30분 정도 기다렸던 전차가 왔다. 차 안에서도 미국 병사는 사람들의 시선을 개의치 않고 끈질기게 여자를 계속 만지작거렸다. 이렇게 일본인은 전혀 다른 사랑의 방식을 배우고 있는가라고 생각하니 부정도 긍정도 아닌 막연한 망상이 그를 괴롭혔다(色川[1992], 138쪽).
이로카와는 자신을 3인칭으로 표현함으로써 이 광경에서 거리를 두고 있지만 이미 그 일부가 되었다는 것을 자각하고 있다. 여기에 적은 '막연한 망상'은 미국의 존재와 그 육체적인 과시에 대한 이로카와의 두 가지 감정을 잘 나타낸다.

51 井出[1991], 20쪽. 노사카(野坂)도 미군 병사의 궁둥이에 고집한다.
지금 보는 미군 병사의 통나무허리는 절구통 같고, 어딘지 모르게 우리의 국민복과는 다른 화려하게 빛나는 바지에 감춰진 튼튼한 엉덩이(野坂[1972a], 60쪽).

52 井出[1991], 20~21쪽.

53 上野昂志[2005], 29쪽.

54 ラミス[1981], 16쪽.

55 [옮긴이 주] 1878~1967. 외교관이며 정치가이다. 도쿄 출신. 외무대신 및 주영대사를 역임했다. 1946년에 일본자유당 총재에 당선, 1948년부터 54년까지 연속해서 수상이 되었다. 패전 후 정치의 기본 노선을 정하고 친미정책을 추진하였다. 1951년에 샌프란시스코 강화조약에 조인했다.

56 高柳他[1972], 322쪽.

57 高柳他[1972], 322쪽.

58 高柳他[1972], 324쪽.

59 ゲイン[1951], 113~114쪽.

60 金子[1996], 181쪽.

61 吉見義明[1995], 194~199쪽.

62 이 '여성화'의 과정은 갑작스러운 것이 아니라 전쟁 중에 이미 진행하고 있었다. 일본에서의 첩보활동의 유의점으로서 가장 경계해야 할 것은 일본인 여성이라고 한 문서가 유명하다. 이것은 일본인 여성이 유럽과 미국인 남성에게 빠져있기 때문이라고 한다(荒俣[1996], 187~188쪽).

63 佐藤忠男[1995a], 118쪽.

64 사토 다다오(佐藤忠男)는 1992년의 홍콩영화제에서 만난 중국인들이 이 장면을 가장 싫어했다고 썼다(佐藤忠男[1995a], 119쪽). 사토는 딴 곳에서 이 점에 관해 개괄적으로 논하고 있다(佐藤忠男[1995b], 107쪽). 그레고리 카스자(Gregory J. Kasza)는 일본, 동남아시아, 중국에서 상영된 3개의 각각 다른 결말에 대해 이야기를 한다. 예를 들어 중국에서 공개된 영화에는 '대동아공영권의 두 기둥인' 두 주인공에게 해피엔드가 찾아온다(Kasza[1988], p.250).

65 그녀의 영화 속 중국인으로서의 아이덴티티는 현실적인 것으로 받아들여지고 패전 후 그녀는 중국의 전범재판에서 '매국노'로 기소된다. 하세가와 가즈오(長谷川一夫)에게 얻어 맞은 후 사랑에 눈뜨는 장면이 그 죄상(罪狀)의 최고를 보여주었다. 그러나 어떻게 일본인인 것을 증명하고 무죄가 되었다(西方田[2000], 151쪽). 미리엄 실버버그(Miriam Silverberg)는 리샹란의 젠더와 민족적 아이덴티티에 대해 흥미로운 논의를 전개하고 있다(Silverberg[1993]).

66 야마구치 요시코(山口淑子)는 지금까지 3권의 자서전을 출판했다(山口淑子 외[1987], 山口淑子[1993], 山口淑子[2004]). 지나 마르세티(Gina Marchetti)는 자기 저서 속에서 영화〈東는 東〉에 관해 자세하고 설명하고 있다. 마르세티의 논의에 따르면 일본인 여주인공의 존재는 영화 속의 인종적인 조화를 장려하는지 모르겠지만 영화 자체는 '전통적이고 미국적이고 부르주아적인 가장제의 집을' 지지한다(Marchetti[1993], p.175).

67 村上由見子[1993], 162~165쪽.

68 영화 속에서 나가타니(長谷)를 연기한 하세가와 가즈오(長谷川一夫)는 가부키에서 여자역을 맡는 배우였다는 것을 상기해야 한다. 요모타 이누히코(四方田犬彦)는 하세가와의 "부드러운 말씨와 온화한 표정은 관객의 멜로드라마적 상상력을 자극하는 데 잘 맞았고, 이야기 근저에 있는 교육(또는 조교調教, 승마를 훈련함)이라는 작업의 가혹함을 은폐하는데 많은 노력이 있었다고 생각한다"고 논하고 있다(四方田[2000], 117쪽). 서로 다른 성질을 갖추고 있는 상징으로서 하세가와는 드라마 속에서 맡은 젠더가 불변하지 않는다는 것을 폭로하고 있었던 것은 아니었을까.

69 [옮긴이 주] 극동국제군사재판의 통칭. 1946년 1월 19일에 연합국최고사령관 맥아더의 명령으로 도쿄에 설립된 극동국제군사재판소가 일본의 전쟁지도자에 대해 행했던 재판이다. 1946년 5월에 개정, 도조 히데키 등 25명의 피고를 심리하고 1948년 4월에 변론을 마치고 11월에 판결이 있었다.

70 粟屋[1991], 140~141쪽.

71 吉田[1993], 239쪽, 粟屋[1994], 92~93쪽. 內田[1994], 池田[1995], 216~217쪽을 참조.

72 進藤[1979], 47~48쪽.

73 "Japan's Unpretentious Emperor : Hirohito", *New York Times*, September 30, 1975, p.2.

74 Editorial, *Washington Post*, October 5, 1975, A6.

75 "Hirohito Meets John Wayne", *Atlanta Constitution*, October 9, 1975, pp.4-D.

76 무라카미 유미코(村上由見子)는 게이샤를 등장시키는 다른 할리우드영화를 언급하면서 이 영화를 간결하게 분석하고 있다(村上由見子[1993], 168~185쪽, 특히 181~184쪽).

77 "Alpine Rest for Emperor after Sour Holland Visit", *Times*(London), October 11, 1971, p.5.

78 '両陛下欧州の16日間'『朝日新聞』1971년 10월 12일 자 석간, 8면.

79 Van de Velde[1995].

80 히로시마 공격 후 일본 정부는 즉시 원폭 사용을 미국 정부에게 엄중히 항의했는데 패전 후 원폭 사용에 관해서 미국 측의 설명을 완전히 수용하였다. 원폭에 의한 이재민이 그 합법성에 이의를 제기하고 일본 정부에 보상을 요구한 1957년의 재판에서 정부는 원폭 사용은 국제법상 합법이었다는 입장에서 이 소송을 기각하도록 요구했다. 도쿄고등법원에 정부가 제출한 문서는 다음과 같은 주장을 포함하고 있었다.
이처럼 원자폭탄의 사용은 일본의 항복을 앞당기고 전쟁을 계속함으로써 발생하는 교전국 쌍방의 인명 살상을 방지하는 효과를 가져왔다. 이러한 사정을 객관적으로 보면 히로시마와 나가사키에 대한 원자폭탄 투하가 국제법 위반인지의 여부는 누구도 결론을 내리기 어렵다(「判例特報①」,『判例時報』제355호, 1964년 1월, 22~23쪽).

81 물론 이 해석은 원폭 의미에 대한 논쟁을 무시하는 것이 아니다. 존 위티어 트리트(John Wittier Treat)는 원폭과 피폭체험의 의미를 둘러싼 싸움에 대해서 분석한다(米山[2005]).

82 オーウェル[1972], 48쪽.

83 Senate Resolution 257, *Congressional Record*, vol.140, no.134, September 22, 1994 : S13315-16.

84 Fallows[1989], p.41.

85 Crichton[1993], p.388.

86 Crichton[1993], p.258.

1   쇼와 천황의 순행에 대해서는 坂本[1989] 참조.

2   司馬他[1996], 14쪽.

3   筧[1929]. 1928년에 방송이 개시된 일본방송협회의 라디오 체조가 가케이의 국수주의적 저작의 동기가 된 것은 틀림없을 것이다. 가케이는 라디오 체조의 이데올로기적 가능성을 올바르게 보고 이해하였다. 1939년 일본방송협회는 '대일본국민체조'라는 후생성이 고안한 체조와 기존에 있었던 다른 두 가지 체조를 중심으로 한 프로그램 방송을 시작하였다(ラジオ體操五〇周年記錄史編集委員會[1979], 41~42·92~93쪽).

4   石橋他[1996], 690~691쪽.

5   石橋他[1996], 785쪽.

6   다카하시 히데미(高橋秀実)에 따르면 패전 직후 NHK는 CIE(민간정보교육국) 장교에게 라디오 체조가 일본 민주화를 위해 도움이 된다고 호소하였다(高橋秀実[1998], 170~185쪽).

7   田中聰[1994], 195쪽.

8   澤野[1994], 142쪽.

9   15세부터 25세까지 남자가 100m, 2000m, 멀리뛰기, 수류탄 던지기, 100m 운반, 턱걸이 등의 종목으로 검사 받았다(鹿野[2001], 75~76쪽).

10   澤野[1994], 143쪽.

11   『厚生省五十年史』에 따르면 전시 일본에서 실제로 행해진 수술 건수는 538건이었다(鹿野[2001], 94쪽).

12   Miyake[1991], p.278.

13   내무성은 미쓰이 보온회의 조성을 받아 일본뢰학회가 진정한 것처럼 원래 10년 만에 1만 명을 격리할 계획을 5년으로 수정하였다(藤野[1993], 84쪽).

14   [옮긴이 주] 우리나라 단기(檀紀)에 상응하며 초대 임금으로 일컬어지는 진무의 출생을 원년으로 한다.

15   藤野[1993], 84쪽.

16   藤野[1993], 104쪽.

17   배제 장치는 시설 내부에서도 작동하고 있었다. 경제적으로 핍박해진 각 요양소에서 환자는 노동자로 간주되었다. 비생산적 신체는 '특별 병실'-처벌방-으로 수감되었다(澤野[1994], 148~161쪽).

18   1941년 7월 다섯 곳의 현립 요양소를 국가 관할로 이관한 결과, 국립 요양소의 총수는 11곳이 되었다. 지상전의 결과로 오키나와에 위치한 두 요양소의 1945년 사망률은 38%와 78%로 매우 높았다(藤野[1993], 275~277쪽).

19   立津[1958], 岡田[1981]. 마쓰자와 병원에서는 1945년 사망 총수 중 62%가 영양장애로 인한 것으로 보여진다.

20 塚崎[1983], 23쪽.

21 福島[1987], 253쪽.

22 福島[1987], 253쪽.

23 예를 들어 1945년 2월 교토부 경제보안과는 두 곳의 목욕탕마다 조를 이루어 번갈아가
며 이틀씩 영업하는 '욕장인조법(浴場隣組法)'을 제정하였다(清水勲[1995], 40쪽).

24 NETテレビ社會敎養部[1965].

25 林他[1962], 85쪽.

26 手塚[1975], 86쪽. 手塚[1997], 62~65쪽에도 이 장면이 묘사되어 있다.

27 등화 규제는 8월 20일 공식적으로 해제되었다(『近代日本綜合年表』, 344쪽). 다시 켜
진 불은 많은 이들에게 강한 인상을 심어주었고 다수의 문화작품 속에서 다루어졌다
(野坂[1975], 96쪽, 妹尾[1997], 229쪽 등 참조). 종전 당시 어린이였던 사람들의 체험
기를 모은 『八月十五日の子どもたち』에서는 여러 명의 필자가 전쟁이 끝나고 가장 인
상에 남는 일 중 하나로 야간에 불을 켤 수 있게 된 일을 들었다(あの日を記録する會
[1987], 50·63~64·72·82·104·136쪽).

28 總理府統系局[1951], 70~71쪽.

29 1947년 7월 히라노 치카라(平野力) 농림수산성 대신은 국회에서 다음과 같이 설명하
였다. 현 미곡연도 즉 작년 11월 1일부터 내년 10월 31일까지의 쇼와22(1947)년 미곡
연도에 있어서 일본 정부는 국민들에게 28일간 약 1개월간의 배급을 지연시킬 수밖에
없는 것이다(『朝日新聞』, 1947년 7월 3일 자).

30 이 사건이 신문에서 보도되기 시작했을 때부터 판사의 죽음은 미디어의 날조가 아닐까
하는 소문이 돌았다(『近代日本綜合年表』, 362쪽).

31 야마구치 판사의 죽음에 대한 전후 사회의 반응에 대해서는 山口良臣[1982], 342~
347쪽 참조.

32 坂田[1990], 13쪽.

33 이 통제령은 1939년에 제정된 '가격등통제령'을 바꾸어놓는 것이었다. 법제상 일본 정
부는 아직 대일본제국헌법의 효력 아래 있었기 때문에 이 정령은 칙령으로서 제정되었
다(『戰後史大事典』, 801쪽).

34 松平[1995], 122~124쪽.

35 松平[1995], 91~94쪽.

36 野坂[1994], 207쪽.

37 野坂[1994], 211쪽.

38 『石川淳選集』第一卷, 323~324쪽.

39 『石川淳選集』第一卷, 324쪽.

40 전후 직후에 가스토리 잡지에 넘쳐난 성적 장면은 때로는 음식의 묘사를 수반하였다
(山岡[1970], 199~203쪽). 田村[1948], 11~13쪽.

41 田村[1963], 219쪽.

42 사카구치 안고(坂口安吾), 후나바시 세이이치(船橋聖一), 단바 후미오(丹羽文雄), 기타하라 다케오(北原武夫), 이노우에 도모이치로(井上友一郎)와 같은 작가들이 전후 직후에 펴낸 작품들도 '육체문학'으로 취급받았다(『大衆文化事典』縮小版, 579쪽).

43 田村[1948], 11~13쪽.

44 田村[1948], 13쪽.

45 田村[1948], 17쪽.

46 田村[1948], 18쪽.

47 『丸山眞男集』第四卷, 207~227쪽.

48 『坂口安吾全集』第十四卷, 579~590쪽.

49 『坂口安吾全集』第十四卷, 577쪽.

50 『坂口安吾全集』第十四卷, 578쪽.

51 가스토리 잡지라는 이름은 암시장에서 팔리던 알코올 음료에서 유래된다고 한다. 알코올 함유량이 높아 '3합(한 합은 180ml=옮긴이 주)' 정도만 마시면 찌부러지는 단명한 잡지의 일반 명칭이 되었다고 한다. 비교적 잘 알려진 가스토리 잡지에 대해서는 山岡[1970], 山本明[1998]를 참조.

52 스트립은 1947년 도쿄 데이토자(帝都座)에서 '액자쇼'로 시작되었다는 것이 통설이다. 사카구치 안고는 1948년 8월까지 이어진 이 쇼를 열심히 다녔다고 한다(下川[1992], 46쪽)

53 『田村泰次郎選集』第一卷, 303~304쪽.

54 『田村泰次郎選集』第一卷, 324쪽.

55 『田村泰次郎選集』第一卷, 325쪽.

56 『田村泰次郎選集』第一卷, 329쪽.

57 이시카와 준(石川淳) 또한 도쿄의 불탄 자리에서 그리스도의 모습을 찾아냈다.『불탄 자리의 예수(燒迹のイエス)』에서는 주인공이 '누더기, 종기, 고름, 아마도 이가 가득한' 소년에게 소지금과 가지고 있던 빵을 뺏기는데, 격투하는 와중에 주인공은 소년에게서 '고환(苦患)이 가득한 나사렛 예수의 살아 있는 얼굴'을 찾았다(『石川淳選集』第一卷, 328~335쪽).

58 田村[1963], 219쪽.

59 『육체의 문』은 지금까지 다섯 번 영화화되었는데, 1988년에 제작된 다섯 번째 작품(감독 고샤 히데오(五社英雄), 각본 가사하라 가즈오(笠原和夫))은 그동안의 작품과는 달리 명확한 반미적 모티프를 보여준다. 등장하는 미국인 중 다수는 성욕에 목말라하는 미국 병사들이며, 보르네오 마야의 이부키와의 성적 만남 또한 미국인을 상대로 한 복수극에 의해 구석으로 몰리고 만다. 매춘부 중 한 명이 자신과 어머니를 강간한 미군 하사관을 죽이는데, 권총으로 실패한 후에 단도로 찔러 죽인다. 이 작품은 1990년대에 출

현한 다수의 반미국적 언설의 선구라고 할 수 있을 것이다. 반미국주의에 대해서는 결론에서 거론할 것이다.

60 『丸山眞男集』第四卷, 207~227쪽.

61 『丸山眞男集』第四卷, 226쪽.

62 『丸山眞男集』第四卷, 212~213쪽.

63 『丸山眞男集』第四卷, 212쪽.

64 『丸山眞男集』第四卷, 225쪽.

65 『丸山眞男集』第四卷, 226~227쪽. 시카노 마사나오(鹿野政直)는 에세이 「"육체"의 시대」 속에서 마루야마의 초기 저작에서 볼 수 있는 신체적 표현을 열거한다. 『丸山眞男集』第四卷, 207~227쪽.

66 『丸山眞男集』第三卷, 143쪽.

67 『丸山眞男集』第三卷, 93·109쪽.

68 丸山[1952] 참조. 1970년대에는 마루야마는 전쟁과 패전이라는 특정된 조건으로 인한 상실을 역사적 시간에서 밀어내어 일본 역사가 시작된 이래의 상실로서 일반화해 버렸다. 丸山眞男, 「歷史意識의 「古層」」(『丸山眞男集』第十卷, 소수) 및 「原型, 古層, 執拗低音」(『丸山眞男集』第十二卷 소수) 참조.

69 丸山他[1958], 23쪽.

70 크리스틴 로스(Kristin Ross)는 제2차 세계대전 후 프랑스에서 찾아볼 수 있었던 청결함과 기능성에 대한 강한 관심 속에 식민지주의의 유산에서 거리를 둠과 동시에 이를 일상생활에서 지극히 당연한 것으로 만들고 싶어하는 소망을 보았다(Ross[1995], 71~122쪽). 이 장에서 논의된 바와 같이 프랑스의 사례와는 대조적으로 일본에서는 식민지주의자로서의 과거에 거의 주의가 기울여지지 않았다.

71 Sams[1998], p.188. 일본어 번역(サムス[1986])에서는 이 부분이 의역이 되어 있어 원문에서 역출하였다.

72 1945년 8월 22일 Department of the Army는 SWNCC150/3, "U.S. Initial Post Surrender Policy for Japan"의 요지가 일본 상륙 전인 맥아더에게 전달되었다. 9월 6일 트루먼 대통령은 부분적으로 수정된 SWNCC150/3(SWNCC150/4)을 공식적으로 대일정책문서로 인정하였다(五百旗頭[1985], 253~254쪽).

73 Public Services, General Headquarters, United States Army Forces, Pacific Military Government Section, "Basic Plan for Operations", August 30, 1945. 國立國會圖書館憲政資料室 GHQ/SCAP資料, PHW01948.

74 サムス[1986], 118쪽.

75 후생성 통계에 따르면 1946년에 32,366명이 발진티프스에 걸렸으며, 28,210명이 말라리아에 시달렸다(村上陽一郎[1986], 71~73쪽).

76 1946년 1월 GHQ는 최초의 식량 방출을 추진하였다(サムス[1986], 113쪽). 1947년

미국 정부는 GARIOA(점령지에서의 시정 및 구제) 자금을 통해 일본에 대한 식량 원조를 시작하였다(『戰後史大事典』, 572~573쪽).

77 サムス[1986], 133~135쪽.

78 미 육군의 많은 문서들은 미국이 아시아·태평양전쟁 말기에 DDT를 광범위하게 사용했던 것을 뒷받침해 준다. 예를 들어 Office of the Quartermaster General, Army Service Forces에서 Surgeon General, Army Service Forces로 발신된 1944년 11월 4일부 서한에 따르면, 미 육군은 1944년 9월 15일까지 176,235 파운드의 DDT를 태평양 남서지역으로, 176,000 파운드를 중국, 버마, 인도로 수송하였다. 1944년 9월과 10월에만 38,550 파운드가 추가적으로 태평양 남서지역으로 보내졌다. 거기다가 이 서한이 쓰여졌을 때, 189,895 파운드의 DDT가 태평양 남서지역을 향해 송출되기 직전이었다(米國國立公文書館 소장 SPQSG QM444.2., Box 85, Entry 30, Record Group 112). 1944년 5월 2일 Army Services Forces, Office of Quartermaster General 내 Military Planning Division은 미 육군과 관련기관이 1945년에만 8,735,322 파운드의 농축 DDT가 필요하게 될 것이라고 예측하였다(米國國立公文書館 소장 Box 86, Entry 30, Record Group 112). 이상의 내용은 サムス[1986], 17~19쪽 참조.

79 サムス[1986], 18쪽.

80 サムス[1986], 19쪽.

81 공중위생국의 내부문서는 1946년에 들어서도 DDT가 공중에서 지속적으로 살포되었음을 드러내 준다. 1946년 5월 1일자 공중위생복지국의 각서에 따르면 도쿄, 요코하마, 교토, 오사카, 고베, 다쓰노 그리고 오카야마에서 공중살포가 실시되었다. 같은 해 한국에서도 공중살포가 실시되었다("Airplane Spraying of DDT", 國立國會圖書館憲政資料室 GHQ/SCAP資料, PHW04539).

82 サムス[1986], 158~159쪽. GHQ는 DDT를 지정한 방법으로 사용할 것을 지시한 다수의 각서를 일본 정부에 보냈다. 예를 들어 "Prevention and Control of the Typhus Fever Group of Diseases in Japan"이라는 이름으로 일본 정부로 보내진 1949년 5월 28일부 각서(SCAPIN2011) 안에 DDT 사용법이 상세히 기술되어 있다(『GHQ指令總指令』第十四卷, 6740~6742쪽).

83 サムス[1986], 151쪽.

84 村上陽一郎[1996], 59쪽. 미 육군은 DDT의 발암성을 의심하기는 했으나 DDT 살포는 계속되었다. 1944년 8월 26일부 Office of the Surgeon, Army Services Force의 James S. Simmons가 Ludwid Cross 대위에게 보낸 각서에서 다음과 같이 설명하였다(대위는 8월 17일자 편지로 장래 DDT 연구 기회에 대해 문의하였다).
육군이 DDT 사용을 검토하기 시작했을 때부터 책임자는 DDT의 발암성의 가능성에 대해 고려해왔습니다. 실험동물의 표피에 대한 DDT의 장기에 대한 도포, 그리고 DDT를 장기간에 걸쳐 먹이에 혼입시켜 조합제로서 주사한 실험동물의 내장, 조직 관찰과 같은 많은 시험결과를 찾아볼 수 있습니다. 현재까지 발암성은 확인되지 않습니다. 실험동물을 사용한 시험은 지속될 예정입니다(SPAMCE441 (DDT), A.S.F., S.G.O., August 26, 1944, 米國國立公文書館 소장 Box 85, Entry 30, Record Group 112).

1944년부터 45년에 걸친 초기 시험에서 DDT의 발암성은 실험용 쥐로는 확인되지 않았지만 미국 국립위생연구소는 전후에도 시험을 계속하였다("DDT for Experimental Purposes"[Quarter General에게 발신된 각서, 1946년 5월 17일 자, 米國國立公文書館 소장 Box 641, Entry 29, Record Group 112]). 미 육군은 아군의 이 제거에 브롬화메틸을 사용하였다. 브롬화메틸 사용을 위한 야전용 분무실이 마련되었다. Medical Corps을 지휘했던 John W. Regan은 1945년 11월 23일 자 각서에서 그 사용법을 상세히 설명하였다(SPMDY, JWR/mw/79051, 米國國立公文書館 소장 Box 684, Entry 29, Record Group 112).

85 野坂[1994], 213쪽. 노사카의 단편소설에는 주인공이 배고픔을 채우기 위하여 DDT와 옥수수가루를 섞어서 태운 것을 먹는 장면이 있다(野坂[1972b], 176쪽).

86 每日新聞社[1996], 46~47쪽.

87 サムス[1986], 134~135쪽. 소학생이었던 무라카미 요이치로도 DDT를 뒤집어쓴 일에 굴욕감을 느꼈다(村上陽一郎[1996], 59쪽).

88 櫻井圖南男[1983], 141쪽.

89 무라카미 요이치로의 부친은 육군 군의였는데, 패전 후 도쿄에 작은 진료소를 개업하였다. 무라카미는 그 작은 진료소에 대해서도 GHQ가 1947년부터 50년경까지 해마다 DDT 분말과 분무기를 배포했던 것을 기억하고 있다. GHQ는 사용법이 분명치 않은 제품도 배포하였다. 그런 것 중 하나로 코카콜라 원액이 있었다. 무라카미의 부친은 어떻게 사용하면 좋을지 전혀 설명이 없어서 무척 곤혹스러워 하였다. DDT 분말과 더불어 미국의 대명사라고도 할 수 있는 음료품이 배포된 것은 상징적인 일이었다(村上陽一郎[1996], 60~64쪽).

90 村上陽一郎[1996], 65쪽.

91 村上陽一郎[1996], 65쪽.

92 이 오보가 일본의 페니실린 생산에 미친 영향에 대해서는 平田[1995], 106쪽 참조.

93 村上陽一郎[1996], 65~66쪽.

94 「科學立國へ, 英才敎育も再檢討」, 『讀賣新聞』, 1945年 8 月 20日付, 2 面.

95 같은 시대의 미국인들도 마찬가지로 원폭과 DDT 사이에서 공통점을 찾아냈다. 이는 전쟁에서 승리한 흥분과 과학적 진보에 대한 신뢰가 결합된 것이라고 해도 무방할 것이다. 역사가 에드먼드 러셀(Edmund Russell)은 20세기 미국의 전략적 혹은 일상적 사고 안에서 DDT가 지닌 상징적 의미를 상세히 해설한다. 그 속에서 일본인의 모습은 해충이라는 적과 중첩된 것이라고 설명한다(Russel[2001], 95~183).

96 『八月十五日の子どもたち』에 수기를 보낸 이들 중 한 명에 따르면 천황의 목소리를 라

디오로 들은 후, 그녀의 6학년 담임교사는 '전쟁이 끝났습니다. 지는 것이 이기는 것입니다'라고 설명하였다(あの日を記録する會編[1987], 90쪽). 진정한 전쟁의 종결은 그 후에 있을 거라고 믿는 일로만 패전을 승리로 설파할 수 있다. 패전을 과학발전의 역사 속에서 자리매김 시켜본다면 현재의 패자도 장래의 승자가 될 수 있는 것이다.

97 村上陽一郎[1996], 69쪽.

98 サムス[1986], 189쪽.

99 サムス[1986], 190~191쪽.

100 일본에서도 전시 중에 페니실린이 제조되어, 원폭 투하 후 히로시마와 나가사키에서 치료에 쓰였다. 그러나 당시 일본의 제약기술이 한정적이어서 전후 미국이 제공한 기술을 통해 최초로 대량의 페니실린을 생산할 수 있게 되었다(平田[1995], 106~109쪽).

101 平田[1995], 108쪽.

102 サムス[1986], 191~192쪽. 샘스는 이를 군의총감의 성병 컨설턴트였던 토미 터너의 관찰로 전한다.

103 그러나 아이러니하게도 DDT는 미국이 한국전쟁에 휘말린 것과 같은 시기에 훌륭한 위력을 잃고 말았다. 대량으로 사용된 이 약품에 대해 저항력을 가진 개체들이 번식하기 시작한 것이다(Russel[2001], 197~201쪽).

104 일본 정부가 실시한 전시 중의 관리 방책은 전후가 되었다고 해서 사라진 것이 아니었다. GHQ는 전시 중에 위생 정책을 담당한 후생성을 새로운 위생 정책을 시행해 나가기 위한 기관으로 남길 것을 결정하였다(杉山[1995], 58~61쪽). 불임수술 건수는 새로운 전후 위생법 아래 급속도로 증가하였다. 1952년부터 61년까지 10년 동안 모두 10,017건의 지적 장애를 이유로 하는 불임수술이 시술되었다(市野川[1998], 260쪽, 市野川[1996]).

| 제3장 |

1 [옮긴이 주] 고지마 노부오(1915~2006)는 일본 소설가이다. 패전후 중국에서 돌아왔고, 교사생활을 하면서 『소총(小銃)』으로 문단에 등단했다. 추상적 표현을 띤 전위적(前衛的) 수법의 작품에 독자적인 길을 개척한 것으로 알려져 있다.

2 岸[1999], 『経済白書物語』, 61~71쪽.

3 『データベース「世界と日本」』 참조.

4 柴垣[1989], 『昭和の歴史』, 24쪽. 『データベース「世界と日本」』

5 『データベース「世界と日本」』 참조.

6 제13회 국회중의원본회의(1952년 2월 28일)의 국무대신 오카자키 가쓰오(岡崎勝男)의 행정협정에 대한 설명이다.

7 「미일행정협정 제17조 개정에 관한 의정서(日米行政協定第17条改訂に関する議定書)」, 『データベース「世界と日本」』

8 「미일행정협정 제17조 개정에 관한 의정서, 공식의사록(日米行政協定第17条改訂に関する議定書, 公式議事録)」합중국 군대 구성원 또는 군속(軍屬)이 기소된 경우, 그 기소된 죄가 만약 피고인에 의해 일어난 일이라고 한다면 그 죄가 공무집행 중의 작위 또는 부작위에서 생겨난 것이라는 취지를 기재한 증명서에서 그 지휘관에 대신하는 자가 발행한 것은 반증이 없는 한 형사 수속의 어떤 한 단계에서도 그 사실의 충분한 증거 자료가 된다.『データベース「世界と日本」』.

9 Weinstein, Martin E[1971],*Japan's Postwar Defense Policy*, 1947-52, New York : Columbia University Press. 87~90쪽.『データベース「世界と日本」』.

10 『データベース「世界と日本」』. 荒井[1995],『戰爭責任論』, 169~170쪽.

11 Weinstein, Martin E[1971], Japan's Postwar Defense Policy, 1947-52, New York : Columbia University Press, 111쪽.

12 정부와 경찰의 권력을 높이려고 하는 자민당의 획책은 1950년대의 민주주의를 옹호하는 세력의 강한 반대로 좌절했다. 1960년대에는 자민당은 그 초점을 정치적인 문제에서 경제 발전으로 옮겨갔다. 渡辺[1995],「戰後保守支配の構造」,『日本通史』第20巻, 90~93쪽.

13 "특수"라고 부르며 전쟁에 대해 언급을 피하는 것은 일본 자위대가 최초 경찰예비대라고 불렀던 일과 궤를 함께한다. 경찰예비대는 1950년에 조직되었고, 일본에서 미군 부대가 한반도에 가게 되며 생긴 공백을 메우고자 기대했다. 경찰예비대 중에는 전쟁 관련 용어는 보다 애매한 말로 치환되었다. 예를 들면 전차는 특차(特車)라고 불리고, 보병과 포병은 각각 보통과, 특과라 바꿔 불렀다. 이것은 오웰의『1984』속에서 그려낸 세계이다. 경찰예비대는 군대라고 불리지 않는 이상 군대가 아니었다. 神田文人[1989],『昭和の歷史』第8巻, 385~386쪽.

14 『戰後史大事典』, 611쪽.

15 岸[1999],『經濟白書物語』, 49~53쪽.

16 中岡[1995],「技術革新」,『日本通史』第20巻, 219쪽.

17 『일본회화수첩(日本會話手帖)』를 간행하는 데 주도적인 역할을 한 가토 미오(加藤美生)는, 제목에 '미일(米日)'을 넣은 것이 "성공의 열쇠"였다고 설명했다(朝日新聞社[1995], 16~17쪽).

18 1946년부터 1956년까지『주간아사히(週間朝日)』가, 그리고 1949년부터 1951년까지『아사히신문』이『블론디(*Blondie*)』를 연재했다.

19 GHQ의 민간정보 교육국은 미국적 가치를 장려하기 위해 16미리 영화를 전국에 특히 농촌을 중심으로 적극적으로 상영했다(朝日新聞社學藝部[1995], 30~34쪽).

20 山口[1985],「道具」,『高度成長と日本人』, 69쪽.

21 라디오 방송 〈미국 소식〉은 1948년 2월에 시작되었다. 미국주재 신문기자가 미국인의 생활양식에 대한 보고문을 아나운서가 읽었는데, 인기 프로그램이 되었다(石用弘義

[1981], 『欲望の戰後史－社會心理學からのアプローチ』, 35~36쪽).

22 패전 직후 가정용 전기 제품 개발 과정에서 담당자들은 서구모델을 모방하는데 힘을 기울였다. 그러나 그 와중에서도 일본만의 가정용품 및 밥솥에 일본적 자긍심을 가진 자도 있었다. 요리연구가인 아카호리 치에미(赤堀千恵美)는 집에서 처음으로 구입한 밥솥에 대해 기억한다고 말했다. '일본 독자적인 가전제품 하나가 부엌에 들어옴으로써 전후 수영에서 세계기록을 수립한 후루하시 히로노신(古橋廣之進)이 보여준 빛을 느꼈다고 말했다. 아카호리 치에미의 어머니 요네는 '이 발명품은 내일의 희망'이라고 말했다(朝日新聞社學藝部[1995], 64~65쪽). 1980년대 말기에 논쟁을 불러 일으킨 모리타 아키오(盛田昭夫)와 이시하라 신타로(石原愼太郞)의 대담 『「노」라고 말할 수 있는 일본(「No」といえる日本)』에 이와 같은 밥솥에 대한 생각은 더 노골적인 내셔널리즘으로 재현된다. 이시하라의 주장에 따르면, '일본은 반도체기술 덕분에 미소 관계에 대해 유리한 입장에 있었다. 적극적으로 일본의 차세대 반도체 없이는 미국과 소련 어느 쪽도 핵미사일을 정확하게 유도하지 못하는 이상, 일본은 커다란 발언권을 얻게 된다. 이시하라는 '경쟁력 있는 대량생산이 반도체에서 우위성의 열쇠이다. (…중략…) 대량생산은 소요 시장에 의존, 즉 미국은 반도체를 사용하는 전기밥솥 등의 다종다양한 시장이 없었던 것'이라는 논리의 비약을 보여주었다. 이시하라는 결국 일본인은 쌀을 먹기 때문에 우수하다고까지 말한다(盛田昭夫・石原愼太郞他[1989], 『「No」といえる日本』, 16쪽).

23 단지의 평균 입주 응모율은 1964년에는 53배에 달했다(朝日新聞社學藝部[1995], 58쪽).

24 중간성이라는 개념은 전후 일본에서만 나타난 개념은 아니다. 예를 들면 1893년 개최된 시카고 박람회에서는 일본은 진보를 공간적으로 보여주는 전시배치 속에 중간적인 장소로서 표현했다. 이것은 19세기말 미국에서는 보편적인 진보라는 관점에서 일본은 발달한 서구와 기타 지역의 '사이'로서 인지되었음을 보여준다(吉見俊哉[1992], 『博覽會の政治學』, 211쪽).

25 가토 노리히로(加藤典洋)는 『중앙공론 총목차(中央公論総目録)』에서 중간성과 관련된 말을 추출해 모았다. '무사상인', '잡종문화', '동과 서의 사이', '전중파', '중년여배우', '중간문화', '중간성', '중립국가', '제3의 신인', '중간소설' 등이 포함되어 있다(加藤典洋[1994], 『日本という身体』, 252~254쪽).

26 加藤[1957], 「中間文化論」, 『中央公論』, 251~261쪽.

27 이들 평론은 나중에 하나로 묶어서 출판한다(丸山眞男[1961], 『日本の思想』, 岩波新書).

28 中村政則[1995], 「1950-60年代の日本－高度経済成長」, 『日本通史』 第20卷, 25~26쪽.

29 加藤[1974], 『雑種文化－日本の小さな希望』, 28~32쪽.

30 加藤[1974], 『雑種文化－日本の小さな希望』, 47쪽.

31 加藤[1974], 『雑種文化－日本の小さな希望』, 48쪽.

32 丸山, 『丸山眞男集』 第7卷, 242~244쪽.

33 丸山[1952], 『日本政治思想史硏究』, 참조. 『丸山眞男集』第1卷, 岩波書店, 125~307 쪽. 『丸山眞男集』第2卷, 3~125·225~268쪽.

34 丸山[1995-97], 『丸山眞男集』第10卷, 3~66쪽.

35 大江健三郎[1958], 『見るまえに跳べ』, 251~252쪽. 다만 수록작품이 다르다. 大江健 三郎[1987], 「不意の唖」, 『死者の奢り·飼育』.

36 小島[1967a], 「燕京大學部隊」, 『アマリカン·スクール』.

37 小島[1967a], 『アマリカン·スクール』, 61·67쪽.

38 小島[1967a], 『アマリカン·スクール』, 89쪽.

39 小島[1967a], 『アマリカン·スクール』, 89쪽.

40 小島[1967a], 『アマリカン·スクール』, 84쪽.

41 小島[1967a], 『アマリカン·スクール』, 98쪽.

42 小島[1967a], 『アマリカン·スクール』, 79쪽.

43 小島[1967b], 『アマリカン·スクール』 참조.

44 小島[1967b], 『アマリカン·スクール』, 119쪽.

45 小島[1967b], 『アマリカン·スクール』, 119쪽.

46 小島[1967b], 『アマリカン·スクール』, 126쪽.

47 小島[1967b], 『アマリカン·スクール』, 121쪽.

48 小島[1967b], 『アマリカン·スクール』, 120쪽.

49 小島[1967b], 『アマリカン·スクール』, 128쪽.

50 小島[1967b], 『アマリカン·スクール』, 132쪽.

51 小島[1967b], 『アマリカン·スクール』, 128쪽.

52 小島[1967b], 『アマリカン·スクール』, 136쪽.

53 小島[1967b], 『アマリカン·スクール』, 136쪽.

54 小島[1967b], 『アマリカン·スクール』, 136쪽.

55 小島[1967b], 『アマリカン·スクール』, 136쪽.

56 小島[1967b], 『アマリカン·スクール』, 137~138쪽.

57 小島[1967b], 『アマリカン·スクール』, 138쪽.

58 小島[1967b], 『アマリカン·スクール』, 138쪽.

59 小島[1967b], 『アマリカン·スクール』, 139쪽.

60 小島[1967b], 『アマリカン·スクール』, 145쪽.

61 小島[1967b], 『アマリカン·スクール』, 146쪽.

62 小島[1967b], 『アマリカン·スクール』, 150~151쪽.

63 小島[1967b], 『アマリカン·スクール』, 153쪽.

64 小島[1967b], 『アマリカン·スクール』, 156쪽.

65 小島[1967b], 『アマリカン·スクール』, 157~158쪽.

66 小島[1967b],『アマリカン・スクール』, 158쪽.

67 이 사건은 전후 세상에 대한 연표, 사전 등에 대부분 거론되고 있다. 『戦後史大事典』, 14・88~89・761쪽. 『日本全史』, 1098쪽. 『大衆文化事典』, 24・111쪽. 西井他編, 『近代日本総年表』, 380쪽.

68 大江[1958],『見るまえに跳べ』, 참조. 이 사건은 1953년 11월 24일에 일어났다. 『朝日新聞』1953년 10월 25일. 4주 후에 GI 두 명이 다른 남성을 스키야바시에서 내던졌다. 『朝日新聞』1953년 12월 19일, 7면 기사.

69 大江[1958],『見るまえに跳べ』, 251쪽.

70 アンダーソン・ベネディクト[1997],『増補想像の共同体』, 32~35쪽.

71 상세한 내용에 대해서는 井出孫六,「w.s.ジラードの犯罪」(井出孫六[1991],『ルポルタージュ戦後史』(上巻), 287~304쪽) 참조.

72 大江[1958],「不意の啞」, 108쪽.

73 大江[1958],「不意の啞」, 109~110쪽.

74 大江[1958],「不意の啞」, 110쪽.

75 大江[1958],「不意の啞」, 118쪽.

76 大江[1958],「不意の啞」, 114쪽.

77 大江[1958],「不意の啞」, 114~115쪽.

78 大江[1958],「不意の啞」, 119쪽.

79 大江[1958],「不意の啞」, 120쪽.

80 大江[1958],「不意の啞」, 123쪽.

81 大江[1958],「不意の啞」, 125쪽.

82 『朝日新聞』1971년 9월 28일.

83 다음 날 『아사히신문(朝日新聞)』은 천황의 인사말 전문에 대해 "폐하의 목소리는 마지막까지 식장에 높이 울려퍼졌다"고 묘사했다. 『朝日新聞』1971년 9월 28일.

84 [옮긴이 주] 이리에 스게마사(1905~1985)는 일본의 관료이며 수필가이다. 쇼와 천황의 시종(侍従)・시종장을 오랫동안 담당했다. 도쿄대학(東京大學) 문학부를 졸업했고 이후 가쿠슈인(学習院)대학의 교수가 되었다. 1935년 1월 1일부터 일기를 적기 시작했는데, 이 일기는 이후 스가마사가 세상을 떠나기 전날 즉 1985년 9월 28일까지 반세기에 걸쳐 집필되었고, 쇼와 천황이 붕어(崩御)한 1990년『이리에 스가마사 일기(入江相政日記)』전6권, 아사히신문사 간행, 1990~1991년)으로 공간되었다. 전전과 전후에 쇼와 천황과 함께 한 의미에서 역사의 일면을 전달하는 귀중한 사료가 되었다.

85 朝日新聞社[1991],『入江相政日記』第4卷, 229・306쪽.

86 中村[1993a],『昭和史』第1卷, 342~343쪽.

1 1953년 4월부터 1954년 3월까지 발간된 회계연도를 보면 〈너의 이름은〉은 제1편, 제2편을 합쳐서 배당 수입 5억 5천만 엔을 기록했다(キネマ旬報[1993], 42쪽).

2 영화감독은 오바 히데오(大庭秀雄)였다. 제1편은 1953년 극장에서 공개되어 다음 해 제2편과 제3편이 공개되었다. 일본방송협회(NHK) 방송박물관 부속 도서관·자료실은 라디오 방송의 대본 98권 중 97권을 소지하고 있다. 하지만 그 가운데 제60회 대본이 어디에 있는지는 불분명하다. 라디오 대본은 이야기의 구조상 서적판과 유사하지만 차이도 있다. 라디오 방송의 경우 방송이 시작한 지 얼마 지나지 않은 비슷한 시기에 정치문제에 대한 많은 주석(注釈)을 달았다. 예를 들어 1952년 6월 21일 작가인 기쿠타(菊田)는 방송에 출현하고 그 해 5월 황거 앞 광장에서 있었던 '메이데이 사건'을 언급하면서 공산당이 수행한 역할에 대해서 비판적인 해설을 추가했다. 그러나 이는 서적판에 포함되지 않았다. 라디오 방송은 또한 서적판과 달리 두 주인공의 재회로 끝나지 않는다. 종합해보면, 서적판이 더 정리되어 있는 반면, 라디오 방송은 결말이 가까워지는 회에서 연결성이 부족하여 잘 짜여지지 않은 인상을 준다. 기쿠타는 시간에 쫓기면서 대본을 썼을 듯하다. 영화는 서적판의 이야기를 더 응축한 방식으로 전개된다. 이 책 속의 논의는 주로 서적판(菊田[1991])을 바탕으로 한다. 그 이유는 라디오 대본과 영화에 비해 서적판이 더 많은 정보를 제공하기 때문이다. 라디오, 영화의 차이점에 대해서는 본문에서 다룰 것이다.

3 [옮긴이 주] 1931~1987년. 문학비평가. 도쿄대학교 영문과를 졸업하고 1960년 미시마 유키오(三島由紀夫)에 관한 비평 통해 문단에 등장하였다. 이후 활발한 비평 활동을 벌였고 일본 근대문학사를 다시 쓰는 작업에 몰두하였다.

4 磯田[1983], 239쪽.

5 [옮긴이 주] 도쿄도(東京都) 지요다구(千代田區)와 주오쿠(中央區)의 경계에 있었던 다리. 1692년 에도시대에 에도성(江戸城)의 성곽 바깥에 위치해 있었으며 1923년에 발생한 관동대지진으로 인해 1929년에는 아치형으로 모양이 바뀐 후, 1958년 매립공사로 파괴되었다. 그러나 지금도 다리가 있었던 터에 기념비가 있으며, 현재 다리가 있었던 공간 위에는 고속도로가, 지하에는 쇼핑센터가 있다.

6 현재 니가타현(新潟縣) 지역에 있는 사도 섬(佐渡島) 전역을 포함하는 도시.

7 라디오 방송의 결말은 돌발적이며 시니컬하다. 최종회 방송은 가쓰노리와 그의 직장 상사의 딸 요시코(美子)가 결혼하는 장면으로 끝나지만, 두 사람은 이 결혼이 사랑의 결실이 아니라 요시코 집안의 연줄을 통해 출세하고 싶은 가쓰노리의 욕심에 따른 결혼이었다는 사실을 충분히 이해하고 있다.

8 [옮긴이 주] 1908~1973년. 극작가이자 연출가. 가난한 집안 출신으로 어린 시절을 보내다가 1920년대 말 도쿄 아사쿠사(浅草)에서 연극 각본을 쓰게 되면서 극작가로서 활동하기 시작한다. 일본이 패망한 후 1950년대에는 라디오 드라마의 각본을 쓰고 그의

작품이 히트를 쳤다. 1955년에는 도호(東宝)회사의 연극담당 임원이 되어 많은 연극을 연출했다.

9 菊田[1991] 제4부, 31쪽.

10 菊田[1991] 제1부, 12쪽.

11 菊田[1991] 제1부, 12쪽.

12 菊田[1991] 제3부, 236쪽.

13 菊田[1991] 제1부, 12쪽.

14 菊田[1991] 제1부, 187쪽.

15 기쿠타는 가쓰노리가 내무성(内務省) 관료인 사실을 암시한다. 가쓰노리는 내무성 차관의 딸인 요시코(美子)와 결혼하고 강력한 후원자가 생길 것을 바란다. 내무성에서 과장으로 일하는 요시코의 오빠는 가쓰노리의 노골적인 출세에 대한 욕심에 비판적이다. 그러나 이러한 관계는 이 시점에서(이야기에서는 이미 1984년의 일이다) 형성될 수 없다. 전쟁 전과 전쟁 중 일본에서 국내 치안을 책임지는 기관이었던 내무성은 1947년 GHQ에 의해 해체되었기 때문이다. 작가는 이 점을 놓쳤지만 가쓰노리와 내무성의 관계는 가부장제의 체현으로서 그의 역할에 대해서 많은 것을 이야기한다(菊田 1991 제4부, 192~193쪽).

16 菊田[1991] 제4부, 130쪽.

17 菊田[1991] 제4부, 97쪽.

18 菊田[1991] 제1부, 116쪽.

19 [옮긴이 주] '집시'는 유라시아 지역을 중심으로 한 곳에 머무르지 않고 여러 곳을 옮겨 다니면서 사는 집단을 가리키는 명칭이며 차별적 의미를 내포하지만, 여기서는 본문 내용의 맥락에 따라 그대로 사용한다.

20 菊田[1991] 제3부, 64쪽. [옮긴이 주] '메노코(女の子)'는 여자 아이를 뜻한다.

21 菊田[1991] 제3부, 123쪽.

22 [옮긴이 주] 홋카이도(北海道) 동부에 있는 호수. 물이 아주 투명하고 독특한 파란 색을 띤 수면으로 유명하다.

23 菊田[1991] 제4부, 62쪽.

24 菊田[1991] 제3부, 123쪽.

25 菊田[1991] 제3부, 131쪽.

26 菊田[1991] 제4부, 307~311쪽. 이 미국인 사이에 태어난 '혼혈'아이는 전쟁기억에 대해서 서로 충돌하는 감정을 나타내는 매체가 된다. 이야기 속의 한 등장인물은 자신의 감정을 다음과 같이 정리한다.

도시키를 위해 잊어버리기를 바란다…… 익숙해지길 바란다. 다만 전쟁이 있었기에 이러한 아이가 태어났다는 감정만은 두고두고 잊지 말기를 바란다(菊田[1991] 제4부, 310쪽).

27 예를 들어 가쓰노리의 어머니는 마치코를 "외국에 물들여진 자"라고 매도한다(菊田 [1991] 제3부, 289쪽). 이는 가부장제 속에서 일본여성의 섹슈얼리티에 대한 편집증적 인 관심을 나타낸다. [옮긴이 주] 원본에서는 일본어로 '게토카부레(毛唐かぶれ)'라는 표현이 사용되는데, '게토(毛唐)'란 체모 색깔이 특이한 사람, 즉 '외국인'을 의미하는 차별용어다.

28 게다가 두 등장인물은 부상 혹은 병으로 쓰러지지만 그 후 회복하면서 사회적 유대가 치유된 점을 상징적으로 보여준다. 그 일례로 가쓰노리의 어머니는 마치코가 사는 규슈 를 방문하는 도중에 병에 걸린다. 마치코의 헌신적인 간병으로 어머니는 회복하고 마치 코와 애정 관계를 맺게 된다. 다른 사례로는 도시키의 교통사고에 관한 내용인데, 사회 가 가지는 '혼혈'아이에 대한 깊은 편견을 드러내는 장면이다. 사고를 일으킨 당사자는 도시키가 '혼혈'아이였기 때문에 제대로 대처하지 않았다. 이 사고를 계기로 담당의사 가 다른 사람들과 함께 도시키의 성장을 지켜본다. 또한 이야기는 그가 도시키의 어머 니와 결혼할 것을 명시한다(菊田[1991] 제4부, 217~238쪽).

29 각주 2에서 언급했듯이 라디오 대본에서는 대단원(大團圓)에 이르지 못하고 돌발적으 로 끝난다.

30 [옮긴이 주] 영어명 *Madam Butterfly*는 1989년에 미국 출신 변호사이자 소설가인 존 루 더 롱(John Luther Long)이 쓴 소설을 원작으로 하여 1890년 희극으로 발표된 후 1904 년 이탈리아 출신 푸치니(Pucchini)가 작곡하여 오페라 작품으로 제작되었다. 19세기 말 일본 나가사키(長崎)를 무대로 일본인 여성 쵸쵸(蝶々)와 미국 해군사관 핀커턴 (Pinkerton)과의 사랑에 대한 비극적인 이야기.

31 菊田[1991] 제2부, 173~179쪽.

32 菊田[1991] 제4부, 272~273쪽.

33 영화에서는 이와 같이 〈나비 부인〉을 언급하는 장면은 없다.

34 菊田[1991] 제3부, 157쪽.

35 東京高速道路株式會社[1981], 95쪽.

36 朝日新聞社[1984], 114쪽.

37 朝日新聞社[1984], 85쪽.

38 毎日新聞社[1996], 56~57쪽.

39 [옮긴이 주] 교주 기타무라 사요(北村サヨ)는 1947년 신흥종교단체 '천조황대신궁교 (天照皇大神宮教)'을 설립했다. 기성 권위를 일체 부정하고 자아를 해방시켜 새로운 신의 국가를 건설할 것을 주장했는데, 이를 통해 '전후' 혼란기에 대중의 감정에 호소했 다. 교리에 따라 신도들은 '무아의 춤(無我の舞い)'을 춰서 '춤추는 종교(踊る宗教)'라 고 불리기도 했다. 원문에서는 그들이 종교적 의례를 행한 스키야바시의 경계성에 대해 서 설명한다.

40 『近代日本総合年表』, 366쪽.

41 菊田[1991] 제4부, 12쪽.

42 마치코에게 상실을 체현한 인물조차 사라졌다. 영화에서 하루키 역할을 연기한 사다 게이지(佐田啓二)는 도쿄올림픽이 개최된 1964년에 교통사고로 사망했다. 일본의 '죽음화(mortalization)'와 사라지는 전쟁파괴의 표시 사이의 관계에 대해서는 다음 장에서 논할 것이다. 사다의 사망사고에 관한 보도는 『朝日新聞』(1964년 8월 17일 자 석간, 7면), "신중함이 초래한 뜻밖의 사고"(『サンデー毎日』(1964년 8월 30일호, 114~115쪽) 등을 참조. 마치코를 연기한 배우 기시 게이코(岸惠子)는 1957년에 프랑스인 영화감독 이브 시암 피(Yves Ciampi)와 결혼하고 프랑스로 이주했다.

43 〈고질라〉 제작자들은 의도적으로 스키야바시에 대해서 언급했다. 영화제작 완성을 기념하는 '고질라 축제'에서 읽었던 축사에는 아래와 같이 스키야바시의 이름과 〈너의 이름은〉이 언급되었다.

　　스키야바시를 너의 이름은 이라고 불렀지만 대답할 수 없을 정도로 시궁창 흙의 비말을 치며 짓밟아……(竹內[1983], 88쪽).

44 고질라 영화음악을 작곡한 이후쿠베 아키라(伊福部昭)는 고질라의 울음소리를 내는 방법을 다음과 같이 설명한다.

　　콘트라베이스의 현을 페그에서 떼어내고 한 쪽 끝을 테일피스(줄거리틀)에 걸어놓은 채 송진을 바른 가죽 장갑으로 그 현을 강하게 당겼다(伊福部昭[1983]).

45 [옮긴이 주] 제5후쿠류마루 사건(第5福龍丸事件)이란 1954년 3월 1일 미국이 마샬제도 비키니 산호초에서 실시했던 수소폭탄 실험에 의해 일본 참치어선에 타고 있었던 어부 23명이 피폭된 참사를 말한다. 폭탄 중심지에서 160킬로미터 떨어진 곳에서 폭발음이 들린 후 '죽음의 재(死の灰)'라고 불리는 방사능성 미립자가 어선에 쏟아졌다. 실험에서 사용한 수소폭탄은 히로시마에 투하된 원자폭탄의 1,000배가 되는 파괴력을 가지고 있었고 주변에 있었던 다른 선박과 섬 주민들, 그리고 비키니환초 전반이 피폭되었던 사실에서 '비키니 사건'이라고 불리기도 한다. 미국은 1958년까지 핵실험을 진행했으며 그 인적, 환경적 피해는 여전히 지속되고 있다.

46 미국이 일본에서 핵실험과 그 효과를 대상으로 검열을 실시한 내용은 ブラウ[1988], 堀場[1995]를 참조.

47 첫 시나리오 원고에서는 서두에 제5후쿠류마루가 원래 출발했던 항구로 돌아오고 일본은 패닉상태가 된다(竹內[1983], 71쪽). 이 일련의 사건 이야기는 결국 삭제되었지만 그 외에도 고질라의 등장을 특정 역사적 사건과 연결시키는 여러 장면이 있다. 영화 서두에서 파괴한 화물선 이름은 1954년 3월 비키니 환초 섬에서 죽음의 재로 오염된 또 한 척의 어선과 동일한 에이코마루(栄光丸)라고 한다(小林豊昌[1992], 24쪽). 이 배가 파괴되기 직전 강렬한 빛에 휩쓸려 바다가 폭발한다. 동일한 방식으로 파괴된 빈고마루(備後丸)의 생존자 중 한 명은 "갑자기 바다가 폭발했어"라고 목격담을 이야기한다. 또한 고생물학자 야마기시(山岸) 박사는 국회 위원회에서 수소폭탄 실험이 괴물

을 잠에서 깨어나게 했다고 증언한다. 그러나 야마기시의 입에서도 위원회의 논의에서도 미국의 이름은 직접 등장하지 않는다. 단 한 명의 국회의원이 말했던 "그렇지 않아도 시끄러운 국제정세"라는 말에 미국의 존재가 암시될 정도다.

48 미국 정부의 정책이 도호(東宝)의 〈고질라〉 제작에 간접적인 역할을 미쳤다. 도호는 인도네시아 · 내셔널 · 필름 주식회사와 인도네시아 독립운동에서 아이디어를 얻은 영화를 합작할 것을 계획하고 있었지만 인도네시아 정부가 난색을 표하여 계획은 중단되었다. 인도네시아 정부의 태도에는 미국의 개입이 있었다. 국교를 수립하지 않았던 일본과 인도네시아 사이에서 영화를 합작할 기획에 불쾌감을 가졌던 것이다. 야마구치 요시코(山口淑子)가 주인공을 맡을 예정이었다(竹内[1983], 68쪽).

49 竹内[1983], 69쪽.

50 小野[1982].

51 [옮긴이 주] 〈고질라〉의 첫 작품에 등장하는 과학자 세리자와 다이스케(芹澤大助)가 실험 중 우연히 개발한 화학물질이자 그 물질을 퍼트리는 장치. '수중 산소 파괴제'라고도 불리며 그 물질이 퍼진 공간에 있는 모든 생물을 순식간에 죽음으로 이르게 하는 효과가 있다.

52 小林豊昌[1992], 25~28쪽.

53 1954년 시점에서 실제 자위대 인원수는 146,285명이었다(Weinstein[1971], 111쪽).

54 예를 들어 고질라를 공격하는 모든 F-86전투기에 히노마루가 그려져 있는데, 자위대는 1955년까지 F-86을 갖추고 있지 않았다(小林豊昌[1992], 27쪽).

55 [옮긴이 주] 가이거=뮐러 계수기라고도 한다. 방사선 측정기구의 종류. 방사선에 의한 기체가 이온화되는 것을 이용하고 방사선을 측정하는 장치.

56 [옮긴이 주] '황천(黃泉)'은 중국어로 사망한 자들이 가는 지하의 세계를 의미하지만, 일본에서는 이를 일본 고유어로 '요미'라고 읽는다. 8세기에 편찬된 역사서 『고사기(古事記)』에 따르면, 일본열도를 창조한 신 이자나기노미코토(伊耶諾尊)와 이자나미노미코토(伊耶册尊)가 불의 신을 창조한 후 여신 이자나미는 불에 타버려 죽어 '요미노 쿠니(黃泉の國)'로 간다. 이자나기는 이자나미를 만나고자 '요미노 쿠니'로 갔지만, 추한 모습으로 변해버린 이자나미를 보고 도망갔다. '요미노 쿠니(黃泉の國)'는 또 다른 역사서 『일본 서기(日本書記)』에도 등장하지만 각 사료에서 의미하는 바에는 차이가 있다. 본문에서는 어린 아이와 어머니가 죽은 자들이 머무는 경계 영역에서 사망한 아버지와 만났다는 것을 뜻한다.

57 일본 군대의 효과가 없는 것에 비해 1998년판 〈고질라〉에서는 미군이 고질라를 쏘아 죽였다.

58 [옮긴이 주] 1911~1933년. 야마가타현(山形縣) 출신 영화감독. 1931년 니혼대학(日本大學)에 신설된 예술학부 영화과 제1기생으로 입학하고 재학 중 도호의 전신이 되는 영화제작사에 입사하여 조감독으로 활동하기 시작했다. 입사 직후 3번 징병을 경험하

였다. 만주에서 2년간 현역생활을 하고 중일전쟁에 참가하다가 중국에서 패전을 맞이하였다.

59 [옮긴이 주] 1901~1970년. 연출가이자 특수촬영 기술자이며 영화감독. 후쿠시마현(福島縣) 출신. 도쿄에 있는 전기학교(현 도쿄전기대학/東京電機大學)를 졸업한 후 영화 제작사에 입사하여 촬영기술을 배웠다. 1921년 20살 때 군에 입대하고 2년 후 제대했다. 1923년 관동대지진 후 교토와 도쿄를 중심으로 여러 영화를 촬영하면서 독자적인 특수촬영 기법을 발명, 개발하여 영화 흥행에 크게 성공하였다. 1934년 촬영기술연구 주임으로 도호(東宝)의 진신 기업인 영화촬영 스튜디오를 거쳐 1937년 설립된 도호영화주식회사(東宝映畫株式會社)로 자리를 옮겼다. 1948년 GHQ는 전쟁 시기 교재 영화, 전쟁의식을 고양시키는 영화에 가담했다는 이유로 쓰부라야를 공직추방했다. 그러나 같은 해 그는 '쓰부라야 특수기술연구소(円谷特殊技術研究所)'를 설립하여 지속적으로 영화를 촬영하였고, 특수촬영의 창시자로서 일본영화 제작에 큰 기여를 했다. 1963년 주식회사 쓰브라야 프로덕션(円谷プロダクション)을 창업하고 〈울트라맨(ウルトラマン)〉 시리즈를 제작했다.

60 〈태평양의 독수리(太平洋の鷲)〉(1953)와 〈안녕 라바울(さよならラバウル)〉(1954)을 제작했다. 특히 전자는 1953년도 1억 6천 3백만 엔의 배급수익을 올렸다. 이는 〈너의 이름은〉 제1편, 제2편 다음으로 높은 역대 3위 기록이었다(キネマ旬報[1993] 42쪽). 이에 대한 해설은 樋口([1992], 157~167쪽)를 참조.

61 神保[1993].

62 産経新聞「戦後史開封」取材班[1995], 173쪽.

63 [옮긴이 주] 일본어로 천황이 사는 거처를 '皇居'[고쿄]라고 한다. 한글로는 황제가 사는 곳이라는 뜻을 나타낼 때 '황궁'이라는 어휘가 적절하지만, 일본 천황의 거처라는 의미로 '황거'를 사용한다.

64 가와모토의 주장과 달리 영화 속의 고질라는 직접 바다로 돌아가지 않는다. 라디오 뉴스에 따르면 괴물은 아사쿠사(淺草), 우에노(上野) 방면으로 향하고 스미다가와(隅田川)를 지나서 도쿄만(東京灣)으로 돌아간다. 여기에서 황거에 대한 언급이 없는 것은 주목할 만하다.

65 川本[1994], 86쪽.

66 '옥시젠·데스트로이어'를 가동시키는 방법은 괴물이 상징하는 핵무기의 위협을 봉쇄할 것을 원하는, 눈에 보이는 방식으로 표현한다. '옥시젠·데스트로이어' 자체는 소프트볼에서 사용하는 공만한 크기의 물체이며 투명한 통 속에 들어있다. 이것이 두 개의 반구로 나누어질 때 효과를 발휘한다. 따라서 가동방식은 화약으로 두 개의 반구를 충돌시키는 히로시마 원폭과 완전히 반대라고 할 수 있다.

67 흥행수입은 1억 5,400만 엔이고 1954년도 흥행성적의 순위는 8위를 차지했다. 〈너의 이름은〉 제3편의 배당수입은 3억 3,000만 엔으로 1위를 차지했다. キネマ旬報[1993],

84쪽.

68 [옮긴이 주] 도호주식회사(東宝株式會社)는 영화와 연극을 제작, 배급, 흥행을 하는 회사다. 기업가이자 한큐전철(阪急電鐵)의 창업자인 고바야시 이치죠(小林一三)가 1932년 연극, 영화 흥행을 목적으로 설립한 주식회사 도쿄 다카라즈카 극장(株式會社 東京宝塚劇場)을 설립한 후 도쿄에 여러 극장을 건립하였다. 이후 1943년 타 영화회사를 합병하여 도호주식회사라는 이름으로 연극과 영화의 제작, 배급, 흥행을 일괄 경영하는 기업으로 변경되어 1950년대에는 〈고질라〉를 비롯한 수많은 영화작품을 제작, 배급하였고 일본을 대표하는 연극, 영화 기업으로 성장하였다.

69 미국판을 제외하고 2004년까지 28개 작품이 제작되었다. 노무라 고헤이(野村宏平)는 1편부터 27번째까지의 모든 작품에 대한 정보를 망라한 사전을 편집했다(野村[2004], 304~357쪽).

70 [옮긴이 주] 미국 미술사학자이자 미디어 연구자이며 캘리포니아대학 로스앤젤레스(UCLA)의 연극·영화·TV대학 교수.

71 노리에가는 괴물인 고질라의 존재와 미국의 핵정책의 관계, 그리고 일본인 관객이 괴물로 동일화되는 점에 대해서 명쾌한 해석을 제시한다. 하지만 상당히 비역사적 논리를 전개한다. 언어학자 스즈키 다카오(鈴木孝夫)가 주장한 일본인의 자아의식과 타자에 대한 언어학적 설명을 받아들여 관객의 동일화를 '문명적인 것'으로서 설명했다(Noriega 1987).

72 게다가 열이 안 빠지는 의상은 길어도 15분 정도 밖에 착용하지 못했다(竹内[1983], 76~78·86쪽).

73 [옮긴이 주] 전쟁 시 야간에 적의 공격에 대비하여 군시설, 군부대, 민간시설이 등화를 관제하고 조명의 사용을 제한하고 통제하는 것.

74 [옮긴이 주] 알래스카주에 있는 미국령 섬. 1943년 5월 30일 미군과 일본군이 격전을 벌였던 곳이며, 일본에서는 '애투섬의 전투(アッツ島の戰い)'로 알려져 있다. 이 전투에서 일본수비대는 전멸했다.

75 [옮긴이 주] 옥쇄(玉碎)란 구슬이 '아름답게' 부서져 흩어지는 것처럼, 적에 항복하지 않고 전력을 다해 명예와 충성심을 지키며 죽는 것을 표현하는 말이다. 아시아·태평양전쟁 시기 일본은 군인들에게 적군에 의하여 항복하지 말고 '아름답게' 전사할 것을 교육했고, 일본군이 전쟁에서 전멸하는 모습을 나타낸다.

76 영화 〈007 제임스 본드〉 시리즈의 본드 걸을 연기한 배우 하마 미에(浜美枝).

77 竹内[1983], 84쪽.

78 영화감독이자 영화평론가인 히구치 나오후미(樋口尚文)는 저서 『굿모닝 고질라(グッドモーニング、ゴジラ)』에서 고질라 제1편의 '서사성(叙事性)'을 결여한 1960년대 괴물영화 전반을 비판한다(樋口[1992], 248~282쪽). 1959년 출생인 고바야시 도요마사(小林豊昌)는 그들 세대의 "고질라 체험"에 대해서 다음과 같이 말했다.

자신과 동시대 고질라는 항상 모방을 벗어나지 못하고, 후에 텔레비전이나 B급 극장에서 관람한 흑백 고질라에 진정한 감동을 느껴야 했던 세대이다(小林豊昌[1992], 48쪽).

79 福田[1996], 10쪽.

80 [옮긴이 주] 1929~1991년. 미국 인디애나주 출신 프로레슬링 선수이며 본명은 William Fritz Afflis Jr. 1965년부터 일본에서 활약했다. 그는 프로레슬링 용어로 악역을 지칭하는 '힐(Heel)'을 연기했다.

81 프로레슬링 선수로서 역도산 밑에서 훈련했고, 후에 스모선수가 되었던 요시노사토(芳の里)는 술을 마실 때도 터무니없는 훈련을 받았다고 회상한다.
    그건 많이 맞았지. 그래도 리키[역도산] 씨는 그렇게 자신도 강하게 만드는 거더라고. 술도 위스키 한 병을 원샷 시켰어. 못 마시면 때려. 그리고 이렇게 마시는 거야라고 하면서 마셨어. 난처했던 건 컵까지 먹었어. 리키 씨는 이빨도 강하니까 와작와작 씹어 먹었어. 어쩔 수 없이 나도 먹었지. 여러 번 씹으면 모래처럼 되고 그걸 삼켰어. 피? 그거야 잘리니까 입안은 피투성이야(李[1996], 163쪽).

82 村松[1994], 310쪽.

83 [옮긴이 주] 1917~1993년. 구마모토현(熊本縣) 출신. 유도, 프로레슬링 선수. 기무라 마사히코(木村正彦)는 일본 국내 유도선수권대회에서 13년 연속 우승한 기록을 세운 전설적인 유도선수였다. 1950년 프로 유도선수로 전향하고 활약하는 도중에 스카우트를 받아 프로레슬링 선수가 되었다.

84 [옮긴이 주] 캐나다 출신 벤 샤프(Ben Sharpe)와 마이크 샤프(Mike Sharpe) 형제의 프로레슬링 태그팀. 1940년대 캐나다와 미국에서 프로레슬링 선수였던 샤프 형제는 1954년 세계태그선수권에 참가하기 위해 일본을 방문하여 역도산, 기무라와 대결했고, 샤프 형제의 시합은 1950~1960년대 일본 프로레슬링 흥행에 크게 기여했다.

85 [옮긴이 주] 도쿄 다이토구(臺東區) 구라마에(蔵前)에 있었던 스모 시합 시설이며 구라마에 고쿠기칸(蔵前國技館)이라고 불렀다. 전쟁 후 GHQ에 의해 흥행이 어려웠던 상황에서 일본 스모협회는 여러 시설을 빌려 임시로 스모시합을 진행하고 있었다가, 1949년부터 협회가 소유하고 있었던 토지에 본격적으로 시합시설을 건립하기 시작하였다. 건물은 1954년 완공되었고 이때부터 스모 외 프로레슬링을 비롯한 격투기 시합도 개최되었다. 1984년 폐관되어 도쿄 스미다구(墨田區)로 옮겨졌고 현재는 료고쿠(両國)에 있기 때문에 '료고쿠 고쿠기칸(両國國技館)'이라고 부른다.

86 '가라테 춉'은 기존의 프로레슬링에서 결코 새로운 것이 아니었다. 미국에서 일본계 미국인 선수가 사용하면 '유도 춉(Judo Chop)'이라고 불리고 미국 선주민 선수의 경우 '토마호크 춉(Tomahawk)'이라고 불렀다(朝日新聞[1999]. 첫 출처는 『朝日新聞』 1998년 12월 6일자, 일요일판 3면).

87 村松[2000], 10쪽.

88 일본의 각 방송국은 1961년부터 컬러 TV로 본방송을 시작했다(伊豫田他[1996], 34쪽).

89 이와 같은 전형적인 프로파간다를 일본과 필리핀이 처음으로 함께 제작한 〈저 깃발을 쏘아라(あの旗を撃て)〉(1944년 제작, 감독 아베 유타카(阿部豊))에서 볼 수 있다. 이 작품은 아시아 사람들을 사악한 미국 식민지주의에서 구제하려는 일본의 성의를 현지 사람들이 최종적으로 이해한다는 메시지를 담고 있다. 일본의 점령은 필리핀 사람들에게 독립을 안겨주기 위해 필요한 수단으로 간주된다. 이 영화에 대해서는 Nones(ノーネス)[1991], 256~263쪽을 참조.

90 그러나 전쟁 시기 프로파간다에는 역도산이 모방하지 않았던 요소가 있다. 역도산이 가라테 춉으로 구제한 것은 아시아가 아닌 전통적인 일본이었다. 전설적인 유도선수로서 기무라가 지녔던 명성은 샤프형제와 대결한 시합에서 만들어진 '이야기'에서 매우 중요했다. 일본과 아시아국가들 사이의 공간적인 관계는 새로운 (전후) 일본과 전통적인 일본의 시간적 관계로 대체되었다.

91 [옮긴이 주] 1918~2003년. 미국 미주리주 출신 프로레슬링 선수. 고등학교 시절부터 프로레슬링 훈련을 받아 선수로 활약했다. 상대를 무는 공격을 특기로 하여 '흡혈귀'로 불리며 역도산과 대결하면서 인기를 끌었다.

92 [옮긴이 주] 일본어로 역도산은 '리키도잔'이라고 발음하며 팬들은 짧게 '리키(リキ)'라고 불렸다.

93 瀨戸[1997].

94 瀨戸[1997].

95 瀨戸[1997].

96 李[1996], 92~93쪽.

97 예를 들어 어느 자서전은 출석하지도 않았던 초등학교에서 당시 5학년이었던 역도산이 100미터를 13초로 달렸다고 했다(スポーツニッポン新聞社[1964], 73쪽). 작가이자 평론가 우시지마 히데히코(牛島秀彦)는 역도산이 어린 시절을 추적한 바, 그 배경이 한반도에 있었던 사실을 알게 되었다(牛島[1995], 7~21쪽).

98 [옮긴이 주] 역도산은 일제 식민지 통치하 '조선'에서 출생하였기 때문에 여기에서는 '조선'이라고 표기한다.

99 村松[1994], 292쪽.

100 많은 재일한국·조선인들은 역도산이 생전에 그가 한반도 출신이었던 사실을 알고 있었고 역도산의 활약은 그들의 자랑이기도 했다. 그러나 일본 사회에서는 일본인 영웅이여야만 했다. 당시 프로레슬링 담당 기자들도 그의 출생에 대해서 알고 있었지만 아무도 언급하지 않았다(井出耕也[1988], 615·627쪽).

101 牛島[1995], 152쪽. 『毎日新聞』 1954년 11월 4일자, 6면.

102 『毎日新聞』 1954년 11월 27일자, 6면.

103 猪瀨[1994], 308~310쪽. 木村政彦[1988], 628~637쪽.

104 한 달 후 역도산은 '전일본 프로레슬링협회'를 이끄는 프로레슬링 선수 야마구치 도시

오(山口俊夫)를 이겨 사실상 일본 프로레슬링 흥행의 독점권을 차지했다(李[1996], 144쪽).

105 李[1996], 132쪽. 만화가이자 소설가인 가지와라 잇기(梶原一騎)는 기무라의 유도 선수로서의 전설적인 강인함에 대해서 그의 생각을 담아 묘사하고 있다(梶原[1996], 227~231쪽).

106 李[1996], 146~149쪽.

107 역도산의 개인비서였던 요시무라 요시오(吉村義雄)는 당시 역도산이 보수에 불만을 가졌다고 증언한다(吉村[1988], 111쪽).

108 가지와라는 하와이에서 아즈마후지와 역도산이 태그 팀이 되어 싸웠던 시합을 생생하게 묘사한다(梶原[1996], 250~252쪽).

109 [옮긴이 주] 1922~1977년. 미국 캘리포니아 출신 프로레슬링 선수. 미국 출신이지만 멕시코계 혹은 라틴계 이민였기 때문에 멕시코인으로 불리기도 했다. 제2차 세계대전 후 미국 서부에서 프로레슬링 선수로 활약하다가 1955년부터 일본에서 시합에 참여하기 시작하였고 수많은 헤비급 챔피언 타이틀을 쟁탈했다.

110 李[1996], 149쪽. 梶原[1996], 266~268쪽.

111 村松[1994], 303쪽.

112 예를 들어 야마우치 가즈히로는 1954년 프로야구 올스타전에서 최우수선수(MVP)로 선출되었지만 그 경품은 오토바이, 자전거, 선풍기 2대였다(『スポーツニッポン』1954년 7월 5일자, 2면).

113 역도산이 벌인 사업에 대해서는 東急エージェンシー力道山硏究班[2000], 175~209쪽, 吉村[1988], 192~201쪽, 牛島[1995], 243쪽을 참조.

114 무라마쓰 도모미(村松友視)는 해마다 일본에 소개된 '비열한' 수법을 나열하고 있다(村松[1994], 102~103쪽).

115 村松[1994], 104~105쪽.

116 [옮긴이 주] 1909~1970년. 싱가포르, 유럽, 뉴질랜드, 호주 등에서 프로레슬링 선수로 활동하고 1955년부터는 일본 프로레슬링에 참여했다. 링네임인 킹 · 콩은 영화 〈킹콩〉에서 따 온 것이다.

117 [옮긴이 주] 1917~2001년. 미국 캘리포니아주 출신. 빨간 가면을 쓰고 시합에 참가하여 일본에 복면 붐을 일으킨 선수.

118 [옮긴이 주] 1931~1998년. 후쿠오카현 출신으로 스모선수였다가 1954년부터 '일본 프로레스(日本プロレス)' 단체에 입단했다. 역도산과 태그 팀을 짰으며, 1963년에 역도산 사망 후에는 단체의 2대 사장으로 취임했다.

119 [옮긴이 주] 1926년 야마구치현(山口縣) 출신. 유도선수였다가 1951년부터 프로레슬링 선수로 활동했다. 역도산의 파트너로서 활약하고 역도산 사망 후에는 '일본 프로레스' 단체의 경영을 담당했다.

120 [옮긴이 주] 1949년 오사카에서 설립된 스포츠일본 신문사(スポーツニッポン新聞社)에서 발간하는 전국 일간지. 주로 스포츠를 다루지만 그 외에도 연예계의 가십, 포르노, 성산업과 관련한 기사를 게재해 왔으며, 1980년대부터는 정치, 사회 사건도 보도한다.

121 이는 역도산이 신고하여 1951년 만들었던 호적에 근거한 연령이다. 이순일(李淳馹)은 동시대 사람들의 증언을 바탕으로 실제 연령은 그것보다 2살 많았다고 추정한다(李 [1996], 96~98쪽).

122 1950년대에 스모의 세계에서 프로레슬러로 전향한 다나카 요네타로(田中米太郎)는 1963년에 역도산이 결혼식을 올릴 때 즈음 약을 남용했던 사실을 증언한다.

아마 사업이나 다른 일 때문에 신경이 흥분되었던 모양이다. 수면약을 사용하고 있었다. 처음은 한 알 두 알 정도였는데 마지막에는 10알, 20알 먹었다. 그러다가 아침에 못 일어나서 결국 깨기 위한 약을 먹었지. 저건 강한 약이야. 나도 한번 먹어봤는데 하루종일 잠을 잘 수 없었어. 아침 일어나자마자 그렇게 강한 약을 세 알 정도 먹었어. 그래서 그러는지 나중에 약간 이상했어. 아무렇지도 않은 일로 소리 지르고 화내고 심하게 때렸어. 너무 심각해서 나는 가까이 가지 않았을 정도였어(井出耕也[1998], 627쪽).

123 무라마쓰 도모미는 프로레슬링을 진지하게 봐야 한다고 주장한다. 이 주장은 신화생성의 기능을 진지하게 받아들여야 한다는 점을 강조한다.

124 예를 들어 평론가, 편집자이며 일본영화대학(日本映畫大學) 학장을 역임한 사토 다다오(佐藤忠男)에게 〈너의 이름은〉이란 작품은 전후 일본에서 사라진 낡은 가치관에 뿌리를 내린 드라마이며 "감상적이고 슬픈 연애의 멜로드라마"로서 경멸의 대상이기도 하다(佐藤忠男[1987], 49쪽). 사토는 또한 〈고질라〉를 "봉제 인형이라는 싸구려 특수촬영기술을 사용하여 제작한 공포영화"라고 하면서 작품의 중요성을 무시했다(佐藤忠男[1987], 18쪽).

125 동시대에 등장한 〈고질라〉에 대한 비평을 보면 단지 미국의 공상과학(空想科學) 영화의 모방으로 치부해버리는 내용이 많았다. 다음 두 가지 비평은 그 전형적인 사례라고 할 수 있다. "'착상'과 '노력'을 높이 평가한다"(『スポーツニッポン』1954년 11월 6일 자, 4면), "기획만 재미있음"(『朝日新聞』1954년 11월 5일 자 석간, 2면).

| 제5장 |

1 [옮긴이 주] 집단주택지의 줄임말로 1950년대의 경제 발전에 따른 수도권 인구증가를 해결하기 위해 도쿄 도심의 외부 지역에 세워진 대규모 주택 단지이다. 단지의 주택은 서구식 욕조, 키친, 화장실, 베란다 등으로 갖추어져 있었고, 3종의 신기를 구비한 단지 생활은 새로운 생활양식으로 동경의 대상이 되었다.

2 1964년, 단지의 입주자 응모율은 평균 53배였다(朝日新聞學藝部[1995], 58쪽).

3 柴垣[1995], 58쪽.

4 전기밥솥을 개발한 기업조차도 주부를 게으르게 한다는 이유에서 개발을 반대한 사람

들도 있다(朝日新聞学芸部[1995], 62~63쪽).

5 [옮긴이 주] 원래의 의미는 일본의 천황가에서 대대로 내려오는 보물인 청동검, 청동 거울, 곡옥(曲玉)을 말한다. 패전 이후 일본의 경제가 발전하면서 전자제품이 본격적으로 보급되기 시작했는데, 생활의 풍요로움을 상징하는 대표적인 것으로 흑백 텔레비전, 세탁기, 냉장고가 있었다. 이 세 가지를 본래의 의미에 빗대어 3종의 신기라고 칭하기도 했다.

6 『日本統計年鑑』1996年版, 446~447쪽.

7 [옮긴이 주] 미국인의 일상생활을 담은 〈브론디(Blondie)〉는 만화가인 칙 영(Murat Bernard "Chic" Young)이 그린 작품으로 1930년 9월부터 신문에 연재되었다. 이 만화는 일본에서 1949년 1월 1일부터 1951년 4월 15일까지 『아사히신문』에 게재되었는데, 당시 이 만화를 접한 일본인들은 미국인들의 일상생활을 동경의 눈으로 바라봤다.

8 上野昂志[1989], 458~481쪽.

9 飯島 他[1985], 3쪽.

10 小松[1985], 325쪽.

11 기시는 이후의 인터뷰에서 자신의 목표가 일본을 전시 시기에 아시아 맹주로서의 '대 아시아주의'의 이상을 되살리는 것에 있었다고 인정하고 있다(原彬久[1995], 190쪽).

12 NHK 取材班[1995], 251~253쪽.

13 『データベース「世界と日本」』.

14 1956년부터 59년까지 국무성 극동문제담당자였던 마샬 그린(Marshall Green)을 통해 이와 관한 내용을 알 수가 있다. NHK 취재반은 마샬과 인터뷰를 했고 그 일부는 NHK 取材班[1995]에 수록되어 있다. 특히 제2조에 대한 마샬의 해석은 274쪽에서 볼 수 있다.

15 『データベース「世界と日本」』.

16 모든 자민당원들이 안보조약 개정을 지지한 것은 아니다. 신조약이 야당의 비판에 직면하기 이전에 자민당 내에서도 논의가 있었다. 이 문제에 대한 당내 파벌 간의 갈등은 信夫[1961], 8~46쪽.

17 渡辺[1994], 237~239쪽.

18 日高[1960], 151쪽.

19 NHK 取材班[1995], 278~281쪽.

20 松尾[1993], 237쪽. 공산당의 소수파는 일본의 독점자본 ― 일본제국주의의 추진기관 ― 이 공산당의 정치적 투쟁의 대상이라는 관점에서 다수파의 상황 파악에 대해 이의를 제기했다.

21 原彬久[1995], 216쪽.

22 日高[1960], 46~49쪽.

23 保阪[1986], 37~38쪽.

24 호사카 마사야스(保阪正康)는 『아사히신문』의 신안보조약 조인에 대한 의견조사를 인

용한다. 응답자 중 17%가 안보개정에 대해서 반대한다고 답했으며 34%가 안보조약 문제에 대해서 모른다고 답했다(保阪[1986], 73쪽).

25 保阪[1986], 157~159쪽.

26 점령군 총사령부의 내부 대립과 그것이 기시의 석방에 미친 영향에 대해서는 原彬久 [1995], 139~141쪽.

27 기시는 1953년에 자유당에 들어갔다. 2년 후, 자민당은 민주당과 합당하여 자유민주당 이 되었다.

28 시미즈 이쿠타로(清水幾太郎)는 이시카와현(石川縣)의 우치나다무라(內灘村)나 도 쿄의 스나가와쵸(砂川町)에서 일어난 미군 기지 반대투쟁을 개별 'battle(전투)'라고 했 던 것에 대해 안보개정 반대투쟁은 "이러한 battle 후에 찾아온 war[전쟁]이었다"라고 말했다(『清水幾太郎著作集』第14卷, 484쪽).

29 기시와 맥아더 간에 이루어진 비공식적인 논의는 1958년 8월에 이미 시작되었다 (NHK取材班[1995], 259~260쪽).

30 기시는 경찰관직무집행법(警察官職務執行法)에 대해 "경직법의 개정은 나의 시정 전 체에서 보더라도 중요한 법안이었습니다. 안보개정은 상당한 반대가 예상되었고 그 반 대를 끝까지 누른다는 강한 결의로 목숨을 걸어서라도 할 생각이었기 때문에, 그 질서 를 유지하기 위한 전제로서 이 법의 개정은 꼭 필요하다고 생각하고 있었던 것입니다" 라고 말했다(岸他[1981], 196쪽).

31 保阪[1986], 35쪽.

32 丸山眞男, 「選択の時」, 『丸山眞男集』第八巻所収, 347~348쪽.

33 竹内好, 「民主化独裁か」, 『竹内好全集』第九巻所収, 109~114쪽.

34 미타니 다이치로(三谷太一郎)는 전시 중의 총력전체제가 전후 개혁의 발판을 만들었 다고 논하고 있다(三谷[1993], 329~330쪽).

35 Packard[1966], 337~338쪽.

36 전시의 체험이 더욱 직접적인 연관성을 보인 장면이기도 했다. 교도통신사(共同通信 社)의 기자에 따르면, 안보개정안이 5월 19일에 국회에서 승인된 후에 수백 명의 전국 전기통신노동조합(全國電氣通信勞働組合) 여성 멤버들은 센닌바리(千人針.[옮긴이 주] 천 명의 여성이 한 장의 천에 빨간 실로 한 땀씩 박아 천 개의 매듭을 만든 천으로, 전 쟁에 나가는 군인들의 무사함을 빌며 군인들에게 주었다)를 가지고 총리 관저로 달려 갔다(井出武三郎[1960], 151쪽).

37 『清水幾太郎著作集』第一四卷, 482쪽.

38 『清水幾太郎著作集』第一四卷, 482쪽.

39 『朝日ジャーナル』1960년 7월 10日号, 74쪽.

40 1960년 6월 17일, 『아사히신문』, 『요미우리 신문(讀賣新聞)』, 『마이니치신문(每日新 聞)』, 『산케이신문(産經新聞)』, 『도쿄신문(東京新聞)』, 『도쿄타임즈신문』(東京タイム

ズ新聞), 그리고『일본경제신문(日本経済新聞)』이 각각 일면에 합동선언을 게재했다.

41 NHK 取材班[1995], 334~338쪽.

42 NHK 取材班[1995], 304~305쪽.

43 내각은 연평균 7.2%의 소득 증가를 예측했지만 이케다는 10년에 걸쳐 연율(年率) 9% 증가를 약속했다.

44 保阪[1986], 219쪽.

45 국방 관련 지출이 일반회계에서 차지하는 비율은 자위대 발족 이래, 1980년대 초기까지 확실하게 감소했다(1954년 14%, 1960년 9.9%, 1970년 7.7%, 1980년대 5.2%). 1980년대, 나카소네(中曾根) 내각 주도를 바탕으로 이 감소 경향은 상승하는 방향으로 수정되었고, 1988년 6.5%까지 점증했다(아사구모신문사 편집총국(朝雲新聞社編集総局)[1990], 229쪽).

46 자유민주당은 1958년의 중의원 선거와 비교하여 총득표수를 격증시켰고 9개의 의석을 늘렸다. 득표비율에서는 자민당이 0.2% 떨어졌지만, 이 감소는 자민당 정치에 대한 전체적인 불신의 표현이라고 이해하기에는 너무 적을 것이다. 1958년의 선거에서 자민당이 전체 투표의 57.8%를 차지하면서 467석 중 287석을 획득했다. 한편 사회당은 32.9%의 득표로 166석을 획득했다. 2년 후 자민당은 57.6%의 표를 모아 296석을 확보했다. 사회당에서 민사당(民社黨)이 분열한 후 사회당의 득표율은 27.6%로 의석수는 145석으로 감소했고, 민사당은 8.8%의 표를 얻어 17석을 차지했다. 공산당은 득표수를 2.6%에서 2.9%로 늘렸고 의석도 1석에서 2석으로 늘어났다(『戰後史大事典』, 977쪽).

47 保阪[1986], 162~163쪽.

48 후지타 쇼조(藤田省三)도 개정된 안보조약에 대해서 육체적인 비유를 사용했다. 그에 따르면, 새로운 조약은 "스스로 자진하여 일본국의 신체를[미국에게] 제공하려고 한다"(日高[1960], 12쪽).

49 NHK 取材班[1995], 370쪽.

50 이러한 과거의 반복은 최근 올림픽의 역사 속에서 결코 특이한 것은 아니다. 추축국이었던 3개국은 마치 전전의 프로젝트를 완성시키려고 하듯이, 전후가 되어 올림픽을 개최했다. 1936년의 베를린 올림픽 이후, 이탈리아가 1940년의 개최권을 얻기 위해서 노력하고 있었다. 그러나 일본의 사절이 무솔리니와 직접 교섭했고 로마가 올림픽 개최를 철회하도록 압력을 가하는 것에 성공했다. 도쿄는 히틀러의 후원도 있었기 때문에 1936년 7월에 베를린에서 개최된 IOC 총회에서 1940년 올림픽 개최 유치에 성공했다(藤本一夫[1994], 44~99쪽). 전쟁이 일어나지 않았다면, 파시즘 3개국에 의해 올림픽이 연속으로 개최되었을 가능성도 있었다. 순서가 거꾸로 되었지만, 이 3개국은 전후에 올림픽을 개최하게 된다. 로마와 도쿄는 각각 1960년과 1964년에, 그리고 뮌헨은 1972년에 올림픽을 개최했다(동독, 서독의 통일 이전에 베를린 올림픽은 개최를 위한

장해가 너무 컸을 것이다).

51 「1조 엔의 "올림픽 성전"」, 『週刊讀賣』 1964年 10月 11日 号, 34~41쪽. 日本放送協會放送世論調查所[1967], 65쪽.

52 學習研究土[1982], 65쪽.

53 『讀賣新聞』 1964年 9月 19日 夕刊, 7面.

54 도쿄올림픽으로부터 33년 후, 야스노 미츠마사(安野光雅)는 "전후의 저 불타버린 들판에 선 적이 있는 나는 감개무량하다. 20년 전, 누가 저 화려한 도쿄올림픽을 상상할 수 있었을까"라고 적었다(安野[1997], 74쪽).

55 彬本[1964], 30~31쪽.

56 彬本[1964], 31쪽.

57 江藤[1964], 176쪽.

58 江藤[1964], 176쪽.

59 橋本治[1988], 123쪽.

60 이시카와는 망원 렌즈를 사용하여 신바시(新橋) 방향을 향해서 긴자 지역을 찍었다(市川 他[1994], 308쪽).

61 日本放送協會放送世論調查所[1967], 46~63쪽.

62 이스탄불, 베이루트, 테헤란, 라호르, 뉴델리, 랑군, 홍콩 순으로 나타난다.

63 [옮긴이 주] 아시아·태평양전쟁 중인 1945년 3월, 간호요원으로 전장에 동원되어 희생당한 히메유리 학도병을 위한 위령탑. 오키나와 사범학교 여자부와 오키나와 현립 제1고등학교의 여학생 222명과 교사 11명으로 구성되었고 오키나와 육군병원에 동원되었으나 100여 명이 희생되었다.

64 橋本治[1988], 121쪽.

65 東京百年史編纂委員會[1988], 298쪽.

66 1900년, 일본의 전국 철도는 3피트 6인치(약 1067mm)의 협궤로 통일되었다(原田[1995], 105~118쪽).

67 井上[1995], 105~118쪽.

68 천 톤의 철재를 필요로 했던 원래의 계획과 비교하여 새로운 계획은 사용할 철재양을 600톤까지 줄였는데 전시에 그 만큼의 재료를 얻기가 어려웠다. 주경기장의 건설 계획이 세워지지 않은 것은 1940년 올림픽 개최를 취소하게 된 주요한 이유의 하나가 되었다(橋本一夫[1994], 209~210쪽).

69 塩田[1985], 187쪽.

70 上野昂志[2005], 159쪽.

71 青木 他[1964], 178쪽.

72 『産經新聞』 「戰後史開封」 取材班[1995], 213쪽.

73 『日本全史(ジャパン·クロニック)』, p.1059. 原田[1991], 105쪽.

74 도카이도 신칸센의 실제 주행거리는 515.4km이다. 평균으로 약 2.5km마다 한 사람의 목숨을 잃어버린 것이 된다(青木 他[1964], 179쪽).

75 前間[1998], 463쪽.

76 前間[1998], 467~468쪽.

77 前間[1998], 386 · 468쪽.

78 『産經新聞』「戰後史開封」取材班[1995], 216쪽.

79 『産經新聞』「戰後史開封」取材班[1995], 217쪽.

80 佐藤のり子[1992], 51쪽.

81 『讀賣新聞』1964年 4月 3日, 1面.

82 『讀賣新聞』1964年 4月 3日, 1面

83 桜井哲夫[1993], 35~36쪽.

84 中野[1992], 58~59쪽.

85 中野[1992], 59쪽.

86 대중잡지는 '외국인'과의 만남을 통해서 일본의 젊은 여성이 상처받는 것을 경고했다. 『주간 대중(週刊大衆)』의 작가는 '종전 직후의 비극'이 다시 찾아올 것이라고 예측했다. 「단지 올림픽으로 밤에도 잠들지 못하고」(『週刊大衆』1964年 10月 15日号). 『부인공론(婦人公論)』1964년 10월호는 일본인 여성과 외국인 남성의 성적인 만남을 묘사하고 경고하는 에세이를 특집으로 게재했다. 에세이 중 하나는 제목을 '위험한 외국인'으로 했다(藤原[1964]).

87 『朝日新聞』1964年 3月 27日, 14面.

88 『주간신조(週間新潮)』1964년 5월 11일호는 이 계획에 대한 호텔 지배인이나 바, 카바레 종업원 등의 반응을 보도했다(「ホステス血液検査の恐慌」, 114~119쪽).

89 東京都衛生局[1966], 130~131쪽.

90 東京都下水道局[1994], 3쪽.

91 大竹[1994], 41쪽. 에도 시대의 분뇨 활용 계획은 Hanley[1997], 113~116쪽을 참조.

92 도쿄도가 모은 분뇨의 양은 1963년까지 계속 증가했다. 예를 들어, 1963년 도쿄도는 2,304,320kg로 추측했는데, 그중 1,251,088kg를 바다로 폐기했다(『東京都統計年鑑』1960年版, 480~481쪽). 1957년까지 대부분의 분뇨는 비료로 사용되었다(위의 책, 548~579쪽).

93 村野[1994], 3쪽.

94 下水道東京一〇〇年史編纂委員會[1989], 193쪽.

95 下水道東京一〇〇年史編纂委員會[1989], 508~509쪽.

96 1960년에 도쿄도는 도쿄도시계획 하천 하수도 조사 특별위원회를 조직했다. 다음해, 이 위원회는 도내의 오염이 진행된 "14개 하천의 일부 또는 모두를 암거화(暗渠化)하고 하수도 간선으로서 활용한다"는 것을 답신했다. 도쿄도는 답신과 같이 공사를 실시

했다(下水道東京一〇〇年史編纂委員會[1989], 196~197쪽).

97 大竹[1994], 42쪽.

98 下水道東京一〇〇年史編纂委員會[1989], 512~513쪽. 이 책은 하천의 오염에 따른 심리적, 신체적, 그리고 경제적 피해에 대해서도 설명한다.

99 警視廳[1964], 140쪽.

100 새로운 이 조례는 1964년 8월 1일에 발효했다.

101 같은 예로, 전쟁의 어두운 기억의 반대되는 상식으로서 물리적으로 또한 언설적으로 재건한 '밝은' 히로시마로 볼 수가 있다. 구체적인 내용은 Yoneyama[1999], 43~65쪽 참조.

102 警視廳[1964], 140쪽.

103 『평범한 펀치(平凡パンチ)』의 편집자였던 아카기 요이치(赤木洋一)는 도쿄의 클럽에서 조도계를 사용한 검사에 맞닥뜨린 경험에 대해 쓰고 있다. 정확한 시기는 명확하지 않지만, 도쿄올림픽 개최 몇 년 후일 것이다.

어느 밤, 클럽의 조명이 갑자기 밝아졌다. 밴드가 연주를 중단하고 무대에서 사라진다. 종업원이 당황하여 손님 테이블에 스파게티 접시를 두고 달아난다. 입구에서 몇 명의 남자가 종종걸음으로 들어왔다. 한 사람은 광도를 측정하는 기계를 가지고 있다. 예고 없이 도쿄도의 조례 위반을 실시한 검사였다(赤木洋一[2004], 242쪽).

104 새로운 주거 환경은 신체를 지금까지와는 다른 생활관리 아래에 두었다. 1960년대 세탁기는 가정에서 세탁을 간편하게 하고 신체위생 관념을 변화시켰다. 예를 들어 우에노 치즈코(上野千鶴子)의 보고에 따르면, 1960년대 중반에는 속옷을 매일 갈아입기가 습관화되었는데, 그 이전에는 일주일에 2번, 3번 목욕을 할 때만 속옷을 갈아입었던 것이 일반적이었다(上野千鶴子[1994], 191쪽).

105 警視廳[1964], 145쪽.

106 警視廳[1964], 145쪽.

107 『朝日新聞』1964年 8月 10日, 1面. 『朝日新聞』1964年 8月 11日, 6面·7面.

108 「文句つけられた最終走者ー"原爆っ子"が与える海外へのショック」, 『週間新潮』 1964年 9月 7日号, 34쪽.

109 『朝日新聞』1964年 8月 11日 夕刊, 6面.

110 「りっぱな原爆っ子ー聖火リレー最終ランナー坂井義則君」, 『時』1964年 10月号, 115쪽.

111 「文句つけられた最終走者ー"原爆っ子"が与える海外へのショック」, 『週間新潮』 1964年 9月 7日号, 33쪽.

112 「文句つけられた最終走者ー"原爆っ子"が与える海外へのショック」, 『週間新潮』 1964年 9月 7日号, 33~35쪽.

113 감독이었던 다이마츠 히로후미에 따르면, 소련의 신문이 이 별명을 만들었다. 처음에는 기세가 있지만 지속하지 않는다는 의미에서 '동양의 태풍'이라고 불렸지만, 그 후 팀의 강

함을 알자 '동양의 마녀'라는 이름이 지어졌다(大松[1963], 187쪽). 그후 신문, 잡지들은 다이마츠의 이러한 설명을 계속 사용했다. 그러나 이 별명과 아시아·태평양전쟁의 기억을 연결시키는 재료이기도 하다. 중국에서 일본병사는 '동양의 귀신(東洋鬼)'이라고 불렸으며, 전후 중국에서 전범재판을 피하기 위해서 항복한 어느 일본 헌병은 일본병사가 '동양의 마왕'(東洋の魔王)이라고 불렸다고 회상한다(宮崎清隆[1954], 256쪽).

114 虫明[1967], 44쪽.

115 「インバールの行進が"鬼の大松"を生んだ」, 『週間ポスト』 1972年 1月 1日号, 168쪽.

116 大松[1963], 29~30쪽.

117 大松[1963], 154쪽.

118 大隈[1963], 225~226쪽.

119 大松[1976], 47쪽. 大松 他[1965], 294쪽에도 같은 발언이 있다. 아이다 유지(會田雄次)는 아론 수용소에서 겪었던 다음과 같은 광경에 대해 말한다. "그런데 어느 날, 이 N 병장이 불같이 화를 내며 돌아왔다. 세탁을 하고 있었는데, 여자가 자신의 속옷을 벗고 이것도 빨라고 한 것이다. '알몸으로 휙 던지고 갔어', '완전 알몸이었어', 타올인가 뭔가를 걸치고 있었는데 그냥 다 보여. 그런데 그런 건 아무렇지도 않아. 개한테 던지는 것처럼 확 던졌고 게다가 속옷이야." 會田[1962], 40쪽.

120 大松[1964], 115쪽.

121 다이마츠는 인터뷰에서 젠더에 관해서 흥미로운 에피소드를 말했다. 팀의 연습을 본 후, 덴리교(天理教)의 어느 지도자는 "이런 힘든 연습을 하고 있으면 여성이 남성으로 변하지 않나"라고 물었다(大松 他[1964], 102쪽).

122 월경이 전쟁 중에 히노마루(日の丸)라고 불렸던 적이 있었던 것은 주목할 가치가 있을 것이다(天野 他[1992], 73쪽).

123 12명의 올림픽 대표 중 10명이 니치보의 선수였다. 회사는 1964년 4월에 회사의 이름을 니치보로 바꿨다(ニチボー社史編纂委員會[1966], 561쪽).

124 大松[1964], 108쪽.

125 大松[1963], 61쪽.

126 大松[1963], 84쪽.

127 大松[1963], 59쪽.

128 大松[1963], 88쪽.

129 大松[1963], 167~168쪽. 「東洋の魔女, 勝利の淚」, 『週刊讀賣』 1964年 10月 8日号, 18쪽.

130 奧野[1964], 118쪽.

131 大松 他[1964], 104쪽. 大松[1964], 198~203쪽.

132 大松[1963], 205쪽.

133 大松[1964], 44~46쪽.

134 大松[1964], 72~73쪽.

135 大松[1964], 83쪽.

136 大松[1963], 31쪽.

137 大松[1963], 80쪽.

138 다이마츠가 성공을 거운 십 년 후, 다이에(ダィェー)의 창업자인 나카우치 이사오(中內功)도 전쟁에서 살아남은 것에 대한 죄악감을 말했다. "저 정글 속에서 물에 잠겨서 썩어 죽어가던 전우들을 생각한다면, 꺼림칙한 데가 있다. 우리들은 이에 대해 무언가 보답해야 한다. 나에게는 항상 갚아야 할 빚이 있다는 느낌이 있다." 그러나 그 꺼림칙한 기분에 깊이 뿌리내린 전후의 그의 행동은 짓궂은 것이었다. 주지하는 바와 같이 그는 일본에 미국의 물질문화의 대명사인 슈퍼마켓 체인점을 만드는 데에 몰두했던 것이다(佐野[1998], 260쪽).

139 「東洋の魔女, 勝利の涙」, 『週刊讀賣』1964年 10月 8日号, 19쪽.

140 예를 들어, 일본방송협회 방송여론조사소가 실시한 1964년 6월의 조사에 따르면, 도쿄에서는 조사대상인 1,132명 중 35.9%가 그리고 가나자와에서는 762명 중 35.2%가 러시아인들이 싫다고 응답했다. 한편 각 그룹의 70%와 58.7%은 미국인이 좋다고 답했다. 러시아인보다 싫다는 응답이 많았던 것은 '조선인(한국인)'(조사는 남북한을 구별하고 있지 않다)뿐이었다. 조사 대상 집단 중 도쿄 54%, 가나자와 47%가 싫다고 응답했다(日本放送協會放送世論調查所[1967], 143쪽).

141 체조 경기, 다이빙, 레슬링, 육상 경기, 역도 등의 텔레비전 중계도 70%에서 80%의 높은 시청률을 얻었다(日本放送協會放送世論調查所[1967], 236·246쪽). 1964년 8월, 91%의 가정에 텔레비전이 있었다(『日本統計年鑑』1965年版, 446쪽).

142 일본방송협회 방송여론조사소는 1964년 11월 4일부터 11월 6일 사이에 이 조사를 실시했다(日本放送協會放送世論調查所[1967], 195쪽).

143 大松[1963], 62~63쪽.

144 清水哲男[1976], 95쪽.

| 제6장 |

1 [옮긴이 주] 미시마 유키오의 『풍요의 바다』 4부작에는 「봄눈」, 「달리는 말」, 「새벽의 사원」, 「천인오쇠」가 있다.

2 『日本統計年鑑』1975年版, 485쪽.

3 [옮긴이 주] 일본 신화에 등장하는 남신으로 아마츠가미에게 생명을 받아 일본열도를 만들었다고 여겨진다. 이자나기 경기는 진무 경기, 이와토 경기를 상회하는 호황이라는 의미를 담아서 명명되었다.

4 일본인 노동자의 1960년 평균 연간 노동시간은 2,424.5시간이고, 1960년대의 대부분은 약 2,300시간을 넘었다(『労働白書』平成4年版, 191~192쪽).

5　1965년 2월 시점에서 90%의 세대가 텔레비전을, 73%가 세탁기를, 그리고 62%가 냉장고를 소유하고 있었다(『日本統計年鑑』 1965年版, 446~447쪽). 1966년에 컬러 텔레비전 수상기가 처음으로 정부의 통계 조사의 대상이 되었다. 그 해 0.3%의 세대가 소유만하고 있었지만, 보급률은 1969년에 25%에 달했다(『日本統計年鑑』 1970年版, 421쪽).

6　『戰後史大事典』 1991年, 352쪽.

7　나중에 총리대신이 되는 후쿠다 다케오가 1964년에 만든 단어라고 전해진다. 『大衆文化事典』, 375쪽.

8　「스포콘모노」는 스포츠를 테마로 한 드라마, 애니메이션 등의 작품 장르를 말한다. 「스포콘」은 일본어 [스포츠]+[근성]의 합성어이다. 「스포콘모노」의 융성은 1960년 말부터 70년대 초반에 걸쳐서 절정기를 이루었다. 거기에 담긴 정열적인 메시지는 70년대 중엽까지는 패러디의 대상이 되었다.

9　일본 정부는 테마관에서 전시가 결정된 원폭 사진전에 대해서 전시 내용의 변경을 요구했다. 『朝日新聞』 1970年 3月 14日付 夕刊, 10面, 「裝飾品までつぶすとは－万博「矛盾の壁」」(『朝日ジャーナル』 1970년 2월 22일호, 94~95쪽), 吉見俊哉[1992], 226쪽을 참조.

10　이 토론은 NHK의 프로그램 〈スタジオ102〉에서 1969년 8월에 수록, 방영되었다. 참가자의 면면은 "남녀 대학생 10명 정도와 여성 근로정신대원이었다고 하는 2명의 여성(山下敏子·新井高子), 그리고 학도병이었던 평론가인 야스다 타케시(安田武)"였다(佐藤毅[1990], 175쪽).

11　예를 들어, 역사가 요시다 유타카는 1965년에 편집된 개인의 전쟁 체험을 말하는 수기(週刊朝日[1965]) 속에 중국 대륙에서 행해진 일본의 침략에 비판적인 시점을 발견한다. 그러나 동시에 요시다는 이 선집의 전체를 뒤덮고 있는 센티멘탈한 분위기가 다른 아시아 사람들의 경험에 대한 무관심에서 시작하고 있다는 것을 지적한다(吉田[1995], 116~118쪽).

12　『暮しの手帳』 1969年 8月号. 暮しの手帳社는 통상 10만 부를 상회하는 합계 90만 부를 인쇄했으나 완판되었다. 이 특별호는 나중에 단행본으로 발매되었다(暮しの手帳[1969]).

13　暮しの手帳[1969], 53쪽.

14　暮しの手帳[1969], 250쪽.

15　佐藤毅[1990], 175쪽.

16　비판적인 의견은 보수적인 입장에서도 나타났다. 토론에 참가한 대학생 한 명은 전쟁 체험을 이야기하는 것에 대해서 "전쟁을 시작했으면 이기지 않으면 안 되고, 다소의 희생은 어쩔 수 없었다"고 발언하고 원칙적으로 부정했다. 사회심리학자인 사토 다케시는 이 발언을 이 세대의 대표적인 것으로 인식하고, 다른 발언과의 뉘앙스의 차이를 무

시했다. 그리고 다른 학생 참가자가 연장자 세대에게 제기한 근본적인 질문을 인정하지 않고 젊은 세대의 역사에 대한 단순한 거절 반응으로서 이해하고 놀라움을 표시했다. 사토의 이러한 반응은 얼마나 그가 자기 세대(사토는 1932년생)의 전쟁 체험을 절대시하고 있는가를 반증하고 있다(佐藤毅[1990], 175~176쪽).

17 요시다 유타카는 다카하시 사부로의 관찰을 인용하여 1960년대의 상반기『少年サンデー』,『少年マガジン』이라는 망가 잡지를 떠들썩한 전쟁 이야기의 융성은 아시아・태평양전쟁에 대한 비판적인 관점이 이 시기 급속도로 사라져간 것을 의미한다고 논한다(吉田[1965], 114쪽). 다카하시에 따르면, 쇼와 40년대의 전쟁 이야기는 "일종의 '대단함'"을 잃어버렸다고 한다. 다카하시는 "대단함"에 대해 다음과 같이 설명한다. 그것은 애매하고 매우 주관적인 것이지만, 단순히 전쟁이란 무엇인가를 넘어서 인간이란 무엇인가를 생각하게 해주는 것이라고 말하면 좋을까. 그리고 그것은 많은 경우 필자가 개인으로서 그 가혹한 체험을 말하는 가운데 독자가 느끼는 것이었습니다(高橋三朗 [1998], 76쪽).

18 『フーコー・コレクション』第3巻, 328쪽.

19 초기의 단편적인 회상 속에서 노사카는 특히 정신적으로 큰 타격을 받은 부분에 대해서는 말하지 않고, 작품화하지도 않았다. 그러나 후년의 저작 속에서 그때까지 독자의 눈에서 감춰져있었던 경력에 대해서도 그리기 시작했다. 이 장의 노사카의 전쟁 체험에 대한 기술은 쇼와 종전 전후에 그가 발표한 저작에 의한다(野坂[1994], 野坂[1987], 野坂[1992], 野坂[1997]). 노사가의 자전적 저작에 대한 비평은 清水節治[1995], 52~71쪽을 참조.

20 三島由紀夫,「極限とリアリティ」,『三島由紀夫評論全集』第1巻 수록, 1012~1015쪽.

21 「アメリカひじき」는『別冊文藝春秋』9月号에 게재되고,「火垂るの墓」는『オール讀物』10月号에 발표되었다.

22 野坂[1972a], 44쪽.

23 野坂[1972a], 43쪽.

24 野坂[1972a], 60쪽.

25 野坂[1972a], 54~55쪽.

26 野坂[1972a], 69쪽.

27 野坂[1972a], 53쪽.

28 野坂[1994], 222쪽.

29 野坂[1992], 180~186쪽.

30 野坂[1972a], 62쪽.

31 野坂[1972a], 62쪽.

32 [옮긴이 주] 오쿠보 히코자에몬은 에도시대 전기의 무사였다. 생몰연도 1560~1639년.

33 野坂[1972a], 62~63쪽.

34 野坂[1972a], 71쪽.

35 野坂[1972a], 72쪽.

36 野坂[1972a], 75쪽.

37 野坂[1972a], 83쪽.

38 [옮긴이 주] 스트립 쇼의 하나로 남녀 커플이 춤과 성교를 보여주는 것. 관객과의 사이에 막을 쳐서 그림자 상태에서 보여주는 것에서, '흑백'으로 불린다. 최근에는 '백'은 여성, '흑'은 남성이라는 의미에서 사용되는 경우도 있다.

39 野坂[1972a], 85쪽.

40 野坂[1972a], 85쪽.

41 野坂[1972a], 86쪽.

42 [옮긴이 주] '오칭칭'이란 남성 성기를 가리키는 유아어인데, '내셔널리즘'이라는 단어를 붙임으로써 아메리카에 대한 대결의지를 자조적으로 희화시켜서 제시하고 있다. 일본인의 아메리카에 대한 열등 콤플렉스의 표현이라고 할 수 있다(김명주[2015], 「노사카 아키유키 아메리카 히지키론」, 115~116쪽 참조). 굳이 '남근민족주의'로 번역하지 않은 이유는 이것이 '미성숙'의 상태를 의미한다고 하는 저자의 용어 선택에 대한 견해를 반영한 것이다.

43 野坂[1972a], 86~87쪽.

44 野坂[1972a], 88쪽.

45 野坂[1972a], 89쪽.

46 野坂[1972c], 30쪽.

47 野坂[1972c], 30쪽.

48 『日本民俗大事典』下, 543쪽.

49 野坂[1994], 195쪽.

50 野坂[1972c], 35쪽.

51 野坂[1992], 95쪽.

52 野坂[1992], 15쪽.

53 野坂[1994], 196쪽.

54 예를 들어 딸의 나이가 16개월 가까워졌을 때, 노사카는 딸이 죽는 것은 아닐까 하는 두려움에 사로잡혀 자택에 있을 수가 없어서 3개월간 일본 전역을 여행하며 걸어 다녔다(野坂[1992], 93쪽).

55 野坂[1992], 111~114쪽.

56 野坂[1992], 134쪽.

57 野坂[1992], 222쪽.

58 노사카는 「火垂るの墓」을 반복해서 읽은 적은 없다고 주장한다(野坂[1992], 11쪽).

59 1988년 신쵸샤에 의해 「반딧불이의 묘(火垂るの墓)」는 애니메이션 영화로 제작되었

다. 다카하타 이사오가 감독, 각본을 담당했다.

60 상실과의 해후의 불가능, 그리고 과거의 반복이라는 주제는 동 시기, 다른 작가들을 통해서도 추구되었다. 쓰게 요시하루의 「ゲンセンカン主人」(1968년『つげ義春全集』第6卷 수록)과 오시마 나기사의 영화〈東京戦争戦後秘話〉(1970)는 그 좋은 예이다. 「ゲンセンカン主人」의 서지 및 작품 분석에 대해서는 清水正[1995], 61~102쪽에 상세하게 나와 있다. 오시마 나기사는 자신의 저서에서〈東京戦争戦後秘話〉에 대해 설명하고 있다(Oshima[1992], 187~192쪽).

61 『三島由紀夫全集』第13卷, 394쪽.

62 『三島由紀夫全集』第14卷, 652쪽.

63 『三島由紀夫全集』第14卷, 652쪽.

64 『三島由紀夫全集』第14卷, 434쪽.

65 『三島由紀夫全集』第14卷, 422쪽.

66 발터 벤야민의 종종 인용되는 한 구절은 다음과 같다. 분명히 그[천사]는 만일 실현할 수 있는 것이라면 거기에 머물게 하고, 죽은 자들을 눈뜨게 하고, 파괴된 것을 긁어모아서 붙여주고 싶을 것이다. 그런데 낙원에서 폭풍우가 불어와 그의 날개를 휘감고 폭풍우가 너무 격렬해서 천사는 이제 날개를 움츠릴 수가 없다. 이 폭풍우가 그가 등지고 있는 미래 쪽으로 그를 흘려보내고, 그 사이에 그의 눈앞에는 쓰레기 더미 산이 높이 쌓아올려져 하늘에 도달할 것 같다. 우리들이 진보라고 부르는 것이 바로 이 폭풍우인 것이다(「歴史の概念について[歴史テーゼ]」, 『ベンヤミン・コレクション』第1卷 수록, 653쪽).

67 安藤[1996], 308쪽.

68 『三島由紀夫全集』第14卷, 143~146쪽.

69 『礫田光一著作集』第1卷, 17~18쪽.

70 『礫田光一著作集』第1卷, 20쪽.

71 丸山他[1958], 23쪽.

72 『江藤淳著作集』第2卷, 124쪽.

73 『三島由紀夫全集』第6卷, 53쪽.

74 『三島由紀夫全集』第6卷, 71쪽.

75 『三島由紀夫全集』第6卷, 72쪽.

76 『三島由紀夫全集』第1卷, 274쪽.

77 노사카와 달리 미시마는 자전적 작품을 쓰려고 하지 않았다. 그러나 『仮面の告白』는 그의 실생활을 깊게 반영시킨 예외적인 작품이다. 나중에 미시마는 친한 친구에게 어떻게 해서 입영을 피했는가에 대해 이야기했다(猪瀬[1995], 107쪽).

78 『三島由紀夫全集』第1卷, 274쪽.

79 『三島由紀夫全集』第1卷, 273쪽. 미시마의 아버지의 회상도 이 묘사와 일치한다(平岡[1996], 69~70쪽).

80 이 점은 마츠모토 켄이치의 지적에 의한다(松本[1987], 79쪽).

81 『三島由紀夫全集』第1巻, 335쪽.

82 『三島由紀夫全集』第1巻, 334쪽.

83 『三島由紀夫全集』第1巻, 335쪽.

84 『三島由紀夫全集』第1巻, 336쪽.

85 1955년, 일본이 고도성장의 입구에 있었을 때, 미시마가 보디빌딩을 시작한 것은 주목할 만하다. 트레이닝 덕에 타고난 위약을 극복하고, 비프스테이크를 먹게 되었다. 그 자신의 육체의 '발견'은 미시마가 일상 — 규칙 바르게 흘러가는 시간(주3회의 트레이닝) — 을 받아들여 전후에 몸을 의지하게 되는 전환기이기도 했다. 전후 사회의 물질적 번영처럼 미시마의 개조된 신체는 과거와의 단절을 요구하는 요구를 글자 그대로 체현하는 것이었다. 전후 사회에 항의하기 위해서 보디빌딩으로 단련한 신체를 상처 입히는 것은 즉 자신의 욕구를 끊어버리는 것이기도 했다.

86 자주 예시로서 나오는『鏡子の家』(1959年)의 실패도, 전후 사회의 근본적인 변화의 탓으로 할 수 있을 것이다. 그는 이 작품 속에서『豊饒の海』第3巻, 第4巻에서 고민했던 문제를 이미 만나고 있었다. 전후 사회 속에서 무엇도 일어날 수 없는 것을 묘사해보아도 드라마를 유지하는 것은 불가능했던 것이다.

87 大岡他編[1990], 214쪽.

88 『ニーチェ全集』第11巻, 393쪽.

89 『三島由紀夫全集』第20巻, 475쪽.

90 『三島由紀夫全集』第20巻, 512~513쪽.

91 가토 노리히로는 미시마에 대해「죽은 자를 두개 합쳐서 노동조합으로 만들어 버리고 있다」고 주장하면서, 미시마가 개개의 죽은 자의 혼에 대해 관심이 없다는 것을 문제시하고 있다(加藤典洋[1996], 220쪽).

92 『三島由紀夫全集』第14巻, 619쪽.

93 『三島由紀夫全集』第14巻, 638쪽.

94 [옮긴이 주] 철학 개념으로 현재를 초월하여 미래로 자기를 내던지는 실존의 존재 방식을 말한다. 하이데거나 사르트르의 실존주의의 기본 개념이다.

95 『三島由紀夫全集』第14巻, 646쪽.

96 『三島由紀夫全集』第14巻, 646쪽.

97 『三島由紀夫全集』第14巻, 647쪽.

98 [옮긴이 주] 철학 개념으로 어떤 관념이나 언명(言明)에 대립한 반대의 관념이나 언명을 가리킨다.

99 『三島由紀夫全集』第14巻, 647~648쪽.

100 『三島由紀夫全集』第36巻, 403쪽. 1968년 미시마는 국방을 목적으로 한 방패회를 결성한다. 이 조직의 운영자금은 모두 미시마 개인의 출자였고, 대원에게는 자위대에 1개

월 이상 입대 체험을 하는 의무가 부여되었다(安藤[1996], 359쪽, 3 80~381쪽, 385쪽, 429쪽).

101 『三島由紀夫全集』第36卷, 404~405쪽. 미시마의 11월 25일 행동의 묘사는 安藤[1996], 412~422쪽.

102 安藤[1996] 418~419쪽.

103 Miyoshi[1974], 180쪽. 미시마의 연설에 대해서 무라카미 하루키는 『羊をめぐる冒険』의 「1970/11/25」라고 제목이 붙여진 제1장 속에서 언급하고 있다. 주인공과 여자 친구는 티비에서 무언가가 일어나고 있는 것을 깨닫는다.

우리들은 숲을 지나 ICU의 캠퍼스까지 걸어 언제나처럼 라운지에 앉아서 핫도그를 먹었다. 오후 2시, 라운지의 텔레비전에는 미시마 유키오의 모습이 몇 번이나 반복되어 방영되고 있었다. 볼륨이 고장난 탓에 음성은 거의 들리지 않았으나, 어느 쪽이라도 그것은 우리에게는 아무래도 좋은 일이었다. 우리들은 핫도그를 먹어버린다, 커피를 한잔씩 더 마셨다. 한 학생이 의자에 앉아서 볼륨 손잡이를 잠시 만지작거렸지만, 포기하고 의자에서 일어나 어딘가로 사라졌다(村上春樹[1982], 20쪽).

미시마의 메시지는 목표로 하고 있었던 집단에도 사회 일반에도 도달하지 않았다. 일상생활은 그의 탄원에 대해서 단지 귀를 기울이지 않았던 것이다. 『羊をめぐる冒険』의 처음 부분에 나타나는 이 장면은 무라카미가 그의 창작활동을 미시마가 그 작가 생활을 끝낸 지점에서 시작한 것을 상징한다. 무라카미는 미시마가 타기한 일상생활의 세계를 문학적 모험의 장소로서 선택하였다.

104 德岡[1996], 247쪽.

105 미시마는 전후 패러다임의 창성과 유지에 관해서 미국을 비난했다. 그가 자아의 장소로서 선택한 육상 자위대 이치가야 주둔지는 도쿄 재판의 심의가 일어난 장소이고, 미국과 깊게 연결되어 있었다. 그러나 미시마는 미국을 드러내놓고 적국으로서 규탄하는 일은 없었다. 자살 전에 준비한 [격문] 속에서도 미국이 전후 패러다임을 유지하는 데 힘을 빌려준 것보다도 일본이 현상에 만족하고 있는 것을 비탄하고 있었다. 미국의 출판사 크놉프의 미시마 담당이었던 헨리 스토크스에게는 「녹색 뱀의 저주」라고 하는 의문스러운 표현으로 미국에 대한 깊은 분노를 말했다. 미국의 「저주」는 너무 강력해서 노골적으로 드러내는 것은 불가능했던 것일까(『三島由紀夫全集』第40卷, 402~406쪽. Stokes[1995], 292쪽).

106 TBS가 1980년에 실시한 조사에서는 〈전쟁을 모르는 아이들〉은 메이지, 다이쇼, 쇼와를 통해서 가장 대표적인 노래 15위에 선정되었다. 3천 명이 조사대상이 되어 1003곡의 대표적인 노래 중에서 좋아하는 숫자만큼 선택한 가운데 27%가 〈전쟁을 모르는 아이들〉을 선택했다(鈴木明[1981]).

107 기타야마 오사무 작사, 스기타 지로 작곡. 일본 레코드 대상 1971년도 작사상 수상. 일본음악저작권협회(출)허락 第0715991-701号.

이가 존재한다. 우선 하야시는 1960년대 이후, 고바야시와 같은 광범한 독자를 얻지 못했다. 게다가 하야시는 일본의 나라로서의 진정한 모습을 이야기하기 위해서 미국을 비방하는 일은 없었다. 예를 들어, 히로시마에 원폭이 투하된 1945년 8월 6일에 대해서 기억이 완전히 없다고 하야시는 주장한다 (林[1964], 631쪽). 고바야시의 망가와 그 반미적 표현이 인기를 얻은 것은 냉전 후의 일본의 사회적 조건에 대해서 시사하는 바가 크다.

22 加藤典洋[1997].

23 岸田[1977].

24 加藤典洋[1998], 2~13쪽.

25 이러한 비판에 대해서는 대표적으로 다음과 같은 것이 있다. 大越[1997], スズキ[1998], 高橋哲哉[1995], 157~182쪽, 高橋哲哉[1997], 港道[1996], 高橋哲哉他[1997], 上野千鶴子[1998], 187~190쪽.

26 예를 들어, 우에노 치즈코는 1995년 베이징 여성 회의에서 조직한 워크숍에서 그녀의 발표에 대한 어느 참가자의 강한 반응에 대해서 말한다. 워크숍에서 우에노는 "위안부 문제가 한일 양국의 국익의 거래의 도구에 이용되고 있는 것은 아닌가 하는 위구에서 한일 양국의 페미니즘은 국경을 넘어야 한다"고 주장했다. 한국계 미국인의 참가자의 한 명은, 우에노의 제창을 다음과 같이 강하게 부정했다. "우리들의 국경은 당신 나라의 군대에 의해서 침략되었다. 이렇게 간단히 국경을 잊으라고 할 수 있는 것이 아니다." 이렇게 강력한 원한으로 인해, 외부로부터 일본의 공동적 주체성을 자명한 것으로 간주하는 것에 유의하지 않으면 안 된다. 그러나 우에노는 이 참가자의 발언의 내용 — 페미니즘 속에 있는 감정적 내셔널리즘의 저류 — 에 대해서는 언급하지 않는다. 그녀는 페미니즘 사상 속의 국경을 넘는 것이 얼마나 어려운가를 재확인하기 위해서 이 발언을 인용할 뿐이다(上野千鶴子[1998], 194~199·226쪽).

27 가토 노리히로는 '일본인'이라는 개념을 역사적 분석을 통해서 문제화하는 것에 흥미가 없는 것은 아니다. 그가 1988년에 발표한 「일본인의 성립」이라고 제목을 붙인 논고는 그러한 노력의 한 예이다. 그 가운데 그는 '일본인'이라는 개념은 변할 수 있는 것이라고 아는 것으로 변용시키는 것이 필요하다고 주장한다. 그러나 마치 이 개념이 처음에 어떻게 만들어졌는가가 나중의 역사를 규정해버렸듯이 가토는 논문의 대부분의 페이지를 이 개념의 고대의 유래를 찾는 것에 할애하고 있다. '일본인'과 '천황'과의 밀접한 관계를 확인하고, 논문은 '일본인'이라는 개념을 바꾸기 위해서 무엇이 가능한가를 묻고 갑자기 끝내버린다. 그의 이 질문에 대해서 이 개념을 다시 만들 가능성에 대해서 생각하는 장소로서 '가까운' 과거의 역사의 중요성을 여기에서는 강조하고 싶다(加藤典洋[1999]).

참고문헌

石川弘義他 編,『大衆文化事典』縮刷版, 弘文堂, 1994.

岩波書店編集部 編,『近代日本總合年表』第三版, 岩波書店, 1991.

字野俊一他 編,『日本全史』, 講談社, 1996.

佐々木毅他 編,『戰後史大事典』增補新版, 三省堂, 2005.

總理府統計局 編,『日本統計年鑑』各年版, 日本統計協會.

竹前榮治 監修,『GHQ指令集成』第十四卷, エムティ出版, 1993.

東京大學東洋文化研究所田中明彦研究室,『データベース「世界と日本」』http://www.ioc.
u-tokyo.ac.jp/worldjpn/.

東京都總務局統計部統計調整課,『東京都統計年鑑』各年版, 東京都.

福田アジオ他 編,『日本民俗大辞典』下卷, 吉川弘文館, 2000.

NETテレビ社會教養部 編,『八月十五と私―終戰と女性の記録』現代教養文庫, 1965.

NHK取材班,『戰後五〇年その時日本は』第一卷, 日本放送出版協會, 1995.

_____,『戰後五〇年その時日本は』第五卷, 日本放送出版協會, 1996.

會田雄次,『アーロン収容所―西欧ヒューマニズムの限界』, 中公新書, 1962.

青木槐三他,「座談會"世界一・ひかり號"への道―汽笛一声から超特急まで」,『時』1964
年11月號, 1964.

赤木洋一,『平凡パンチ一九六四』, 平凡社新書, 2004.

朝尾直弘他 編,『岩波講座 日本通史』第二十卷, 岩波書店, 1995.

朝雲新聞社編集局 編,『防衛ハンドブック』平成二年度版, 朝雲新聞社, 1990.

朝日新聞学芸部,『臺所から戰後が見える』, 朝日新聞社, 1995.

朝日新聞社,『有楽町六〇年―朝日新聞社のうち・そと』, 朝日新聞社, 1984.

_____ 編,『入江相政日記』第四卷, 朝日新聞社(のち朝日文庫, 1994年), 1991.

_____ 編,『『日米會話手帳』はなぜ売れたか』, 朝日文庫, 1995.

_____,『一〇〇人の二〇世紀』上卷, 朝日新聞社, 1999.

あの日を記録する會編,『八月一五日の子どもたち』, 晶文社, 1987.

天野正子・櫻井厚,『『モノと女』の戰後史―身體性・家庭性庭・社會性を軸に』, 有信堂高
文社(のち平凡社ライブラリー, 2003年), 1992.

荒井信一,『戰争責任論―現代史からの問い』, 岩波書店(岩波現代文庫, 2005年), 1995.

荒敬,「再軍備と在日米軍」, 朝尾他[1995] 所収, 1995.

荒俣宏,『決戦下のユートピア』, 文藝春秋(のち文春文庫, 1999), 1996.

粟屋憲太郎,「報告Ⅳ」, 藤原他[1991] 所取, 1991.

_____,「東京裁判にみる戦後処理」, 粟屋他[1994] 所収, 1994.

粟屋憲太郎他,『戦争責任・戦後責任——日本とドイツはどう違うか』, 朝日選書, 1994.

安西水丸,『力道山とその時代』, 文春ノンフィクションビデオ, 文藝春秋, 1995.

アンダーソン, ベネディクト,『増補 想像の共同體——ナショナリズムの起源と流行』白石
　　　さや・白石隆訳, NTT出版(のち『定本 想像の共同體』, 書籍工房早山, 2007), 1997.

安藤武,『三島由紀夫「日録」』未知谷, 1996.

安野光雅,「東京過去景 3——絵のまよい道」,『週刊朝日』1997年 6月 13日號, 1997.

飯島久美子・小山敦司,「誕生」, 高度成長期を考える會編[1985a] 所収, 1985.

五百旗頭真,『米國の日本占領政策 – 戦後日本の設計圖』下卷, 中央公論社, 1985.

池田清彦,「欧米と日本の植民地體驗の受け止め方の違いはなぜ生じたのか」, 宮崎哲弥
　　　編著[1995] 所収, 1995.

『石川淳選集』第一卷, 岩波書店, 1979.

石川弘義,『欲望の戦後史——社會心理學からのアプローチ』, 太平出版社(初版, 講談社,
　　　1966年), 1981.

石橋武彦,『日本の體操——百年の歩みと実技』, 不昧堂書店, 1966.

『磯田光一著作集』第一卷, 小澤書店, 1990.

磯田光一,『戦後史の空間』, 新潮選書(のち新潮文庫, 2000.

『磯田光一著作集』第四, 小澤書店, 1991), 1983.

市川崑・森遊机,『市川崑の映畫たち』ワイズ出版, 1994.

市野川容孝,「付録「優生保護法」をめぐる最新の動向 2 優生手術(=不妊手術)について」,
　　　江原編[1996] 所収, 1996.

市野川容孝・立岩真也,「障害者運動から見えてくるもの」,『現代思想』1998年 2月號,
　　　1998.

井出耕也,「追跡! 力道山」, 文藝春秋編[1988] 所収, 1988.

井出武三郎 編,『安保闘争』, 三一書房(三一新書), 1960.

井出孫六,『ルポルタージュ 戦後史』上卷, 岩波書店, 1991.

井上章一,『戦時下日本の建築家——アート・キッチュ・ジャパネスク』, 朝日選書, 1995.

猪瀬直樹,『欲望のメディア』新潮文庫(初版, 小學館 1990年. のち『日本の近代 猪瀬直樹
　　　著作集』第七卷, 小学館, 2002), 1994.

_____,『ペルソナ——三島由紀夫伝』, 文藝春秋(のち『日本の近代 猪瀬直樹著作集』第二

卷, 小學館, 2001), 1995.

伊福部昭,「ゴジラのなき聲と足音」, 竹内 [1983] 88쪽 인용, 1983.

今村昌平他 編,『講座 日本映畫』第四卷「戰争と日本映畫」岩波書店, 1986.

_____編,『講座 日本映畫』第五卷「戰後映畫の展開」岩波書店, 1987.

伊豫田康弘他,『テレビ史ハンドブック』, 自由国民社(改訂増補版, 1998), 1996.

色川大吉,『昭和史と天皇』, 岩波書店, 1991.

_____,『自分史―その理念と試み』, 講談社学術文庫, 1992.

上野昂志,『肉体の時代―体験的'60年代文化論』, 現代書館, 1989.

_____,『戦後60年』, 作品社, 2005.

上野千鶴子,『近代家族の成立と終焉』, 岩波書店, 1994.

_____,『ナショナリズムとジェンダー』, 青土社, 1998.

牛島秀彦,『力道山―大相撲・プロレス・ウラ社会』, 第三書館, 1995.

内田雅敏,『「戦後補償」を考える』, 講談社現代新書, 1994.

江藤淳,『江藤淳著作集』第二卷, 講談社, 1967.

_____,「幻影の「日本帝国」―平和の祭典の光と影」,『文藝春秋』1964年12月号, 1964.

江原由美子 編『生殖技術とジェンダー』, 勁草書房, 1996.

オーウェル, ジョージ,『1984年』, 新庄哲夫訳, 早川書房(ハヤカワNV文庫), 1972.

大江健三郎,『見るまえに跳べ』, 新潮社(のち新潮文庫, 2000年. ただし収録作品は異なる.「不意の嘘」は『死者の奢り・飼育』, 新潮文庫, 1987年所収), 1958.

大江志乃夫他 編,『岩波講座 近代日本と植民地』第8卷,「アジアの冷戦と脱植民地化」, 岩波書店, 1993.

大岡信・高橋英夫・三好行雄編,『群像日本の作家』第18卷,「三島由紀夫」, 小学館, 1990.

大貝温子 編,『大貝弥太郎遺作集』, 私家版, 1994.

大隈秀夫,「栄光か結婚かの岐れ路」,『婦人画報』1963年2月1日号, 1963.

大越愛子,「もうひとつの「語り口の問題」―どのように歴史的事実と出会うか」,『創文』 1997年4月号, 1997.

大竹昭子,「泥道とドブ川の東京がなくなった日」,『東京人』1994年8月号, 1994.

岡田靖雄,『私説松沢病院史―1879~1980』, 岩崎学術出版社, 1981.

奥野健男,「大松監督における男の研究」,『婦人公論』1964年12月号, 1964.

小野耕世,『地球儀に乗ったネコ耕世のコミックスワールド』, 冬樹社, 1982.

女たちの現在を問う会編,『銃後史ノート戦後篇』第6卷,「高度成長の時代・女たちは」, インパクト出版会, 1992.

外務省 編,『日本の選択—第二次世界大戦終戦史録』中巻, 山手書房新社(『終戦史録』, 新聞月鑑社, 1952年の新版), 1990.

学習研究社,『証言の昭和史』第9巻 "ニッポン株式会社"出帆す—経済大国への道」, 学習研究社, 1982.

筧克彦,『日本体操』筧博士著作物刊行会(増補普及版, 1939), 1929.

梶原一騎,『力道山と日本プロレス史』弓立社(初版, 曙出版, 1971), 1996.

加藤周一,「日本文化の雑種性」,『思想』1955年4月号, 1955.

_____,『雑種文化—日本の小さな希望』, 講談社文庫(初版, 大日本雄弁会講談社, 1956), 1974.

加藤典洋,『日本という身体—「大・新・高」の精神史』, 講談社選書メチエ, 1994.

_____,『戦後を超える思考』「加藤典洋の発言」第2巻, 海鳥社, 1996.

_____,『敗戦後論』, 講談社(のち, ちくま文庫, 2005), 1997.

_____,『戦後を戦後以後, 考える—ノン・モラルからの出発とは何か』, 岩波ブックレット, 1998.

_____,『可能性としての戦後以後』, 岩波書店, 1999.

加藤秀俊,「中間文化論」,『中央公論』1957年3月号, 1957.

金子光晴,『絶望の精神史』, 講談社文芸文庫(初版, 光文社[カッパ・ブックス], 1965), 1996.

鹿野政直,『健康観にみる近代』, 朝日選書, 2001.

川本三郎,『今ひとたびの戦後日本映画』, 岩波書店(のち岩波現代文庫, 2007), 1994.

神田文人,『昭和の歴史』第8巻,「占領と民主主義」, 小学館(初版, 1983. のち小学館ライブラリー, 1994), 1989.

菊田一夫,『君の名は』第1部~第4部, 新装版, 河出文庫(初版, 宝文館, 1952~54年), 1991.

木坂順一郎,「アジア・太平洋戦争の呼称と性格」,『龍谷法学』第24巻第5号, 1993年3月, 1993.

岸田秀,『ものぐさ精神分析』, 青土社(のち中公文庫, 1996), 1977.

岸信介・矢吹一夫・伊藤隆,『岸信介の回想』, 文藝春秋, 1981.

岸宣仁,『経済白書物語』, 文藝春秋, 1999.

北岡伸一,「歴史の検証と個人の資任—戦後50年決議をめぐって」,『中央公論』1995年8月号, 1995.

キネマ旬報社,『戦後キネマ旬報ベスト・テン全史—1946~1992』, キネマ旬報社, 1993.

木村彰一,「攘夷への先祖返り—封印解かれた地下茎の情念」,『朝日新聞』1998年8月15日付け.

木村政彦,「私と力道山の真相」, 竹芸春秋編[1988] 所収, 1988.

窪島誠一郎,『「無言館」への旅-戦没画学生巡礼記』, 小沢書店, 1997a.

＿＿＿＿＿＿,『無言館―戦没画学生「祈りの絵」』, 講談社, 1997b.

暮しの手帖 編,『戦争中の暮しの記録』, 暮しの手帖社, 1969.

警視庁,『オリンピック東京大会の警察記録』, 警視庁, 1964.

ゲイン, マーク,『ニッポン日記』上巻, 井本威夫訳, 筑摩書房(のち, ちくま学芸文庫, 1998), 1951.

下水道東京100年史編纂委員会 編,『下水道東京100年史』, 東京都下水道局, 1989.

厚生省五十年史編集委員会 編,『厚生省五十年史』全2巻, 厚生問題研究会, 1988.

講談社,『東京オリンピック|文学者の見た世紀の祭典』, 講談社, 1964.

高度成長期を考える会 編,『高度成長と日本人』PART1,「個人篇 誕生から死までの物語」, 日本「エディタースクール出版部(新装版, 2005), 1985a.

高度成長期を考える会 編,『高度成長と日本人』PART2,「家族篇 家族の生活の物語」, 日本エディタースクール出版部(新装版, 2005), 1985b.

小島信夫,「燕京大学部隊」,『アメリカン・スクール』, 新潮文庫, 1967年所収. 1967a.

＿＿＿＿＿＿,「星」,『アメリカン・スクール』, 新潮文庫, 1967年所収, 1967b.

小林豊昌,『ゴジラの論理―解釈学の鬼才が説く「ゴジラの時代研究序説」』, 中経出版, 1992.

小林よしのり[1998a],『戦争論―新ゴーマニズム宣言 special』, 幻冬舎.

＿＿＿＿＿＿＿＿＿,『新・ゴーマニズム宣言』第4巻, 小学館(のち小学館文庫, 2001年).

小松彰「老後と死」, 高度成長期を考える会編[1995a] 所収, 1995.

古茂田伸男 編『日本流行歌史』新版, 中巻, 社会思想社, 1995.

斎藤道雄,『原爆神話の五〇年―すれ違う日本とアメリカ』, 中公新書, 1995.

『阪口安吾全集』第一四巻, ちくま文庫, 1990.

坂田稔,「日本型近代生活様式の成立」, 南他[1990] 所収, 1990.

坂本孝治郎,『象徴天皇制へのパフォーマンス―昭和期の天皇行幸の変遷』, 山川出版者, 1989.

桜井哲夫,「思想としての六〇年代」, ちくま学芸文庫(初版, 講談社, 1988年), 1993.

桜井図南男,「敗戦前後の精神病院」, 塚崎[1990] 所収, 1983.

佐藤卓己,『八月一五日の神話―終戦記念日のメディア学』, ちくま新書, 2005.

斎藤毅,「高度成長とテレビ文化」, 南他[1990] 所収, 1990.

佐藤忠男,「ヒューマニズムの時代」, 今村他編 [1987] 所収, 1987.

佐藤忠男,「日本映画三〇〇」, 朝日文庫, 1995a.

_____,「日本映画史」第4巻, 岩波書店, 1995b.

佐藤のり子,「オリンピックがやってきた」, 女たちの現在を問う会編 [1992] 所収, 1992.

佐野眞一,『カリスマ──中内功とダイエーの「戦後」』, 日経BP社(のち新潮文庫, 上下巻, 2001), 1998.

サムス, C・F, 竹前栄治編訳,『DDT革命──占領期の医療福祉政策を回想する』, 岩波書店 (原著 Crawford F. Sams, Medic, New York, M. E. Sharpe, 1998), 1986.

澤野雅樹,『癩者の生──文明開化の条件』青弓社, 1994.

産経新聞,「戦後史開封」取材班編,『戦後史開封』, 産経新聞ニュースサービス, 1995.

塩田潮,『東京は燃えたか──黄金の60年代, そして東京オリンピック』, PHP研究所(のち 講談社文庫, 1988), 1985.

伸夫清三郎,『安保闘争史──三五日間政局史論』世界書院, 1961.

_____,『聖断の歴史学』, 勁草書房, 1992.

柴垣和夫,『昭和の歴史』第9巻『講和から高度成長へ』, 小学館(初版, 1983年. のち小学館 ライブラリー, 1994), 1989.

司馬遼太郎・半藤一利,「司馬遼太郎 戦後五十年を語る」, 毎日新聞社論[1996] 所収, 1996.

清水晶他,『日米映画戦──パールハーバー五十周年』, 青弓社, 1991.

『清水幾太郎著作集』第14巻, 講談社, 1993.

清水勲,『漫画にみる一九四五年』, 吉川弘文館, 1995.

清水節治,『戦災孤児の神話──野坂昭和＋戦後の作家たち』, 教育出版センター(以文選書), 1995.

清水哲男,「元祖東洋の魔女一二名, 栄光の東京五輪からの"女の幸せ"」,『週刊現代』1976年10月7日, 1976.

清水,『つげ義春を読む』, 現代書館, 1995.

下川耿史,『男性の見た昭和性相史』PART2, 第三書館(初版,『昭和生相史 戦後篇』上, 伝統と現代社, 1980), 1992.

社史編纂委員会,『ニチボー七五年史』, ニチボー株式会社, 1966.

週刊朝日 編,『父の戦記』, 朝日新聞社(のち朝日選書, 1982), 1965.

進藤栄一,「分割された領土──沖縄, 千島, そして安保」,『世界』1979年4月号(のち『分割された領土──もうひとつ戦後史』, 岩波現代文庫, 2002年所収), 1979.

神保忠弘,「本多猪四郎さん 時代の告発者だったゴジラ 戦争と核の恐怖背景に」,『毎日

新聞』1993年3月25日付け, 1993.

杉本苑子, 「あすへの祈念」, 講談社[1964]所収, 1964.

杉本章子, 『占領帰の医療改革』, 勁草書房, 1995.

鈴木明, 『歌謡局ベスト一〇〇〇の研究』, TBSブリタニカ, 1981.

鈴木裕子, 『戦争責任とゼンダー「自由主義史観」と日本軍「慰安婦」問題』, 未来社, 1997.

スポーツニッポン新聞社, 『力道山花の生涯』, スポーツニッポン新聞社, 1997.

瀬戸正人, 「力道山―わが青春のヒーローin 1961」, 『朝日新聞』1997年6月21日付け夕刊.

妹尾河童, 『少年H』下巻, 講談社(のち講談社文庫, 1999), 1997.

袖井林二郎, 『拝啓マッカーサー元帥様―占領下の日本人の手紙』, 中公文庫(初版, 大月
　　　書店, 1985年. のち岩波現代文庫, 2002), 1997.

大松博文, 『おれについてこい!―わたしの勝負根性 講談社, 1963.

_____, 『なせば成る!―続・おれについてこと』, 講談社, 1964.

_____・市村清, 『根性・闘魂・指導力 苦境に立てば立つほど強くなる』, 『文藝春秋』
　　　1964年10月号, 1964.

_____・加賀まり子「まりこの美男探検 男性的魅力過剰な大松博文市」, 『週刊読売』
　　　1976年9月4日号, 1965.

_____・水原茂・佐藤忠良・山本七平「座談会「収容所群島の歳月」」, 『週刊読売』1976
　　　年9月4日号, 1976.

高橋三郎, 『「戦記もの」を読む―戦争体験と戦後日本社会』, アカデミア出版, 1988.

高橋哲哉, 「汚辱の記憶をめぐって」, 『群像』1995年3月号, 1995.

_____, 「証言とゼンダーの政治―思想の言葉」, 『思想』1997年4月号, 1997.

_____・西谷修・浅田彰他, 「共同討議 責任と主体をめぐって」, 『批評空間』第Ⅱ期第
　　　十三号, 1997年4月, 1997.

高橋秀実, 『素晴らしきラジオ体験』, 小学館(のち小学館文庫, 2002年), 1998.

高橋堅三・大友一郎・田中英夫編著, 『日本国憲法制定の過程―連合国総司令部側の記録
　　　による』第1巻, 有斐閣, 1972.

竹内博, 「『ゴジラ』の誕生」, 山本編 所収, 1972.

『竹内好全集』第9巻, 筑摩書房, 1981.

竹山昭子, 『玉音放送』, 晩声社, 1989.

立津政順, 「戦争中の松沢病院入院患者死亡率」, 『精神神経学雑誌』第60巻, 1958年,
　　　1958.

田中角栄, 『日本列島改造論』, 日刊工業新聞社, 1972.

田中聡, 『衛生展覧会の欲望』, 青弓社, 1994.

田中宏, 「日本の戦後責任とアジアー戦後補償と歴史認識」, 大江他[1993]所収, 1993.

谷木清, 『ヒロシマの十字架を抱いて』, 大日本雄弁会講談社, 1950.

『田村泰次郎選集』第一巻, 草野書房, 1948.

田村泰次郎, 『肉体の文学』, 朝明書院, 1948.

_____, 『わが文壇青春記』, 新潮社, 1963.

ダワー・ジョン, 『容赦なき戦争ー太平洋戦争における人種差別』猿谷要監修・斎藤元一
　　　　訳, 平凡社ライブラリー(初版, 『人種偏見ー太平洋戦争に見る日米摩擦の底流』
　　　　TBSブリタニカ, 1987), 2001.

塚崎直樹 編, 『声なき虐殺ー戦争は精神「障害者」に何をしたのか』, BOC出版部, 1983.

『つげ義春全集』第7巻, 筑摩書房, 1994.

常石敬一, 『731部隊ー生物兵器犯罪の真実』, 講談社現代新書, 1995.

鶴見俊輔, 「戦後の大衆文化」, 今村他編[1986]所収, 1986.

手塚治虫, 「漫画馬鹿の弁」, 『文藝春秋』1975年8月号, 1975.

_____, 『ぼくのマンが人生』, 岩波新書, 1997.

寺崎英成・マリコ・テラサキ・ミラー編著, 『昭和天皇独白録ー寺崎英成・御用掛日記』,
　　　　文藝春秋(のちょ文春文庫, 1995年), 1991.

東急エージェンシー力道山研究班編, 『Riki力道山, 世界を相手にビジネスした男』東急
　　　　エージェンシー出版部, 2000.

東京高速道路株式会社, 『東京高速道路三十年のあゆみ』, 東京高速道路株式会社, 1981.

東京都衛生局, 『東京都衛生年報』第十七号(昭和四十年版), 東京都衛生局, 1966.

東京都下水道局 編, 『事業概要』平成六年版, 東京都下水道局, 1994.

東京百年史編集委員会 編, 『東京百年史』第六巻, 東京都, 1972.

徳岡孝夫, 『五衰の人ー三島由紀夫私記』, 文藝春秋(のち文藝文庫, 1999), 1996.

豊下楢彦[1990a], 「「天皇・マッカーサー会見」の歴史的位置 上ー天皇は何を語ったか」,
　　　　『世界』一九九〇年二月号.

豊下楢彦[1990b], 「「天皇・マッカーサー会見」の歴史的位置 下ー空白の戦後史」, 『世界』
　　　　1990年3月号.

豊下楢彦, 『安保条約の成立ー吉田外交と天皇外交』, 岩波新書, 1996.

トルーマン・ハリー・S, 堀江芳孝訳, 『トルーマン回顧録』第一巻, 恒文社, 1966.

中岡哲朗「技術革新」, 朝尾他[1995]所収, 1995.

中野ツヤ, 「婦人部長の夏うつー東京都のオリンピック対策」, 女たちの現在を問う会編

[1992] 所収, 1992.

中村隆英[1993a], 『昭和史』第一巻, 東洋経済新報社.

中村隆英[1993b], 『昭和史』第二巻, 東洋経済新報社.

中村政則「戦後改革と現代」, 中村政則編[1994] 所収, 1994.

中村政則, 「一九五〇~六〇年代の日本―高度経済成長」, 朝尾他[1995] 所収 , 1995.

中村政則 編, 『近代日本の軌跡』第六巻「占領と戦後改革」, 吉川弘文館, 1994.

ナンシー・ジャン=リュック編, 港道隆他訳, 『主体の後に誰が来るのか?』, 現代企画室, 1996.

西井一夫他 編, 『戦後五〇年』, 毎日ムック, 毎日新聞社, 1995.

『ニーチェ全集』第11巻, 吉沢伝三朗編・信太正三訳, ちくま学芸文庫, 一九九三年.

日本放送協会放送世論調査所, 『東京オリンピック』, 日本放送協会放送世論調査所, 1967.

野坂昭如[1972a], 「アメリカひじき」, 『アメリカひじき・火垂るの墓』, 新潮文庫, 1972年所収 .

野坂昭如[1972b], 「ラ・クンバルシータ」, 『アメリカひじき・火垂るの墓』, 新潮文庫, 1972年所収.

野坂昭如[1972c], 「火垂るの墓」, 『アメリカひじき・火垂るの墓』, 新潮文庫, 一九七二年所収.

野坂昭如, 『戦争童話集』, 中央公論社(のち中公文庫, 二〇〇三年), 1975.

_____, 『赫突たる逆光―私説・三島由紀夫』, 文藝春秋(のち文春文庫, 1991), 1987.

_____, 『わが桎梏の碑』, 光文社, 1992.

_____, 『作家の自伝』第一九巻「アドリブ自叙伝」遠丸立編解説, 日本図書センター(初版, 筑摩書房, 1980), 1994.

_____, 『ひとでなし』, 中央公論社(のち中公文庫, 2000), 1997.

ノーネス, マーク「敵のイメージ 3」, 清水晶他[1991] 所収, 1991.

ノビール, フィリップ編著, 三国隆志他訳, 『葬られた原爆展―スミソニアンの抵抗と挫折』, 五月書房, 1995.

野見山暁治, 『署名のない風景』, 平凡社, 1997.

_____・宗左近・安田武, 『祈りの画集―戦没画学生の記録』, 日本放送出版協会(のち『遺された画集―戦没画学生を訪ねる旅』, 平凡社ライブラリー, 2004), 1977.

野村宏平 編, 『ゴジラ大事典』笠倉出版社, 2004.

ハーウィット, マーティン, 山岡清二監訳, 渡会和子・原純夫訳, 『拒絶された原爆展―歴

史のなかの「エノラ・ゲイ」』, みすず書房, 1997.

橋本治, 「さまざまなエンディング 昭和三九年,東京に戦争があった」その一,『エスクァ
　　イア日本版』1988年8月号, 1988.

橋本一夫, 『幻の東京オリンピック』, NHKブックス, 1994.

蜂谷道彦, 『ヒロシマ日記』, 朝日新聞社(新装版,法政大学出版局, 2003), 1955.

林茂他 編, 『日本終戦史』中巻, 読売新聞社, 1962.

林房雄, 『大東亜戦争肯定論』, 番町書房(普及版,夏目書房, 2006), 1964.

原彬久, 『岸信介―権勢の政治家』, 岩波新書, 1995.

原朗, 「戦争賠償問題とアジア」, 大江他[1993] 所収, 1993.

原田勝正, 『日本の鉄道』, 吉川弘文館(新装版, 1996, 1991.

バルト, ロラン, 篠沢秀夫訳『神話作用』, 現代思潮社, 1967.

半藤一利, 『聖断―天皇と鈴木貫太郎』, 文藝春秋(のちPHP文庫, 2006), 1985.

樋口尚文, 『グッドモーニング, ゴジラ監督本多猪四朗と撮影所の時代』, 筑摩書房,
　　1992.

日高六郎, 『一九六〇年五月一九日』, 岩波新書, 1960.

平岡梓, 『倅・三島由紀夫』, 文春文庫(初版, 1972), 1996.

平田明隆, 「ペニシリン 自前で完成させた「奇跡の薬」」, 読売新聞編集局「戦後史班」
　　「1995」所収, 1995.

福島菊次郎, 『戦争がはじまる-福島菊次郎全仕事業』, 社会評論社, 1987.

福田一也, 『力道山はエラかった』, ベースボール・マガジン社, 1996.

『フーコー・コレクション』第3巻, 小林康夫・石田英敬・松浦寿輝編, ちくま学芸文庫,
　　2006.

藤野豊, 『日本ファシズムと医療-ハンセン病をめぐる実証的研究』, 岩波書店, 1993.

藤原彰・粟屋憲太郎・吉田裕・山田朗, 『徹底検証・昭和天皇「独白録」』, 大月書店, 1991.

藤原義江, 「危ない外人」, 『婦人公論』1964年10月号, 1964.

ブラウ, モニカ, 立花誠逸訳, 『検閲1945～1949-禁じられた原爆報道』, 時事通信社,
　　1988.

文藝春秋 編, 『「文藝春秋」にみるスポーツ昭和史』第1巻, 文藝春秋, 1988.

『ベンヤミン・コレクション』第1巻, 浅井健二郎編訳, ちくま学芸文庫, 1995.

保阪正康, 『六〇年安保闘争』, 講談社現代新書, 1986.

━━━━, 「戦後日本の通過儀式-あの熱気は何だったのか」, 毎日新聞社[1996] 所収,
　　1996.

細川護貞, 『細川日記』下巻, 中央文庫(初版, 1978), 2002.

堀場清子, 『禁じられた原爆体験』, 岩波書店, 1995.

本多勝一, 『中国の旅』, 朝日新聞社(初版, 1972) , 1981.

毎日新聞社 編, 『岩波書店と文藝春秋-『世界』・『文藝春秋』ニ見る戦後思潮』, 毎日新聞社, 1996.

前間孝則, 『亜細亜新幹線-幻の東京発北京行き招特急』, 講談社文庫(初版, 『弾丸列車』, 実業之日本社, 1994), 1998.

松尾尊兊, 「考証 昭和天皇・マッカーサー元帥第1回会見」, 『京都大学文学部研究紀要』 第29号, 1990年3月, 1990.

_____, 『日本の歴史』第21巻「国際国家への出発」, 集英社, 1993.

マッカーサー, ダグラス, 『マッカーサーの回想記』下巻, 津島一夫, 朝日新聞社, 1964.

松平誠, 『ヤミ市幻のガイドブック』, ちくま新書, 1995.

松村謙三, 『三代回顧録』, 東洋経済新報社, 1964.

松本健一, 『三島由紀夫亡命伝説』, 河出書房新社(増補・新版, 辺境社, 2007), 1987.

『マルクス・コレクション』第3巻, 横張誠・木前利秋・今村仁司訳, 筑摩書房, 2005.

『丸山眞男集』全16巻・別巻1巻, 岩波書店, 1995~97.

丸山眞男, 『日本政治思想史研究』, 東京大学出版会(新装版, 1983), 1952.

_____, 『日本の思想』, 岩波新書, 1961.

_____・宇佐見英治・宗左近・橋川文三・安川定男・矢内原伊作・曾根元吉, 「座談会 戦争と同時代」, 『同時代』第8号, 1958年11月, 1958.

『三島由紀夫全集』全42巻・補巻1巻・別巻1巻, 新潮社, 2000~06.

『三島由紀夫評論全集』第1巻, 新潮社, 1989.

三谷太一郎, 「戦時体制と戦後体制」, 大江他編[1993] 所収, 1993.

港道隆, 「解説」, ナンシー編[1996] 所収, 1996.

南博・社会心理研究所, 『昭和文化 続(1945~1989)』, 勁草書房, 1990.

宮崎清隆, 「東洋の魔王と呼ばれて-追われる憲兵潜行記」, 『文藝春秋』1954年11月号, 1954.

宮崎哲弥 編, 『ぼくらの「侵略」戦争-昔あった, あの戦争をどう考えたらよいのか』, 洋泉社, 1995.

虫明亜呂無, 「戦後ベストセラー物語 大松博文 おれについてこい!」, 『朝日ジャーナル』 1967年1月8日号, 1967.

村上春樹, 『羊をめぐる冒険』, 講談社(のち講談社文庫, 上下巻, 2004), 1982.

村上由見子,『イエロー・フェイス-ハリウッド映画にみるアジア人の肖像』,朝日選書,
　　1993.

村上陽一郎,『二〇世紀の日本』第9巻[医療-高齢社会へ向かって],読売新聞社,1995.

村野まさよし,『バキュームカーはえらかった-黄金機械化部隊の戦後史』,文藝春秋,
　　1996.

村松友視,『合本 私,プロレスの味方です』,ちくま文庫(初版,情報センター出版局,
　　1980),1994.

＿＿＿＿,『力道山がいた』,朝日新聞社(朝日文庫,2002),2000.

モリス＝スズキ,テッサ,「加藤典洋『敗戦後論』を読む」,『別冊世界』1998年1月号,1998.

盛田昭夫・石原慎太郎,『『No』と言える日本-新日米関係の方策』,光文社,1989.

森村誠一[1981],『悪魔の飽食』,光文社(カッパ・ノベルス).

森村誠一[1982],『続 悪魔の飽食』,光文社(カッパ・ノベルス).

山岡明,『カストリ雑誌にみる戦後史-戦後青春のある奇跡』,オリオン出版社,1970.

山口昌伴,「道具」,高度成長期を考える会編[1985b]所収,1985.

山口良臣,「山口判事の妻-その生と死」,『文藝春秋』1982年7月号,1982.

山口淑子,『戦争と平和と歌-李香蘭心の道』,東京新聞出版局,1993.

＿＿＿＿,『『李香蘭』を生きて-私の履歴書』,日本経済新聞社,2004.

＿＿＿＿・藤原作弥,『李香蘭私の半生』,新潮社(のち新潮文庫,1990),1987.

山本明,『カストリ雑誌研究-シンボルにみる風俗史』,中公文庫(初版,出版ニュース社,
　　1978),1998.

山本真吾編,『円谷英二の映像世界』,実業之日本社(完全・増補版,2001),1983.

吉田裕,『昭和天皇の終戦史』,岩波新書,1993.

＿＿＿＿,『日本人の戦争観-戦争史のなかの変容』,岩波書店(のち岩波現代文庫,2005
　　年),1995.

吉見俊哉,『博覧会の政治学-まなざしの近代』,中公新書,1992.

吉見義明,『従軍慰安婦』,岩波新書,1995.

吉村義雄,『君は力道山を見たか』,飛鳥新社,1988.

米山リサ,『暴力・戦争・リドレス-多文化主義のポリティクス』,岩波書店,2003.

＿＿＿＿,小沢弘明・小澤祥子・小田島勝浩訳,『広島 記憶のポリティクス』,岩波書店(原
　　著 Lisa Yoneyama, Hiroshima Traces, Berkeley and Los Angeles, University of Califor-
　　nia Press, 1999), 2005.

読売新聞編集局,「戦後史班」,『戦後五〇年にっぽんの軌跡』上巻,読売新聞社,1995.

四方田犬彦, 『日本の女優』, 岩波書店, 2000.

ラジオ体操五〇周年記念史編集委員会編, 『新しい朝が来た－ラジオ体操五〇年の歩み』 財団法人簡易保険加入者協会, 1979.

ラミス, ダグラス, 「原子力的な日光の中での陽なたぼっこ」, 加地永都子訳, 『思想の科 学』1981年6月号, 1981.

李淳馹, 『もう一人の力道山』, 小学館(のち小学館文庫, 1998), 1996.

労働省 編, 『労働白書』平成4年版, 日本労働研究機構, 1992.

鷲田小彌太, 『天皇論』, 三一書房, 1989.

渡辺治, 『政治改革と憲法改正－中曾根康弘から小沢一郎へ』, 青木書店, 1994.

_____, 「戦後保守支配の構造」, 朝尾他[1995] 所収, 1995.

Alperovitz, Gar, *The Decision to Use the Atomic Bomb : And the Architecture of an American Myth*, New York : Knopf, 1995.

Bernsteip, Jarton J., "Understanding the Atomic Bomb and the Japanese Surrender", *Diplomatic History*, 19, no.2, 1995.

Bhabha, Homi K., *The Location of Culture*, London : Routledge, 1994.

Bix, Herbert P., "The Showa Emperor's 'Monologue' and the Problem of War Responsibility", *Journal of Japanese Studies*, 18, no.2, 1992.

Brooks, Peter, *The Melodramatic Imagination : Balzac, Henry James, Melodrama, and the Mode of Excess*, New Haven : Yale University Press, 197.

Confina, Alon, "Collective Memory and Cultural History : Problem of Method", *American Historical Review*, no.5, 1977.

Craig, William, *The Fall of Japan*, New York : Dial Press, 1967.

Crane, Susan A., "Writing the Individual Back into Collective Memory", *American Historical Review*, no.5, 1977.

Crichton, Michael, *Rising Sun*, New York : Ballantine Books, 1933.

Dower, John, "Japan addresses", *Journal of the International Institute*, Fall 1995.

Fallows, James, "Containing Japan", *Atlantic*, May, 1989.

Field, Norma, "The Stakes of Apology", *Japan Quarterly*, October-December 1995.

Hanley, Susan, *Everyday Things in Premodern Japan : the Hidden Legacy of Material Culture*, Berkeley and Los Angeles : University of California Press, 1997.

Harris, Seldon H., *Factories of Death : Japanese Biological Warfare 1932-45 and the American Cov-*

er-Up, London : Routledge, 1994.

James, Daniel, "Meatpackers, Peronists, and Collective Memory : A View from the South", *American Historical Review*, no.5, 1977.

Kasza, Gregory J., *The State and the Mass Media in Japan, 1918-1945*, Berkeley and Los Angeles : University of California Press, 1988.

La Capra, *Dominic, History and Memory after Auschwitz*, Ithaca : Cornell University Press, 1998.

Maier, Charles S., *The Unmasterable Past : History, Holocaust, and German Identity*, Cambridge : Harvard University Press, 1998.

Marchetti, Gina, *Romance and the "Yellow Peril"*, Berkeley and Los Angeles : University of California Press, 1993.

Miyake, Yoshiko, "Doubling Expectations : Motherhood and Women's Factory Work under State Management in Japan in the 1930s and 1940s", in *Recreating Japanese Women, 1600-1946*, ed., Gail Lee Bernstein, Berkeley and Los Angeles : University of California Press, 1991.

Miyoshi, Masao, *Accomplices of Silence : Modern Japanese Novel*, Berkeley and Los Angeles : University of California Press, 1974.

Mohan, Uday and Sanho Tree, "Hiroshima, the American Media, and the Construction of Conventional Wisdom", *Journal of American-East Asian Relations* 4, no.2, 1995.

Noriega, Chon A., "Godzilla and the Japanese Nightmare : When 'Them!' Is U.S.", *Cinema Journal*, 27, no.1, 1987.

Oshima, Nagisa, *Cinema, Censorship, and the State : the Writings of Nagisa Oshima*, MIT Press, 1992.

Pacific War Research Society, *Japan's Longest Day*, Tokyo : Kodansha International, 1968.

Packard, George R., *Protest in Tokyo : th Security Treaty Crisis of 1960*, Princeton : Princeton University Press, 1966.

Ross, Kristin, *Fast Cars, Clean Bodies : Decolonization and the Reordering of French Culture*, Cambridge : MIT Press, 1995.

Rousso, Henry, *The Vichy Syndrome : History and Memory in France since 1944*, Cambridge : Harvard University Press, 1991.

Russell, Edmund, *War and Nature : Fighting Humans and Insects with Chemicals from World War I to Silent Spring*, Cambridge : Cambridge University Press, 2001.

Sherry, Michael, "Guilty Knowledge", *New York Times Book Review*, July 30, 1995.

Silverberg, Miriam, "Remembering Pearl Harbor, Forgetting Charlie Chaplin, and the Case of the Disappearing Western Woman : A Picture Story", *Positions* 1, no.1, 1993.

Stimson, Henry L., "The Decision to Use the Atomic Bomb", *Harper's*, February 1947.

Stokes, Henry Scott, *The Life and Death of Yukio Mishima*, New York : Noonday Press, 1995.

Sturken, Marita, *Tangled Memories : the Vietnam War, the AIDS Epidemic, and the Politics of Remembering*, Berkeley and Los Angeles : University of California Press, 1997.

Toland, John, *The Rising Sun : the Decline and Fall of the Japanese Empire : 1936-1945*, New York : Random House, 1970.

Treat, John Whittier, *Writing Ground Zero : Japanese Literature and the Atomic Bomb*, Chicago : University of Chicago Press, 1995.

United States Strategic Bombing Survey, *Japan's Struggle to End the War*, Washington, D.C. : United States Government Printing Office, 1946.

_____, *Morale Division, the Effect of Strategic Bombing on Japanese Morale*, Washington, D.C. : United States Government Printing Office, 1947.

Van de Velde, James R., "Enola Gay Saved Lives, Period", *Washington Post*, February 10, 1995, A-23.

Weinstein, Martin E., *Japan's Postwar Defense Policy : 1947-52*, New York : Columbia University Press, 1971.

찾아보기

옮긴이 소개

김현아 金炫我, Kim Hyun-Ah | 제1장
쓰쿠바대학(筑波大学) 문학박사. 역사학 전공. 일본학술진흥회 특별연구원을 거쳐 현재 한
림대 일본학연구소 HK연구교수로 재직 중이다. 주요 논문으로는 「전시기 경성호국신사
의 건립과 전몰자 위령·현창」(2018), 「총력전체제기 육군특별지원병제의 실상과 군사원
호」(2018), 「전시체제기 식민지조선의 군사원호와 전몰자유가족」(2020), 「패전 후 전쟁미
망인의 실상과 유족운동 그리고 국가」(2020), 「식민지 가라후토(樺太)의 신사 창건과 신사
정책」(2021) 등이 있다.

김웅기 金雄基, Kim Woong-Ki | 제2장
한국학중앙연구원 한국학대학원 정치학박사. 국민국가 대한민국의 재외동포인 재일코
리안을 연구한다. 홍익대 상경대학 글로벌경영전공 조교수를 거쳐 현재 한림대학 일본학
연구소 HK교수로 재직 중이다. 주요 논문으로 「『계간 삼천리』에 나타난 재일코리안 교
육에 대한 일본인 교사의 인식과 실천」(2020), 「재일코리안 민족교육운동에 출현한 '통일'
공간―1980~2000년대 민족협운동을 중심으로」(2019), 공저로『朝鮮籍とは何か:トラン
スナショナルの視点から』(2021),『문화권력―제국과 포스트제국의 연속과 비연속』(2019)
등이 있다.

전성곤 全成坤, Jun Sung-Kon | 제3장
오사카대학(大阪大学) 문학박사. 일본학 전공. 오사카대학 외국인초빙연구원, 고려대 일
본학연구소 HK연구교수, 중국 북화대학 외국인 교수를 지냈고 현재 한림대 일본학연구
소 HK교수로 재직 중이다. 주요 저서로는『Doing 자이니치』(2021),『일본탈국가론』(공
저, 2018),『제국에의 길』(공저, 2015),『트랜스 로컬리즘과 재해사상학』(2014) 등이 있으며,
역서로는『국민국가의 지식장과 문화정치학』(공역, 2015),『고류큐(古琉球)의 정치』(2010),
『근대일본의 젠더 이데올로기』(2009)가 있다.

임성숙 林聖淑, Lim Sung-Sook | 한국어 서문 · 제4장 · 역자후기

캐나다 브리티쉬컬럼비아대학 인류학박사. 문화인류학 전공. 현재 한양대 문화인류학과 강사이며 한림대 HK연구교수로 재직 중이다. 주요 논문으로 「사할린 한인의 영주귀국과 새로운 경계의 형성과정」(2021)이 있다.

엄태봉 嚴泰奉, Um Tae-Bong | 서문 · 제5장

도호쿠대학(東北大学) 법학박사(정치학). 한일관계사 · 일본정치외교사 전공. 국민대, 고려대 강사, 대진대 강의교수, 국민대 일본학연구소 연구원 등을 거쳐 현재 한림대 일본학연구소 HK연구교수로 재직 중이다. 주요 연구로는 「북일회담과 문화재 반환 문제－한일회담의 경험과 그 함의를 중심으로」(2019), 「간담화, 한일 도서협정과 일본정부의 식민지 지배 인식의 연속성」(2019), 『日韓会談研究のフロンティアー「1965年体制」への多角的アプローチ』(2021, 공저) 등이 있다.

권연이 權姸李, Kwon Yeoni | 제6장 · 결론

쓰쿠바대학(筑波大学) 국제일본연구박사. 일본정치 전공. 서울시립대 국제관계학과 강사를 거쳐 현재 한림대 일본학연구소 HK연구교수로 재직 중이다. 주요 연구로는 「제2기 아베 정권의 장기 집권 요인」(2021), 「일본의 NPO세제우대제도의 제정 · 개정 과정」(2021), 「市民社会ガバナンスに関する市民意識の日韓比較」(2020), 「NPO政策と政策ネットワーク」(2017) 등이 있다.